Thomas Hartmann

Mama lauter!
Gute Musik für Kinder

Kritischer Streifzug durch
eine unterschätzte Gattung

ConBrio

© 2021 by ConBrio Verlagsgesellschaft, Regensburg
Alle Rechte vorbehalten. Nachdruck, auch auszugsweise,
bedarf der Genehmigung des Verlages.

Lektorat, Layout, Satz: Juan Martin Koch
Umschlaggestaltung: Sandra Spindler
Druck: druckhaus köthen GmbH & Co. KG

CB 1291
ISBN 978-3-940768-91-9

www.conbrio.de
www.mama-lauter.de
www.papa-lauter.de

Vorwort · 5

INTRO

Du bist aber groß geworden
1 Wie die Kindermusik in mein Leben kam (und dort blieb) · 9

STROPHE

Wer wohnt wie warum und wo?
2 Kartografie der Kindermusik-Szene · 17

Ich bin reich
3 Das Geschäft mit der Kindermusik · 25

Schlechte Laune
4 Künstlerische Entgleisungen in der Kindermusik · 35

Nur wenn du es tust
5 Kleine Labels und Verlage für Kindermusik · 51

Ich möcht' ein Prominenter sein
6 Die Szene der unabhängigen Kinderliedermacher*innen · · · · · · · · · · · · · · · 59

Alleskönner
7 Die Herausforderungen eines Live-Events für Kinder · · · · · · · · · · · · · · · · · 69

Wie es früher war
8 Das Kinderlied im historischen Zeitverlauf · 77

Für immer
9 Eine Würdigung der Lieder von Fredrik Vahle und Rolf Zuckowski · · · · · · · · · · 91

Das hast du gut gemacht
10 Wie macht man ein gutes Kinderlied? · 103

BRIDGE

Doof geboren ist keiner, doof wird man gemacht
11 Kindheit im 21. Jahrhundert · 113

Du da im Radio
12 Musik für Kinder in den Medien · 123

Schlauberger
13 Studien über Kinder und Musik · 135

Wenn's nach mir ging…
14 Musikvorlieben von Kindern · 147

REFRAIN

	Nicht gleich schreien	
15	Der Musikmarkt im Wandel	155
	In Zukunft	
16	Die Chancen des digitalen Musikmarketings	165
	Am liebsten laut	
17	Konzertreihen und Festivals für Kinder	175
	Wir heben ab	
18	Erfolgsgeschichten aus der Kindermusik-Szene	185
	Spielverderber	
19	Popstars entdecken das Kinderlied	205
	Scheiße sagt man nicht	
20	Ausgezeichnete Kindermusik	213
	Träum was Schönes	
21	Förderprogramme für gute Kindermusik	225
	Im Großen und Ganzen	
22	Perspektiven für das gute Kinderlied	239

HIDDEN TRACK

	Ich mach Musik	
23	Kurzporträts ausgewählter Kindermusikinterpret*innen	247

	Danksagung	273
	Anmerkungen	275
	Bildnachweis	291
	Auswahlbibliografie	292
	Zum Autor	294
	Die Website zum Buch	295

Vorwort

*Für Mama.
Und Papa!*

Fast sechs Jahre sind von der Idee, dieses Buch zu schreiben, bis zu seiner Vollendung vergangen. Eine lange Zeit, in der sich die Kindermusik-Szene sehr verändert und deutlich weiterentwickelt hat. Immer wieder erreichten mich neugierige Rückfragen, ob und wann denn nun mit einer Veröffentlichung zu rechnen sei – und oft genug habe ich selbst daran gezweifelt, ob es mir gelingen würde, dieses Buch tatsächlich zu Ende zu bringen. Gedanken, Statements und Fakten über das Thema Kindermusik zu sammeln ist eine Sache. Eine ganz andere ist es, sie einigermaßen sortiert zu Papier zu bringen und die aktuellen Entwicklungen dabei nicht aus dem Blick zu verlieren. Hinzu kommt, dass mir das Schicksal zwischenzeitlich ein paar ordentliche Stolpersteine in den Weg gelegt hat. Doch gerade auch während der schwierigen Phasen wurde die Arbeit an „Mama lauter!" kraftvoller Antrieb und tiefe Erfüllung zugleich für mich. Ich bin dankbar, nun das fertige Buch in Händen halten zu können!

Dann ist da noch Corona. Angesichts der Krise, die die Pandemie in der gesamten Kulturbranche ausgelöst hat, hätte ich weite Teile des Textes umschreiben können. Ich tat es aber nicht. Warum? Weil die „Krise der Kindermusik" schon lange vorher existierte. AHA-Regeln und Lockdowns haben sie zweifellos verstärkt, jedoch nicht grundlegend verändert. Die Pandemielage wird sich früher oder später entspannen, doch vermutlich wird die Kindermusikkultur davon nicht unmittelbar profitieren. Ganz bewusst habe ich mich also dagegen entschieden, die zweifellos schweren Erschütterungen in der Kulturbranche in den Mittelpunkt dieser Arbeit zu rücken.

Dieses Buch basiert auf einer umfangreichen Literaturrecherche, zahlreichen Interviews mit wichtigen Vertreter*innen der Szene, einer Umfrage unter ausgewählten Kindermusiker*innen und nicht zuletzt meinen langjährigen Erfahrungen aus dem professionellen Kinderhörfunk. Zitate ohne Quellenangabe stammen aus diesen Gesprächen und den Rückläufern der Umfrage aus dem Jahr 2016. Im Zusammenwirken dieser verschiedenen Perspektiven bündelt es weitaus mehr als Fakten zum Thema Kindermusik. Es erläutert Hintergründe, stellt Zusammenhänge her, deckt Entwicklungen auf und orientiert sich dabei immer an der musikalischen Praxis. Wie ein Popsong ist es in drei Teile – nämlich Strophe, Bridge und Refrain – gegliedert, jedes Kapitel ist dabei nach einem anderen Kinderlied benannt. Im ersten Teil (Strophe) steht die gegenwärtige Kindermusik-Szene unter kritischer Beobachtung: Welche Akteure gibt es? Mit welchen Herausforderungen ist die Gattung konfrontiert und wie ist der Markt für Kindermusik aufgestellt? Auch auf die historische Entwicklung des Kinderlieds gehe ich ein. Die Annäherung an eine Antwort auf die Frage, wie ein gutes Kinderlied gemacht sein sollte, schließt diesen einleitenden Teil des Buchs ab. Im zweiten Abschnitt (Bridge) nehme ich vor allem die Bedürfnisse der Kinder in den Blick: Wie wachsen sie heute auf und welche Musikangebote stehen ihnen zur Verfügung? Welche Erkenntnisse liefert die Wissenschaft über das Verhältnis von Kindern zu Musik? Und nicht zuletzt: Welche Musikvorlieben haben Kinder überhaupt? Im dritten und letzten Teil des Buchs (Refrain) führe ich die gewonnenen Erkenntnisse zusammen und entwickle sie konstruktiv weiter: Welche Chancen ergeben sich angesichts eines veränderten Musikmarktes für die Gattung Kindermusik? Wie können die strukturellen Rahmenbedingungen verbessert werden und welche Interpret*innen und Bands machen überhaupt „gute Kindermusik"? Der „Hidden Track", eine Empfehlungsliste mit Kurzporträts ausgewählter Musiker*innen und Bands, schließt das Buch ab.

Da es hinsichtlich meiner Motivation für viele Menschen eine gewichtige Rolle zu spielen scheint, sei gleich zu Beginn auch klargestellt: Nein, ich habe selbst keine Kinder. Ist es mir trotzdem gestattet, ein Buch über Kindermusik schreiben? Ich denke, ja, denn ich bin der festen Überzeugung, dass mich nicht erst die Rolle als Vater dazu ermächtigt, eine fundierte Meinung über Kindermusik formulieren zu dürfen. Vielleicht sorgt dieser Umstand sogar für die notwendige Distanz zum Thema? Darüber zu urteilen, das sei Ihnen als Leser*in überlassen. Über das hier Geschriebene kann und soll unbedingt kontrovers debattiert werden. Sollte es mir tatsächlich gelingen, einen öffentlichen Diskurs über die Musikkultur für Kinder anzustoßen, dann wäre das die Erfüllung meiner kühnsten Träume. Noch mehr aber geht es mir um zwei der bedeutendsten Dinge in meinem Leben – nämlich um die Leidenschaft für gute Kindermedienangebote und um die Liebe zur Musik. Beide Aspekte gehen im Kinderlied eine kunstvolle Symbiose ein. Für mich persönlich hat es sich also gleich in doppelter Hinsicht gelohnt, einen so umfassenden Blick auf das Thema zu werfen. Im besten Fall wird es Ihnen ähnlich ergehen!

„Warum machen Sie sich denn die Mühe ein Buch zu schreiben? Gehen Sie mit Ihrem Angebot doch gleich ins Internet." Mit dieser Einlassung konfrontierte mich Rolf Zuckowski in einem Interview für dieses Projekt. Unrecht hatte er sicher nicht. Mit jedem Tag verliert ein Buch an Aktualität. Es schafft aber auch wichtige Grundlagen, die – einmal gedruckt – fast wie in Stein gemeißelt dastehen. Ich denke, dass es diese Basis braucht, um eine solide Ausgangslage für zukünftige Diskurse zu schaffen. Doch natürlich findet „Mama lauter!" auch im Netz statt. Unter *www.mama-lauter.de* bzw. *www.papa-lauter.de* rezensiere ich regelmäßig neue (und auch ältere) Kindermusik-Veröffentlichungen. Diese Website soll all denjenigen eine hilfreiche Anlaufstelle sein, die sich auf die Suche nach guten Kindermusik-Angeboten begeben. Und natürlich sind Sie alle auch dort zu kritischen Einlassungen und aktiver Teilhabe eingeladen.

Ein letzter Hinweis: Bewusst habe ich mich beim Verfassen dieses Buches für eine gendersensible Schreibweise entschieden. Muss ich wirklich noch darlegen, warum? Ja, auch für mich war das eine Umstellung, an die ich mich anfangs gewöhnen musste. Vielleicht hilft auch bei diesem Thema die Orientierung an den Bedürfnissen von Kindern? Sofern uns wirklich daran gelegen ist, ihnen ein Aufwachsen unter gerechteren und selbstbestimmten Umständen zu ermöglichen, sollten wir uns bemühen, ihnen wo immer es geht ein gutes Vorbild zu sein. In diesem Sinne wünsche ich Ihnen ALLEN viel Vergnügen bei der Lektüre dieses Buchs und danke Ihnen aufrichtig für Ihr Interesse an guter Kindermusik.

Thomas Hartmann, im April 2021

INTRO

Du bist aber groß geworden
1 Wie die Kindermusik in mein Leben kam (und dort blieb)

> „Es gibt keine Erinnerung ohne Musik."
> (Tennessee Williams)

Es war etwa Mitte der 1980er Jahre, als ein damals achtjähriger Junge zusammen mit dem Kinderchor seiner Grundschule die Bühne eines Konzertsaals in einer beschaulichen Kleinstadt in Ostwestfalen betrat. Wochenlange Probenarbeit ging diesem Tag voraus und nun, unmittelbar vor dem Auftritt, machten sich Nervosität und Anspannung breit. Es war nicht irgendein Konzert, das hier heute stattfinden sollte. Der Kindermusiker Rolf Zuckowski war zu Gast, und der Kinderchor hatte die ehrenvolle Aufgabe, ihn bei einigen seiner Lieder gesanglich zu unterstützen. Zuckowskis Live-Konzept war vergleichsweise einfach und entsprach dem konzertanten Stil eines Liedermachers. Ausgestattet mit einer Gitarre und bisweilen von Michael Gundlach an der Orgel unterstützt, wusste er mit seinen Liedern jedoch Kinder und Eltern gleichermaßen zu begeistern.

Der kleine Junge war ich, und dieser Auftritt mit dem Chor glich für mich einem frühen musikalischen Ritterschlag. Wie so viele andere Kinder meiner Generation bin auch ich mit den Liedern von Rolf Zuckowski aufgewachsen und machte zu der Zeit meine ersten Erfahrungen als leidenschaftlicher Fan eines „Stars". An Details dieses Konzertes kann ich mich heute kaum noch erinnern und rückblickend würde ich auch nicht behaupten, dass mich dieses Erlebnis nachhaltig geprägt hätte. Wie bei Kindern in diesem Alter üblich, verlagerten sich kurze Zeit später auch meine musikalischen Interessen und Kindermusik spielte für mich praktisch keine Rolle mehr. Bis vor wenigen Jahren war es mir ehrlich gesagt sogar eher peinlich, zu meiner frühen Begeisterung für die Lieder von Rolf Zuckowski zu stehen. Nun schreibe ich dieses Buch über gute Musik für Kinder und sogleich schleicht sich diese Erinnerung in mein Gedächtnis – verbunden mit der Frage, was den kleinen Jungen von damals mit dem erwachsenen Mann von heute in seiner Begeisterung für das Thema verbindet.

Meine Eltern mögen mir diese Offenheit verzeihen, aber in Sachen musikkultureller Sozialisation waren sie nicht gerade leuchtende Vorbilder. In der ohnehin überschaubaren Schallplattensammlung meines Vaters befanden sich als Alibi für einen vermeintlich zeitgemäßen Musikgeschmack je zwei Alben von Reinhard Mey sowie von den *Beatles*, eingereiht zwischen Werken von Roy Black, James Last, den *Flippers* oder Udo Jürgens. Der Musikgeschmack meiner Mutter lässt sich hingegen kaum konkret erfassen. Als praktizierende Katholikin hat sie bis heute ein ausgesprochenes Faible für Kirchenmusik, zeigt an zeitgenössischer Musikkultur aber wenig Interesse. Trotzdem sind beide auf ihre Weise leidenschaftlich musikalisch. Der kraftvolle Gesang meiner Mutter in der Sonntagsmesse hat mich immer beeindruckt. Mein Vater wiederum liebte es, an der eigenhändig zusammengebauten Dr. Böhm-Heimorgel seine Lieblingsschlager nachzuspielen – ganz ohne Notenkenntnisse, nur nach Gehör. In der Adventszeit und erst recht an den Weihnachtsfeiertagen war es in meiner Familie guter Brauch, gemeinsam zu singen. Auch die unzähligen Wanderungen während unserer Sommerurlaube im Bayerischen Wald wurden mit fröhlich intonierten Volksliedern untermalt. Konzerte erlebte ich dagegen hauptsächlich in der Kirche oder im Rahmen von Schützen- und Stadtfesten. In diesem Milieu entwickelte sich mein differenziertes Interesse an Musikkultur nur langsam. Doch zum Glück lag meinen Eltern viel an der musikalischen Ausbildung ihrer vier Kinder.

Konzert mit Rolf Zuckowski und Michael Gundlach in Rietberg

Mit zehn Jahren – der Wechsel auf das Gymnasium stand bevor – durfte ich endlich ein Instrument lernen. Mein größter Wunsch war es, im Schulorchester mitzuspielen – und meine Eltern unterstützen mich darin. Nach vermeintlich kritischer Prüfung meiner anatomischen Voraussetzungen war es der damalige Leiter des Schulorchesters, der die Wahl eines zu mir passenden Instruments traf. Es ist wohl eher seinem taktischen Kalkül, eine ausgewogene Besetzung im Orchester sicherstellen zu wollen, als meinem ureigenen Interesse an dem Instrument zu verdanken, dass ich begann, Posaune spielen zu lernen. Der Unterricht machte mir von Anfang an Spaß und der Weg in das Schulorchester war erstaunlich kurz. Nach ungefähr drei Jahren saß ich in den Orchesterproben inmitten der um Längen talentierteren Oberstufenschüler*innen, die damals so etwas wie meine musikalischen Idole waren. Wir spielten Medleys aus Musicals wie „Das Phantom der Oper", „My Fair Lady" oder „Starlight Express", wagten uns an die größten Erfolge der *Beatles*, hatten Features für einzelne Instrumentenregister im Programm und reizten das stilistische Spektrum bis zu traditioneller Marschmusik aus. Wir unternahmen Orchesterfahrten nach England, Frankreich und Ungarn und erarbeiteten immer wieder neue Programme für das Jahreskonzert in der Aula, das den musikalischen Höhepunkt eines jeden Schuljahres markierte.

Jazz-Combo statt Musikverein

Von hier aus hätte mich mein Weg konsequenterweise in einen der zahlreichen Musikvereine unserer Stadt führen müssen, deren Zweck vornehmlich darin bestand, die unzähligen Schützenfeste in der Region musikalisch zu begleiten. Ihr Bemühen, jungen Nachwuchs zu rekrutieren, war erstaunlich groß. Mehrfach standen die Leiter verschiedener Spielmannszüge vor unserer Haustür und versuchten, mich mit der verlockenden Aussicht auf einen beachtlichen Zuschuss zum Taschengeld zum Mitmachen zu motivieren. Ebenso oft führten diese Anfragen zu hitzigen Grundsatzdebatten mit meinem Vater, den es mit Stolz erfüllt hätte, mich in einem dieser Ensembles spielen zu sehen. Doch ich weigerte mich beharrlich. Schon damals wusste ich mit dieser Art von Musik nur wenig anzufangen, ebenso wie mit den Schützenfesten selbst.

Stattdessen bot sich die Chance, in der Jazz-Combo meiner Schule mitzuspielen. Diese rund zehnköpfige Band war kein dirigiertes Orchester, sondern eher ein bunter Haufen Individualist*innen, den unser musikalischer Leiter, ein neuer Musiklehrer an der Schule, nach dem Einzählen in der Regel sich selbst überließ. Diese Art des gemeinsamen Musizierens stellte eine vollkommen neue Erfahrung für mich dar. Jazz-Musik verlangte mehr als das konzentrierte Abspielen vom Notenblatt. Hier war die Fähigkeit gefragt, ständig in Interaktion zu sein und jede Komposition gemeinsam immer wieder neu zu interpretieren. Wir spielten die Stücke aus den „Real-Books" (eine Sammlung transkribierter Jazz-Standards, quasi ‚die Bibel des Jazz') rauf und runter und hatten alle Freiheiten, uns darin solistisch auszutoben. Unvergessen ist mir ein Auftritt bei einem Frühschoppen des SPD-Ortsvereins, den wir musikalisch untermalten. Bis zu diesem Tag hatte ich mich nicht getraut, selbst ein Solo zu spielen – noch nicht einmal während der Proben. Mitten im Stück signalisierte mir ein unerwarteter Fingerzeig unseres Bandleaders vom Bühnenrand, dass genau jetzt der Moment dafür gekommen sei. Ich hatte keine Wahl, quälte mich mit hochrotem Kopf durch das 12-taktige Blues-Schema und war heilfroh festzustellen, dass die lokale SPD-Prominenz offenbar Besseres zu tun hatte, als ihre Aufmerksamkeit auf mein erstes, völlig verkorkstes Posaunensolo zu richten.

Von diesem Tag an war das Eis gebrochen. Zwar ist bis heute kein sonderlich talentierter Solist aus mir geworden, aber diese Erfahrung eröffnete mir einen neuen Zugang zu meinem Instrument und weckte mein Interesse an leidenschaftlich dargebotener Musik. Ich entdeckte den Secondhand-Plattenladen in unserer Nachbarstadt und erlebte Popkultur als ein probates Mittel jugendlicher Identitätsbildung. Mühevoll zusammengestellte Mixtapes avancierten zur Statusmeldung der analogen 90er Jahre und waren beliebte Geschenke unter Freunden. Am einzigen Videorekorder im Haus (erstaunlicherweise stand er im Wohnzimmer meiner Oma) zeichnete ich die Liveübertragungen vom Rockpalast auf und schlug mir damit zahlreiche Nächte um die Ohren. Kaum, dass die ersten Freunde einen Führerschein besaßen, gehörte auch die ostwestfälische Metropole Bielefeld zu meinem kulturellen Aktionsradius. Im *Zweischlingen*, in der *Hechelei* oder im *PC69* erlebte ich meine ersten Live-Konzerte und Partys, die sich deutlich von denen in den Scheunen und Festzelten meiner Heimatstadt unterschieden. Währenddessen wurde das Schulorchester Geschichte, der Leiter der Jazz-Combo übernahm das musikalische Zepter und formierte es zu einer Big Band um. Parallel stieg ich in die Big Band der Kreismusikschule ein und spielte so über mehrere Jahre in drei Bands gleichzeitig. Bis zum Ende meiner Schulzeit ging ein Großteil meiner Freizeit für Posaunenunterricht, gemeinsame Proben und Konzerte drauf. Ich habe es in dieser Zeit nie so wahrgenommen, aber im Rückblick stelle ich fest: Musik spielte in meiner Jugend eine überaus große Rolle. Als aktiver Musiker eröffnete sich mir Stück für Stück ein neuer kultureller Horizont. Meine persönliche Stilbildung, vor allem aber meinen Blick für musikalische Qualität, verdanke ich maßgeblich dieser Zeit unter Musiker*innen und musikbegeisterten Menschen.

Nach der Schulzeit zog es mich über einige Umwege zum Studium nach Köln. In der Big Band der Universität fand ich eine neue musikalische Heimat und stieg kurz darauf auch als Posaunist in die Ska-Band *The Slapstickers* ein. Die neun Musiker waren schon seit ein paar Jahren erfolgreich unterwegs und gemeinsam spielten wir in den folgenden zehn Jahren über 200 Konzerte – meistens in kleinen Clubs, manchmal aber auch auf größeren Festivals. Wir verbrachten viel Zeit im Proberaum, im Tourbus, im Tonstudio und auf bzw. hinter unzähligen Bühnen. Uns wurde das ehrenvolle Vergnügen zuteil, mit Stilikonen wie *Madness* oder *The Skatalites* zu spielen, und so machte ich nicht nur Bekanntschaft mit der musikkulturellen Infrastruktur in den Provinzen des Landes, sondern lernte zugleich auch viele Facetten des professionellen Musikgeschäfts kennen. Die Zeit auf der Bühne ist eine davon, der organisatorische Aufwand im Hintergrund eine andere. Wenn man sich in weiten Teilen selbst managt, gestaltet sich die Arbeit rund um einen Konzerttermin zeitintensiv. Auch die Produktion eines neuen Albums bindet über einen langen Zeitraum viele Ressourcen. So manches romantische Zerrbild vom erfolgreichen Musikerdasein wird entzaubert, wenn man sich mit den Realitäten hinter den Kulissen beschäftigt. Dennoch erlebte ich die Summe all dieser Erfahrungen als große Bereicherung. Mit einer Band Musik zu machen, die sich im Niemandsland zwischen Amateur- und Profi-Niveau bewegte, schärfte meinen Blick für Musikformen jenseits medial erfasster Trends – und diese Erfahrungen sollten mir in einem anderen Zusammenhang nochmal von Nutzen sein.

Praxiserfahrungen im Kinderhörfunk

Als angehender Medienpädagoge suchte ich parallel zu meinem Studium nach Möglichkeiten, um medientheoretische und pädagogische Inhalte praktisch zu vertiefen. Es ergab sich die Gelegenheit, als studentische Hilfskraft in der Kinderhörfunkredaktion des WDR in Köln zu arbeiten – ein Umfeld, das diesem Wunsch in idealer Weise gerecht wurde. Mit viel Engagement und einer über Jahrzehnte gewachsenen Expertise wurde dort täglich ein ambitioniertes Radioprogramm für Kinder produziert. Die Sendungen *Lilipuz* und *Bärenbude* waren bei Kindern wie Eltern gleichermaßen beliebt, und so kam es während meiner Zeit in der Redaktion zu der Entscheidung, den UKW-Sendungen einen Digitalkanal für Kinder zur Seite zu stellen. Das war die Geburtsstunde des *KiRaKa*, des Kinderradiokanals – und zugleich meine Chance, in freier Mitarbeit an der Planung des Musikprogramms mitzuwirken. Meine Aufgabe im Musikteam bestand fortan darin, sich mit der ganzen Bandbreite deutschsprachiger Kindermusik-Produktionen auseinanderzusetzen, die Neuveröffentlichungen zu prüfen, die Spreu vom Weizen zu trennen und mit der verbliebenen Auswahl ein zeitgemäßes Musikprogramm für Kinder zusammenzustellen. Zudem hatte ich die Möglichkeit, eigene Radiobeiträge zu produzieren und mit neuen Musiksendungsformaten zu experimentieren. Als Autor hatte ich regelmäßigen Kontakt zu den jungen Hörer*innen und konnte sie immer wieder gezielt zu ihren musikalischen Vorlieben befragen. Kinderlieder gehörten nur selten dazu.

In diesem Umfeld entwickelte ich eine umfangreiche Repertoirekenntnis. Zugleich sah ich mich mit skurrilen Begleiterscheinungen dieser Tätigkeit konfrontiert, denn die tägliche Beschallung mit Kindermusik bringt spezielle Herausforderungen mit sich. Schon rein inhaltlich macht man da einiges mit. Am laufenden Band wird gehüpft, gezappelt, gekitzelt, gematscht, geflunkert und gekichert – ganz so, als würde sich der kindliche Erfahrungshorizont auf die Hüpfburg oder die Kinder-Disko beschränken. Auch stilistisch werden die Geschmacksgrenzen in alle nur erdenklichen Richtungen ausgereizt. Oft kam ich nach getaner Arbeit mit einem Ohrwurm nach Hause, der sich für den Rest des Abends tief in meinen Gehörgang einnistete. Zu allem Überfluss fiel mir zu fast jeder Alltagssituation irgendein passendes Kinderlied ein. Kurzum: Die regelmäßige Auseinandersetzung mit der ganzen Bandbreite aktueller Kindermusik-Produktionen bereitete mir nicht immer Freude, denn einem beträchtlichen Anteil der Lieder gelang es, jegliche inhaltlichen wie musikalischen Ansprüche gezielt zu umschiffen. Es kann durchaus für heitere Stunden sorgen, sich den entsprechenden Werken aus sicherer Distanz und mit kritischem Blick zu nähern und ich verspreche Ihnen: Dieses Vergnügen werde ich Ihnen bei der Lektüre dieses Buches nicht vorenthalten. Trotzdem kämen nur wenige erwachsene Menschen angesichts solcher Aussichten auf die Idee, sich den ganzen Tag freiwillig mit Kinderliedern zu beschallen. Warum also tat ich es trotzdem?

Vor allem, weil ich während meiner Tätigkeit für den *KiRaKa* auch mit professionell dargebotener, modern klingender und inhaltlich ernst zu nehmender Kindermusik in Berührung kam. Ja, auch solche Kindermusik gibt es! Nicht unbedingt im Plattenladen um die Ecke (sofern man überhaupt noch einen findet) oder in den Regalen der einschlägigen Elektrofachmärkte. Die Musiklandschaft hat sich während der vergangenen Jahre drastisch verändert. Produktions- und Vertriebsbedingungen wurden durch die Digitalisierung auf den Kopf gestellt – und mit ihnen auch unser Musikkonsum. Während die großen Musikkonzerne bis heute daran zu knabbern haben, freuen sich viele Musiker*innen, die sich bislang nur schwer öffentlich Gehör verschaffen konnten. Wie Sie sehen werden, gilt das auch und insbesondere für den Kindermusikmarkt, der sich im mächtigen Schatten einiger weniger bekannter Interpret*innen erstaunlich facettenreich zeigt und in der jüngsten Vergangenheit deutlich an Lebendigkeit dazugewonnen hat.

Einladung zu Austausch und Diskurs

Um es aber gleich zu Beginn klarzustellen: Ich denke nicht, dass Kinder unbedingt mit Kinderliedern aufwachsen müssen. Auch ohne dieses Genre ließe sich ausreichend ‚kindgerechte' Musik finden. Musikhistorisch betrachtet wurden Kinderlieder häufig zweckentfremdet und in den Dienst höherer Ziele gestellt. Das mag einer der Gründe dafür sein, dass Kindermusik bis heute mit einem schwierigen Image zu kämpfen hat. Viele lieblos produzierte Alben und Sampler, die den Musikmarkt für Kinder unzweifelhaft dominieren, tun ihr übriges dazu. Etliche Veröffentlichungen oszillieren ausschließlich zwischen schlechtem Stil und kalkulierter Profitgier. Wem es bei der musikalischen Stilbildung seiner Kinder um etwas anderes geht als um das Heranzüchten neuer Konsument*innen, den sollte eine solche Entwicklung skeptisch stimmen. Welchen Eltern wollte man es in Anbetracht dieser Situation zum Vorwurf machen, dass sie lieber gleich die Finger von derlei Produktionen lassen? Wer die Ohren seiner Sprösslinge für Vielfalt und Qualität sensibilisieren möchte, der sollte im Zweifel die heimische Musiksammlung jedem gut gemeinten Kinderlied vorziehen. Mir begegnen jedoch immer mehr junge Eltern, die mit Verweis auf ihr musikalisches Selbstwertgefühl verzweifelt auf der Suche nach Alternativen zu den in Kita und Kindergarten in Dauerschleife rotierenden Kinderlieder-Klassikern in der hundertsten Neuinterpretation sind. Selbst musikalisch interessiert und popkulturell sozialisiert, wollen sie ihren Kindern gute musikalische Angebote machen, finden aber kaum entsprechende Produktionen oder unabhängig recherchierte Empfehlungen.

Nicht nur diesen Eltern, sondern allen, die an guter Kindermusik interessiert sind, möchte dieses Buch als Kompass dienen. Auch wenn sich über Geschmacksfragen vortrefflich streiten lässt, bedeutet Musikkritik, vor allem die eigene Überzeugung zum Maßstab zu machen. Möglich, dass sich einzelne Interpret*innen durch mein Urteil in ihrem künstlerischen Schaffen nicht hinreichend wertgeschätzt fühlen werden. Wieder anderen erscheint es vielleicht respektlos, die ohnehin nur wenigen Künstler*innen, die sich mit wahrscheinlich besten Absichten der Zielgruppe Kinder angenommen haben, offen zu kritisieren. Ich halte es hier mit Friedrich Nietzsche, der sagte: „Der Autor hat den Mund zu halten, wenn sein Werk den Mund auftut." Wer sich mit seiner künstlerischen Arbeit in die Öffentlichkeit begibt, der muss auch offen für Kritik sein. Ich beanspruche dabei keinesfalls Deutungshoheit, ganz im Gegenteil. Mit diesem Buch lade ich ein zu Diskurs und Auseinandersetzung. Niemand sollte erwarten, dass am Ende zweifelsfrei geklärt wäre, wie gute Kindermusik zu klingen hat. Es existiert kein festes oder gar erfolgversprechendes Regelwerk, das sich Musiker*innen zu Nutze machen könnten. Genauso wenig möchte ich Eltern vorschreiben, welche musikalischen Angebote sie ihren Kindern zu machen haben. Wer aber den frühen und einseitigen Verfestigungen musikalischer Präferenzen vorbeugen möchte – egal ob als Mutter, Vater, Pädagog*in oder Musiker*in –, der wird Freude an der Auseinandersetzung mit aktuellen Kindermusik-Produktionen haben und spannende Entdeckungen dabei machen.

Denn gute Musik, egal ob für Kinder oder Erwachsene, bietet sehr viel mehr als reine Unterhaltung: Sie ist Spiegel unserer Seele, individueller Selbstausdruck und kollektive Projektionsfläche zugleich. Sie ist Weltsprache und besitzt das wundervolle Potential, Menschen verschiedener Nationen und Kulturen miteinander zu verbinden. Ein Lied hat die Kraft, große wie kleine Dinge in Bewegung zu bringen, Emotionen auszulösen oder hervorzubringen und so unseren Blick auf die Welt wie auf uns selbst zu verändern. Ein Lied, das uns wahrhaftig berührt, gleicht einem greifbaren Kunstwerk. Ähnlich wie ein Bild, eine Fotografie oder eine Skulptur, kann es zu einem bedeutsamen Teil unseres Lebens werden und uns über einen langen Zeitraum begleiten. Manchmal sogar ein Leben lang. Vermutlich findet meine Motivation, Kinder vor den fragwürdigen Kunstgriffen so mancher selbsternannter Kinderzimmer-Stars zu schützen, in genau diesen Erfahrungen ihren Ursprung. Für mich besteht kein Zweifel daran, dass es jeder Mühe wert ist, Kinder an inspirierende, kreative und leidenschaftliche musikalische Angebote heranzuführen. Die gute Nachricht lautet: Viele Musiker*innen haben das längst erkannt. Beharrlich trotzen sie der Skepsis, die dem Genre Kindermusik (und oft auch ihnen persönlich) entgegengebracht wird. Auch diesen Künstler*innen ist das Buch gewidmet. Im Mittelpunkt aber stehen die Kinder, denn sie sind die Vorboten des Wandels unserer kulturellen Einstellungen. Nimmt man diese Erkenntnis ernst, ergibt sich daraus eine sehr große Verantwortung. Ihr gerecht zu werden, sollten wir nicht dem Zufall und schon gar nicht der Willkür überlassen.

STROPHE

Wer wohnt wie warum und wo?
2 Kartografie der Kindermusik-Szene

> „Man darf nicht verlernen,
> die Welt mit den Augen eines Kindes zu sehen."
> (Henry Matisse)

Wohl kein anderes musikalisches Genre wird in der Öffentlichkeit derart belächelt und zugleich so kolossal unterschätzt wie Kindermusik. Quälend lange Autofahrten, während der Eltern die akustische Untermalung durch die Lieblings-CDs ihrer Kinder als nervliche Belastungsprobe erleben, sind ein gern bemühtes Sinnbild für dieses Dilemma. Kindermusiker*innen berichten von überraschten Reaktionen, wenn sie anderen Menschen Auskunft über ihr künstlerisches Schaffen geben. Oft folgt dann die scheinbar naheliegende Frage, ob man denn neben diesem Hobby auch „richtige Musik" mache? Der Gedanke, dass Musikangeboten für Kinder derselbe Anspruch zugrunde liegen kann wie denen für Erwachsene, scheint vielen Menschen fremd zu sein. So ist es nicht verwunderlich, dass Musik für Kinder in unserer durchformatierten Medienlandschaft bestenfalls an die Randzonen verdrängt und in zweifelhafte Musikformate gezwängt wurde. In der medialen Berichterstattung findet sie kaum statt. Und sofern sich doch mal eine Rezension über eine aktuelle Kindermusik-Veröffentlichung in die Printmedien oder auf ein Online-Portal verirrt, wird diese überschwänglich als willkommene Ausnahme im unendlichen Ozean der Belanglosigkeiten gefeiert. Diesen Beobachtungen liegen Ursachen zugrunde, die sich zum Teil gegenseitig bedingen. Darum lade ich Sie ein, sich zunächst einen Überblick über den gegenwärtigen Zustand des Kindermusikmarktes zu verschaffen.

Kindermusik – ein unscharfer Begriff

Was meine ich überhaupt, wenn ich von Kindermusik spreche? Zur Klärung dieser Frage ist die vergleichende Auseinandersetzung mit dem Begriff „Kindheit" hilfreich. Er bezieht sich auf den Lebensabschnitt von der Geburt bis zur Geschlechtsreife, also die Zeitspanne der ersten 12 bis 14 Lebensjahre. Gerade diese Zeit ist von permanenter Veränderung, von andauernder körperlicher, geistiger und sozialer Entwicklung geprägt. Dass ein Kleinkind dabei vollkommen andere Bedürfnisse und Fähigkeiten hat als ein zehnjähriges Kind, liegt auf der Hand. Auch wenn wir in beiden Fällen von „Kindern" sprechen, wissen wir, dass sie sich im direkten Vergleich auf grundverschiedenen Entwicklungsstufen befinden. Der Begriff „Kindheit" ist also unpräzise und wird von Pädagog*innen genau deshalb in mehrere Phasen unterteilt. Grob vereinfacht spricht man von Kleinkindalter, früher Kindheit, mittlerer Kindheit und später Kindheit. Jede dieser Phasen ist durch verschiedene Fähigkeiten und sich daran orientierenden Lernzielen gekennzeichnet. Trotzdem gibt es über die verschiedenen Entwicklungsstufen hinweg mindestens eine Konstante. Denn egal, wie alt ein Kind ist und egal, was es schon kann: Immer ist es bestrebt, dazuzulernen und „groß" werden zu wollen. Die eigenen Geschwister, Eltern, Großeltern und auch Erzieher*innen dienen ihm dabei als Vorbilder, die mit zunehmendem Alter durch ein erweitertes soziales Umfeld und auch medial vermittelte „Role-Models" ergänzt, bisweilen sogar ersetzt werden. Was mit dem kleinkindlichen Bemühen, die ersten Schritte zu machen oder sprechen zu lernen beginnt, endet idealtypisch in der Selbstständigkeit eines jungen Erwachsenen. Auch wenn die Phase der Kindheit von vielen Herausforderungen, Konflikten, Erfolgen und Niederlagen geprägt ist, liegt dem Handeln und Denken eines Kindes immer der Wille nach größtmöglicher Selbstständigkeit und Selbstwirksamkeit zugrunde. Verantwortungsvoll handelnde Eltern unterstützen ihren Nachwuchs in diesem Bestreben und schaffen einen geschützten Rahmen, der ihre Kinder im Wachsen begleitet und sie fordert, ohne sie zu überfordern.

Überträgt man dieses Denkmodell auf die Musikkultur für Kinder, dann wird klar, dass die Bezeichnung „Kindermusik" mindestens genauso unpräzise ist wie der Begriff „Kindheit". Musikangebote für Kinder lassen sich nicht über einen Kamm scheren. Während zum Beispiel Lieder für Kleinkinder oft einer Funktion zugeordnet sind (wie etwa Schlaf-, Spiel- oder Lernlieder), entwickeln Kinder mit steigendem Alter und wachsender Reflexionsfähigkeit andere Ansprüche, die sich in Text, Komposition, Arrangement und Produktion eines Kinderlieds wiederspiegeln sollten. So wie ein Kind im Verlauf seiner Entwicklung zu immer komplexeren Handlungen und Gedanken fähig wird, sollten sich auch die Musikangebote für Kinder verändern. Eine Definition des Begriffs „Kindermusik" könnte demzufolge lauten: Musik, die Kinder in ihrer Entwicklung fördert, fordert, begleitet und inspiriert. Tatsächlich wird der Begriff „Kinder*musik*" aber in keinem Lexikon genauer erläutert. Die Internetenzyklopädie *Wikipedia* bietet zumindest einen Definitionsversuch für das „Kinder*lied*" an. Es wird dort als „ein einfaches Lied mit kindgemäßem, leichtfasslichem [sic] Text und Melodie" umschrieben.[1]

Einfach, leicht fasslich und kindgemäß. Wenn das die maßgeblichen Kriterien für ein Kinderlied sind, dann müssen sich die Vertreter*innen des Genres über entsprechende Vorurteile nicht wundern. Und Vorurteile über Kindermusik gibt es reichlich. Wissen Sie zum Beispiel, wie lange es dauert, ein Kinderlieder-Album zu produzieren? Antwort: Exakt so lange wie es dauert, es abzuspielen! In seiner Latenight-Show fasste Harald Schmidt das Niveau von Musikproduktionen für Kinder in übertrieben betulichen Vortrag einst wie folgt zusammen: „Wer nicht schreiben kann, schreibt ein Kinderbuch. Wer nicht malen kann, malt die Bilder dazu. Reiß die Augen auf, stell die Stimme auf doof – schon haste deine erste Kinderliederplatte verkooft." Kinder, so lassen derartige Einlassungen vermuten, gehören offenbar zu einer anspruchslosen Klientel, die bereits mittelmäßig begabte Künstler*innen angemessen zu unterhalten vermögen. Im Klima solcher Zuspitzungen verkommt Kindermusik in der öffentlichen Wahrnehmung zum Sammelbecken der Dilettant*innen und Untalentierten. Der Ruf des Genres scheint nachhaltig ramponiert. Dieser Eindruck bestätigt sich nach Auswertung einer Umfrage, die ich in Vorbereitung auf dieses Buch unter rund 30 ausgewählten Kindermusik-Interpret*innen durchgeführt habe. Nur ein Viertel von ihnen bescheinigt dem Genre demnach einen „eher guten Ruf", der Rest schätzt ihn als „eher schlecht" oder sogar „sehr schlecht" ein.[2]

Und was sagt eigentlich die Zielgruppe dazu?

Meine persönlichen Erfahrungen im direkten Austausch mit Kindern decken sich mit diesem Meinungsbild. Regelmäßig hatte ich als Reporter für den Kinderhörfunk Gelegenheit, mit ihnen über ihre musikalischen Vorlieben und Interessen zu sprechen. Nach ihrer Einstellung zu Kindermusik befragt, bekam ich in der Regel Antworten wie diese zu hören:

» *Ich mag Kindermusik nicht mehr so gerne. Ich hör lieber ganz normal Radio.*

» *Ich finde Kindermusik ein bisschen langweilig. Ich mag lieber englische Sachen oder sowas.*

» *Kindermusik finde ich jetzt nicht mehr so spannend. Weil das ist meistens auf Deutsch und das versteht man dann sehr schnell.*

» *Ich stehe eher auf die Lieder, wo man nicht direkt versteht, worum es dabei geht. Dass man halt ein bisschen überlegen muss: Wie geht es dem denn dabei?*

» *Bei Kinderliedern, da singt man ja fast immer fröhlich. Aber bei anderen Liedern, da singt man so, wie man gerade drauf ist.*

Diese erstaunlich differenzierten Rückmeldungen von Kindern aus der dritten Klasse einer Kölner Grundschule stehen exemplarisch für unzählige ähnliche Feedbacks von Kindern dieser Altersgruppe. Zwei Beobachtungen stechen dabei für mich besonders heraus. Erstens: Kinder assoziieren mit Kindermusik offenbar ihre frühkindlichen musikalischen Erfahrungen, von denen sie sich mit zunehmendem Alter abzugrenzen versuchen. Und zweitens: Ihre musikalischen Präferenzen weisen eindeutig in Richtung populärer Musikkultur. Sie orientieren sich also am Musikgeschmack der Großen, der

der Geschwister und ja, sicher auch am Mainstream. Hier zeigt sich nicht nur das kindliche Bestreben nach Selbstbestimmung, sondern auch der Wunsch nach Abgrenzung zu Jüngeren. Zusammenfassend ließe sich die These aufstellen: Aus Sicht der Kinder wird das zu Beginn formulierte Erziehungsziel „fordern ohne zu überfordern" im Kinderlied nicht eingelöst.

Dieser Befund ist nicht neu. Bereits 1990 stellte der Musikwissenschaftler Hubert Minkenberg in seiner Dissertation über „das Musikerleben von Kindern im Alter von fünf bis zehn Jahren" fest, dass eine erhebliche Diskrepanz zwischen den von Kindern bevorzugten Musikstilen und der ihnen tatsächlich angebotenen Musik bestehe. In einer Langzeitstudie zeigte er, dass sich in der Altersstufe der Fünf- und Sechsjährigen nur noch 25 Prozent, in der Altersstufe der Acht- bis Zehnjährigen sogar nur noch drei Prozent für Kindermusik interessierten. Minkenbergs Fazit: „In Anbetracht dieser Ergebnisse hält es der Verfasser für unerlässlich, qualitativ hochwertige Popmusik auch schon in der Grundschule eingehend zu hören und Stücke aus diesem Bereich instrumental und vokal umzusetzen, um den Kindern so früh wie möglich eine kritische und kenntnisreiche Haltung gegenüber der Musik zu vermitteln, die von ihnen bevorzugt gehört wird."[3] Auch die Musikwissenschaftlerin Marie Luise Schulten befasste sich bereits vor über 35 Jahren mit diesem Thema. Einen Vortrag zu der Frage „Brauchen Kinder Kindermusik?" beendete sie mit den Worten: „Für mich bleibt die Frage derzeit noch offen, ob das Kindgemäße im Kinderlied tatsächlich die kindliche Kreativität miteinschließt, oder nur das wiedergibt, was wir aufgrund unserer musikalischen Sozialisation besonders leicht behalten und weitergeben können. Kinderlieder: Als Grundlage für die Konservierung einer tonalen Musik – ja, aber auch wirklich Bedürfnis der Kinder?"[4]

Schon lange prägen also popkulturelle Musikstile den Maßstab, an dem sich Kindermusik in den Ohren der Zielgruppe messen lassen muss. Praktisch erfahrbar wurde diese Erkenntnis für mich immer dann, wenn ich Kindern im Rahmen der Vorbereitungen für eine Musiksendung im Kinderradio nach meiner Definition „gute" Kindermusik-Produktionen vorspielte. Fast immer lösten die Lieder Begeisterung und aufrichtiges Interesse bei ihnen aus. Es sind jedoch zwei grundverschiedene Dinge, mit Kindern über Musik zu sprechen, oder mit ihnen Musik zu hören. Während sie sich im Gespräch über Musik häufig „erwachsen" geben und sich peinlich berührt von Kindermusik zu distanzieren versuchen, lassen sich beim gemeinsamen Musikhören meist authentischere und oft deutlich kindlichere Reaktionen beobachten. Die Aussagen von Kindern über Musik decken sich also nicht zwangsläufig mit ihrer emotionalen Haltung dazu. Dennoch lassen die hier angeführten Beispiele bereits vermuten, dass viele Kindermusik-Produktionen die tatsächlichen musikalischen Interessen der Kinder nicht bedienen.

Mit dafür verantwortlich dürfte sein, dass dem Schaffen vieler Kindermusiker*innen ein sehr idealisiertes, manchmal romantisiertes und damit oft realitätsfernes Bild von Kindheit zugrunde liegt. Doch vier- oder fünfjährige Kinder wollen nicht in Watte gepackt werden. Ebenso wenig legen sie gesteigerten Wert auf überdeutliche Artikulation, einfache Sprache oder betuliche Verniedlichungen im musikalischen Vortrag. „Das ist einfach nicht die Realität der Kinder. Da kann ich schon verstehen, dass die sagen: Was will der Onkel? Das ist nichts, was mich berührt. Der meint gar nicht mich, sondern meine zweijährige Schwester, die ist ja auch noch ganz klein", beschreibt Florian Bergmann, Pianist der Kölner Kinder-Rockband *Pelemele*, seine Wahrnehmung im Interview. Selbst wenn man der Überzeugung ist, Kindermusik müsse eine pädagogische Intention zugrunde liegen, sollte man sich darüber im Klaren sein, dass die Grundlage jeder Pädagogik auf lebensweltlichen Ansätzen fußt. Wichtig ist es also, die musikalischen Ansprüche von Kindern entsprechend ihrer jeweiligen Entwicklungsstufen zu verstehen, sie im Rahmen neuer Kompositionen angemessen umzusetzen und sie nicht zuletzt auch professionell zu produzieren. Werden Kindern solche Musikangebote vorenthalten, verschiebt sich ihr Interesse immer früher in Richtung aktueller Popmusik – und Kindermusik verliert weiter an Relevanz.

Fragwürdiges auf Tonträgern wie auf der Bühne

Natürlich hängt das Urteil über Kindermusik aber auch maßgeblich vom Kontext ab, in dem Kinder mit ihr in Berührung kommen. Es macht einen Unterschied, ob sie in der Kita, im Kindergarten oder in der Schule, bei einem Konzert oder eben im eigenen Kinderzimmer Musik hören. So sind vergleichsweise einfach gehaltene Spiel- und Lernlieder im Rahmen der musikalischen Früherziehung sicherlich gut platziert. Hier machen Kinder vor allem kollektive und soziale Erfahrungen mit Musik. Mit ihren rhythmischen Betonungen und festen Bewegungsabläufen werden derartige Lieder gerade von Kleinkindern als sehr anregend wahrgenommen, denn sie verbinden Musik mit dem gemeinsamen Spiel. Auch traditionelle Kinderlieder fallen in diesem Bezugsrahmen auf fruchtbaren Boden, sind sie doch ein wunderbarer Begleiter durch die Jahreszeiten, Feiertage und kulturellen Bräuche. Vermutlich wird auch niemand den Nutzen von Schlafliedern ernsthaft in Zweifel ziehen wollen.

Es ist großartig, wenn Erzieher*innen dazu in der Lage sind, Spiel- oder Lernlieder auf der Gitarre zu begleiten. In einem geschützten und intimen Rahmen ist die aktive Hinwendung zu den Kindern definitiv höher zu bewerten als musikalische Virtuosität. Kritisch wird es allerdings, wenn sich musikalische Amateure aus derlei Erfahrungen heraus zu Höherem berufen fühlen. Bestärkt durch das positive Feedback ihrer Schützlinge und deren Eltern, die sich über so viel Hingabe und Zuwendung natürlich freuen, entsteht erstaunlich oft die Idee, ein eigenes Album mit Kinderliedern aufzunehmen. Derlei Produktionen fanden während meiner Tätigkeit beim Kinderhörfunk regelmäßig den Weg auf meinen Schreibtisch. Der Prototyp bestand in der Regel aus einem selbstgebrannten Rohling, verpackt in ein knallbuntes Artwork aus verzerrten Fotos und verziert mit skurrilen Cliparts. Häufig war auch ein handschriftlich verfasstes Schreiben beigefügt, in dem wortreich dargelegt wurde, dass einem der gesamte Freundes- und Bekanntenkreis musikalisches Ausnahmetalent attestiert habe. Auch die Kinder würden bei der konzertanten Darbietung im Kindergarten frohlocken. Logische Konsequenz: Die Lieder gehören ins Kinderradio, um so auch eine größere Hörerschaft zu erfreuen – darin liege ja schließlich auch der Auftrag eines öffentlich-rechtlichen Radioprogramms für Kinder. Wendeten wir uns dann dem akustischen Ergebnis zu, stand es dem ersten Eindruck meistens in nichts nach. Im Extremfall bestand die Aufnahme aus einer einzigen, in denkbar schlechter Qualität aufgezeichneten Tonspur. Ungeachtet der Tatsache, dass eine solche Produktion schon rein technisch nicht für die Nutzung im Radio geeignet ist, suchten wir meist auch vergeblich nach gesanglichem Talent oder instrumentalem Können. Ein solches Album mag eine interessante künstlerische Selbsterfahrung für die jeweiligen Musiker*innen sein, droht bei großflächiger Verbreitung aber lediglich den bestehenden Vorurteilen über Kindermusik weiter Vorschub zu leisten. Wir taten gut daran, die entsprechenden Tonträger im Archiv einzulagern, um sie für den nicht seltenen Fall empörter Reaktionen auf unser kritisch-konstruktives Feedback noch einmal aus dem Regal ziehen zu können.

Kaum anders verhält es sich mit der Live-Umsetzung von Kindermusik. Viele Kinderkonzerte erfüllen nicht ansatzweise die Ansprüche, die wir als erwachsene Musikfans an ein Konzert stellen. Vergeblich sucht man auf der Bühne nach echten Instrumenten. Stattdessen wird lediglich ein Playback eingespielt, zu dem sich die Protagonist*innen auf der Bühne in einer Mischung aus betulicher Zuwendung und hyperaktivem Entertainment präsentieren. Unterstützend werden ihnen wahlweise singende oder tanzende Kinder, oder aber überlebensgroße Plüschfiguren zur Seite gestellt. Derartige Live-Konzepte versprechen ein gutes Verhältnis von Aufwand zu Ertrag und verfehlen dabei vermutlich noch nicht einmal das Ziel, Kinder unterhalten zu wollen. Sie stellen allerdings nicht die Musik, sondern den vermeintlichen „Star" bzw. ein Produkt in den Mittelpunkt. Wem es aber um Musikvermittlung für Kinder geht, der sollte auf der Bühne andere Prioritäten setzen. Das ist zugegeben nicht immer einfach, denn je aufwändiger eine Live-Produktion wird, desto mehr Kosten verursacht sie auch. Bühne, Technik, Personal und nicht zuletzt die Musiker*innen selbst wollen bezahlt werden. Doch bei vergleichsweise geringen Eintrittspreisen für ein Kinderkonzert und angesichts selten ausverkaufter Veranstaltungen sind die finanziellen Spielräume eng. So erklärt sich, dass selbst die talentierteren Kinderliedermacher*innen oft alleine mit ihrer Gitarre auf der Bühne stehen. Rein musikalisch bleiben viele von ihnen damit unter ihren Möglichkeiten.

Laute Platzhirsche und stille Überzeugungstäter*innen

Es besteht also ein erheblicher Unterschied zwischen dem gemeinsamen Singen von Kinderliedern in einem vergleichsweise geschützten Rahmen, einer konzertanten Darbietung und einer professionellen Veröffentlichung, die den Weg auf den Musikmarkt und damit in die Kinderzimmer oder ins Radio finden soll. Verglichen mit dem Musikmarkt für Erwachsene, machten sich lange Zeit nur wenige Musiker*innen die Mühe einer aufwändigen Studioproduktion. Darum verwundert es nicht, dass das Genre Kindermusik in der Vergangenheit nicht gerade herausragende Künstlerpersönlichkeiten zutage gefördert hat. „Über lange Jahre war es schwierig, die Branche interessant zu halten, und vielleicht wird Kindermusik in der Öffentlichkeit deswegen auch heute noch als uninteressant wahrgenommen", resümiert Andreas Maaß von *Universal* über den Zustand der vergangenen Jahre im Interview. Nur wenige Ausnahmen bestätigen hier die Regel. Künstler wie Rolf Zuckowski, Fredrik Vahle, Gerhard Schöne oder Reinhard Lakomy gelten als die Speerspitze traditioneller Kindermusik und haben bis heute kaum an Popularität eingebüßt. Das mag für die Qualität ihrer musikalischen Arbeit sprechen. Führt man sich aber vor Augen, wann diese Musiker ihre Karrieren begannen, entsteht ein gefühltes Kindermusik-Vakuum von mehreren Jahrzehnten. Fredrik Vahle veröffentlichte 1973 mit dem Album „Die Rübe" seine erste Kinderlieder-Produktion. 1977 folgte Rolf Zuckowski mit der „Vogelhochzeit". Gerhard Schöne (als Bürger der ehemaligen DDR in den neuen Bundesländern weitaus bekannter als im Westen Deutschlands) veröffentlichte 1982 seine erste Produktion „Lieder aus dem Kinderland". Und auch Reinhard Lakomy (ebenfalls aus der DDR) legte bereits 1980 mit dem „Traumzauberbaum" den Grundstein für seine musikalische Karriere. Alle benannten Alben gelten zu Recht als Klassiker des Genres und sind bis heute in fast jedem CD-Regal zu finden, das eine halbwegs gut sortierte Auswahl an Kindermusik vorzuhalten versucht. Sie stehen aber nicht unbedingt für ein zeitgemäßes Verständnis von Kindermusik.

Als genau das würden dagegen wahrscheinlich Detlev Jöcker und Volker Rosin ihre musikalische Arbeit für Kinder bezeichnen. Gemessen an ihren Verkaufszahlen haben sich die beiden Künstler in den letzten Jahren zu den Superstars der Branche entwickelt. Volker Rosin hat inzwischen über 35 Alben veröffentlicht und mehr als fünf Millionen Tonträger verkauft. In einer offiziellen Presseinformation über Detlev Jöcker ist sogar von mehr als 13 Millionen verkauften Tonträgern die Rede. Kein Wunder, dass er sich selbstbewusst als der „erfolgreichste Kinderliedermacher Deutschlands" bezeichnet, während sich Volker Rosin als „der unumstrittene König der Kinderdisco" feiern lässt. Verblüffend ist dabei die Feststellung, dass die Frühwerke der beiden Interpreten praktisch aus der selben Zeit stammen, wie die ihrer zuvor benannten Kollegen Zuckowski, Vahle, Schöne und Lakomy. Volker Rosin veröffentlichte seine erste Produktion „Volkers Liederwiese" im Jahr 1981. Zur selben Zeit gründete Detlev Jöcker das Kollektiv *Menschenkinder* und konzentrierte sich fortan auf die Komposition von Lern-, Spiel- und Bewegungsliedern. Gemeinsam ist den beiden ihr musikalischer Stil, der sich deutlich an Schlager bzw. Dance-Pop orientiert. Mit dieser Ausrichtung haben sich Jöcker und Rosin klar von der Liedermacher-Tradition ihrer Zeitgenossen abgesetzt. In zahlreichen Kitas und Kindergärten gehören ihre Songs zur musikalischen Grundausstattung – und von dort aus ist der Weg in die Kinderzimmer kurz. So erklärt sich, dass ihre Tonträger, ungeachtet der Frage nach deren musikalischer Qualität, bis heute reißenden Absatz finden.

Legt man Verkaufszahlen und mediale Präsenz als die maßgeblichen Erfolgsfaktoren zugrunde, sind mit diesen sechs Künstlern die einst relevantesten Persönlichkeiten der Kindermusik-Szene bereits benannt. Dem gegenüber stehen zahlreiche Veröffentlichungen vergleichsweise unbekannter Musiker*innen, die zum Teil ebenfalls seit vielen Jahren Kindermusik machen. Mit Interpret*innen wie Beate Lambert, Matthias Meyer-Göllner, Robert Metcalf, Sabine Hirler, Birte Reuver, Markus Rohde, Helmut Meier, Dorothée Kreusch-Jacob oder Klaus Foitzik seien nur einige wenige von ihnen benannt – und ich täte schon diesen willkürlich aufgelisteten Interpret*innen Unrecht, würde ich ihr musikalisches Schaffen vorschnell in einen Topf werfen. Gemeinsam ist ihnen bestenfalls der Anspruch, Kinder in ihrem Aufwachsen möglichst lange musikalisch begleiten zu wollen und das traditionelle Kinderlied dabei als stilistischen Markenkern zugrunde zu legen. Ihr Anspruch, ebenso dreijährige wie sechs- bis achtjährige Kinder mit ihrer Musik zu erreichen, dürfte sich in der Realität jedoch kaum einlösen lassen.

Doch es tut sich was! In den letzten Jahren ist sehr viel Dynamik in die Kindermusik-Szene gekommen. Mehr denn je wird der Markt mit neuen Produktionen bereichert, bei denen ebenso viel Peinliches wie Professionelles zum Klingen kommt. Liedern mit pädagogischen, religiösen und weltanschaulichen Indoktrinierungen stehen Kompositionen mit empathischer Grundhaltung, musikalischem Anspruch und feingeistigem Humor gegenüber. Immer mehr Musiker*innen entdecken Kinder als relevante Zielgruppe und nehmen sich ihrer an. Zunehmend versuchen auch bekannte Popstars, das Image des Genres aufzupolieren. Selbsternannte Kinderzimmerstars stilisieren sich zu Newcomern der Branche, andere üben sich in Bescheidenheit und besetzen selbstbewusst die Nischen. Man mag diese grundverschiedenen Entwicklungen bewerten wie man will: Entscheidend ist, dass die Kindermusik-Szene lebendiger ist als je zuvor. Nach wie vor fehlt ihr aber eine Lobby. In der Folge ist der Musikmarkt für Kinder in zwei Lager gespalten. Auf der einen Seite ziehen ein paar Dutzend Kinderliedermacher*innen auf eigene Faust durch die Lande und nehmen auf die ein oder andere Weise für sich in Anspruch, „gute" Kindermusik zu machen. (Was sie darunter verstehen und inwiefern ihnen das tatsächlich gelingt, werde ich an anderer Stelle ausführlicher beschreiben.) Ihnen gegenüber stehen etliche Neuveröffentlichungen der großen Musikkonzerne, die mit der Zuschreibung „gut" in den allermeisten Fällen „lukrativ" meinen. Während die einen also unbeirrt ihrer intrinsischen Motivation folgen, bedienen die anderen vor allem die Anforderungen des Marktes. Hier wie dort stehen die tatsächlichen musikalischen Interessen der Kinder jedoch nur selten im Mittelpunkt. Und so bilden der kommerzielle Musikmarkt für Kinder und die Szene der vermeintlich unabhängigen Kinderliedermacher*innen zwei Seiten derselben Medaille.

Ich bin reich
3 Das Geschäft mit der Kindermusik

> „Wer nur von Musik etwas versteht,
> der versteht auch davon nichts!"
> (Hanns Eisler)

Wenn ich im weiteren Verlauf dieses Buches von Kindermusiker*innen spreche, dann meine ich die Interpret*innen, die ihre Musik auf Tonträgern veröffentlichen und vermarkten. Wer allerdings glaubt, dass mit dieser Eingrenzung bereits eine qualitative Vorauswahl getroffen sei, der täuscht sich. Zum einen veröffentlichen immer mehr Musiker*innen ihre Alben im Selbstvertrieb und sind so in der Lage, sich den Vorgaben und der Kontrolle, leider aber auch dem guten Rat und dem kritischen Feedback Dritter weitestgehend zu entziehen. Zum anderen ist der Vertrieb eines Tonträgers über ein Label oder eine Plattenfirma nicht zwangsläufig ein Garant für Qualität im musikalischen Sinne. Das ist bei Kindermusik nicht anders als bei Musik für erwachsene Zielgruppen.

Es ist kein Geheimnis, dass die Musikindustrie massiv unter den Folgen der Digitalisierung, der Musikpiraterie und zuletzt unter den Geschäftsmodellen von Streaming-Anbietern wie *Spotify*, *Apple-Music*, *Amazon* oder *Deezer* leidet. Schon vor Jahren sind die Umsätze der Musikkonzerne regelrecht eingebrochen, und von diesen radikalen Umbrüchen erholen sie sich nur sehr langsam. Umso eifriger bemühen sie sich, neue Märkte und Zielgruppen zu erschließen. Kindermusik spielt dabei eine durchaus relevante Rolle, denn die Nachfrage nach Kinderliedern gilt als vergleichsweise stabil und krisensicher. Der Sozial- und Kulturwissenschaftler Heinz Hengst hat eine plausible Erklärung dafür parat. Mit dem Verweis auf eine Studie aus dem Jahr 2009, die sich mit der Korrelation individueller Haushaltseinkommen und den Ausgaben für Kinder befasst, erläutert er: „In Zeiten knapper Budgets sind in vielen Haushalten die Bedürfnisse der Kinder eher Fixkosten als die der Erwachsenen, (…) weil Elternliebe und Elternstolz es nicht zulassen, die Ausgaben für die Kinder einzuschränken."[1] Dies wissend, werden von der Musikindustrie am laufenden Band neue Musikproduktionen für Kinder veröffentlicht. Drei Konzerne dominieren dabei das Geschäft: Die bekanntesten Label *Europa* und *Karussell* gehören zu *Sony Music Entertainment* bzw. *Universal Family Entertainment*. Der dritte

Akteur ist die weniger bekannte *Kiddinx Media GmbH*, die sich ihren Anteil am Geschäft seit Jahrzehnten mit Hörspielen von „Benjamin Blümchen", „Bibi Blocksberg", oder „Bibi & Tina" sichert.[2] Zusammenfassend können wir also festhalten: Der Markt für Kinderprodukte bildet im Kleinen ab, was sich in der Musikindustrie insgesamt beobachten lässt. Mit *Universal Music*, *Sony Music* und *Warner Music* sind es nämlich auch dort nur noch drei multinationale Konzerne, die sich den größten Teil des Umsatzes untereinander aufteilen. Aktuell sind das rund 60 Prozent des weltweiten Tonträgergeschäfts.[3]

Die Dominanz der großen Konzerne auf dem Musikmarkt ist also kaum zu bestreiten. Wie aber steht es um die Qualität ihrer Produkte? Ein unterhaltsamer Artikel im Online-Magazin *Noisey* befasst sich mit genau dieser Frage und liefert eine kritische Zustandsbeschreibung der deutschen Popkultur. Ausgehend von der Behauptung, dass sich die Hot-Rotations deutscher Radiosender kaum noch voneinander unterscheiden, bezeichnet der Autor Linus Volkmann deutsche Popmusik darin als einen einzigen „Sumpf aus Erbauungslyrik". Erfolgreiche Bands wie *Silbermond* oder *Glasperlenspiel* seien der „Soundtrack zum untergegangenen Wohlfahrtsstaat"[4]. Alles in allem lässt Volkmann kein gutes Haar an deutscher Popmusik, fokussiert sich in seinem Urteil allerdings auch nur auf bekannte und umsatzstarke Interpret*innen. In seiner sich auf seinen Artikel beziehenden Gegendarstellung stellt der Autor Torsten Groß jedoch heraus, dass wir es in der gesamten Breite der Popmusik mit einem deutlich gestiegenen Qualitätsniveau zu tun haben. Nie zuvor sei gleichzeitig so viel Unterschiedliches passiert. Zu weit will auch er sich in seinem Optimismus aber offenbar nicht aus dem Fenster lehnen. So ergänzt er seine Einlassungen am Ende um eine entscheidende Einschränkung: Die Mehrheit der Deutschen, so Groß, sei natürlich so wenig geschmackssicher wie eh und je. „Alle Musik ist stets so gut oder so schlecht wie das Land, in dem sie entsteht."[5]

Hinsichtlich ihres musikalischen Anspruchs stellt Groß der Mehrheit der Bevölkerung mit diesem Fazit kein gutes Zeugnis aus, differenziert dabei aber zumindest zwischen popkulturellem Mainstream und den zahlreichen individuellen Strömungen, die parallel dazu entstehen. Diese Unterscheidung ist wichtig, denn natürlich gibt es Menschen, die stilistische Vielfalt und musikalische Qualität hoch bewerten und auch ihre Kaufentscheidungen danach ausrichten – genauso wie es Konsument*innen gibt, die sich musikalisch lieber berieseln lassen möchten. Wie zutreffend diese Unterscheidung ist, belegen die offiziellen Statistiken des Bundesverbandes Musikindustrie (BVMI). Nach dessen Auswertungen kaufen 71 Prozent der Bevölkerung überhaupt keine Musikprodukte, weder digital noch physisch.[6] Der statistische Umkehrschluss offenbart das ganze Dilemma: Nur 4,9 Prozent sorgen als so genannte „Intensivkäufer" für über 50 Prozent des Umsatzes der Musikindustrie.[7] Folgerichtig wird diese Zielgruppe gerne auch als „Fanatics" bezeichnet – fanatische Käufer*innen also, die dank ihres ausgeprägten Musikinteresses den Umsatz der Branche maßgeblich stützen. Die überwiegende Mehrheit der Bevölkerung scheint dagegen gar keinen spezifischen musikalischen Anspruch für sich zu formulieren. Falls doch, drückt er sich zumindest nicht in ihren Ausgaben für Musik aus.

Kindermusik – eine vernachlässigte musikalische Gattung

Welche Relevanz haben diese Zahlen nun für das Genre Kindermusik? Betrachtet man Kinder als die Musikkonsument*innen (oder sagen wir besser: die Musikliebhaber*innen) von morgen, dann lassen sich die Ergebnisse dieser Statistiken zumindest zum Teil auch als Folgeerscheinung einer über lange Zeit vernachlässigten Künstler*innen-Förderung im Bereich Kindermusik interpretieren. Denn wenn qualitative Kriterien bei Musikangeboten für die Jüngsten keine Rolle spielen, auf welcher Basis sollen Kinder dann als Jugendliche oder Erwachsene musikalische Ansprüche formulieren? „Musik für Kinder und für Erwachsene stammt mit wenigen Ausnahmen aus getrennten Welten – mit unterschiedlichen Ansprüchen und jeweils eigenem Personal", ist in der *Zeit* dazu zu lesen. Mit dem Verweis auf die Speisekarte eines Restaurants findet der Autor Oskar Piegsar eine treffende Analogie, um den Unterschied zwischen Musikangeboten für Kinder und für Erwachsene zu verdeutlichen: „Erwachsene achten darauf, dass ihr Essen keine gleichförmige Industrieware ist, sondern abwechslungsreich, gesund und gekonnt zubereitet. Und die Kinder? Kriegen nicht dasselbe in kleinen Portionen, sondern den Benjamin-Blümchen oder Biene-Maja-Teller, also paniertes Schnitzel mit Pommes oder Chicken-Nuggets. So wie das schmeckt, klingt auch ein großer Teil der Kinder-CDs."[8]

Bent Schönemann, seit 2012 beim *Sony*-Label *Europa* für den Ausbau des Kindermusiksegments verantwortlich, teilt diese Auffassung nur bedingt. Nach seiner Erfahrung spiele Kindermusik zwar in ihrer eigenen kleinen Welt, orientiere sich aber an den Gesetzen der Großen. Dementsprechend plädiert er dafür, bei Kindermusik nicht von einem eigenen „Genre" zu sprechen. Per Definition grenze dieser Begriff verschiedene musikalische Stilrichtungen wie Schlager, Volksmusik, Klassik, Jazz, Pop oder Rock voneinander ab. Kindermusik sei stilistisch jedoch sehr vielfältig und unterliege dabei den gleichen Empathie-Prozessen wie jede andere Art von Musik auch. In der Tat ist die Bezeichnung „Genre" für den Bereich Kindermusik irreführend. Angemessener erscheint es mir, Kindermusik als eine musikalische „Gattung" zu bezeichnen. Denn das einzige konkrete Kriterium, das den Unterschied von Kindermusik zu anderen Gattungen definiert, ist die ins Visier genommene Zielgruppe – und die ist bei Kindermusik weitaus größer, als wir es zunächst vermuten würden.

Natürlich richten sich die Produktionen in letzter Instanz immer an Kinder. In der Regel sind es aber die Erwachsenen, die zuvor eine Kaufentscheidung treffen. Und sie sind es auch, die es ertragen müssen, wenn der eigene Nachwuchs zu Hause ständig die gleichen Lieder in Dauerschleife hört. Solche Situationen können für alle Beteiligten zur nervlichen Belastungsprobe werden. Es liegt also auf der Hand, dass Kinder und Eltern gleichermaßen angesprochen werden müssen, wenn es darum geht, Musikproduktionen für Kinder erfolgreich zu vermarkten. Nicht ohne Grund wird heute von „Family Entertainment" gesprochen, wenn Medienproduktionen für Kinder gemeint sind. Es wird davon ausgegangen, dass weite Teile der heutigen Elterngeneration musikalisch anders sozialisiert sind als die Generation ihrer eigenen Eltern. Sie haben eine größere Bandbreite an musikalischen Präferenzen entwickelt und formulieren demzufolge höhere Ansprüche – sowohl an die Qualität der Inhalte als auch an die musikalische Umsetzung. Eltern, Großeltern, Onkel und Tanten stehen allerdings vor einem Problem, wenn sie sich auf die Suche nach neuen Musikangeboten für ihre Kinder, Enkelkinder, Nichten oder Neffen begeben. Der Musikmarkt für Kinder ist zwar groß und in fast allen Elektrofachmärkten, Buchhandlungen, Drogeriemarktketten, Supermärkten und sogar Tankstellen sind entsprechend gekennzeichnete Tonträger zu finden. Anders als in allen anderen musikalischen Gattungen gibt es für Kindermusik aber keine verlässliche Instanz, die Konsument*innen Orientierung bietet und dabei behilflich wäre, eine gezielte Auswahl zu treffen. Weder existieren offizielle Kindermusik-Charts, die Neuveröffentlichungen konsequent erfassen (damit aber nicht zwangsläufig für mehr Qualität bürgen würden), noch gibt es spezialisierte Redaktionen in Print- oder Onlinemedien bzw. bei Rundfunk- oder Fernsehsendern, die neue Veröffentlichungen mit kritischem Blick unter die Lupe nehmen.

... und noch 'ne Compilation ...

So bleiben musikinteressierte Eltern auf sich allein gestellt und haben häufig nur die Wahl zwischen unzähligen Compilations mit den besten Spiel- und Bewegungsliedern, den schönsten Schlafliedern, den tollsten Partyliedern, Wissens- und Lernliedern, Kirchenliedern, TV-Serienliedern, Urlaubsliedern, Mutmachliedern, Märchenliedern, Weihnachts-, Oster-, Winter-, Herbst-, Sommer- oder natürlich Frühlingsliedern. Zu nahezu jedem erdenklichen Anlass gibt es eine Sammlung mit den angeblich schönsten und besten Kinderliedern. Dieses Modell der Zweitauswertung einzelner Titel, gebündelt auf einem Tonträger, ist seit etlichen Jahren und über alle Genregrenzen hinweg ein wirtschaftliches Erfolgsmodell für die Musikindustrie. Kein Wunder, dass es auch für Kindermusik eine gewichtige Rolle spielt. Für einen Kaufpreis von unter 10 Euro versprechen derartige Compilations viel, doch kaum einer dieser Produktionen kann man guten Gewissens nachsagen, dass sie sich das Ziel musikalischer Stilbildung auf die Fahnen geschrieben hätte. Ihr Kernanliegen besteht in der Regel einzig und allein darin, jeden Titel einem thematischen Schwerpunkt unterzuordnen und ihn so zum beliebig austauschbaren Bestandteil eines kommerziell erfolgversprechenden Konzepts zu machen. Bisweilen stammen die auf den Tonträgern veröffentlichten Songs sogar aus den Archiven der Plattenfirmen. Es kann sich also durchaus um Lieder handeln, die bereits vor etlichen Jahren produziert wurden und im Gewand einer „aktuellen" Compilation einfach erneut veröffentlicht werden. Derartige Produktionen sind investitionsarm und versprechen damit eine umso höhere Rendite. Für geschmackssichere Eltern sind sie jedoch in aller Regel eine akustische Zumutung. Und nach meiner persönlichen Erfahrung lassen sich auch Kinder damit nur sehr selten vom Hocker reißen.

Ähnlich verhält es sich bei Veröffentlichungen traditioneller Kinderlieder, die gegenwärtig eine regelrechte Renaissance erleben. Es gibt reichlich gute Gründe für diese

Art der musikalischen Rückbesinnung. Lieder aus der eigenen Kindheit wecken längst verschüttet geglaubte Erinnerungen und können eine wichtige emotionale Grundlage bilden, wenn es darum geht, sich als Mutter oder Vater auf die Lebenswelt der eigenen Kinder einzulassen. Außerdem setzen sich viele junge Eltern intensiv mit der Frage auseinander, welche Werte sie ihren Kindern vermitteln wollen. Traditionelle Kinderlieder sind eng an diese Wertvorstellungen gekoppelt. Sie vermitteln kulturelle Identität, verleihen Festen und Feiertagen symbolische Bedeutung, illustrieren den Wandel der Jahreszeiten und festigen soziale Rollenbilder. Genau deswegen kommen sie in Kitas und Kindergärten immer wieder zum Einsatz – und genau dort gehören sie auch hin. Doch welche Halbwertzeit haben Lieder wie „Hänschen klein", „Ein Männlein steht im Walde" oder „Im Märzen der Bauer" im Kinderzimmer? Hand auf's Herz: Wer von Ihnen fühlt sich spätestens nach der dritten Wiederholung eines dieser Lieder nicht dazu genötigt, den Tonträger bei der nächsten sich bietenden Gelegenheit heimlich zu entsorgen?

Im Wissen um ihren wirtschaftlichen Erfolg werden trotzdem fortlaufend neue Compilations mit Kinderliedern veröffentlicht. Sehr erfolgreich hat sich das Berliner Label *Lamp und Leute* auf dieses Geschäftsmodell fokussiert und in den letzten Jahren dutzende solcher Tonträger auf den Markt gebracht. 2008 wurde in Kooperation mit dem *Allgemeinen Deutschen Tanzlehrerverband* (ADTV) die erste Veröffentlichung produziert. Seitdem gelangen regelmäßig neue Exemplare in die CD-Regale, vor allem aber in die virtuellen Kaufhäuser. Sucht man beim Online-Händler *Amazon* nach Kindermusik, entsteht beim unbedarften Kunden der Eindruck, als würde der Musikmarkt für Kinder von diesem Label dominiert. Die 2011 veröffentlichte Compilation „Die 30 besten Spiel- und Bewegungslieder", längst mit Platin ausgezeichnet, bildete den Grundstein für eine ganze Serie der „30 Besten", die etliche Themen des kindlichen Alltags abzudecken versuchen: Sommerlieder, Wissenslieder, Partylieder, TV-Serienlieder, englische Kinderlieder, Schlaflieder, traditionelle Kinderlieder, Lieder für Mädchen, Lieder für Jungs, Kirchenlieder, Fingerspiellieder, Mutmachlieder und sogar, Achtung: ein Einhorn-Musical. Zum Erfolg der Serie trägt bei, dass das Label *Lamp und Leute* beim Vertrieb der physischen Tonträger eng mit dem Musikkonzern *Universal* kooperiert. Das Konzept folgt dem immergleichen Schema: Zusammen mit den Kita-Fröschen – einer (vermutlich wechselnden) Gruppe singender Kinder – nehmen Simone Sommerland und Karsten Glück Neuinterpretationen bekannter Kinderlieder auf und bündeln sie auf einem Tonträger. Im Pressetext der „30 besten Spiel- und Bewegungslieder" liest sich das dann wie folgt: „Fantastische Sänger und fröhliche Kinderstimmen lassen die CD (...) auch für Eltern zu einem absolut angenehmen Hörgenuss werden. Darauf wurde ganz besonders geachtet und das findet sich bis ins Detail wieder. Unzählige Titel werden schon seit Generationen weitervererbt, andere sind in den letzten Jahren dazu gekommen, aber allesamt sind es heute Klassiker." Man vertraut also dem Hang junger Eltern zur Nostalgie – getreu dem Motto: Was Ihnen in Ihrer eigenen Kindheit nicht geschadet hat, kann für Ihre eigenen Kinder kaum schlecht sein. Fast klingt es wie eine Drohung, wenn das Label auf seiner Website verkündet: „Die hundertprozentige Trefferquote bei dieser Auswahl und die hohe Produktions- und Gesangsqualität haben ‚Die 30 besten...'-Serie zu einem festen Bestandteil in fast jedem Kindergarten dieses Landes gemacht. Viele weitere Ausgaben werden in den nächsten Jahren folgen."[9]

Ähnlich geschäftstüchtig gibt sich der Münchener Musiker Karl Jürgen Glas. Unter dem Künstlernamen *Charlie Glass* steht er seit vielen Jahren für „Piano Entertainment" und sorgt beim Bundespresseball, zum Dinner auf der FC Bayern München Pokal Triple Gala, im Thailändischen Königshaus oder in Monte Carlo am Flügel für den passenden musikalischen Rahmen. „Mit über 6.000 Live-Auftritten hat er im Laufe der Jahre für die größten internationalen Unternehmen gespielt", ist in einer Presseinformation über ihn zu lesen.[10] Durch seine eigenen Kinder fühlte sich *Charlie Glass* schließlich dazu inspiriert, traditionelle Kinderlieder am Klavier neu zu interpretieren. Seine Songs wurden rasch so erfolgreich, dass sich das *Sony*-Label *Europa* des Vertriebs der physischen Tonträger annahm. Zehn Kindermusik-Alben wurden in der Folge veröffentlicht, über deren Titel sich niemand mehr wundern dürfte: „Die 30 schönsten Weihnachtslieder", „Die schönsten Kinderlieder zu Ostern", „Die schönsten Spiel- und Beruhigungslieder", „Die schönsten Schlaflieder" oder „Die 30 schönsten Kinderlieder". Unter letztgenanntem Titel sind inzwischen drei Teile erschienen. Einer seiner neuesten musikalischen Coups ist das Lied „Kind der Erde" – der Song „zur Wende im Klimawandel", bei dem sich *Charlie Glass* zum ersten Mal sogar als Sänger an das Mikrofon wagt.

Mit vergleichsweise einfachen Mitteln und ganz ohne eigene kompositorische Leistung lassen sich in der Gattung Kindermusik also sehr schnell relevante Umsätze erzielen. In der logischen Konsequenz haben die Musikkonzerne längst auch mit der Erschließung des Musikmarktes für Kleinstkinder begonnen. Dieses Feld wurde bislang nur wenig beackert, verspricht aber ebenso große Umsätze, sofern man junge Eltern nur richtig anzusprechen weiß. Ein gutes Beispiel sind die Compilations des *Traumstern-Orchesters*. Deren Konzept besteht darin, die Hits beliebiger Jahrzehnte oder alternativ das Œuvre von Bands wie *AC/DC*, *Coldplay*, *Queen*, *Rihanna* oder *Metallica* im Klang einer Spieluhr zu imitieren. Während die Kinder zu diesen Klängen einschlafen, können sich die Eltern an den niedlichen Neuinterpretationen ihrer musikalischen Idole erfreuen. Nach Marketing-Logik klingt das nach einem vielversprechenden Konzept. Dass ein gestandener *Metallica*-Fan im Angesicht seiner neuen Elternrolle auf eine solche Veröffentlichung gewartet hat, wage ich allerdings zu bezweifeln.

Doch damit noch nicht genug. Geradezu absurd wird es, wenn sich das Produkt-Portfolio auf Tonträger zur pränatalen Beschallung ausweitet. Massenhaft werden Sampler für das ungeborene Kind angeboten. Erstaunlicherweise handelt es sich dabei oft um eine bedarfsgerechte Auswahl klassischer Werke von Mozart, Beethoven, Brahms oder Bach. Fast scheint es, als würde vor der Geburt eines Kindes weitaus mehr Wert auf hochkulturelle Stilbildung gelegt als zu dessen Lebzeiten. Systematisch ergänzt werden derlei Produktionen durch eine äußerst skurrile technologische Errungenschaft: den so genannten *Babypod*. Dieser kleine Lautsprecher verspricht direkte pränatale Beschallung, denn die werdende Mutter kann ihn sich vaginal einführen, so dass die Schallwellen durch die Gebärmutterwand direkt in die Fruchtblase übertragen werden. „Mütter und Babys vor der Geburt durch Musik vereint – die erste gemeinsame Erfahrung von Mutter und Kind", verspricht die offizielle Produktbeschreibung.[11]

Kindermusiker*innen als „Acts"

Die Kinder selbst scheinen als Zielgruppe dagegen erst dann relevant zu werden, wenn sie eigene Markeninteressen entwickeln und in der Lage sind, die Kaufentscheidungen ihrer Eltern gezielt zu beeinflussen. Auch hierfür existieren passgenaue Marketing-Konzepte, denn das musikalische Angebot dockt gezielt an Figuren und Produkte an, die sich bei den Kindern bereits großer Beliebtheit erfreuen. Im Fachjargon wird von „Character-basierten" Veröffentlichungen gesprochen. So kommen *Petterson*, die *Maus*, der *Elefant*, das *KiKa-Ninchen*, *Bob der Baumeister*, *Prinzessin Lillifee* oder die *Eiskönigin* in den Genuss, sich auch akustisch in Szene setzen zu dürfen. Musikalische Qualität ist dabei zweitrangig, denn für die Kinder ist unzweifelhaft klar: Wenn ihre Lieblingsfiguren mit irgendeinem Produkt in Verbindung stehen, dann kann es nicht schlecht sein! Dieser Logik folgend, nehmen wenig später Soundtracks von erfolgreichen Kinoformaten wie *Bibi & Tina* oder *Die wilden Kerle* den Platz der frühen Kinderzimmerstars ein. Derlei Produktionen orientieren sich bereits deutlich am popkulturellen Mainstream, ersparen sich dabei aber den Aufwand, neue Künstlerpersönlichkeiten aufzubauen. Wird stattdessen – wie beispielsweise beim Soundtrack zu *Bibi & Tina* – *Peter Plate* von der Band *Rosenstolz* mit ins Boot geholt, dann wird die Kasse am Ende schon angemessen klingeln. Dieses Andocken an bereits erfolgreiche Kinderprodukte sorgt, ähnlich wie die Produktion von Compilations, für größtmöglichen Profit bei vergleichsweise geringem Risiko, zerstört perspektivisch aber auch den Nährboden für neue, künstlergetriebene Kindermusik.

Nur zögerlich wird seitens der Musikkonzerne in den Aufbau neuer Interpret*innen investiert. Bent Schönemann vom *Sony*-Label *Europa* spricht in diesem Zusammenhang von Protagonist*innen mit „harmloser Coolness", die sich Kinder im besten Fall auch mit zehn oder elf Jahren noch zu hören trauen. Mit diesem Ansinnen wurden bei *Sony* in den letzten Jahren Acts wie *herrH* (inzwischen zu *Universal* gewechselt), *Donikkl* oder *Frank und seine Freunde* aufgebaut. Diese Künstler verschaffen sich bei der jungen Zielgruppe durchaus Gehör, stoßen in der öffentlichen Wahrnehmung aber trotzdem auf vergleichsweise wenig Resonanz. Gegenwärtig scheint nur eine Band dieses Schema zu durchbrechen: Das Hamburger Trio *Deine Freunde*. Noch nie zuvor hat eine Kindermusik-Formation ein so lautes mediales Echo erzeugt. Die jungen Männer bezeichnen sich selbstbewusst als „die coolste Kinderband der Welt". Ganz von der Hand zu weisen ist diese Selbstzuschreibung nicht, denn als Hip-Hop-Act für Kinder machen sie sich das zeitgemäße Image des Genres gekonnt zu Nutze und verstehen es, die musikalischen Merkmale von Rap-Musik ebenso stilecht wie humorvoll auf die Lebenswelt von Kindern zu übertragen. Das Ergebnis sind inzwischen sechs erfolgreiche Studioalben, eine Live-DVD und bundesweit ausverkaufte Tourneen. Wann hat es das in der Kindermusikwelt zum letzten Mal gegeben? Mit verantwortlich für diesen Erfolg dürfte sein, dass die Band in Rolf Zuckowski einen frühen Fürsprecher und Unterstützer fand. Sicher profitieren *Deine Freunde* aber auch von ihren persönlichen Erfahrungen als Musiker. Frontmann Florian Sump erlebte schon als Teenager einen kometenhaften Aufstieg als Schlagzeuger der Band *Echt*. *DJ-Pauli* tourte mit der Hip Hop-Band *Fettes Brot* durch die Republik und als ausgebildeter Musiker und Gründer einer eigenen Produktionsfirma bringt auch Lukas Nimschek viel Know-How aus dem professionellen Medienbetrieb mit. Manager Danny Engel schließlich blickt auf eine langjährige Zusammenarbeit mit der Band *Wir sind Helden* zurück. Aus der Summe dieser Erfahrungen lässt sich was machen und man muss neidlos anerkennen, dass das diesem Kollektiv auf vorbildliche Weise gelungen ist. Die in der Berichterstattung über die Band immer wieder geäußerte Behauptung, dass es vor *Deine Freunde* keine vergleichbare Kindermusik-Band gegeben hätte, ist aber nur bedingt zutreffend. Legt man ihren Bekanntheitsgrad, ihre konsequente stilistische Ausrichtung und das enorme mediale Interesse als Maßstab zugrunde, mag die Aussage zutreffen. Wenn jedoch musikalischer Anspruch, stilistische Eigenständigkeit und der Mut, sich inhaltlich von den Klischees traditioneller Kindermusik abzugrenzen, als Kriterien hinzukommen, finden sich noch etliche andere Bands und Einzelinterpret*innen, die sich (teilweise schon seit vielen Jahren) darum bemühen, der Gattung eine Frischzellenkur zu verpassen. Egal ob Jazz, Funk, Folk, Punk, Reggae, Rock- oder Popmusik: In fast allen musikalischen Stilrichtungen tummeln sich Bands und Interpret*innen, die konsequent die Zielgruppe Kinder ins Visier genommen haben. Dass sie überregional nur selten sichtbar werden, sollte niemanden zu einem vorschnellen Qualitätsurteil über ihre Musik verleiten. Viele dieser Musiker*innen arbeiten mit kleinen Musikverlagen zusammen oder veröffentlichen ihre Produktionen im Selbstvertrieb. Oft bewegen sie sich unterhalb des medialen Radars, wodurch das Gesamtbild des Musikangebots für Kinder erheblich verzerrt wird.

Zwischenfazit: Schuld sind nicht nur die Konzerne

Fassen wir zusammen: Gemessen an den Verkaufszahlen wird auch der Musikmarkt für Kinder durch die Veröffentlichungen der großen Musikkonzerne dominiert – und gerade deshalb fällt ihnen eine besondere Verantwortung zu. Bereits vor 20 Jahren formulierte Prof. Dr. Horst Heidtmann, Gründer des *Instituts für angewandte Kindermedienforschung* (IFaK) an der Hochschule der Medien in Stuttgart, jedoch Bedenken angesichts deren musikalischer Arbeit für Kinder. Nach seiner Beobachtung wurden schon damals „aktuelle Hitparaden-Titel oder neue schlagerartig arrangierte Produktionen zu beliebig kompilierten ‚Kinder-Hitparaden', zu ‚Dino Hits' oder ‚Hits für Kids mit Grusel, Graus und Gänsehaut' zusammengestellt und von unbekannten Sängern oder Kindern interpretiert". Ihre musikalische Umsetzung betreffend kritisierte er: „Das Instrumentarium beschränkt sich auf Elektro-Orgel, Schlagzeug, Synthesizer und E-Gitarren. Die Texte werden zumeist kindertümelnd, häufig verzerrt oder mit quäkender Kehlkopfstimme vorgetragen."[12] Leider trifft diese Beschreibung in vielen Fällen bis heute zu. Und folglich äußern sich viele Menschen besorgt. Der Liedermacher Konstantin Wecker mahnt zur Vorsicht, Kinder nicht mit einer Musik zu „verseuchen", die sie in den nächsten Jahren sowieso aus dem Rundfunk dudeln hören werden.[13]

Berthold Seliger, langjährig erfahrener Tour-Veranstalter und leidenschaftlicher Kritiker des kommerziellen Kulturbetriebs, stellt die grundsätzliche Frage nach dem kulturellen Selbstverständnis unserer Gesellschaft: „Geht es um den größten Haufen, auf den sich bekanntlich die meisten Fliegen setzen? Oder geht es um die ganz besonderen, einzelnen Leistungen außergewöhnlicher Künstler?"[14] Tim Renner hingegen formuliert Zweifel am Kunstverständnis von Musikmanager*innen: „Ihnen ist es wichtig, dass eine Platte mit einem vernünftigen Marketingplan in exakt dem richtigen Timing auf den Markt kommt, als zunächst einmal auf die Exzellenz des Werkes zu pochen"[15], so der ehemalige *Universal*-Geschäftsführer. Die ideologischen Grabenkämpfe zwischen Menschen, die sich als Künstler*innen verstehen auf der einen, und geschäftstüchtigen Musikant*innen auf der anderen Seite, sind allerdings nicht neu. Vielmehr sind sie Ausdruck eines fortlaufenden Diskurses über das Wechselspiel zwischen Kunst und Kommerz. Während des zeit- und kostenintensiven Aufbaus neuer Künstler*innen steht ein Unternehmen unter permanentem Umsatzdruck, der schnelle Erfolge praktisch erzwingt. Diese Dynamik erklärt, warum die Musikkonzerne bei Neuveröffentlichungen auf den größtmöglichen Absatz schielen. Doch selbst die wenigen sehr erfolgreichen Kindermusik-Interpret*innen erreichen ihre hohen Verkaufszahlen in der Regel erst über längere Zeiträume. Das wirtschaftliche Dogma kurzfristiger Umsätze steht im Widerspruch zu den eingeschriebenen Gesetzen des Kindermusik-Marktes. Doch müsste es nicht auch im Eigeninteresse der Musikkonzerne liegen, dass Kinder zu kompetenten und interessierten Musikliebhaber*innen heranwachsen? Gute Musikangebote für Kinder, so meine These, verhindern einseitige Verfestigungen musikalischer Präferenzen und fördern Diversität in der Musikkultur. Dieser Zusammenhang scheint aber entweder übersehen oder fahrlässig ignoriert zu werden.

Den Musikkonzernen deshalb die alleinige Verantwortung für den schlechten Ruf bzw. den gefühlten Stillstand der Gattung Kindermusik in die Schuhe zu schieben, würde den tatsächlichen Verhältnissen allerdings nicht gerecht. Den viel entscheidenderen Einfluss haben wir als Konsument*innen. Jede Veröffentlichung wird erst durch ihre Käufer*innen zu einem Erfolg. Eltern und Erzieher*innen müssen sich also die Frage gefallen lassen, welchen Anteil sie an der Verbreitung schlechter Kindermusik-Produktionen haben. Thomas Freitag, einer der wenigen Autoren, der sich bereits ausführlicher mit dem Thema „Kindermusik" befasst hat, appelliert an die Eigenverantwortung der Konsument*innen und stellt fest: „Es gibt übervorsichtige Mütter und fürsorgliche Omas, wohlwollende Tanten und schwachbrüstige Erzieherinnen. Die wollen alle, durch die Bank, nur das Beste für die Kinder. Das ist eben auch das große Elend! Sie wollen helfen, sich engagieren, erziehen, schenken, sie wollen die Gunst des Kindes erhalten oder erwerben. Am allerbesten geht das mit der Masche Niedlichkeit, Harmlosigkeit, Jöckerei und Blödelei. Keine Konflikte!", so Freitag. Und mahnend fährt er fort: „Was ist dabei, dass dann einer 10 Millionen Platten verkauft, pfundweise Gold und Platin und dreifach Gold nach Hause trägt? König wird? Sagt nicht, Käuferinnen, Tanten, Omas, ihr hättet von allem nichts gewusst!"[16]

An dieser Stelle beginnt sich die Diskussion im Kreis zu drehen. Gibt es so viele schlechte Kindermusik-Angebote, weil sie so viele interessierte Abnehmer*innen und Fans finden? Oder werden diese Produktionen in Ermangelung guter Alternativen gekauft? Es ist müßig und wahrscheinlich unmöglich, die Frage nach Ursache und Wirkung zweifelsfrei zu klären. Aber es ist höchste Zeit, diesen Teufelskreis zu durchbrechen. Auch die Musikkonzerne haben das inzwischen erkannt. Doch leider wachsen gute Kindermusiker*innen nicht auf Bäumen. „Wir wollen ja Künstler aufbauen, die besonders sind, die qualitativ hochwertig sind, die tatsächlich dieses viel strapazierte Attribut ‚das muss auch den Eltern gefallen' erfüllen", erklärt Andreas Maaß von *Universal*. Offenbar gibt es aber nur wenige Interpret*innen, die diesem Anspruch auch gerecht werden. Viel zu viele selbsternannte Kinderliedermacher*innen überschätzen entweder ihr musikalisches Talent oder unterschätzen Kinder in ihrem musikalischen Anspruch. Die Antwort von Andreas Maaß auf die Frage nach einem untrüglichen Ausschlusskriterium bei der Suche nach neuen Kindermusik-Interpret*innen bringt die speziellen Herausforderungen der Gattung auf den Punkt: „Wenn Musiker zu mir kommen und sagen: ‚Also meinen Kindern gefällt das ganz toll!', dann weiß ich, dass ich dieses Gespräch langsam beenden kann. Denn das ist nunmal überhaupt kein relevantes Kriterium."

Schlechte Laune
4 Künstlerische Entgleisungen in der Kindermusik

> „Musik darf das Ohr nie beleidigen,
> sondern muss vergnügen."
> (Wolfgang Amadeus Mozart)

Die Frage, was ein ‚gutes' Kinderlied auszeichnet, mag auf den ersten Blick abgehoben wirken. Kaum jemand würde sich anmaßen, in ähnlicher Weise darüber zu urteilen, wie gute Musik für Erwachsene zu klingen hat. Die stilistische Bandbreite ist groß, Genres sind vielfältig und Geschmäcker naturgemäß verschieden. Ist es also legitim, ausgerechnet über Kindermusik qualitative Urteile zu fällen? Um mich einer Antwort auf diese Frage zu nähern, möchte ich im Folgenden einige konkrete Beispiele nennen, die sich nach meiner Einschätzung mindestens an der Grenze des Vertretbaren bewegen oder sie deutlich überschreiten. Ich hoffe, dass sich so besser nachvollziehen lässt, warum ich die kritische Einordnung von Kindermusik nicht nur für gerechtfertigt, sondern sogar für geboten halte. Prinzipiell gilt es dabei zwischen musikalischen und inhaltlichen Merkmalen zu unterscheiden. Beiden Kriterien versuche ich gerecht zu werden, wenngleich es sich natürlich schwierig gestaltet, Musik rein sprachlich zu erfassen. Ergänzend empfehle ich Ihnen, den ein oder anderen Titel selbstständig im Internet zu recherchieren, um sich so auch einen akustischen Eindruck machen zu können. Selbst wenn Sie nach dem Zitat einzelner Textpassagen bereits das Interesse an der musikalischen Umsetzung verloren haben sollten, versprechen die Videos zu einzelnen Liedern zusätzlichen Unterhaltungswert.

Drastisches an den Rändern

Mit **Michi Vogdt** macht ein eher unbekannter Interpret den Anfang dieser Auflistung. Aus dem aktiven Kindermusik-Geschäft hat er sich inzwischen offenbar zurückgezogen, doch bis vor wenigen Jahren produzierte und komponierte er Songs und Musicals für Kinder, die sich stilistisch dem Schlager-Genre zuordnen lassen. Exemplarisch möchte ich Ihnen sein 2010 erschienenes Album „Ich bin ich und du bist du" vorstellen, mit dem ich mich zum Zeitpunkt seiner Veröffentlichung intensiver beschäftigt habe. Dem Titel nach zu urteilen, schien Michi Vogdt mit diesem Album durchaus pädagogisch wertvolle Absichten zu verfolgen – würden sie sich nicht in Zeilen wie diesen niederschlagen:

> *Viele kleine Hände, die es nicht mehr gibt,*
> *viele kleine Füße, von Kugeln ganz durchsiebt.*
> *Viele kleine Körper, zernarbt und aufgeschwemmt,*
> *viele kleine Namen, die man nicht mal kennt.*
> (aus: „Ein kleines Stück vom Glück"; anyCom Musikproduktion, 2010)

Wie angemessen und pädagogisch wertvoll ist aus Ihrer Sicht ein solcher Liedtext, um Kinder für Krieg, Unrecht und Unheil zu sensibilisieren? Mir persönlich bleiben die künstlerische wie auch die pädagogische Intention dieses Liedes schleierhaft. Natürlich gibt es schreckliche Kriege auf der Welt und viele Kinder, die massiv unter ihnen leiden und ihnen sogar zum Opfer fallen. Sicher ist es auch angebracht, mit Kindern über das Thema Krieg zu sprechen. Ich halte es jedoch für falsch, Kinder mit derart drastischen Bildern zu konfrontieren. Hier findet nicht Sensibilisierung, sondern allenfalls Traumatisierung statt. Solche verbalen Entgleisungen gehören auf dem Album von Michi Vogdt aber eher zur Regel als zur Ausnahme. In einem anderen Lied gelingt es ihm geradezu virtuos, das Thema Homosexualität in nur vier Zeilen mit den Themen Adoption, Migration und Mobbing zu verknüpfen:

> *Charlys Papa ist ein Mann, seine Mama auch.*
> *Küssen die sich dann und wann, fallen sie gleich auf.*
> *Und die Kinder in der Schule, sagen, die sind schwul.*
> *Charly aus Malaysia, den läßt das alles cool.*
> (aus: „Hey, Hey, Du! Ist das wirklich schlimm?"; anyCom Musikproduktion, 2010)

Mit einer gehörigen Portion Wohlwollen mag es gelingen, die guten Absichten zu erkennen, die sich hinter diesem gesellschaftskritischen Rundumschlag verbergen. Am Ende schießt hier aber trotzdem jemand weit über das gut gemeinte Ziel hinaus. Leider stehen die hier exemplarisch aufgeführten Lieder für ein Phänomen, das sich wie ein roter Faden durch die gesamte Kindermusikwelt zieht. Viel zu oft und viel zu unbedacht werden im Kinderlied die sozialen und kulturellen Beschränktheiten Erwachsener in die Lebenswelt von Kindern überführt. Dabei sind es gar nicht sie, die Homosexualität anprangern oder rassistisches Denken kultivieren. Der kindliche Blick auf die Welt ist in aller Regel von Neugier, Toleranz und Offenheit geprägt, nicht von Vorurteilen und Ressentiments. Wieso kommen Musiker*innen also auf die Idee, Kindern das Weltbild kleinkarierter Minderheiten überzustülpen? Ich fühle mich dabei an den von Götz Alsmann geprägten Begriff des „vertonten Sozialkundeaufsatzes" erinnert. (So beschrieb der Musiker augenzwinkernd die Werke von Max Herre und seiner früheren Band *Freundeskreis*.)

Wenn Michi Vogdt also von Texten und Melodien spricht, „die unter die Haut gehen und sensibilisieren"[1], dann zeugt das in meinen Augen von einer besorgniserregenden Fehleinschätzung des eigenen Schaffens, die eine fundierte Auseinandersetzung mit der Perspektive von Kindern vermissen lässt.

Ähnlich erschreckend ist das Werk des Musikers **Werner Fuhrmann**, den ich als einen polternden Kritiker moderner Kinderunterhaltung bezeichnen würde. Auf einer (inzwischen nur noch über Umwege abrufbaren) Website inszenierte er sich als Stimme der Kinder, gab einen Überblick über seine politischen Forderungen und warb offen für die Unterstützung seiner Positionen. Dabei mischte sich vergleichsweise harmlose Medienkritik („Mehr kinderfreundliche Sendungen statt Monster, Gewalt und Co.") mit einer stramm konservativen Haltung („Reform in der Kindermusik! Hier zählen vor allen Dingen deutsche Lieder und nicht, was gerade bei Plattenfirmen und einzelnen Musikredakteuren aktuell ist und im ‚Konzept' steht.") An anderer Stelle gab er zu verstehen: „Musik verbindet! Somit sollten wir bitte darauf achten, dass die Heimatverbundenheit kein Fremdwort wird."[2] Diesem Weltbild folgend verspürte Fuhrmann, der vornehmlich Schlager für Erwachsene komponiert, offensichtlich den Drang, ein Kindermusik-Album mit dem vielversprechenden Titel „Elefantenklo" zu veröffentlichen. Schon das Artwork mit den „liebevoll von uns selbst entworfenen und ausgemalten Figuren" provoziert blankes Entsetzen. Der Inhalt führt konsequent fort, was die Verpackung verspricht:

> *Warum sitzt denn keiner auf dem Elefantenklo?*
> *Woher hat der Ameisenbär die lange Nase her?*
> *Warum ist der Beutel von dem Känguru ganz leer?*
> *Und nun ziehen sie durch das Land, Hand in Hand.*
> *Singen, tanzen und sich drehen, das macht Spaß.*
> *Schnuppern da und schnuppern dort, hopp hopp hopp,*
> *viel erleben, viel zu sehen, oh wie schön.*
> *(aus: „Elefantenklo"; Fuhrmann-Music 2013)*

Ist es möglich, noch sinnentleerter an den Bedürfnissen von Kindern vorbeizutexten? Leider entbehrt auch die musikalische Umsetzung des Liedes jeder ernst zu nehmenden Kritik. Zugutehalten kann ich Fuhrmann lediglich, dass er sich in den lyrisch anmutenden Versen mit seinen politischen Forderungen zurückhält. Soweit mir bekannt ist, hat das Album auch keine nennenswerten Verkaufszahlen erreicht. Umso erstaunlicher ist es, dass der *KiKa* (der Kinderkanal von ARD und ZDF) ein Musikvideo zum Lied „Elefantenklo" produzierte und es so ins Fernsehprogramm für Kinder beförderte. Damit stützt der Sender nicht nur ein fragwürdiges Image vermeintlich zeitgemäßer Kindermusik, sondern lässt auch Zweifel an seiner Expertise als öffentlich-rechtliches Medienangebot für Kinder aufkommen. Nicht ohne Grund formulierte der Musikwissenschaftler Thomas Freitag die Forderung, „das Kinderlied und das Kinderliederschaffen unter rechtsstaatliche und juristische Beobachtung" zu stellen.³ Im vorliegenden Fall erhält seine Zuspitzung erschreckende Relevanz.

Skurriles im Mittelfeld

Drastische Fälle wie diese lassen sich an die Randzonen des breiten Kindermusik-Spektrums verorten. Doch auch im moderaten Mittelfeld findet sich noch immer genügend Skurriles – wie zum Beispiel die Arbeit des Musikers Stephen Janetzko. In der Gattung Kindermusik gehört er zu den erfahreneren Protagonisten. Dutzende Alben hat er in den letzten 20 Jahren produziert, ausgeprägten Stilwillen kann man ihm dabei jedoch nicht attestieren. Sein Konzept fußt darauf, nahezu jede Produktion einem Thema unterzuordnen, sich dabei inhaltlich an sämtlichen Klischees abzuarbeiten und musikalisch die immer gleichen Schemata zu bedienen: Eintönige Synthie-Sounds ohne einen Hauch von Groove untermalen Texte, die komplett talentfrei vorgetragen werden. Darüber täuschen auch die niedlichen Kinderstimmen nicht hinweg, die als gesangliche Unterstützung in fast jedem seiner Lieder zu hören sind. Eines muss man Janetzko jedoch lassen: Seine Herangehensweise sorgt für einen beachtlichen Output und funktioniert als Geschäftsmodell offensichtlich gut. Weit über 600 Lieder hat er nach eigenen Angaben bereits veröffentlicht. Über seinen eigenen Online-Shop vertreibt er nicht nur die Tonträger, sondern auch sämtliches Text- und Notenmaterial dazu.⁴ Als Zielgruppe nimmt er vor allem Erzieher*innen ins Visier, die dort zu wahrscheinlich jedem Thema ein Lied finden, das in ihrer täglichen Arbeit Relevanz hat. Scheu vor inhaltlichen Herausforderungen hat Janetzko dabei offenbar nicht, wie das Lied „In unserem Bioladen" exemplarisch belegt:

> » *Macht der Bioladen morgens auf, freue ich mich immer riesig drauf.*
> *Einkauf mit der Mami ist so toll, wir machen unsern Korb ganz rappelvoll!*
> *Viele Früchte liegen im Regal, und nicht eine einzige schmeckt schal.*
> *Äpfel, Birnen, Kürbis, mann-o-mann, die sind vom Biobauern nebenan!*
>
> *In unserm Bioladen, in unserm Bioladen, in unserm Bioladen,*
> *Leute, wisst ihr das, da macht das Kaufen Spaß, da gibt's für alle was!*
> (aus: „In unserem Bioladen (Der Bioladen-Song)"; Seebär-Music 2008)

Auch Umwelt und Naturschutz liegen Janetzko am Herzen. Leider klingt es weder authentisch noch poetisch, wenn er, zusammen mit einigen Kindern, betroffene Zeilen wie diese ins Mikrofon säuselt:

> *Warum, warum sind wir so dumm?*
> *Wir sägen heftig und mit Hast an unserem eigenen Lebensast.*
> *Warum, warum sind wir so dumm?*
> *Dabei sind wir ein Teilchen nur im großen Puzzle der Natur.*
> (aus: „Natur pur (Warum sind wir so dumm?)"; Seebär Music 2011)

Ähnlich wie Michi Vogdt scheint auch Stephen Janetzko dem Irrtum zu verfallen, dass die resignierte Lebenshaltung mancher Erwachsener der Lebenswelt von Kinder entspricht. Aber möchten Sie, dass Ihr Kind mit einem solchen Lied auf den Lippen aus dem Kindergarten nach Hause kommt?

Viele weitere Bands und Einzelinterpret*innen stehen dem hier beschriebenen musikalischen und inhaltlichen Anspruch in nichts nach – seien es die beiden „sympathischen Gute Laune-Brüder" von den *Jojos*, Phillip Greifenberg, der unter dem Namen *Phil4Kids* „coole Musik für coole Kinder" macht, Heiner Rusche, dessen Kinderlieder „im satten Rock- und Pop-Sound" daherkommen, Christian Hüser, der sich längst „in die Riege der beliebtesten deutschen Kinderliedermacher" gesungen hat, Matthias Linßen, der „rockige Gute Laune-Hits für Kids" macht, Daniel Kallauch, der sich selbstbewusst als „Entertainer für die ganze Familie" versteht, oder die Band *Kizzrock*, die „Rockmusik extra für Kinder" macht. Da kommt ein bunter Haufen (interessanterweise ausschließlich männlicher) Künstler mit durchaus gehaltvoll klingenden Selbstdarstellungen zusammen. Ihnen allen ist gemeinsam, dass sie ihre Alben ohne die Unterstützung größerer Verlage oder Labels veröffentlichen. Das verdient grundsätzlich Anerkennung, geht in den meisten Fällen aber zu Lasten der musikalischen wie inhaltlichen Qualität. Wieder andere Interpreten, wie zum Beispiel das Duo *Rodscha & Tom*, die als erfahrene Musikpädagogen vergleichsweise solide Produktionen umsetzen, wirken als Protagonisten derart überdreht, dass ich sie nur schwer ernstnehmen kann. Wenn *Rodscha aus Kambodscha* (ja, er nennt sich wirklich so) seine Fans via *YouTube* aus seinem Asien-Urlaub grüßt und dabei überdreht aus einer Kokosnuss schlürft, dann ist das weder lustig noch kindgerecht, sondern erzeugt bei mir in erster Linie Gefühle von Fremdscham.

Doch auch wenn die Szene offenbar von Männern dominiert wird: Es gibt auch Frauen, die die Welt mit Kinderliedern zu bereichern versuchen, die eigentlich niemand vermisst hat. Eines meiner aktuelleren Fundstücke ist das Duo *GroßstadtEngel*. Die Sängerinnen Myriam Koudsi und Chris Koziel haben sich vor vielen Jahren als Background-Sängerinnen in einer Band kennengelernt. Als sie dann „Mamas" wurden, glaubten sie, einen Mangel an „peppiger Kindermusik" erkannt zu haben und entschlossen sich dazu, diese vermeintliche Lücke zu füllen.[5] In nur vier Jahren haben sie fünf Alben produziert, die Titel wie „Kinder brauchen Spaß", „Partykracher No.1" oder „Jecke Kinderdisko" tragen. Bei *YouTube* kommen wir in den Genuss einiger ihrer Werke. Ganz weit vorne steht für mich das Video ihrer theatralischen Cover-Version des Songs „Kinder (Sind so kleine Hände)", im Original von der Liedermacherin Bettina Wegner. Richtig gute Laune macht dagegen das Lied „Der Elefant tanzt Samba", mit dem das Duo seine Definition von „peppiger Kindermusik" offenbar konkretisiert:

> *Der Elefant tanzt heut Samba*
> *und ruft dabei laut „karamba".*
> *Zuerst macht er sich einmal warm*
> *und streckt sich hoch so weit er kann.*
>
> *Er hält den Rüssel in die Lüfte*
> *und greift dabei auf seine Hüfte.*
> *Er schwingt sie einfach hin und her*
> *Samba tanzen mag er sehr.*
> (aus: „Der Elefant tanzt Samba"; Bambi Records, 2018)

Leider bleibt in der musikalischen Umsetzung dieser virtuos getexteten Zeilen von den für Samba typischen Stilmitteln nicht mehr viel übrig. Das Musikvideo steht diesem um Authentizität bemühten Ansatz in nichts nach. Schon jetzt tun mir die darin rumhopsenden Kinder leid, wenn ihnen in einigen Jahren bewusst wird, dass das Internet nichts vergisst. Vermutlich sind die *GroßstadtEngel* wirklich davon überzeugt, den Kindermusikmarkt zu bereichern oder gar zu revolutionieren. Je mehr Abnehmer*innen sie jedoch für ihren ausgemachten musikalischen Blödsinn finden und je stärker sie damit in den Fokus öffentlicher Wahrnehmung geraten, desto mehr tragen auch sie dazu bei, dass die Gattung Kindermusik als Zone talentfreier Künstler*innen gebrandmarkt bleibt.

Schlichtes bei den Major-Labels

Wer im Umkehrschluss davon ausgeht, dass die Veröffentlichungen professionell arbeitender Labels und Musikverlage zwangsläufig für mehr Qualität bürgen, unterliegt jedoch einem fatalen Trugschluss. Bereits im vorangegangenen Kapitel habe ich erläutert, dass der Kindermusik-Markt auch von ihnen mit überraschend schlichten Produktionen bereichert wird. Erfahrung und Professionalität gehen also nicht zwangsläufig mit mehr musikalischem Fingerspitzengefühl einher. Ein Beispiel dafür ist Frank Acker, der unter dem Namen **Frank und seine Freunde** beim *Sony*-Label *Europa* seit 2009 mehrere Alben veröffentlicht hat. Untermalt von uninspirierten Elektrobeats singt er sich mit seiner durch Auto-Tune aufgepeppten Stimme durch allerlei Belanglosigkeiten. Ein Großteil der Titel beschränkt sich auf plumpe Animationslyrik, vereinzelt werden aber auch „ernste" Themen ins Visier genommen, die allerdings jeglichen Bezug zur Lebenswelt von Kindern vermissen lassen:

> *Mach das Licht immer aus, lass das Auto vor dem Haus*
> *fahr mal Bus oder Bahn, mit dem Fahrrad, wenn du kannst.*
> *Bei Geräten Stecker ziehen spart ne Menge Energie*
> *mach sie aus, kein Stand-By, so reduzierst du CO_2.*
> (aus: „Licht aus"; Europa Family Music, 2013)

Während der Live-Shows dienen überlebensgroße Plüschtiere wie das *Zappeltier* oder die *Prinzessin Mikidoo* dem jungen Publikum als niedliche Identifikationsfiguren. Vor allem sollen sie aber wohl darüber hinwegtrösten, dass bei *Frank und seine Freunde* rein musikalisch nicht viel zu erwarten ist. Kein einziger Musiker ist auf der Bühne zu sehen, die Konzerte vermitteln Kindern die maximale Sparversion von Live-Musikkultur. Im Ergebnis haben wir es hier primär mit profitorientiertem Kinder-Entertainment zu tun.[6]

Auch die Alben von **Mirko Frank** erscheinen beim *Sony*-Label *Europa*. Die erste erfreuliche Feststellung bei der Auswertung seines musikalischen Schaffens lautet: Hier handelt es sich endlich mal um einen Musiker, der offenbar auch ein Instrument beherrscht. Schon 1996 gründete Mirko Frank das *Freie Kinder und Musik Atelier*, wo er Musik mit Kindern und für Kinder macht und Instrumentalunterricht gibt. Mutig hat er sich 2013 dann mit seinem Album „Kinder-Reggae & Meer" auf ein sehr spezifisches Genre fokussiert und zeigt sich darauf durchaus bemüht, seinen jungen Zuhörer*innen den Charakter von Reggae-Musik möglichst authentisch näherbringen zu wollen. Als Reggae-Liebhaber kam ich nicht darum herum, dieses Werk genauer unter die Lupe zu nehmen und musste dabei leider feststellen, dass die Umsetzung einer eigentlich schönen Idee hier vollkommen missglückt ist:

> *Lachen ist ein gutes Zeichen bei den Armen und den Reichen.*
> *Lachen macht uns allen Freude, große und auch kleine Leude.*
> *Wer zuletzt lacht, lacht am besten, Norden, Süden, Osten, Westen.*
> *Wer zuerst lacht, lacht fast immer und im Alter wird es schlimmer…*
> (aus: „Lachen ist gesund"; Europa Family-Music, 2013)

„Für mich gibt es einen großen Unterschied zwischen ‚ernst nehmen' und ‚ernst meinen'. Die Texte sind nicht immer ernst gemeint, aber die Kinder nehme ich absolut ernst."[7] Mit diesen Worten lässt sich Mirko Frank im Pressetext zum Album zitieren. Geschickt kommt er damit der Kritik an seinen holprig gereimten Lyrics zuvor. Spätestens in der musikalischen Umsetzung zeigt sich dann aber, dass er den selbst formulierten Anspruch, Kinder ernst nehmen zu wollen, nicht so recht erfüllen kann. Bei einem Reggae-Konzeptalbum erwarte ich, dass die Musiker*innen in der Lage sind, sich stilsicher in dem Genre zu bewegen. Genau das tut Mirko Frank aber nicht. Es stimmt zwar, dass die Grundlage für Reggae der so genannte „Offbeat" ist, also die rhythmische Betonung zwischen den Zählzeiten eines Taktes. Das Genre aber allein darauf zu reduzieren, wird ihm nicht gerecht. Reggae lebt vom Groove, von treibenden Bass-Lines und rhythmischer Variation. Mirko Frank scheint selbst zu bemerken, dass er all das nicht bedienen kann. In und zwischen den Liedern versucht er deshalb immer wieder zu erklären, was er musikalisch nicht recht zu vermitteln vermag:

> *Heut spielt euch die Liederbande einen Reggae vor*
> *hört gut auf den Offbeat, denn der geht sofort ins Ohr.*
> *Er liegt zwischen jedem Schlag und lädt zum Tanzen ein*
> *und das Reggae-Feeling, ja das lässt die Sonne rein.*
> (aus: „Der Kinder-Reggae"; Europa Family-Music, 2013)

Zu allem Überfluss greift Mirko Frank hier auch noch das kulturelle Klischee vom Sunshine-Reggae aus der Karibik auf, anstatt den gesellschaftspolitischen Hintergrund der Musik zumindest ansatzweise zu erläutern. Der schönen Idee zum Trotz fällt dieses Album damit bei mir leider durch. Mirko Frank hingegen baute mit den Alben „Gitti on Tour" und „Gittis neue Freunde" („Gitti" ist der Name seiner Gitarre) die Idee, Kindern spezifische musikkulturelle Stile vermitteln zu wollen, weiter aus. Machen Sie sich selbst einen Eindruck davon, wie gut ihm das gelingt. Für mich leitet sich aus diesem Beispiel der Appell nach kultureller Sensibilität im Kinderlied ab.

Zu den bekanntesten Veröffentlichungen in der Gattung Kindermusik zählen die Produktionen aus dem Haus *Universal*. Unter der Dachmarke *Universal Family Entertainment* bündeln sich mehrere Label mit ganz verschiedenen Interpret*innen. Zu ihnen gehört auch der Musiker Reinhard Horn, der bereits seit über 30 Jahren im Musikgeschäft aktiv ist. Über seinen Musikverlag *Kontakte* veröffentlicht er ein breites Spektrum musikpädagogischer Materialien sowie Angebote zur religiösen Werteerziehung. Seit vielen Jahren steht er aber auch als Kindermusiker auf der Bühne. Über eine Million Alben hat er bereits verkauft. Durch wechselnde Kooperationen versteht er es, sich immer wieder auch medienwirksam in Szene zu setzen – etwa, wenn er Prominente als Paten für einzelne Lieder gewinnt oder ein Musical zum Thema Verkehrssicherheit für den ADAC entwickelt. Keine Frage: Reinhard Horn ist ausgesprochen produktiv und ein durchaus versierter Musiker und Produzent. Zudem ist sein Schaffen merklich von seinem sozialen Engagement geprägt, allein deshalb verbietet sich eigentlich jegliche Kritik an seiner Arbeit. Leider lassen musikalische und inhaltliche Qualität seiner Werke in meinen Augen aber trotzdem zu wünschen übrig. Zu oft erliegt Reinhard Horn dem Irrglauben, jeden erdenklichen musikalischen Stil imitieren zu können. Anstatt dabei auf das Können erfahrener Instrumentalist*innen zu setzen, bedient er sich mit Vorliebe virtueller Sounds und Samples. Wenn sich Horn in einzelnen Liedern dann auch noch als Rapper versucht, ist der Bogen endgültig überspannt. Hinzu kommt, dass der „tollste Kinderversteher" seiner Zielgruppe meist nur wenig Relevantes mitzuteilen hat. Oft dominiert der Hang zu schlichten Paarreimen, in denen er sich an den Klischees des jeweiligen Sujets abarbeitet:

> *Auf die Pferde! Schnell wie nie reiten wir durch die Prärie.*
> *Wir sind Cowboys, wir sind super, wir sind keine Sesselpuper!*
> *(…) Und am Abend im Saloon braucht sich keiner auszuruh'n.*
> *Denn die Cowgirls sind schon da, wollen tanzen – wunderbar!*
> *Boys und Girls stehen in der Reih', schon geht's los: 1, 2, 3!*
> *(aus: „Cows und Boys"; Karussell, 2012)*

Noch schwieriger wird es, wenn Reinhard Horn mit seiner Musik an die Betroffenheit seiner geneigten Hörerschaft appelliert, wie etwa auf dem Album „Echte KinderRechte". Verstehen Sie mich nicht falsch: Natürlich ist es gut und richtig, sich für die Rechte von Kindern einzusetzen. Neben einem relevanten Thema sollten aber auch die künstlerischen Mittel sorgsam ausgewählt werden. Was Reinhard Horn in diesem Kontext abliefert, entspricht jedoch eher einer Mischung aus Geschäftssinn, sozialem Engagement und musikalischer Einfältigkeit. Im Lied „Kirschen, Kekse und Kakao" besingt er etwa die ungerechte globale Verteilung von Lebensmitteln. Im Video zum Song wird er gesanglich von zahlreichen Kindern eines Kinderdorfs unterstützt, als gutgelaunter Pate für das Lied steht ihm der Fernsehkoch Horst Lichter zur Seite. Zu flotten Samba-Rhythmen wird dann gemeinsam geträllert:

> *Kirschen, Kekse und Kakao, was mir schmeckt, weiß ich genau.*
> *Ich wünsche mir, dass jedes Kind mit Frühstück seinen Tag beginnt*
> *und satt zu Bett geht, satt zu Bett geht*
> *das wär was – wow!*
> *(aus: „Kirschen, Kekse und Kakao"; Kontakte Musikverlag, 2008)*

Der Song ist Bestandteil eines umfassenden Gesamtkonzeptes, denn auf dem Album hat Reinhard Horn zu zahlreichen Kinderrechten ein Lied komponiert, das „zum Nachdenken und Mitreden anregen soll". Wenn Jörg Pilawa Schirmherr des Projektes ist, zahlreiche weitere Prominente sich als Paten für einzelne Lieder zur Verfügung stellen und selbst die Bundeskanzlerin ein Grußwort für das Begleitbuch beisteuert, sollte ich dann mit meiner Kritik vielleicht etwas zurückhaltender sein? Doch wenn wir schon über Kinderrechte sprechen: Wie steht es eigentlich um das Recht eines Kindes auf gute musikalische Angebote? Im vorliegenden Fall mag der inhaltliche Ansatz einer lobenswerten Haltung entsprungen sein. Die Musik bleibt aber belanglos und die Botschaft eher platt. Reinhard Horn hätte sich im Vorfeld zwischen einem Sozialprojekt oder einer künstlerisch wertigen Veröffentlichung entscheiden sollen. Beides zusammen funktioniert selten.

Leider reißen mich auch seine aktuelleren Produktionen nicht vom Hocker. Das 2016 erschienene Album „Familie sind wir" besticht bisweilen zwar durch schöne und alltagsnahe inhaltliche Ideen. In der musikalischen Umsetzung verlieren sich die einzelnen Songs jedoch in überdimensionierten Soundkulissen und triefen häufig nur so vor Pathos. Exemplarisch belegen das die Videos zu den Liedern „F-A-M-I-L-I-E" oder „Danke

Mama". Die Art und Weise, wie sich Horn hier selbst in Szene setzt, kopiert gekonnt gängige Klischees aus dem Schlager-Genre, erfüllt nach meinem Dafürhalten aber nicht die Ansprüche an zeitgemäße Kinderunterhaltung.[8]

Fragwürdiges bei den Szene-Stars

In der Auseinandersetzung mit Kindermusik kommt man an einem der bekanntesten Akteure der Gattung nicht vorbei: Dem „König der Kinderdisko" **Volker Rosin**. Seit Jahrzehnten ist er eine feste Instanz in Sachen musikalischer Kinderunterhaltung. Nach eigenen Angaben hat er in 40 Jahren über 35 Alben veröffentlicht, mehr als fünf Millionen Tonträger sowie eine halbe Million Spiel- und Liederbücher verkauft. Keine Frage: Volker Rosin ist es gelungen, aus seiner Berufserfahrung als Erzieher und Sozialpädagoge auch musikalisch Kapital zu schlagen. Daran ist erstmal nichts auszusetzen, ganz im Gegenteil. Der Fähigkeit, sich über eine so lange Zeit interessant zu halten, zolle ich grundsätzlich großen Respekt. Das musikalische Ergebnis seiner Arbeit überzeugt mich jedoch nicht. Zu belanglos, zu unterkomplex und zu redundant sind die Lieder auf seinen Tonträgern, die er in erstaunlich enger Taktung auf seinem eigenen Label *Moon Records* veröffentlicht. Der bundesweite Vertrieb erfolgt über den Musikkonzern *Universal* – und eben deshalb findet man seine Alben in wirklich jedem Geschäft, das sich um eine kindermusikalische Grundversorgung bemüht. So kommt es, dass tausende Kinder Lieder wie dieses kennen und singen:

> *Der Elefanten-Sommerhit, den tanzen alle gerne mit.*
> *Einmal vor und dann zurück, schwing den Rüssel wie einen Schlüssel,*
> *denn das ist der ganze Trick.*
> *Bei dem Elefanten-Hit bleiben alle super fit.*
> (aus: „Elefanten-Sommerhit"; Moon Records, 2011)

Wo es einige Kindermusiker*innen mit den „ernsten Themen" bisweilen übertreiben, setzt Volker Rosin konsequent den Rotstift an. Inhaltliche Tiefe darf man bei ihm nicht erwarten. Im Mittelpunkt steht fast immer das Kind, das permanent in Bewegung gehalten werden muss. In der Regel macht sich Rosin dabei auch nicht die Mühe, ein Instrument in die Hand zu nehmen. Umso überraschter war ich, als er 2015 ein Jazz- und Swing-Album mit dem Titel „Der blaue Hund will tanzen" veröffentlichte. Mit dieser Produktion schlug Volker Rosin musikalisch ungewohnte Wege ein, denn damit verließ er das für ihn absolut sichere Terrain des Kinderschlagers und versuchte sich an Jazz-Klassikern wie „Fly me to the Moon", „Blue Bossa" oder „Sing Sing Sing" – natürlich, wie es sich für Volker Rosin gehört, mit „kindgerechten Texten". Was jedoch dank einer Band mit professionellen Musiker*innen tatsächlich gut und vielseitig klingt, erschöpft sich inhaltlich in absolut sinnentleerten Phrasen. Zu den Harmonien des Jazz-Klassikers „Sing Sing Sing" werden die Hörer*innen mit folgenden Zeilen umgarnt:

> *Spring, spring, spring, spring,*
> *jeder springt jetzt her und hin.*
> *Hoppla hopp, ohne Stopp*
> *wie ein Pferdchen spring spring spring.*
> (aus: „Spring, spring, spring"; Moon-Records, 2015)

Mit Textzeilen wie diesen greift Rosin auf sein bewährtes Erfolgsrezept zurück: Die Fokussierung auf das scheinbar an Bewegungsmangel leidende Kind. Ist das wirklich eine inhaltliche Begegnung mit Kindern auf Augenhöhe? Bezieht man den Aspekt „Wertschätzung des Originals" mit in die Bewertung ein, kommt es zu den Klängen des Klassikers „Blue Bossa" mit Zeilen wie diesen noch dicker:

> *Leute hört mal her jetzt kommt der blaue Hund*
> *er hört gerne Jazz und das hat seinen Grund.*
> *Er mag Melodien wenn sie anders sind*
> *als das was sonst so aus dem Radio klingt.*
> (aus: „Der blaue Hund"; Moon-Records, 2015)

Es bedarf schon einer gewissen Dreistigkeit, sich der „Melodien, die so anders sind als das, was sonst aus dem Radio klingt" zu bemächtigen und damit den Eindruck zu erwecken, als sei hier ein beflissener Genre-Kenner am Werk. Gerade Volker Rosin hat in den vergangenen Jahren unzählige Kinderohren mit seinem einfältigen Schlagersound beschallt. Im Booklet zur CD erfahren wir jedoch, dass seine heimliche Liebe schon lange der Jazz-Musik gilt. Und da Kinder diese Musik angeblich selten bis gar nicht zu hören bekommen und es (so man seinen Worten Glauben schenken möchte) bislang keine Jazz-Alben für Kinder gibt, erfüllt er sich endlich einen Kindheitstraum und zugleich eine der ältesten Regeln des Showbusiness: Wenn nichts mehr geht, mach ein Swing-Album! [9]

Ähnliche Genre-Ausflüge wagte Rosin bereits mit seinen Alben „Beatles für Kinder" (1984) und „Oldies für Kinder" (1995) – immer mit dem Ziel, „neue Klänge und Songs an kleine Kinderohren zu führen." Eine schöne Idee, doch leider wirkt Rosin als Jazzmusiker ebenso unauthentisch wie als Mitglied der *Beatles*. Das zeigt sich schon beim Blick auf das CD-Cover, auf dem ein etwas in die Jahre gekommener Mann zu sehen ist (natürlich stilecht im schwarzen Anzug gekleidet), der mit einem Saxophon in der Hand (ob Rosin überhaupt Saxophon spielen kann?), leicht vorgebeugt (vermutlich swingt er gerade) und etwas angestrengt in die Kamera lächelt. Flankiert wird er von einem drollig gezeichneten blauen Hund. Bleibt die Frage, ob Kinder mit den Originalen der hier verarbeiteten Jazz-Klassiker nicht deutlich besser bedient wären? Auch wenn Volker Rosin ein aus musikalischer Sicht überraschend gutes Album gelungen ist, bleibt für mich schleierhaft, warum er dieses Feld nicht denen überlässt, die tatsächlich etwas davon verstehen. Denn natürlich gibt es auch talentierte Jazzmusiker*innen, die Lieder für Kinder machen – nur kennt sie bislang kaum jemand.

Da wir nun bei den kommerziell erfolgreichen Kindermusikern angekommen sind, muss ich auch auf **Detlev Jöcker** zu sprechen kommen. „Ein Mann, der mit infantilen Texten ein ausgewachsenes Vermögen verdient hat"[10], wie eine Spiegel-Journalistin über dessen Lebenswerk urteilt. Mehrere Dutzend Alben hat Jöcker veröffentlicht und bis heute über 13 Millionen Exemplare davon verkauft. Man sollte meinen, dass er als ausgebildeter Musiker über hinreichend Talent verfügt, um bei einem solchen Output selbstbewusst das ein oder andere musikalische Experiment zu wagen. Doch weit gefehlt! Grundlage seines Erfolgs war und ist die Kombination einfacher Texte mit einfältigen Kompositionen. Das Lied „1, 2, 3 im Sauseschritt" gilt als einer von Jöckers Klassikern und liefert ein anschauliches Beispiel für sein künstlerisches Selbstverständnis:

> *1, 2, 3 im Sauseschritt gehen alle Kinder mit.*
> *Der Peter ist nun an der Reih – und er läuft an uns vorbei.*
> *Bücken, strecken rund um drehn – viermal klatschen, stampfen, stehn.*
> (aus: „1, 2, 3 im Sauseschritt"; Europa Family Entertainment, 1998)

Für Kleinkinder mag es ein schönes Erlebnis sein, das Lied gemeinsam zu singen und sich dazu zu bewegen. Musikalisch ist der Song jedoch eine einzige Zumutung – so wie fast alle Kompositionen aus Jöckers Feder. Der Musiker hat sich auf die Fließbandproduktion von Kinderliedern mit möglichst unverfänglicher Message spezialisiert und sich seinen Ruhm durch unzählige Konzerte in Kindergärten und Schulen hart erarbeitet. Das dafür notwendige Stehvermögen ist bewundernswert. Trotzdem finden Sie in mir keinen Fürsprecher seiner Musik. Anscheinend stehe ich mit dieser Haltung aber ziemlich alleine da: Das Goethe-Institut schickte Jöcker als Botschafter des deutschen Kinderliedes durch die halbe Welt. Im *Haus der Geschichte* in Bonn wurde Jöcker als „bedeutendster Künstler des deutschen Kinderliedes" gewürdigt. Nicht zuletzt runden dutzende Gold- und Platin-Auszeichnungen, vor denen er sich immer wieder gerne in Szene setzt, seine Erfolgsgeschichte ab. Eine noch größere Würdigung für einen Kindermusiker ist praktisch kaum denkbar.

Für das *Sony*-Label *Europa* ist Jöckers Popularität ohne Zweifel ein Segen. Fast alle seiner Produktionen wurden vor einigen Jahren noch einmal neu veröffentlicht. „Mit dem einheitlichen Serien-Look gelingt bereits nach einem halben Jahr der Warenpräsenz eine merklich höhere Durchschlagskraft des Backkatalogs", ist in einer offiziellen Pressemeldung zu lesen. Sie trägt die irreführende Überschrift „Jöcker steigert die Sozialkompetenz".[11] Mir wäre es lieber, er würde einen substanziellen Beitrag zur Förderung von Musikkompetenz leisten. Entsprechendes Bemühen ist durchaus erkennbar. Mit „Bewegte Kinder" veröffentlichte er 2016 ein Album, das von einer echten Band eingespielt wurde, was laut Pressemeldung (der PR-Abteilung kann man auf keinen Fall Untätigkeit vorwerfen) „in der deutschen Kinderliederszene etwas ganz Besonderes ist". Was für ein Blödsinn! Erst braucht der Musiker 40 Jahre, um festzustellen, dass man Kindern auch etwas anderes als Sounds aus der Konserve anbieten kann. Dann tut er auch noch so, als habe er damit das Rad neu erfunden? Ihm sei es wichtig gewesen, so erklärt Jöcker, „den Kindern eine ehrliche und authentische Musik anzubieten, die atmet, lebt und ohne Umwege direkt in die Ohren, Hände, Beine und Herzen geht". Zwangsläufig stellt sich die Frage, was er in all der Zeit davor gemacht hat? Gemessen an vorangegangenen Produktionen ist das Album „Bewegte Kinder" zwar tatsächlich eine musikalische Offenbarung. Inhaltlich hat es jedoch kaum Neues zu bieten:

» *Hundebabys sind noch klein, Hundebabys sind noch klein*
Hundebabys, gerade geboren, gerade geboren sind sie klein.
Sie recken und sie strecken sich bis sie dann endlich stehen,
dann gehen sie ganz vorsichtig, das kann gleich jeder sehen.
Wau wau wau wau wau, wau wau wau wau wau – Hundebabys gehen mit.
(aus: „Hundebabys sind noch klein"; Europa Family Music, 2016)

Nach diesem Geniestreich wurde Jöcker nochmal richtig produktiv. Noch im selben Jahr veröffentlichte er das Album „Pop-Fieber", mit dem er „das Unmögliche möglich gemacht hat – nämlich richtige Popmusik für Kids." Mit diesem inhaltlichen Anspruch betritt er ein für seine Verhältnisse völlig neues Terrain. „Gesungen wird über das, was die Kiddies zwischen Einschulung und Pubertät heute interessiert: freche Texte über Handys, zu wenig Taschengeld und die erste Liebe – all die Themen eben, die die Jugend so umtreibt", ist in der Produktbeschreibung zu lesen. Damit aber noch nicht genug. Mit der EP „Sauseschritt Pop" folgte auch die Neuinterpretation seiner schönsten Kinderlieder im Pop-Gewand. Und mit dem Album „Erde, ich beschütze dich" bereichert er die Welt mit Liedern zu Natur-, Umwelt- und Klimaschutz. Offenbar holt hier jemand auf seine alten Tage (Jöcker ist inzwischen 69 Jahre alt) noch einmal zum kreativen Rundumschlag aus.[12]

Spezialfall Bildungsanspruch

Nicht unerwähnt bleiben soll zum Schluss eine Kindermusik-Sparte, die ein noch weitaus höheres Ziel verfolgt als reine Unterhaltung. Wenn Musikproduktionen für Kinder gezielt einen Bildungsanspruch formulieren, dann wird es regelrecht perfide. Zur konkreten Veranschaulichung soll hier „Das 1x1 Album mit den Hits von Nena" herhalten. Angeblich kam der Impuls zu diesem Werk gar nicht von der Künstlerin selbst, sondern von der Tochter ihres Produzenten, die sich die Paukerei für Mathe erleichtern wollte und so die Idee hatte, das Einmaleins mit Nenas Hits zu kombinieren. Über das Endprodukt ist dann im Promo-Text zu lesen: „Mit der ‚1x1-CD' kriegt man Mathe übers Mitsingen und Mitlachen in den Kopf, ohne trockenes Pauken. Und wer heute einen unbeschwerten Zugang zu Zahlen hat, ist im Vorteil. Kinder werden immer früher mit Informationselektronik konfrontiert, die mit Hilfe von Zahlen und Codes funktioniert, aber ihren jungen Usern das Rechnen total abnimmt. Ein unkompliziertes und positives Mathe-Gefühl ist die Grundlage, die Kinder brauchen, um sich mit den Gegebenheiten unserer Zeit erfolgreich auseinanderzusetzen."[13] Hier wird argumentativ sehr weit ausgeholt, um das fragwürdige Konzept der Platte plausibel zu erklären. Warum die Veröffentlichung überhaupt so bedeutungsvoll flankiert werden muss, erklärt sich bei eingehender Betrachtung der Texte. Sie können die folgenden Zeilen ja mal mitsingen – die Melodie von „Nur geträumt" ist Ihnen ja sicher vertraut:

> *Ich hab heute nichts versäumt,*
> *denn ich hab nur von 4 geträumt.*
> *Ich hab die 8 nur kurz gesehen,*
> *dann kam schon 12 und dann 16.*
> *Und die 20 die ich mag, weil sie vor 24 lag,*
> *28, 32, 36 denn das reimt sich.*
> (aus: „Einmalvier (Nur geträumt)"; Laugh & Peas Entertainment, 2014)

Stimmt, das reimt sich. Damit ist die größte künstlerische Leistung der Produktion bereits benannt. Rein musikalisch sollten Sie nämlich nicht allzu viel von ihr erwarten – nicht einmal als Nena-Fan. Die Arrangements sind größtenteils meilenweit vom Original entfernt, sie sollen ja schließlich den Kinderohren schmeicheln. Und die stehen anscheinend auf Elektrobeats, Vocoder-Stimmen und nerviges Geplapper während der Lieder. Der oben zitierte Song „Einmalvier" entwickelt sich von einem entspannten Reggae-Tune hin zu einer Art Ska-Speedmetal. Gemeinsam mit Nena brüllen die Kinder am Ende: „Papa, das ist jetzt aber viel zu schnell. So kann ich nicht arbeiten." Ja, das ist wirklich witzig! Ich glaube gerne, dass die beteiligten Mädchen Spaß an der Produktion hatten und große Nena-Fans sind. Aber muss so etwas als Kindermusik getarnt der Öffentlichkeit zum Kauf angeboten werden? Den Aspekt „Wertschätzung gegenüber dem Original" möchte ich hier lieber gar nicht ins Spiel bringen, schließlich war Nena aktiv an dieser Produktion beteiligt. Es darf also davon ausgegangen werden, dass sie das Ergebnis gutheißt. Und anscheinend nicht nur sie. „Endlich mal eine eingängige Einmaleins-CD, witzig und spritzig und für Kinder-Ohren gemacht, mit dankbaren Eselsbrücken, alles was das Lehrerherz begehrt!", schreibt eine offenbar begeisterte Käuferin in einer Kundenrezension über das Album. Mit dieser Rückmeldung bringt die Pädagogin meine Hauptkritik an der Platte treffsicher auf den Punkt: Es geht hier eindeutig nicht um Musik. Stattdessen wird das Etikett „Kindermusik" in den Dienst einer völlig anderen Absicht gestellt. Auch ich finde es gut, wenn musikpädagogische Methoden in den schulischen Unterricht einfließen und Musik zum kreativen Gestaltungselement im schulischen Alltag wird (die *Bertelsmann-Stiftung* hat mit dem Programm „Musikalische Grundschule"[14] bereits vor etlichen Jahren ein Projekt initiiert, das dieser Idee Rechnung trägt). Zum Problem wird jedoch der Umkehrschluss, wenn also Kindermusikproduktionen ihre Wertigkeit aus einer pädagogisch wertvollen Absicht herzuleiten versuchen. Eine gut gemeinte Intention macht aber noch kein gutes Kinderlied! Wenn wir die Qualität eines Kinderliedes an seinem pädagogischen Anspruch messen, findet in meinen Augen eine fatale Verschiebung der Prioritäten statt, denn dann weicht künstlerischer Anspruch dem Primat eines didaktischen Konzepts. Doch sollte sich Kindermusik wirklich spezifischen Bildungszielen unterordnen? Im vorliegenden Fall entsteht daraus nicht mehr als ein seelenloses Produkt, das vom Glamour eines verblichenen Popstars zu profitieren versucht.

Zwischenfazit: Verantwortungsbewusstsein ist gefragt

So komme ich zum Ende dieses Kapitels noch einmal auf die Einstiegsfrage zurück: Ist es gerechtfertigt, zwischen guten und schlechten Kinderliedern zu unterscheiden? Die hier benannten Beispiele dürften gezeigt haben, dass die Frage nicht aus der Luft gegriffen ist – dabei erfasst die Auswahl noch nicht einmal ansatzweise die ganze Bandbreite zweifelhafter Produktionen. Nach meiner Erfahrung berufen sich viele Musiker*innen bei kritischem Feedback zu ihrer Arbeit gern auf die positiven Rückmeldungen der Zielgruppe selbst. Ganz nach dem Motto: „Mir egal, wie Sie meine Musik finden. Meine Fans lieben sie – dann kann sie nicht so schlecht sein." Diese Haltung mag bei Musikproduktionen für Erwachsene legitim sein, greift bei Kindermusik aber zu kurz. Ein Kind wäre auch begeistert, wenn es ausschließlich Schokolade zu sich nehmen dürfte. Im Wissen um diesen kindlich-unreflektierten Impuls fühlen wir uns als Erwachsene umso mehr dafür verantwortlich, dass es sich gesund und ausgewogen ernährt. Musikangebote für Kinder sollten mit einem ähnlichen Verantwortungsbewusstsein umgesetzt werden. „Viele Künstler scheinen diese Verantwortung überhaupt nicht zu spüren und einige Menschen machen sich da glaube ich schon sehr schuldig"[15], gibt selbst Rolf Zuckowski zu bedenken. „Verniedlichung, Unterforderung, falsche Harmonie, falscher Frohsinn, Verdummung und seichtes Gekichere in kleinen Liedern für kleine Kinder – das muss aufhören!", fordert auch der Musikwissenschaftler Thomas Freitag und fährt in gewohnt scharfem Ton fort: „Über den mentalen Zustand der Kids wird ja oft und viel nachgedacht. Aber ganz ehrlich: Dass die bei solchen Liedern nicht noch größere Macken bekommen haben, andauernd Daumen lutschen oder das Bett nässen – ein Wunder!"[16]

Nur wenn du es tust
5 Kleine Labels und Verlage für Kindermusik

> „Die Musik spricht für sich allein.
> Vorausgesetzt, wir geben ihr eine Chance."
> (Yehudi Menuhin)

Musik für Kinder, das dürfte inzwischen deutlich geworden sein, kann ein durchaus ertragreiches Geschäft sein. Kein Wunder also, dass immer mehr Musiker*innen versuchen, einen Teil vom Kuchen abzubekommen. Der Weg über die großen Musikkonzerne stellt dabei allerdings eher die Ausnahme als die Regel dar. Wie ich bereits gezeigt habe, erzielen sie in der Gattung Kindermusik zwar die mit Abstand größten Umsätze. Gemessen an den Beschäftigten, besteht die Musikbranche insgesamt aber vor allem aus Selbstständigen sowie kleinen und mittleren Unternehmen. Laut der im Dezember 2020 von der GEMA und weiteren Institutionen herausgegebenen Studie „Musikwirtschaft in Deutschland" erzielten über 60 Prozent der Musikunternehmen einen Jahresumsatz von 17.500 bis 100.000 Euro. Dazu zählen nicht nur kleine Labels, sondern auch Konzertagenturen, Tonstudios, Hersteller von Musikinstrumenten, Verwertungsgesellschaften und nicht zuletzt eine Gruppe von Menschen, die in der Studie unter dem Begriff „selbstständige Einzelunternehmer*innen" erfasst wird.[1] Gemeint sind damit nicht nur die Interpret*innen, sondern auch Komponist*innen, Musikbearbeiter*innen oder Texter*innen. Gar nicht erfasst werden in der zitierten Studie die Kreativen, die unter 17.500 Euro verdienen, steuerrechtlich also als Kleinunternehmer gelten. Laut Künstlersozialkasse fielen im Jahr 2019 über 27.000 selbstständig arbeitende Musikpädagog*innen mit einem durchschnittlichen Jahreseinkommen von gerade mal 13.731 Euro in diese Kategorie.[2] Wenn in der Musikbranche also von Kleinunternehmern die Rede ist, dann sprechen wir über eine erschreckend große Gruppe von Kreativen, die in überaus prekären Erwerbsverhältnissen stehen.

Viele, wahrscheinlich sogar die meisten der musikalisch interessanten Musikproduktionen für Kinder, entstehen in diesem Umfeld der unabhängig arbeitenden Kreativen. In aller Regel verfügen sie nicht über die notwendigen finanziellen Ressourcen, um mit großen Kampagnen auf ihre musikalische Arbeit aufmerksam zu machen. Dieses Ungleichgewicht trägt mit dazu bei, dass in der öffentlichen Wahrnehmung eine gewaltige Diskrepanz zwischen der gefühlten und der tatsächlichen Qualität von Musikangeboten für Kinder besteht. Dieses Phänomen hat den Musikmarkt für Kinder über lange Zeit dominiert. „Es waren eher kleine Labels, Gitarren-Einzelkämpfer und Verlage, die sich um Qualität in Melodie und Text für die junge Zielgruppe bemühten. Oft fehlte ihnen die Marketing-Kraft, um sich auch nur in den Kinderfunk einzubringen, (...) was dem kommerziellen kompositorischen Fließband-Schrott ökonomisch sehr zu pass kam"[3], bringt es der Herausgeber und Verleger der *neuen musikzeitung* (nmz), Theo Geißler, auf den Punkt. Wer sich ein realistisches Bild vom gesamten Kindermusik-Spektrum machen möchte, der muss also auch die kleinen Verlage und Labels, sowie die Szene der unabhängig arbeitenden Musiker*innen ins Visier nehmen. Andreas Maas (*Universal*) nennt sie die „klassische Kinderliederszene", die meist sehr regional geprägt und genau deshalb für sein Unternehmen eher uninteressant sei.

Zu den Aufgaben eines Labels zählt die inhaltliche Beratung der Künstler*innen, die Organisation der Produktionen sowie deren Promotion und Vertrieb. Oft deckt es auch das Booking gleich mit ab, also die Planung von Konzerten und Tourneen. Der bundesweite Interessensverband der kleinen und mittelständischen Unternehmen der deutschen Musikwirtschaft ist der „Verein unabhängiger Tonträgerproduzenten" (VUT). Rund 1.300 Label, Verlage, Künstler*innen und Produzent*innen zählt er zu seinen Mitgliedern. Gemeinsam erreichen sie einen Marktanteil von immerhin 35 Prozent, ihr Anteil an den jährlichen Neuveröffentlichungen liegt sogar bei über 80 Prozent.[4] Gegenüber den Major-Labels unterscheiden sich die „Independents" aber nicht nur in ihrer unternehmerischen Struktur, sondern vor allem in ihrem Selbstverständnis. Denn die kleinen Musikunternehmen tragen maßgeblich zur Verbreitung der künstlerischen Arbeit von Interpret*innen bei, die abseits des Mainstreams agieren. Indem sie vor allem künstlerischen Kriterien und weniger den „ökonomischen Zwängen der Gewinnorientierung" folgen, versuchen sie, der wirtschaftlichen Übermacht der Musikkonzerne etwas entgegenzusetzen. So zumindest beschreiben die Kulturwissenschaftler Roland Graffé und Gregor Schubert das Selbstverständnis kleiner Labels und Verlage und fahren fort: „Nicht zuletzt war damit auch der programmatische Anspruch verbunden, Formen der Gegenöffentlichkeit zu schaffen, in der oppositionelle Haltungen und lebensstilistische Alternativen ihren Ausdruck fanden."[5] Diese vor sechzehn Jahren verfasste Definition klingt visionär und leidenschaftlich, zugleich aber auch ausgesprochen idealistisch und damit fast naiv. Denn natürlich müssen auch kleine Labels wirtschaftlich arbeiten, um langfristig überleben zu können.

Gerade die Kindermusik-Szene ist ein gutes Beispiel für die ausgeprägte intrinsische Motivation und den Idealismus aller Beteiligten. Wer sich dazu entscheidet, Musik für Kinder zu machen, der tut dies in den seltensten Fällen, um reich und berühmt zu werden. Im Wissen darum, dass die Szene eher belächelt wird, der Verkauf der Tonträger keine großen Umsätze verspricht und die eigene Arbeit kaum mediale Resonanz erzeugt,

Kleine Labels und Verlage für Kindermusik

sind es eher die „Überzeugungstäter*innen", die sich aller tristen Aussichten zum Trotz dazu entschließen, sich dem wahrscheinlich härtesten Publikum der Welt zu stellen. Als „Herzensdepp"[6] bezeichnet der Kindermusiker Helmut Meier sich und seinesgleichen. Befragt man seine Kolleg*innen nach ihrer persönlichen Einschätzung der Szene, erhält man Antworten wie diese:

» *Der Markt ist sehr beschränkt und klein, dadurch aber auch sehr zielgerichtet ansprechbar. (Randale)*
» *Klein aber fein und oho ist hier das Motto. (Spunk)*
» *Wenn jemand berühmt und reich werden will, sollte er Ballermann-Hits schreiben und seine Seele verkaufen. (Geraldino)*
» *Oft hat die so genannte Kindermusik gar nichts mit Musik zu tun, sondern nur mit Trends und Vermarktung. (Muckemacher)*
» *Entertainment ist lauter als künstlerische Arbeit – und preisgünstiger noch dazu. (Julianes Wilde Bande)*

Diese Aussagen zeugen von künstlerischem Gestaltungswillen, zugleich aber auch vom Wunsch nach wirtschaftlicher Unabhängigkeit. Dass nur rund 13 Prozent der von mir befragten Bands und Interpret*innen angeben, zumindest ihre Tonträger über ein Major-Label zu vertreiben, bestätigt diese Annahme.[7] Dabei verspricht die Vertriebspartnerschaft zwischen unabhängig arbeitenden Künstler*innen und einem Major-Label für beide Seiten Vorteile. In der Regel wird diese Art der Zusammenarbeit in einem so genannten Bandübernahmevertrag geregelt. Dabei sind die Interpret*innen für die Produktion der Tonträger verantwortlich, was die Kosten und damit das Risiko für die Plattenfirma kalkulierbar macht. So bleiben die Musiker*innen künstlerisch unabhängig, profitieren beim Vertrieb ihrer Alben aber vom Netzwerk des Musikkonzerns. Bei genauer Betrachtung werden jedoch die Probleme dieses Modells sichtbar: Eine vergleichsweise kleine Zielgruppe, der schrumpfende stationäre Handel bzw. der zunehmende Absatz über digitale Vertriebswege, kleine Gewinnmargen (die Preispositionierung bei Kindermusik-Produkten liegt oft weit unter dem Durchschnitt) sowie die Tatsache, dass die meisten Kindermusik-Tonträger im Rahmen von Konzerten verkauft werden, machen die Zusammenarbeit zwischen Major-Label und Independent-Künstler*in letztlich für beide Seiten unattraktiv. Aus diesem Grund vertreiben viele Kindermusik-Bands ihre Tonträger über kleinere Verlage oder gründen gleich ein eigenes Label.

Ausgewählte Akteure im Kurzporträt

Zu ihnen gehört der Hamburger *JUMBO-Verlag*, der schon seit 1991 Musik für Kinder veröffentlicht. Gegründet wurde er unter anderem von Ulrich Maske, der sich selbst als Kindermusiker einen Namen gemacht hat. Nach der deutschen Wiedervereinigung engagierte sich der Verlag besonders für Kinderliedermacher aus der ehemaligen DDR, von denen Gerhard Schöne mit seinen Produktionen noch immer im Verlagsangebot präsent ist.[8] Heute gehören im Kindermusik-Segment, neben zahlreichen Compilations und Konzeptalben, vor allem die Musiker Bettina Göschl, Ulrich Maske und Matthias Meyer-Göllner (die gemeinsam auch unter dem Namen *Die fabelhaften Drei* veröffentlichen), der Schweizer Linard Bardill sowie der aus England stammende Wahl-Berliner Robert Metcalf zu den Aushängeschildern des Hauses. Allen gemeinsam ist ihr traditionelles Verständnis von Kindermusik, das sich ganz bewusst von popkulturellen Hörgewohnheiten distanziert. „Für Kinder nur das Beste" lautet das Motto des Verlags. Ob man mit dieser Ausrichtung langfristig konkurrenzfähig bleiben wird? Tatsache ist, dass der *JUMBO-Verlag* seit über 25 Jahren komplett konzernunabhängig arbeitet.[9]

Ebenfalls Anfang der 90er Jahre entstand in Dortmund die Verlagsgesellschaft *Aktive Musik* mit dem Label *Igel-Records*. Auch in diesem Haus liegt der inhaltliche Fokus auf der Produktion von Hörspielen und Hörbüchern für Kinder. Die Selbstbeschreibung des Labels verweist auf die musikalischen Wurzeln des Hauses: „Aus einem erfolgreichen Lied-Programm mit Künstlern wie zum Beispiel Fredrik Vahle und Klaus W. Hoffmann hat sich ein Programm mit anspruchsvoller Hörliteratur für Kinder entwickelt. Der Igel aus dem Grimmschen Märchen mit seiner Losung – immer eine Hasenlänge voraus – drückt aus, für wen der Verlag seine Hörbücher produziert: für große und kleine, raffinierte und aufgeweckte Hörer. Mit Gespür für Qualität, fernab von Kindertümelei und Billigproduktionen (...)."[10] Der inhaltliche Anspruch scheint also auch hier zuallererst qualitätsorientiert zu sein. Bekannte Interpret*innen sucht man im Musikprogramm des Verlags jedoch vergebens. Zu den namhaftesten Vertreter*innen des Hauses gehören Klaus W. Hoffmann, *Ferri* (Georg Feilis), *Cattu* (Carsten van den Berg) und Dagmar Geisler. Auch sie verbindet ein vergleichsweise klassisches Verständnis von Kindermusik. Ihre künstlerische Arbeit orientiert sich an der Tradition von Liedermachern, beschränkt sich auf ein kleines Instrumentarium und bleibt inhaltlich seicht und betulich. Das ist im Ergebnis nicht unbedingt schlecht, richtet sich aber definitiv an eine sehr junge Klientel und wirkt ein wenig wie aus der Zeit gefallen.

Beim *Ökotopia-Verlag* aus Münster hat man sich vor allem auf Lernspiele und spielpädagogische Materialien spezialisiert. Ein weiterer Fokus liegt aber auf der Vermittlung von Weltmusik für Kinder. Über viele Jahre wurde dieses Segment fast ausschließlich von den Musiker*innen Pit Budde und Josephine Kronfli bespielt, die als *Karibuni* in Erscheinung treten. Zu ihrem Markenkern gehört die mehrsprachige Interpretation von Kinderliedern aus aller Welt. Das multikulturell geprägte Kinderlied bewegt sich jedoch auf einem heiklen Terrain. „Für den erwachsenen Hörer ergibt dies irritierende Brüche, zumal die Poesie der deutschen Übersetzungen nicht immer besticht"[11], kritisierte der Kindermedienforscher Horst Heidtmann das Schaffen von *Karibuni* schon vor über 20 Jahren. Deutlich kritischere Worte für dieses spezielle Sub-Genre findet die Journalistin Christina Waechter in der *Süddeutschen Zeitung*: „Wenn es auf einem Kinder-Album hinaus in die weite Welt geht, kann es (…) richtig heikel werden. Da führen sich die Protagonisten oft so sensibel wie Heinrich Lübke (…) auf Afrika-Reise auf. Indianerkinder schleichen auf Mokassin-Sohlen um den Wigwam, rätselhafte Asiaten lächeln ohne Unterlass und der Afrikaner hat das Trommeln im Blut. Irre, auf welche Klischees man als Komponist noch so stoßen kann, wenn man sich richtig Mühe gibt."[12] Nicht ohne Grund sprechen Kulturwissenschaftler*innen heute von „kultursensibler Kindermusik" und mahnen eindringlich, die Reproduktion kultureller Stereotypen in Medienproduktionen für Kinder zu unterlassen. Auch im *Ökotopia-Verlag* wurde dieser Appell gehört. Schon in ihrer optischen Aufmachung bedienen die neueren Veröffentlichungen des Hauses deutlich weniger Klischees als früher. Mit dem Bielefelder Duo *Van Tute* gelang es dem Verlag sogar, sein Weltmusik-Repertoire um zumindest eine interessante Kindermusik-Formation zu erweitern. Die beiden Musiker Thorsten Wadowski und Qusai Zureikat mischen authentische orientalische Klänge mit herrlichem Wortwitz und haben damit einen neuen weltmusikalischen Stil für Kinder erschaffen. Leider blieb es mit „Der Sultan hat gelacht nach 1001 Nacht" (2012) bei der Veröffentlichung eines einzigen Albums (das inzwischen über den *JUMBO-Verlag* vertrieben wird). Den *Ökotopia-Verlag* angesichts seines überschaubaren Repertoires als Weltmusik-Label für Kinder zu bezeichnen, scheint mir demzufolge etwas zu weit gegriffen. Der künstlerische Ansatz des Hauses bleibt aber interessant. Erstaunlich, dass er bislang kaum Nachahmer findet, wo doch die Lebensrealitäten von Kindern längst interkulturell geprägt sind.[13]

Aufgrund seines familienunternehmerischen Profils ist auch der *Kontakte-Verlag* an dieser Stelle erwähnenswert. Das Haus vertreibt ausschließlich die Produktionen des als Kindermusiker inzwischen etwas in die Jahre gekommenen Reinhard Horn (vgl. Kap. 4, S. 42 ff.). Die Geschäftsführung obliegt seiner Frau Ute Horn und selbstbewusst stellen die beiden auf ihrer Website klar: „Wir verstehen Kinder!" Neben den Alben von Reinhard Horn umfasst das Angebot des kleinen Familienbetriebs zahlreiche Musikproduktionen, bei denen religiöse Werteerziehung im Mittelpunkt steht. Entsprechende Begleitmaterialien, Seminare und Fortbildungen runden das Angebot ab. Reinhard Horn erledigt aber auch Auftragsarbeiten wie zum Beispiel die Umsetzung eines Musicals zur Verkehrserziehung für den ADAC. Fast 170 Artikel umfasst der verlagseigene Online-Shop.[14] Gerne würde ich vor so viel Geschäftigkeit meinen Hut ziehen, bliebe die musikalische Qualität dabei nicht so sehr auf der Strecke. Die vielen Lieder, Bücher und Hörspiele müssen ja nicht nur komponiert und geschrieben, sondern auch produziert, vermarktet und live umgesetzt werden. Da scheint kaum Zeit für musikalische Sorgfalt zu bleiben. Der Kindermedienforscher Horst Heidtmann mutmaßte angesichts einer inhaltlich so spezifischen Ausrichtung, dass derlei Angebote hauptsächlich für diejenigen interessant seien, die ihren Schutzbefohlenen „Fluchträume" und eine „heile Welt" bieten wollten. Den Produktionen selbst warf er vor, „dass sie musikalisch sicher keine neuen Impulse geben wollen", sondern stattdessen auf „bewährte Muster und Klischees setzen".[15]

Ein Beispiel für ein vornehmlich lokal ausgerichtetes Haus, ist der *Pänz-Verlag*. Schon der Name weist auf dessen Standort hin, denn nach Kölner Mundart steht das Wort „Pänz" für „Kinder". Was mit der CD-Reihe „Meine ersten kölschen Lieder" begann, entwickelte Geschäftsführer Manfred Söntgen über mehrere Jahre im Alleingang stetig weiter. Mit dem Kölner Musiker Johannes Stankowski nahm er 2014 einen neuen Interpreten in das Verlags-Portfolio auf und veröffentlichte mit ihm inzwischen fünf Musikproduktionen für Kinder. Außerdem wurden die Alben der Kindermusik-Formationen *Fidibus*, *Tonbande* und *Mondbande* in den Vertrieb des Verlages aufgenommen. „Im Grunde gibt es bei mir alles aus einer Hand. Ich bin dabei sehr stark intrinsisch motiviert. Ich mache das hauptsächlich, weil es mir Spaß macht, aber am Ende des Tages muss ich natürlich auch schauen, dass der Laden läuft und das auch finanziell Sinn macht", erläutert Geschäftsführer Manfred Söntgen sein Geschäftsmodell im Interview. Und er fährt fort: „Ich habe aber auch noch Einkünfte aus anderen Tätigkeiten – und das ist auch wichtig für meine Existenz. Ohne diese Einkünfte könnte ich mir den Luxus mit den Kinderliedern nicht erlauben." Der *Pänz-Verlag* will und muss langsam wachsen. Die lokale Ausrichtung bringt dabei durchaus Vorteile mit sich. Kommt man als kleines Label normalerweise nur schwer in die Regale der Plattenläden oder Buchhandlungen, so hat Söntgen in den Ladenlokalen vor Ort eine Abdeckung von rund 80 Prozent erreicht. Trotzdem bleibt die Gesamtlage prekär. „Selbst wenn wir eine Auflage zu dem von uns anvisierten Preis verkaufen, sind damit am Ende lediglich die Kosten gedeckt. Man kann diese Art von Musik, die dann auch nur in kleiner Auflage nachgepresst wird, nicht so herstellen, dass man damit Gewinn machen kann. Wenn man die Produktionskosten, Promo, Vertriebsmargen, GEMA-Gebühren und grafische Arbeiten abzieht, dann bleibt am Ende nicht viel übrig", erläutert Söntgen die schwierige Situation seines Hauses. Einmal mehr wird deutlich: Das Geschäft mit Kindermusik erfordert ein hohes Maß an Geduld, Flexibilität und bisweilen auch Leidensfähigkeit.[16]

Zu den Häusern, die ihr Kindermusik-Segment in den letzten Jahren massiv ausgebaut haben, gehört der *Argon-Verlag* in Berlin. Neben zahlreichen Compilations, die sich in ihrer inhaltlichen Ausrichtung nur selten von den Angeboten der großen Musikkonzerne unterscheiden, sind hier nicht nur „alte Hasen" wie Dorotheé Kreusch-Jacob, das *ATZE-Musiktheater* oder Fredrik Vahle im Programm vertreten, sondern zunehmend auch Vertreter*innen mit einem moderneren Verständnis von Kindermusik. Zu ihnen zählen die Berliner Musikerin Suli Puschban, die Bielefelder Rockband *Randale*, der Berliner Musiker Marceesse Trabus mit seiner Formation *Raketen Erna* oder der jüngst in die Kindermusik-Szene eingestiegene Sebastian Bosum, der als *Sebó* ein beachtliches Debüt-Album für Kinder abgeliefert hat. Sie alle produzieren ihre Veröffentlichungen in Eigenregie, machen sich aber die professionellen Vertriebsmöglichkeiten des Verlags zunutze und erhöhen so ihre Chance, von einer größeren Hörerschaft wahrgenommen zu werden. Mit einem Sampler wie „Hier lebst du", für den verschiedene Bands aus der ehemaligen DDR Kinderlieder aus Ostdeutschland neu aufgenommen haben, beweist das Haus auch ein feines Gespür für besondere musikalische Momente. Gleiches gilt für den Sampler „Zugabe", der das künstlerische Schaffen von Fredrik Vahle mit zahlreichen Neuinterpretationen bekannter Musiker*innen würdigt.

Nehmen wir zuletzt das Label *Oetinger-Audio* unter die Lupe, das zum Hamburger *Oetinger-Verlag* gehört. Wie bei vielen Verlagshäusern, die sich mit ihrem Angebot auf die Zielgruppe Kinder spezialisiert haben, wird auch hier ein Großteil der Umsätze durch Hörspiele und Hörbücher für Kinder erzielt. Zu den bekanntesten Produktionen des Verlags gehören die Geschichten von Astrid Lindgren, Erich Kästner oder Cornelia Funke, aber auch Figuren wie *Pettersson und Findus* (Sven Nordqvist), das *Sams* (Paul Maar) oder die *Olchis* (Erhard Dietl). Zu ihnen veröffentlicht der Verlag seit vielen Jahren auch ein Musikprogramm. Ähnlich wie bei den Major-Labels wird also auch hier versucht, von der Popularität bereits etablierter Kinderfiguren zu profitieren. Auch die hinlänglich diskutierten Kinderlieder-Compilations gehören seit jeher zum Kerngeschäft des Verlags.

Vor einigen Jahren begann *Oetinger-Audio* jedoch damit, das eigene Profil im Bereich Kindermusik deutlich aufzupolieren. Der bislang größte Erfolg gelang mit der Sampler-Reihe „Unter meinem Bett" (2015), für den verschiedene deutsche Indie-Bands und Singer/Songwriter*innen neue Kinderlieder komponierten. Das Konzept ist zwar nicht unbedingt neu, in dieser stilistischen Ausrichtung aber doch bemerkenswert. Entsprechend euphorisch war die Resonanz auf die Produktion in den Medien, wie auch bei Eltern und Kindern. Ermutigt vom positiven Feedback will man sich zukünftig noch stärker in der Gattung Kindermusik engagieren. „Wir haben bei *Oetinger Audio* ganz klar den Anspruch, die erste Adresse für die coolste neue Kindermusik zu sein", erklärt Markus Langer, damals zuständiger Geschäftsführer und Initiator des Projekts, im Interview. Dieses ambitionierte Vorhaben hat längst konkrete Formen angenommen. Fünf weitere Ausgaben von „Unter meinem Bett" sind inzwischen erschienen. Darüber hinaus tauchen auch neue Namen wie *Die Gäng*, *Bummelkasten*, *Richards Kindermusikladen*, *Gorilla Club*, *Eule und Lerche* oder *Sven van Thom* im Verlagsprogramm auf. Danach gefragt, was sein Haus von den Strukturen der Major-Labels unterscheidet, verweist Markus Langer auf kleine Teams, kurze Wege, schnelle Entscheidungsprozesse und den Mut zum Risiko. Vor allem aber auf die Bereitschaft, Künstler*innen langfristig begleiten und aufbauen zu wollen. „Wir ticken da eher wie ein Indie-Label!", fügt er augenzwinkernd hinzu. Im Frühjahr 2020 hat Langer den Verlag verlassen. Es wird sich noch zeigen müssen, wie nachhaltig die von ihm aufgebauten Strukturen tatsächlich sind.

Gratwanderung zwischen Kunst und Kommerz

Natürlich erheben die hier vorgestellten Beispiele von Labels und Verlagen nicht den Anspruch auf Vollständigkeit. Sie veranschaulichen aber, wie schwierig es ist, bei der Gratwanderung zwischen Kunst und Kommerz wirtschaftlich zu arbeiten. Demzufolge zweifelt der Publizist und Konzertagent Berthold Seliger an der Unabhängigkeit kleiner

Indie-Label: „Unabhängig? Wovon genau?", fragt er. „Natürlich kann sich keine Plattenfirma vom „Markt" abkoppeln und ein Eigenleben führen. Jede noch so kleine Klitsche muss letztlich CDs oder LPs verkaufen, um zu bestehen, muss die veröffentlichten Alben promoten, muss Pressearbeit machen, sich einen Vertrieb suchen, eben all das tun, was jede andere Plattenfirma auch tut. Die Möglichkeiten, „anders" zu sein, sind beschränkt, und die wenigsten Indies definieren sich in ihrer eigenen Geschäftspolitik anders als die Majors."[17] Henrik Guemos, früher Artist- und Repertoire-Manager bei *Seven.One Starwatch* (Pro7/Sat.1) und als solcher verantwortlich für die Idee und Umsetzung des Kindermusik-Samplers „Giraffenaffen", sieht für die Gattung Kindermusik jedoch einen entscheidenden Vorteil. Denn die Mund-zu-Mund-Propaganda sei in diesem Segment weitaus wichtiger als in allen anderen Musikbereichen. Gerade in Kindergärten oder Schulen sei das „Word of mouth" ein sehr wichtiger Faktor. „Insofern glaube ich grundsätzlich schon, dass im Genre Kindermusik auch kleine Labels oder Privatpersonen die Möglichkeit haben, sich zu etablieren", sagt Guemos, fügt jedoch einschränkend hinzu: „Wenn man flächendeckend wahrgenommen werden möchte, dann braucht man wahrscheinlich schon die Marketingkraft eines größeren Labels."

Vielleicht ist es also ratsam, die Vorurteile und historisch gewachsenen Ressentiments zwischen den kleinen Indie-Labels und den großen Musikkonzernen zu überdenken, verstärkt nach Synergieeffekten zu suchen und so langfristig tragfähige Strukturen für eine lebendigere und vor allem qualitativ gehaltvollere Kindermusik-Szene zu schaffen? Henrik Guemos sieht dafür gute Voraussetzungen: „So wie man das aus Indie-Kreisen kennt, wo eine angesagte Band bei einem Major unterschreibt und direkt einen Teil ihrer früheren Klientel verliert – das erlebe ich im Kindermarkt nicht", sagt er. „Ich kann mir allerdings vorstellen, dass viele Musiker glauben, sie würden von der Industrie nicht ernst genommen", fügt er hinzu. Damit formuliert er eine These, die auch nach meiner Erfahrung nicht ganz von der Hand zu weisen ist. Denn viele Kindermusiker*innen definieren sich gerade durch die gezielte Abgrenzung vom kommerziellen Musikmarkt. Tragen sie damit womöglich selbst zur vergleichsweise schlechten Sichtbarkeit von Kindermusik bei? Welches Selbstverständnis haben sie und was treibt sie in ihrem künstlerischen Schaffen an? Höchste Zeit, sich genauer mit der Szene der unabhängigen Kinderliedermacher*innen zu befassen. Die ist gar nicht mal so klein, hat aber mit ihren ganz eigenen Problemen zu kämpfen …

Ich möcht' ein Prominenter sein
6 Die Szene der unabhängigen Kinderliedermacher*innen

> „Wir könnten viel, wenn wir zusammenstünden."
> (Friedrich Schiller)

„Als ich sechs Jahre alt war, habe ich zu meiner Mutter gesagt: ‚Wenn ich erwachsen bin, dann möchte ich Musiker werden'. Meine Mutter hat geantwortet: ‚Schön, mein Junge. Aber beides geht leider nicht'." Mit dieser humorvollen Anekdote begrüßte der Musiker Kristian Ruffert (*Mit Krone und Hund*) bis vor Kurzem die Besucher*innen seiner Website und spielte damit selbstironisch auf die gängigen Klischees über Musiker*innen an.[1] Trotzdem schrieb, komponierte und sang er Lieder für Kinder. Wer wie er die jüngste Zielgruppe ins Visier genommen hat, dem möchte man einen starken und positiven Bezug zur eigenen Kindheit wie auch zur Zielgruppe unterstellen. Kindermusiker*innen, die diesem inneren Antrieb folgen, werden jedoch nur selten als professionell wahr und entsprechend ernst genommen. Es verhält sich in etwa so wie in der bekannten Erzählung des dänischen Philosophen Sören Kierkegaard: Alle lieben die lustigen Vorstellungen des Clowns, aber niemand nimmt ihn ernst, als das Zirkuszelt in Brand gerät und er die Menschen flehend um Hilfe bittet.

Vielleicht haben auch Sie schon einmal einen „Clown" erlebt, der mit einem vermeintlich kindgerechten Bühnenprogramm eher Gefühle von Peinlichkeit und Fremdscham in Ihnen geweckt hat, als Sie musikalisch zu begeistern? Zweifellos haben es sich manche Musiker*innen dank ihres übertrieben betulichen, albernen oder schlicht unprofessionellen Vortrags selbst zuzuschreiben, dass ihnen kaum Beachtung geschenkt wird. Doch lässt sich das mäßig ausgeprägte Interesse an Kindermusik allein durch solche Einzelfälle erklären? Wenn selbst die international erfolgreiche Kinderbuchautorin Cornelia Funke sagt, dass man „wie ein Aussätziger oder Dummkopf"[2] behandelt werde, wenn man für Kinder arbeite, dann liegt der Verdacht nahe, dass wir es hier mit einem strukturellen Problem zu tun haben. Es beginnt bereits mit der Bezeichnung „Kinderliedermacher*in", die für viele Eltern ziemlich sperrig daherkommt. Thomas Freitag unterstellt dem Begriff eine über Jahrhunderte gewachsene Last, denn das Kinderlied sei eine historisch determinierte Kategorie, dessen Bindung an den pädagogischen Gebrauch (und Missbrauch) immer vorhanden war. Auch im 20. Jahrhundert habe es sich „totalitärer und indoktrinärer Handhabe" nicht entziehen können, demzufolge seien Missverständnisse bei Erklärungsversuchen zum Kinderlied wie auch zu Kinderliedermachern quasi vorprogrammiert.[3]

Kindermusiker*innen positionieren sich zu dem Begriff sehr unterschiedlich. In einem Text über die „Magie im Kinderlied" bezeichnet sich Manfred Kindel (*Unmada*) beispielsweise selbstbewusst als Kinderliedermacher, beklagt aber zugleich die Geringschätzung gegenüber der Gattung – sowohl von Vertreter*innen der etablierten Musikkultur als auch von der Musikwissenschaft.[4] Andreas Donauer, in der Kindermusik-Szene besser bekannt unter seinem Künstlernamen *Donikkl*, distanziert sich dagegen von dieser Zuschreibung: „Für mich ist Reinhard Mey ein Liedermacher. Aber ein Robbie Williams oder eine *Pink* sind doch keine Liedermacher. Die sind Entertainer. Und deswegen sehe ich mich auch nicht als Kinderliedermacher. Wir machen fette Popmusik"[5], gibt Donauer selbstbewusst zu verstehen. Auch Rolf Zuckowski erzählt in seiner Autobiografie vom frühen Bemühen, die Definition als Kinderliedermacher zumindest zu erweitern. Allen Anstrengungen zum Trotz musste aber auch er am Ende feststellen: „Wer sich als Künstler den Kindern dauerhaft und intensiv widmet, sich partnerschaftlich auf ihre Augenhöhe begibt, dem haftet das Kindliche an. Diese Prägung wird mit jedem Medienerfolg unauslöschlicher."[6] Wieder andere Musiker*innen machen erst gar keinen Hehl aus ihrer durch und durch kindlichen Attitüde und integrieren sie konsequent in ihre Selbstdarstellung. So bewirbt die Musikerin Birte Reuver (*Hoppla*) eines ihrer Bühnenprogramme mit folgenden Zeilen: „Meine schönsten Hoppla-Songs, die werden prima klingen, mit Publikum und Luftballons und Klatschen, Stampfen, Singen! Zum Beispiel ‚Jeh joh', eine spaßige Anleitung für Körpermusik. Und wer ‚Pfannekuchen' hört, wird im Handumdrehen leckere Pfannekuchen zaubern können. So ein Glück!"[7] Ob sich potenzielle Veranstalter*innen, für die solche Texte in der Regel ja geschrieben werden, in dieser Tonalität tatsächlich angesprochen fühlen?

Während sich die einen also um künstlerische Anerkennung und die inhaltliche Schärfung des Begriffs „Kinderliedermacher*in" bemühen, bedienen andere weiterhin die gängigen Klischees ihrer Zunft. Lässt sich angesichts dieser unterschiedlichen Ausrichtungen überhaupt von einer homogenen Kindermusik-Szene sprechen? Oder haben wir es nicht vielmehr mit einem bunten Haufen von Individualist*innen zu tun, deren einziger gemeinsamer Nenner darin besteht, dass sie sich an dieselbe Zielgruppe richten? Welche gemeinsame Bezeichnung würde ihnen dann gerecht?

Mein persönliches Bild von einem Kinderliedermacher bzw. einer Kinderliedermacherin deckt sich am ehesten mit dem des Musikers Andreas Donauer (*Donikkl*). Ich verbinde mit dem Wort nicht nur eine bestimmte Art der Darbietung, sondern vor allem eine Haltung, die in der Tradition von Liedermachern wie Hannes Wader, Wolf Biermann, Franz Josef Degenhardt oder eben Reinhard Mey steht. Fast immer sind ihre Lieder mit einer politischen Botschaft oder zumindest einer gesellschaftskritischen Haltung verknüpft. Die reduzierte musikalische Darbietung (in der Regel begleiten sich die jeweiligen Interpreten selbst auf der Gitarre) hat unter anderem zur Folge, dass die Botschaft des jeweiligen Liedes in den Mittelpunkt rückt. Musikalische Virtuosität ist dabei keineswegs ausgeschlossen, tritt aber oft in den Hintergrund. Es ist diesen Liedermachern zu verdanken, dass wir bis heute über ein solides Repertoire deutschsprachiger Lieder verfügen, die das kulturelle Bedürfnis nach Folklore jenseits traditioneller Volksmusik befriedigen. Bis heute mündet so mancher Sommerabend am Lagerfeuer im Rausch kollektiver Neuinterpretationen von Liedern wie „Heute hier, morgen dort", „Über den Wolken" oder „Spiel nicht mit den Schmuddelkindern". Viele dieser Songs verhalfen jungen Menschen meiner Elterngeneration zum Ausdruck ihres politischen Protests und unterstrichen ihre Kritik an einem überkommenen Wertesystem aus der Nachkriegs- und Wirtschaftswunderzeit. Niemand wird ernsthaft bestreiten, dass die Gilde der Liedermacher die deutsche Musiklandschaft in entscheidendem Maße geprägt hat. Ebenso unstrittig dürfte aber der Einfluss anderer Genres sein. Quasi als künstlerisches Korrektiv zum deutschen Schlager entwickelte sich die Berliner Rockband *Ton Steine Scherben* zum Sprachrohr der linksalternativen Szene. International erzeugten Bands wie die *Rolling Stones* oder die *Beatles* einen geradezu euphorischen Hype und legten damit den Grundstein für massentauglichen Mainstream, während das experimentelle Schaffen von Künstlern wie Frank Zappa oder die Wandlungsfähigkeit eines David Bowie das popkulturelle Spektrum bewusst ausreizten. Musikhistorisch definiert der Begriff „Liedermacher" also weder eine konkrete Zeitspanne, noch lässt er Rückschlüsse auf eine spezifische Zielgruppe zu. Die Szene der Kinderliedermacher*innen weist jedoch erstaunliche Parallelen zu ihren musikkulturellen Vorbildern auf: Ihre politische Parole ist der pädagogische Anspruch. Oft ordnen sie die Qualität des musikalischen Vortrag den Botschaften ihrer Lieder unter. Viele von ihnen bestechen durch eine den Kindern sehr zugewandte Haltung. Manche übertreiben es mit ihrer kindlichen Attitüde jedoch so sehr, dass es erwachsenen Zuschauer*innen schwer fällt, sie als Künstler*innen ernst zu nehmen.

Der Begriff „Kinderliedermacher*in" lässt also kaum qualitative Rückschlüsse auf die Musik zu, sondern beschreibt lediglich ein Genre innerhalb einer stilistisch deutlich vielfältigeren Gattung. Der elementare Unterschied zwischen Liedermacher*innen und Kinderliedermacher*innen besteht in ihrem Publikum – und damit einhergehend in der konkreten Bühnenumsetzung. Denn neben der musikalisch-gesanglichen Darbietung ergänzen viele Kinderliedermacher*innen ihr Programm um weitere Elemente. Oft sind sie auch Geschichtenerzähler*innen, Schauspieler*innen, Akrobat*innen oder Zauberer*innen. In der Öffentlichkeit werden sie kaum wahrgenommen, in der Kindermusik-Szene nehmen sie jedoch eine bedeutsame Rolle ein. Denn sie sind es, die die lokale Basis bespielen und damit die musikalische Grundversorgung in Kitas, Kindergärten und Grundschulen sicherstellen. In vielen Fällen ist ihre künstlerische Arbeit durch einen ausgeprägten pädagogischen Anspruch gekennzeichnet, der sich im Inhalt ihrer Lieder deutlich widerspiegelt. Darum bieten viele von ihnen auch musikpädagogische Workshops oder Fortbildungen für Erzieher*innen an und sind somit wichtige Multiplikator*innen im Auftrag musikalischer Früherziehung.

Engagiert, aber zu selbstreferenziell – das Netzwerk *Kindermusik.de*

1998 gründeten einige dieser Musiker*innen das Netzwerk *Kindermusik.de*. Der Verbund entstand in Folge des ersten Kinderliederkongresses in Hamburg und wurde der Legende nach von den wenigen kommerziell erfolgreichen „Stars" der Szene, die den Kindermusikmarkt schon damals dominierten, nur müde belächelt. Gestärkt durch die Kraft des Kollektivs wurde im Jahr 2002 ein gemeinsamer Sampler mit den „Geheimtipps der Kindermusikszene" veröffentlicht. Mit einer Auflage von gerade mal 1.300 Exemplaren war er nicht gerade ein Verkaufsschlager. Mit dem augenzwinkernden Gruß der „sieben Prozent" im Booklet (das entsprach in etwa dem damaligen Marktanteil der unabhängigen Kinderliedermacher*innen) positionierte man sich jedoch durchaus selbstbewusst in Abgrenzung zu den deutlich erfolgreicheren Kollegen. Seitdem ist das Netzwerk darum bemüht, sich gemeinschaftlich irgendwo zwischen pädagogischem Auftrag und professionellem Anspruch zu verorten. Inzwischen haben sich rund 50 Bands und Einzelinterpret*innen unter der Dachmarke *Kindermusik.de* versammelt. Gemessen an ihrem musikalischen Können, inhaltlichen Anspruch und künstlerischen Selbstverständnis lassen sie sich nur schwer in einen Topf werfen. Das Spektrum reicht von weltfremd anmutender Folklore und dilettantisch agierenden Alleinunterhalter*innen bis hin zu gestandenen Musiker*innen und Bands, die durch ein rundum professionelles Auftreten überzeugen.

Mit ihrer künstlerischen Arbeit richten sich die einzelnen Interpret*innen an Kinder unterschiedlichster Altersgruppen. Die der Kindermusik-Szene so oft nachgesagte Vielfalt findet hier also durchaus eine reale Entsprechung, bürgt aber nicht in jedem Fall für musikalisches Können. Kein Wunder, denn wirft man einen genaueren Blick auf die berufliche Herkunft der einzelnen Mitglieder des Netzwerks, dann fällt auf, dass ein großer Teil von ihnen Erzieher*in, Sozialpädagog*in oder Lehrer*in ist. Nicht, dass etwas gegen diese Berufsgruppen einzuwenden wäre, doch ausgebildete Musiker*innen sind diese Menschen eben nicht. Und noch viel weniger erfahrene Veranstalter*innen, Tontechniker*innen, Produzent*innen, Booker*innen, Marketing- oder PR-Fachkräfte. Natürlich muss man all das nicht gelernt haben, um sich als Musiker*in „am Markt" zu etablieren – zahlreiche Beispiele, gerade auch aus der Popmusik, belegen das Gegenteil. Wer aber als relevant wahrgenommen werden möchte, der sollte zumindest eine Idee davon haben, wie der Markt funktioniert. Das gilt umso mehr für diejenigen, die sich gezielt davon abzugrenzen versuchen. Das Selbstverständnis des Netzwerks *Kindermusik.de* scheint jedoch irgendwo zwischen kapitalismuskritischem Protest und verkanntem Talent festzustecken. Entsprechende Debatten sind auf dem Blog *Kinderlieder – Das Magazin* hinreichend dokumentiert. Auf dem publizistischen „Fachportal" des Netzwerks erschienen einige Zeit lang regelmäßig Interviews, CD-Rezensionen, Fachartikel und Konzertbesprechungen – aus der Szene, für die Szene. Da es sich bei den Autor*innen fast ausschließlich um Protagonist*innen aus den eigenen Reihen handelt, haben die Texte meist einen sehr wohlwollenden Grundton. Auch die Interviews zu vergleichsweise kritischen Themen sind oft kaum mehr als ein freundlich-kollegialer Schlagabtausch. Klar, wer möchte schon als Nestbeschmutzer*in gelten oder am eigenen Ast sägen?

Besonders unterhaltsam ist das thematische Spektrum der so genannten „Fachartikel". Mal geht es um die Nutzung von Headsets auf der Bühne („Ballermann oder Gesangskunst?"), mal wird die Frage erörtert, ob Kindermusik nun „Kunst oder doch nur Handwerk" sei. Oder es wird eine „empirische Studie" zur Frage „Wie Kinderlieder die Entwicklung von Kindern beeinflussen" vorgestellt, die sich bei näherer Betrachtung allerdings lediglich als die Fleißarbeit einer angehenden Erzieherin entpuppt, die dem Kindesalter selbst gerade erst entwachsen ist. Wieder andere Artikel berichten von frustrierenden Erfahrungen, die einem im Verlauf eines Kinderliedermacherlebens offenbar fortlaufend widerfahren. Da geht es um mangelnde Wertschätzung, zu niedrige Gagen, den Ärger mit der GEMA, die Ignoranz der Medien, die böse Musikindustrie, bis hin zur ganz großen Sinnfrage: Warum machen wir das alles eigentlich? Sofern überhaupt ein Kommentar unter einem der Artikel zu lesen ist, stammt er mit wenigen Ausnahmen von einem Kollegen oder einer Kollegin und bestätigt in der Regel lediglich das zuvor Gelesene. Mit anderen Worten: Lebendige Diskurse oder selbstkritische Kontroversen sucht man auf diesem Blog vergeblich. Eine Ausnahme bildet das ausführliche Streit-

Musiker*innen aus dem Netzwerk Kindermusik.de: Astrid Hauke, Garrelt Riepelmeier (Randale), Suli Puschban, Jochen Vahle (Randale), Marc Jürgen (Randale), Astrid Hauke (Lieselotte Quetschkommode), Mathias Lück, Georg „Ferri" Feils, Christian Keller (Randale)

gespräch mit der aktuell erfolgreichsten Kindermusik-Band *Deine Freunde*.⁸ Nachdem sich das Hamburger Trio in einem zuvor auf dem Blog erschienenen Artikel nicht richtig beurteilt und beschrieben fühlte, war es die Band selbst, die das Gespräch initiierte. In dem besagten Artikel (es handelt sich um ein Kollegengespräch zwischen drei Akteuren des Netzwerks) wurden *Deine Freunde* pauschal als kommerzielles Produkt der Musikindustrie abgestempelt: „Die werden zwei bis drei Jahre gehypt und wenn sie bis dahin keine Millionen verkauft haben, werden sie wieder fallen gelassen",⁹ urteilte der Musiker Gerd Grashaußer (*Geraldino*). Infolgedessen hatten *Deine Freunde* das Bedürfnis, ein paar Vorurteile über ihre Gründungsgeschichte aus dem Weg zu räumen. Zurück bleibt der Eindruck, als könnte man den Neuen in der Szene ihren Erfolg nicht so recht gönnen.

Überhaupt, „die Neuen" in der Szene... Man sollte meinen, dass so ein Netzwerk offen für Gleichgesinnte ist und ein ureigenes Interesse daran hat, möglichst viele Mitglieder für sich zu gewinnen. Wer jedoch bei *Kindermusik.de* dazugehören möchte, der brauchte noch bis vor Kurzem gleich mehrere Fürsprecher*innen – und zwar aus dem Netzwerk selbst. „*Kindermusik.de* entscheidet nicht über die Qualität von Kollegen. Die Kinderliedermacher entscheiden lediglich darüber, ob die Interessenten und Bewerber menschlich und charakterlich zu uns passen",¹⁰ erklärt die Kinderliedermacherin Astrid Hauke das bis Ende 2019 geltende Aufnahmeverfahren. Nicht Qualität, Erfahrung oder Popularität, geschweige denn das gemeinsame Interesse entschieden also über den Zutritt in den erlauchten Kreis, sondern einzig und allein persönliche Sympathien. „In Wirklichkeit sind wir so etwas wie eine große Familie. (...) Deshalb kann man sich bei uns nicht einfach einkaufen oder registrieren, sondern man erwirbt durch gutes Durchhaltevermögen und persönliche Kontakte einen Zugang. Darüber hinaus finden unsere Bewerberinnen und Bewerber für sich heraus, was sie zu unserer Gemeinschaft beitragen können und wollen", so Hauke weiter.

Angesichts eines so geschlossenen Systems verwundert es kaum, dass das Netzwerk *Kindermusik.de* jenseits des eigenen Tellerrands kaum Resonanz erzeugt. Das eigenwillige Aufnahmeverfahren gleicht dem einer Selbsthilfegruppe, stärkt aber nicht die Ziele einer Initiative, die beharrlich mehr Anerkennung und Wertschätzung von Kindermusik einfordert. Arne Gedigk, als Frontmann der Hamburger Kinderrockband *Radau!* ebenfalls im Netzwerk aktiv, vermisst eine echte Lobby für die Szene und gesteht selbstkritisch: „Aus diesem Verband müsste vielmehr eine Interessengemeinschaft entstehen, die auch Sachen durchsetzen kann. Dafür müsste es aber eine Struktur geben, die das hergibt. Und auch einen Protagonisten, der sich dafür zuständig fühlt. Man hat zwar Möglichkeiten sich auszutauschen und voneinander zu lernen. Aber um richtig Lobby-Arbeit zu machen, bräuchte man mehr Ressourcen. Und es muss halt glaubwürdig sein", so Gedigk im Interview. Ähnlich äußert sich auch seine Kollegin Suli Puschban, die sagt: „Wir wollen mehr sein als nur ein Kegelclub, der in der öffentlichen Wahrnehmung im eigenen Saft schmort. Wir haben viel beizutragen und wollen uns einbringen."

Das selbstreferenzielle Wirken des Netzwerks *Kindermusik.de* spiegelt sich auch in den Inhalten des Kinderliedkongresses wider. Unter der Federführung des Hamburger

Vereins *KinderKinder*, der es sich zur Aufgabe gemacht hat, Kunst und Kultur für Kinder auf lokaler Ebene zu fördern, fand diese Fachtagung 1998 zum ersten Mal statt und gab damals die Initialzündung zur Gründung von *Kindermusik.de*. Drei weitere Tagungen folgten in den Jahren 2001, 2009 und 2013. Bei den Kongressen trafen sich Musiker*innen, Wissenschaftler*innen, Journalist*innen und Vertreter*innen der Musikwirtschaft, um in Vorträgen, Workshops und Diskussionsrunden den fachlichen Austausch voranzubringen und aktive Netzwerkarbeit im Dienste des Kinderliedes zu betreiben. Der Aufruf zum ersten Kongress 1998 verdeutlicht, welchen Zielen sich die Szene damals selbst verpflichtet fühlte: „Kinderliedermacher haben es mit den kommenden Generationen zu tun. In ihren Liedern greifen sie, jeder auf seine Art, individuelle psychische Bedürfnisse der Kinder auf, aber auch ihre sozialen Fähigkeiten und Schwierigkeiten, und verschiedentlich sprechen sie auch die globalen Probleme des Zusammenlebens auf der Erde an. In Hinsicht auf diese unterschiedlichen Aspekte haben Kinderliedermacher eine große Verantwortung",[11] hieß es. Wohl wahr! Umso erstaunlicher, dass auch bei diesen Kongressen eher alten Trampelpfaden gefolgt wurde, anstatt neue Wege zu beschreiten. Ein Blick auf das thematische Spektrum macht die drängenden Fragen der Szene sichtbar:

- Hit oder Shit – Wie komme ich in den ersten 30 Sekunden gut rüber?
- Kinderlieder schreiben und produzieren: Wie funktioniert das im Internet?
- Was gehört gehört? – Vom Balanceakt zwischen Unterhaltung und Entwicklungsförderung
- Elektrische Gitarren sind nicht kindgerecht! Oder doch?
- Entwicklungen in der Vermarktung von Kindermusik
- GEMA – Freund oder Gegner?
- Wie werde ich reich und berühmt?
- Religion für Atheisten
- Inszenierung von Kinderkonzerten – Da schlurft einer auf die Bühne
  (vgl. Dokumentationen des 3. bzw. 4. Kinderliedkongresses, Hamburg)[12]

Das mögen im Einzelnen spannende und bisweilen auch unterhaltsame Themen sein. Zugleich legen sie aber das krampfhafte Bemühen um Professionalisierung, künstlerische Eigenständigkeit und wirtschaftlichen Erfolg offen. In der Summe zeugen sie von erstaunlicher Unkenntnis über das strukturelle Umfeld, in dem sich Kindermusiker*innen bewegen. Geleitet von dem ideellen Ansatz, kollegiale Integrität und zwischenmenschliche Wertschätzung vor inhaltliche Relevanz zu stellen, erzeugt dieser seinem Ansinnen nach wichtige Kongress ein höchst fragwürdiges Bild der Szene. Vereinzelt stellten die beteiligten Musiker*innen das sogar selbst fest – so etwa Helmut Meier und Matthias Meyer-Göllner, die während eines szenischen Vortrags über Kinderlieder mehr Professionalisierung einforderten, um sich so „aus dem eigenen Saft"[13] zu befreien. Einsicht ist bekanntlich der erste Weg zur Besserung. Umso bedauerlicher ist es, dass der Kinderliedkongress nicht fortgeführt wurde. Wenn die Veranstalter im Nachgang von „einem guten, fast familiären Gefühl" sprechen, deutet das auf eine konstruktive Atmosphäre und die ausgeprägte Motivation aller Beteiligten hin, auf die aufgebaut werden könnte.

Vielfalt jenseits des Netzwerks

Denn innerhalb wie außerhalb des Netzwerks *Kindermusik.de* finden sich zahlreiche Bands und Interpret*innen, die sich aus eigener Kraft professionalisieren und im gesamten deutschsprachigen Raum erfolgreich agieren. Künstlerisch lösen sie sich von den gängigen Klischees der Szene, erweitern mit neuen Stilrichtungen den musikalischen Horizont für Kinder und bringen so neue Impulse in die Kindermusik-Szene. Befragt nach ihrer individuellen Motivation, ergibt sich ein recht buntes Bild. Die einen wollen Kindern einen Sinn für musikalische Diversität vermitteln (*Muckemacher*), andere möchten pädagogisch wertvolle Musik machen, ohne dabei den pädagogischen Zeigefinger zu erheben (*Wir Kinder vom Kleistpark*). Wieder andere empfinden große Freude am humoristischen Reimen und an leichter Satire auf Eltern- und Kinder-Marotten (*Café Unterzucker*) oder haben einfach nur Spaß daran, musikalische Konzepte für Kinder zu entwickeln (*Eule findet den Beat*). Sie alle fühlen sich ihrem jungen Publikum dabei auf besondere Weise verpflichtet. So beschreibt der Musiker *Donikkl* seinen künstlerischen Ansatz wie folgt: „Heutzutage haben Kinder die Hörgewohnheiten der Eltern adaptiert. Da die Texte aber nicht unbedingt für Kinderohren geeignet sind, möchte ich zeitgemäße Musik machen mit Texten aus der Lebenswirklichkeit und Phantasiewelt der Kinder." Die aus Österreich stammende Musikerin Mai Cocopelli stellt dagegen sehr persönliche Bezüge zu ihrer Arbeit her uns sagt: „Meine Motivation ist meine große Liebe zu Kindern, verbunden mit meinem Wesen, das sich gerne über Musik, Tanz und Schauspiel ausdrückt. Mit meiner Musik kann ich Harmonie in die Familien bringen und Kinder eine sehr wichtige Wegstrecke lang begleiten." Christian Ruffert (*Mit Krone und Hund*) hält die Welt der Kinder für noch nicht so festgefahren, was ihm als Musiker großen Raum zur kreativen Entfaltung gebe: „Sie ist beweglicher, kreativer, aufregender und lustiger – für das Finden von Liedern also genau der richtige Ort." Ähnlich beschreibt es Arne Gedigk (*Radau!*): „Die Sicht auf die Welt aus Kinderperspektive erlaubt einen ungetrübten Blick auf gesellschaftliche Zusammenhänge. Das ist auch eine unerschöpfliche Quelle für Humor, Kreativität und latente Gesellschaftskritik." Die Berliner Musikerin Suli Puschban schätzt darüber hinaus die unmittelbare Begegnung mit Kindern: „Wenn ich auf der Bühne stehe und ein Konzert gebe, ist das absolute Gegenwart. Ich bin im Flow und kann die Kinder mitnehmen, ohne sie zu bevormunden", sagt sie. Der Musiker Toni Geiling schließlich formuliert sehr pragmatische Gründe, die aus seiner Sicht für die Arbeit als Kindermusiker sprechen. Im Vergleich zu Konzerten für Erwachsene, die seiner Erfahrung nach lang sind, sehr spät beginnen und oft schlecht bezahlt werden, gäben ihm Konzerte für Kinder deutlich mehr Freiheiten: „Ich kann meine eigenen Lieder singen, das Publikum ist geistig wach, offen und meistens voller Hoffnung. Und außerdem sind die Arbeitszeiten prima und die Gagen super."

Angemessene Gagen sind jedoch längst nicht für alle Kindermusik-Interpret*innen selbstverständlich. Zwar geben rund 65 Prozent der von mir befragten Musiker*innen an, mit ihrer Musik auch kommerziell erfolgreich sein zu wollen.[14] Zugleich sind fast alle von ihnen aber auch von einer hohen intrinsischen Motivation getrieben. Das führt dazu, dass wirtschaftliche Interessen gegenüber dem Wunsch, einer sinnstiftenden Tätigkeit nachgehen zu können, oft in den Hintergrund treten. Häufig führt das zu handfesten Interessenskonflikten. Arne Gedigk attestiert sich und seiner Band in diesem Zusammenhang einen „krankhaften Idealismus" und fügt selbstironisch hinzu: „Wenn wir nur ein Label oder ein Verlag wären, dann würden wir wohl einfach sagen: Komm, wir machen die 50 besten Bewegungslieder, die 50 besten Partylieder und die 50 besten was auch immer… Und dann würden wir auch Tonträger verkaufen. Aber wir machen ja Kunst. Ich bin ja leider Kreativer." Im Ergebnis führt dieser Konflikt dazu, dass die Berufsbiografien vieler Kindermusikinterpret*innen einer komplexen Mischkalkulation gleichen. Parallel zum aktiven Musikerdasein gehen viele von ihnen weiteren beruflichen Tätigkeiten nach, veranstalten musikpädagogische Fortbildungen oder geben Musikunterricht. Doris Rothauer, die als Strategieberaterin im Kunst- und Kreativbereich tätig ist, bezeichnet diese Situation als „Ambivalenz eines Künstlers" und erläutert: „Auf der einen Seite steht der Wunsch nach Szene-Anerkennung, die zumeist dem Prinzip der Selbstausbeutung folgend mit prekären Erwerbssituationen verbunden ist. Auf der anderen Seite steht der Wunsch nach ökonomischer Lebensfähigkeit jenseits des Systems, der die Szene aber ihre Anerkennung verweigert."[15]

Diese Dynamik lässt sich auch in der Szene der unabhängigen Kinderliedermacher*innen beobachten. Oft dient die fehlende Anerkennung als argumentative Grundlage, um sich als eigenständige Szene zu definieren und abzugrenzen. Arbeitet dagegen tatsächlich jemand erfolgreich, wird ihm oder ihr vorschnell die Ernsthaftigkeit des künstlerischen Anliegens abgesprochen. Anstatt eine selbstkritische Debatte über veraltete Wertvorstellungen, innovative Ansätze und konkrete Handlungsmöglichkeiten zu führen, dominiert der Ärger darüber, nicht hinreichend wahrgenommen zu werden. Doch in jüngster Zeit kommt tatsächlich Bewegung in die Szene. Nach zähem Ringen hat das sich Netzwerk *Kindermusik.de* nämlich zu einer weitreichenden strukturellen Veränderung entschlossen: Aus dem formal undefinierten Interessensverbund wurde ein eingetragener Verein. Mit Suli Puschban, die seit vielen Jahren als Kindermusikerin im Netzwerk aktiv ist und 2019 mit dem Musikautorenpreis der GEMA ausgezeichnet wurde, hat er sogar eine vergleichsweise prominente Vorsitzende. Nach diesem plötzlichen Sinneswandel befragt, gesteht sie ein, dass das stetig wachsende Interesse am Netzwerk *Kindermusik.de* eine Reform notwendig gemacht habe, um unter anderem auch die Aufnahmekriterien festschreiben zu können. „Da wir nun ein eingetragener Verein sind, stehen die Kriterien fest: Zugang haben Menschen, die sich im professionellen Kontext als Performer*innen, Liedautor*innen, Produzent*innen mit Kindermusik beschäftigen und die eine Webpräsenz vorweisen können", so Puschban. Im Vergleich zum bisherigen Aufnahmeverfahren klingt das nach einem transparenten und offenen Verfahren, das ohne Zweifel neue Herausforderungen mit sich bringen wird. Denn natürlich besteht die Gefahr, dass das Netzwerk nun zum Sammelbecken zahlreicher Interpret*innen wird, die dem Ruf der Szene mehr schaden als nutzen. Genauso birgt die Öffnung aber auch die Chance, dass das Netzwerk *Kindermusik.de* zu dem bundesweiten Interessensverband für Kindermusik schlechthin wird. Die Vereinsgründung selbst ist hierfür nur ein erster Schritt. Deutlich mehr wird von einer klaren Haltung, professioneller Kommunikation und nicht zuletzt natürlich überzeugenden musikalischen Angeboten abhängen. „Kindermusik braucht eine Stimme. Ich hoffe, dass wir dies als Verein, der seine Räume öffnet, auf dass viele jüngere Kolleg*innen hereingeweht werden, sein können. Mit weiten Flügeln, die die Vielfalt in der Kinderliederlandschaft repräsentiert." So beschreibt Suli Puschban ihre Vision. Und pathetisch fügt sie hinzu: „Wir Kinderliedermacher*innen singen mit Kindern. Wir vermitteln kulturelle Werte von Frieden und Freiheit. Wir haben Spaß und ein Miteinander in der Tasche, regen zum Mitmachen und Mitdenken an. Wir brauchen – so wie unsere ‚erwachsenen' Schwesterngenres – Unterstützung, Solidarität und uneingeschränkte Liebe. Denn wir haben Poesie, Rap, Rock, Folk, Singsang und Tralala, Schlagzeug, Gitarren, Stimmen, Bewegung und Vielfalt im Gepäck. Wir sind keine Pädagog*innen, als Künstler*innen haben wir Zugang zu anderen, unsichtbaren Welten. Musik verbindet dies alles. Alles, was ein Kind braucht, um fantasievoll eine Burg zu bauen, beherzt einen Song zu schmettern, verträumt in der Ecke am Schulhof zu sitzen, begeistert eine Freundin in ein Konzert zu schleppen. Davon wollen wir der Welt erzählen!"

Alleskönner
7 Die Herausforderungen eines Live-Events für Kinder

> „Musik ist spirituell.
> Das Musik-Business dagegen nicht."
> (Van Morrison)

Ein Album mit Kinderliedern zu produzieren ist eine Sache. Eine ganz andere ist es, Musik für Kinder live, im Rahmen eines Konzertes umzusetzen. Kinder gelten als das härteste Publikum der Welt, doch die hohen Erwartungen der jungen Zuhörerschaft sind nur eine von vielen Hürden, die es bei einem Kinderkonzert zu überwinden gilt. Lässt man die professionell eingespielten Abläufe großer Stars und international erfolgreicher Künstler*innen außen vor, sehen die Arbeitsroutinen für Musiker*innen und Bands in der Regel wie folgt aus: Wer es sich leisten kann, lagert die im Vorfeld anfallenden organisatorischen Tätigkeiten an eine Booking-Agentur aus. Stellvertretend für die Musiker*innen kümmert die sich um die Bemusterung, Terminakquise und die Kommunikation mit den lokalen Veranstalter*innen. Meistens verhandelt die Agentur auch die Gage für die Band. Je nachdem wie hoch die Besucherzahlen einzuschätzen sind, wird im Vorfeld entweder eine feste Summe oder aber ein prozentualer Anteil an den Gesamteinnahmen vereinbart. Im letztgenannten Fall minimiert sich das finanzielle Risiko für die Veranstalter*innen deutlich, denn wenn das Konzert schlecht besucht wird, fällt auch die Gage für die Musiker*innen entsprechend geringer aus.

Gerade in der Zusammenarbeit mit eher unbekannten Bands ist diese Art der Gagenvereinbarung üblich. Jeder Veranstalter muss finanziell in Vorleistung treten, um gute Rahmenbedingungen für ein Konzert zu gewährleisten. Das fängt bei Raummiete, Bühne und Technik an und hört bei den Kosten für Personal, Werbung, GEMA-Gebühren, Verpflegung und ggf. Unterbringung der Band noch lange nicht auf. Damit trägt er ein beträchtliches finanzielles Risiko, das er logischerweise zu minimieren versucht. Für die Musiker*innen und Bands ist das Risiko jedoch kaum geringer, denn sie investieren nicht nur viel Zeit für Proben und eine mitunter lange Anreise, sondern ebenfalls viel Geld – etwa für einen Mietwagen, Instrumente, Kostüme und oft auch für eigenes Personal für Licht- und Tontechnik. Ein fester Anteil der Gage fließt zudem als Honorar zurück an die

Booking-Agentur. Nicht zuletzt müssen am Ende auch noch Steuern abgeführt werden. Führt man sich all diese Kostenpunkte vor Augen, dann wird klar, dass eine Band für eine Gage von 500 Euro kaum kostendeckend geschweige denn gewinnbringend auftreten kann. Viele Musiker*innen lassen sich trotzdem auf solche Deals ein, denn sie sind darauf angewiesen, live spielen zu können. Angesichts rückläufiger Umsätze für physische Tonträger ist die Live-Musik zum wichtigsten Glied der Wertschöpfungskette geworden. Damit hat sich die finanzielle Situation für viele Künstler*innen in den vergangenen Jahren deutlich verschärft. „Selbst in den großen Indie-Bands, die man auf dem Cover vom *Musikexpress* oder vom *Rolling-Stone* findet, fahren mindestens zwei Leute Taxi",[1] fasst Judith Holofernes (*Wir sind Helden*) die prekäre Erwerbssituation von Musiker*innen zusammen.

Für Bands, die sich auf die Zielgruppe Kinder spezialisiert haben, gestaltet sich die Ausgangslage aus vielerlei Gründen noch komplizierter. In der Vorbereitung sollte es zwar keinen Unterschied machen, vor welchem Publikum am Ende gespielt wird. Anscheinend sind aber viele Veranstalter*innen der Ansicht, bei einem Kinderkonzert deutlich geringere Maßstäbe ansetzen zu können. Florian Bergmann und Andreas Niemann von der Kölner Kinder-Rockband *Pelemele* berichten, dass man sich häufig wohlmeinend bei ihnen erkundige, ob die Band neben diesem „Kinderkram" auch „etwas Richtiges" mache. Oft spiegle sich diese überhebliche Haltung dann auch im Rahmen von Konzerten wider – etwa, wenn unmotivierte Tontechniker*innen in der Erwartung einer Amateur-Band nur das allernötigste technische Equipment zur Verfügung stellen. Arne Gedigk von der Hamburger Band *Radau!* hat ganz ähnliche Erfahrungen machen müssen. Lange wurde auch seine Band von den Veranstalter*innen nicht ernst genommen. Oft gab es nicht einmal Strom, nur selten eine Bühne. Die Musiker Helmut Meier und Matthias Meyer-Göllner inszenierten ihre Erfahrungen während eines Kinderliederkongresses in einer kabarettistischen Performance. Sie zeichneten das Bild einer beliebigen Großveranstaltung, bei der die Bühne direkt neben eine Hüpfburg platziert wird, eine Dampfeisenbahn beständig ihre Runden durchs Publikum zieht und ein Clown (natürlich während des Konzerts) von der Bühne aus Luftballons verschenkt. Die irritierte Rückfrage, wie man als Musiker*in bei so viel Rummel die Aufmerksamkeit der Kinder gewinnen solle, wird vom Veranstalter mit dem lapidaren Verweis auf mehr Show-Effekte und Pyrotechnik erwidert: „Kinder brauchen doch visuelle Anreize – wer geht heute schon noch in so ein langweiliges Konzert?"[2] Wer Schicksalen wie diesen entgehen möchte, der stellt seine Konzerte am besten gleich selbst auf die Beine. Eine Tournee rechnet sich für Kindermusik-Bands aber nur in den seltensten Fällen. Eben darum sind die meisten von ihnen auf die Infrastruktur von Stadtfesten oder Familienevents angewiesen, die technisch oft unterversorgt sind und mit Blick auf die speziellen Bedarfe eines Kinderkonzertes mitunter gravierende konzeptionelle Schwächen aufweisen.

Erwartungen der Eltern – Bedürfnisse der Kinder

Doch nicht nur hinter den Kulissen wird den Musiker*innen diplomatisches Fingerspitzengefühl abverlangt. Eine Herausforderung der besonderen Art sind auch die erwachsenen Begleiter*innen. Offenbar haben manche Eltern recht klare Erwartungen an die ersten Konzerterfahrungen ihrer Kinder – und die wollen sie dann auch erfüllt wissen. „Bei einem Konzert kam eine Betreuerin mitten in der Show auf die Bühne und fragte uns tatsächlich, ob wir danach auch noch „Happy" spielen könnten. Weil das doch ein Lied sei, das alle kennen", erinnert sich Keyboarder Florian Bergmann von *Pelemele*. Selbst Fredrik Vahle, bei dem man angesichts seines prominenten Status erwarten würde, dass derartige Erlebnisse längst der Vergangenheit angehören, macht bis heute ähnliche Erfahrungen. In einem Interview berichtet er von Eltern, die sich darüber beschweren, dass er während des Konzertes immer so ernst schaue. Ihr wohlmeinender Vorschlag, um dieses scheinbare Defizit auszugleichen, lautete: „Sie müssen sich mal verkleiden. Sie müssen mal als Eisbär auf die Bühne kommen. Oder den Kasper machen."[3] Übertroffen werden derartig unsensible Einlassungen noch von den Eltern, die meinen, bereits ihr Neugeborenes auf ein Kinderkonzert schleppen zu müssen. Voller Wohlwollen, aber dennoch irritiert weiß Rolf Zuckowski von jungen Eltern zu berichten, die das Aufnahmevermögen und die Ausdauer ihrer Kinder vollkommen falsch einschätzen. Die Konzentration der meisten Ein- bis Dreijährigen reiche seiner Erfahrung nach aber nur für wenige Minuten. Die Kleinen seien mit der Dimension größerer Konzerthallen und mit den vielen Menschen überfordert und reagierten dann mit Unruhe. „Im Saal herumspringende und krabbelnde Kleinkinder lenken nicht nur das interessierte Publikum ab, sie stören auch die Konzentration auf der Bühne – vor allem, wenn dort Kinder mitwirken",[4] so sein Fazit. Spätestens wenn im Konzertsaal Windeln gewechselt werden, wird deutlich, dass sich manche Eltern erschreckend wenig Gedanken über Konzertkultur für Kinder machen. Zunehmend wird den Künstler*innen das Gefühl vermittelt, auch schon den Allerkleinsten gerecht werden zu müssen. Diese Erwartungshaltung schränkt aber nicht nur ihren kreativen Gestaltungsspielraum massiv ein, sondern lässt auf Dauer auch das Verständnis für die Bedürfnisse der erwachsenen Begleitpersonen schwinden.

Angesichts dieser Nebenschauplätze gerät leicht aus dem Fokus, dass es bei einem Kinderkonzert am Ende immer um die Bedürfnisse der Kinder geht. Für sie werden diese Konzerte veranstaltet und ihnen gilt es gerecht zu werden. Darum denken sich viele Kindermusiker*innen alle möglichen Dinge aus, um ihr junges Publikum zu begeistern. Witze, kleine Geschichten und beinahe theaterreife Einlagen ergänzen das musikalische Programm, bunte Kostüme oder Verkleidungen runden die Performance ab. Singen bzw. Musik zu machen wird bei so manchem Kinderkonzert zur Nebensache. Doch egal, wie viel Engagement und Leidenschaft eine Band auf die Bühne zu bringen vermag: Nicht immer gelingt es, die Kinder damit zu begeistern. Sie gelten zwar als ein sehr unbelastetes und offenes, zugleich aber auch sehr ehrliches Publikum. In der Regel zeigen Kinder sehr deutlich, wenn sie Interesse oder Spaß an dem haben, was auf der Bühne passiert.

Umgekehrt machen sie aber auch kein großes Geheimnis daraus, wenn sie mit dem Programm nichts anfangen können. Höflichen Applaus darf man von Kindern nicht erwarten. Nicht ohne Grund werden sie hinsichtlich ihres unbändigen Verlangens nach neuen Darbietungsformen von manchen Fachleuten als „Vorreiter" bezeichnet.[5]

Kinder bringen ihre Gefühle und Bedürfnisse sehr unvermittelt zum Ausdruck. Die Fähigkeit zur willentlichen Regulation von Emotionen sowie zur bewussten Steuerung von Handlungen sind ihnen nicht in die Wiege gelegt, sondern entwickeln sich erst im Verlauf ihres Aufwachsens. Vielleicht kennen Sie den berühmten Marshmallow-Test: Dabei wurden Kinder vor die Wahl gestellt, entweder eine Süßigkeit sofort zu essen, oder später eine zweite zu erhalten, sofern sie der Versuchung widerstehen konnten, die erste sofort zu verschlingen. Der Test macht individuelle Impulskontrolle sichtbar und zeigte, dass gerade jüngere Kinder häufig noch damit überfordert sind, ihre akuten Bedürfnisse zu unterdrücken. Auch wenn das Erkenntnisinteresse dieses Versuchs ein ganz anderes war, ist der Verweis darauf auch im Kontext von Kinderkonzerten interessant. Denn wer Kinder als das „ehrlichste Publikum der Welt" bezeichnet, umschreibt damit letztlich nichts anderes als ihre noch nicht vollständig ausgeprägte Fähigkeit zur Selbstkontrolle.

In der konkreten Konzertsituation fordert dieses „ehrliche Publikum" die Musiker*innen auf der Bühne sehr heraus. Der aus München stammende Musiker Andreas Donauer (*Donikkl*) berichtet von seinen Eindrücken während eines Auftritts in Köln und resümiert: „Wenn man da spielt, da hat man dann schon andere Kinder im Publikum als unsere Landeier in Bayern. Die muss man erstmal knacken. Die sitzen dann in der letzten Ecke, haben ihre Arme verschränkt und denken sich: ‚Wo simmer denn hier?'".[6] Umgekehrt erinnern sich die Musiker von *Pelemele* an Schulkonzerte, während der die Kinder geradezu euphorisch reagierten. Kinder seien im Klassenverband viel wilder und offener für Eskalation. Das sei schon im Klassenraum so, potenziere sich aber im Rahmen von Konzerten. „Manchmal auch so sehr, dass einzelne Kinder auf die Bühne kommen und Kabel rausziehen oder ähnliches – fast wie bei den *Stones*. Diese Art von Turnhallen-Konzerten sind wirklich das rock'n'rolligste, was wir erleben", schildert Pianist Florian Bergmann seine Erfahrungen. Selbst Fredrik Vahle, der im Vergleich zu *Pelemele* eher ruhige Töne anschlägt, weiß von solchen Erlebnissen zu berichten. Auch bei ihm kommt es immer wieder vor, dass Kinder während eines Konzerts die Bühne entern. In solchen Situationen lautet sein Credo: Sich selbst zurücknehmen und gucken; was Sache ist. Beurteilen oder bewerten könne man später. Wenn auf der Bühne 300 Kinder im „Schweinsgalopp" um die Musiker herumlaufen, gäbe es seiner Erfahrung nach letztendlich nur zwei Möglichkeiten: „Entweder ich scheuche die Kinder auf ihre Plätze zurück und sage: ‚So etwas gehört sich nicht, ihr sollt hier zuhören und wer zuhört, muss sitzen.' Oder ich frage mich: ‚Was könnte dabei herauskommen?'",[7] erklärt Vahle. Zu seinem eigenen Erstaunen stelle er zum Ende solcher Konzerte immer wieder fest, dass sich die Kinder an fast alle Lieder erinnern könnten. Während sie auf der Bühne rumgelaufen sind, haben sie ihm also trotzdem zugehört.

Sie sehen, dass bei der Durchführung von Kinderkonzerten besondere Maßstäbe zugrunde gelegt werden müssen. Kinder sind offener und neugieriger, zugleich aber auch ausgelassener und unberechenbarer. Fragt man Kindermusiker*innen, worauf sie bei der Planung ihrer Konzerte besonders achten, dann zeigt sich die ganze Bandbreite struktureller Unwägbarkeiten. Es beginnt bei den passenden Rahmenbedingungen (räumliche Atmosphäre, Sicht- und Hörbedingungen, Höhe der Bühne, bequeme Sitzmöglichkeiten, angemessene Uhrzeit), setzt sich in dramaturgischen Abwägungen fort (Wechsel zwischen lauten und leisen Passagen bzw. zwischen emotionalen und unterhaltenden Elementen, Mitmachen und Zuhören, angemessene Ansprache für Kinder *und* Eltern, stabiler Spannungsbogen zwischen Ruhe und Eskalation, Länge des Konzerts) und endet bei der individuell sicherlich unterschiedlich ausgeprägten Fähigkeit zur Improvisation (Gespür entwickeln für die Live-Situation, auf spontane Äußerungen der Kinder eingehen bzw. diese bewusst überhören können, störende Kinder und/oder Erwachsene in der ersten Reihe ignorieren). Völlig ungewollt kann das Bemühen um künstlerische Authentizität dabei in den Hintergrund geraten. Dabei ist gerade der Wunsch, sich als Künstler*in nicht verstellen zu müssen, sondern allein durch die musikalische Darbietung überzeugen zu können, bei Kindermusiker*innen besonders ausgeprägt. Juliane Wilde (*Julianes Wilde Bande*) spricht von „Begegnung durch Musik" und rückt den qualitativen Anspruch an die musikalische Darbietung in den Mittelpunkt. Auch Corinna Bilke entschloss sich in der Auseinandersetzung mit ihrer Rolle als Kindermusikerin dazu, einfach sie selbst zu sein. „Ich habe die Erfahrung gemacht, dass ich mich als Künstlerin nicht verbiegen muss und auch ohne große Bühnenshow und Animation die volle Aufmerksamkeit der Kinder bekomme." Mai Cocopelli sieht eine der größten Herausforderungen darin, selbst als Mensch zu strahlen und den Kindern ein gutes Gefühl zu vermitteln. Ihrer Erfahrung nach braucht es dafür ein hohes Maß an Wachheit und Gespür für den Moment. „Ein Kinderkonzert ist zu so vielem im Stande, wenn man die Kunst des Führens und Folgens beherrscht und die Freiwilligkeit und Freude des Publikums integriert. Nichts ist unangenehmer, als wenn sich das Publikum verpflichtet fühlt mitzumachen", so Cocopelli. Gelingt es, all diese Aspekte zu berücksichtigen, dann entsteht bei einem Kinderkonzert eine Atmosphäre, die junge wie erwachsene Zuschauer*innen regelrecht in den Bann ziehen und verzaubern kann. Der Folk-Musiker Ton Geiling bringt das besondere Potenzial eines gelungenen Kinderkonzertes auf den Punkt, wenn er sagt: „Wenn ich als Künstler beschließe, nicht Schokolade ins Publikum zu werfen, nicht auf der Klamauk-Kiste rumzureiten und mich niemals anzubiedern (also Worte wie zum Beispiel pupsen und k... einfach zu lassen), dann gibt es nur noch den Text, die Melodie, die Bühnenpräsenz, die Kollegen neben mir, den Klang und das Herz. Wenn dann nach dem Konzert die Kinder zu mir kommen und sagen: ‚Das Lied mit der Geige war so schön!', oder: ‚Herr Wintertroll, machen ihre Kinder auch Schnee?', oder: ‚Deine Lieder sind nicht nur spannend, sondern auch cool!', dann ist es das größte und ehrlichste Kompliment, das man als Künstler bekommen kann."

Fehlende Kinderkonzert-Kultur

Oft wird vergessen, dass ein Kinderkonzert für viele Kinder die erste Begegnung mit Konzertkultur ist. Vieles, was für uns als Erwachsene wie selbstverständlich dazugehört und gar nicht mehr in Frage gestellt wird, ist für sie völlig neu und kann gleichermaßen faszinierend wie verstörend auf sie wirken. Der dunkle Raum, das grelle Bühnenlicht, die strikte Trennung zwischen Bühne und Publikum, die vielen fremden Menschen, die aktive Einbindung des Publikums – neben der Musik fordert auch all das die Aufmerksamkeit von Kindern. Wer ein Konzert für Kinder veranstaltet und dazu in der Lage ist, sich konsequent auf deren Perspektive einzulassen, der kann den jungen Zuhörer*innen unvergessliche Momente bescheren, die sich tief in das Gedächtnis eingraben und so prägend für das ganze Leben sein können. Dazu braucht es weder aufwändige Kostüme noch kindliche Animationen. Vielmehr sind künstlerische Eigenständigkeit und musikalische Qualität gefragt. Beides wissen Kinder zu schätzen und zu honorieren.

Leider hat sich eine solche Konzertkultur für Kinder noch längst nicht flächendeckend etabliert. Die Vorbehalte von Live-Clubs sind groß und infolgedessen sind nur die wenigsten dazu bereit, ihre Ressourcen für Kinderkonzerte zur Verfügung zu stellen. Diese Erklärung allein greift aber zu kurz. Denn, wie ich eingangs bereits erwähnt habe: Mit jedem Konzert gehen Veranstalter*innen und Musiker*innen ein finanzielles Risiko ein. Auch ein Konzert für Kinder muss sich am Ende rechnen und die Investitionen sind kaum niedriger als bei einem Konzert für Erwachsene. Trotzdem scheint die allgemeine Erwartungshaltung die zu sein, dass das Ticket für ein Kinderkonzert deutlich günstiger sein müsse. Aus Familien-Perspektive ist dieser Anspruch nachvollziehbar. Denn wer mit zwei oder drei Kindern plus Begleiter*innen 15 bis 20 Euro pro Ticket zahlen muss, der überlegt sich gut, ob das Konzert einer in der Regel unbekannten Band dieses Geld tatsächlich wert ist – erst recht, wenn am Ende nur eine Animationsshow mit Vollplayback geboten wird. Hinzu kommt, dass selbst interessierten und zahlungswilligen Eltern kaum Angebote zur Verfügung stehen, um sich gezielt über die Aktivitäten von Kindermusik-Bands zu informieren. Lokale wie überregionale Medien greifen das Thema praktisch nie auf. Umso mehr ist es dem Engagement der Veranstalter*innen bzw. der Bands auf der einen sowie der eigenständigen Recherche der Eltern auf der anderen Seite überlassen, Angebot und Nachfrage zusammenzuführen. Zwar gibt es Einzelfälle, die Hoffnung auf eine positive Entwicklung machen (im dritten Teil des Buches werde ich genauer darauf eingehen), doch so lange Turnhallen und Stadtfeste die öffentlichen Arenen für Kinderkonzerte bleiben und Kinderliederfestivals mit Titeln wie „Bumm-Tschaka-Do-Re-Mi-stampf-klatsch-patsch" oder „Dabba dabba du" (kein Scherz!) beworben werden, bleibt es schwierig, das ramponierte Image von Kinderkonzerten aufzupolieren. Als „harte Basisarbeit" bezeichnet Andreas Donauer (*Donikkl*) dieses Bemühen und Arne Gedigk von *Radau!* stellt klar: „Man muss auf jeden Fall die ganze Zeit kämpfen. Das ist in der Kindermusik nicht anders als im Musikbusiness insgesamt." Gegenwärtig ist es vor allem der ausgeprägten Motivation einzelner Akteure zu verdanken, dass es überhaupt Alternativen zum weitestgehend anspruchslosen Kinder-Entertainment gibt.

Der elterliche Wunsch, die gemeinsame Zeit mit ihren Kindern sinnvoll und kreativ zu gestalten, wächst. Kinderkonzerte bieten eine von vielen Möglichkeiten, diese Nachfrage zu bedienen. „Zugespitzt könnte es in Zukunft heißen: Wir machen keine Konzerte mehr, um den Verkauf der Musik anzustoßen, sondern wir nutzen die Musik, um unsere Family Events zu bewerben", skizziert Bent Schönemann (*Sony*) ein denkbares Szenario. Es verdeutlicht, dass die Wirtschaftlichkeit auch in der Kindermusik immer stärker von der Live-Umsetzung abhängen wird. Wo genau dabei die Grenzen zwischen Konzert und Event verlaufen, bleibt offen. Was aber das eine vom anderen unterscheidet, verdeutlicht eine Rückmeldung, die die Musiker von *Pelemele* nach einem ihrer Konzerte im Rahmen der Super-RTL *Toggo-Tour* erhalten haben. Dort kam einer der Verantwortlichen nach dem Konzert auf die Band zu und sagte: „Ich wünschte, meine Kinder würden so etwas hören wie euch – und nicht den ganzen anderen Scheiß, der hier läuft."

Wie es früher war
8 Das Kinderlied im historischen Zeitverlauf

> „Wo man singet, lass dich ruhig nieder,
> Ohne Furcht, was man im Lande glaubt;
> Wo man singet, wird kein Mensch beraubt;
> Bösewichter haben keine Lieder."
> (Johann Gottfried Seume)

Wenn Sie glauben, dass die Gattung Kindermusik erst ein paar Jahrzehnte alt ist, dann irren Sie sich gewaltig. Die Geschichte des Kinderlieds geht weit zurück in die Vergangenheit und beinhaltet zahlreiche aufschlussreiche und spannende Aspekte, mit denen sich mühelos ein weiteres Buch füllen ließe. Demzufolge erhebt das nun folgende Kapitel keinesfalls Anspruch auf Vollständigkeit. Ich möchte aber zumindest einen flüchtigen Blick auf die historische Entwicklung des Kinderliedes werfen. Denn in der Retrospektive spiegelt sich nicht nur die gesellschaftliche Stellung von Kindern und die Bedeutung der Lebensphase der Kindheit innerhalb der jeweiligen Epochen. Die Vergegenwärtigung des Gebrauchs wie auch des Missbrauchs von Kinderliedern liefert überdies einen plausiblen Erklärungsansatz dafür, dass der Gattung Kindermusik bis heute so wenig Wertschätzung entgegengebracht wird. Wo in unserer Kulturgeschichte finden sich also Spuren vom Kinderlied?

Die „Entdeckung der Kindheit"

Zu Beginn müssen wir uns klarmachen, dass der Lebensabschnitt „Kindheit" als soziales Konstrukt in der Antike noch gar nicht existierte. Über eine lange Zeit wurden Kinder schlichtweg als angehende Erwachsene betrachtet und dementsprechend bevormundend behandelt. Erst mit dem Theoriemodell der „Kindheit", das sich im 18. Jahrhundert entwickelte, wurden Kinder als eigenständige Personen mit spezifischen Rechten und Bedürfnissen wahrgenommen. Demzufolge gab es in der Antike auch keine Kinderlieder, wenngleich Kinder natürlich immer schon in der Lage waren, sich die Kulturtechniken ihrer erwachsenen Vorbilder anzueignen und in ihrem Sinne umzudeuten. „Es ist interessant, (...) diesen zuweilen rätselhaften Prozessen nachzugehen und dabei etwas über das Weltbild der Kinder und ihre kreativen Fähigkeiten der Übernahme in die eigene Spiel- und Vorstellungswelt zu entdecken",[1] schreibt die Volkskundlerin Ingeborg Weber-Kellermann, die sich intensiv mit den historischen Spuren im Kinderlied beschäftigt hat und ihre Erkenntnisse am Beispiel von 235 Musikbeispielen niederschrieb.

Schon früher erfüllte das gemeinsame Singen, neben dem Bedürfnis nach künstlerischem Ausdruck, immer auch eine soziale Funktion, denn seit jeher werden mit Hilfe von Liedern nicht nur Geschichten, sondern auch Werte vermittelt. In Religion, Politik und Erziehung wird gesungen, um ein Gefühl von Gemeinschaft zu erzeugen und Identität zu stiften. Das Gefühl der Zugehörigkeit erhöht die Bereitschaft, sich mit den Werten einer Gruppe zu identifizieren, man fühlt sich zusammengehörig und grenzt sich zugleich gegenüber anderen ab. „Singen ist nie neutral und somit liegen Gebrauch und Missbrauch immer nahe beieinander", erklärt Stefanie Stadler Elmer, Leiterin der Forschungsabteilung „Fachdidaktik der Künste" an der pädagogischen Hochschule Schwyz. Und sie ergänzt: „Das Nachdenken über solche Prägungen beginnt in der individuellen Entwicklung erst spät (...) und ist erst aufgrund einer breiten Erfahrung, soziokulturellen Wissens und wachsenden Selbstbewusstseins möglich."[2] Es wäre also falsch, davon auszugehen, dass Kinder die spezifischen Absichten, die im Subtext so mancher Kinderlieder mitschwingen, wahrnehmen und begreifen können. Aus genau dieser Erkenntnis leitet sich die bereits mehrfach betonte Verantwortung ab, der Kindermusiker*innen in ihrem künstlerischen Schaffen nachkommen sollten. Der Blick in die Geschichte zeigt jedoch, dass man ihr häufig nicht gerecht wurde.

Es war Martin Luther (1483–1546), der im Zuge seiner Reformationsbemühungen als einer der ersten das künstlerische Potential von Kindern erkannte und sie bei der Komposition vieler seiner Lieder als Multiplikator*innen einspannte. Schließlich waren sie nicht nur in der Lage, neue Texte schnell zu erfassen, sondern trugen die Lieder zugleich auch in die Familien weiter. Im direkten Vergleich zu dem, was wir heute als „Kinderlied" bezeichnen, wirken seine Lieder und Verse zwar nicht gerade kindgerecht. Im historischen Kontext können seine pädagogischen Bemühungen aber als geradezu revolutionär bezeichnet werden. Denn es war Luther, der mit dem so genannten „Diminutiv" ein ganz neues Stilmittel einführte. Der Begriff bezeichnet eine verniedlichende Wortform, die sich in Endsilben wie -chen oder -lein zeigt, und die sich exemplarisch in einem seiner Weihnachtslieder wiederfindet:

» *Merck auff mein hertz und sihe dort hin*
  Was ligt doch inn dem krippelin
  Wes ist das schöne kindelin?
  Es ist das liebe Jhesulin.
  (aus: „Vom himel hoch da kom ich her"; 1535)[3]

Etwa zur gleichen Zeit existierten bereits einzelne Volkslieder, die noch heute als Kinderlieder bekannt sind und gesungen werden. Der Text zur „Vogelhochzeit" wurde beispielsweise schon im „Wienhäuser Liederbuch" überliefert, dessen Entstehungszeit auf etwa 1470 datiert wird. Und das Lied „Oh du lieber Augustin" ist zurückzuführen auf die Geschichte des Bänkelsängers Marx Augustin (1643–1685), der als vermeintliches Pestopfer von der Straße aufgelesen und versehentlich in der Totengrube verscharrt wurde. Als er wach wurde, krakeelte er dort so lange, bis man ihn wieder herauszog. Er überlebte das Ereignis, ohne an der Pest zu erkranken und gab vielen Menschen damit neue Hoffnung. Dieser Hintergrund erklärt auch die fröhliche Melodie dieses eigentlich sehr traurigen Liedes.[4]

Kinderlieder, so wie wir sie heute kennen, entstanden aber erst deutlich später. Erst zum Ende des 18. Jahrhunderts wurden Kinder als Zielgruppe wahrgenommen und berücksichtigt. Mit Kindermode, Kinderzeitschriften, Kinderbilderbüchern und Kinderspielzeug entstand ein bis dahin unvorstellbarer Markt für Kinder.[5] Die Pädagogik entwickelte sich zur eigenständigen Wissenschaft und „die Zeit, in der man Kinder einfach nur als ‚kleine Erwachsene' sah", war vorbei – zumindest für die Kinder der Reichen", wie die Autorin Christa Holtei schildert.[6]

Von großer Bedeutung für das Kinderlied war die Arbeit von Christian Adolph Overbeck (1755–1821), der 1781 die Kinderliedersammlung „Fritzchens Lieder" veröffentlichte. Darin findet sich unter anderem das Lied „Komm lieber Mai und mache", dessen bekannteste Vertonung niemand geringerem als Wolfgang Amadeus Mozart zu verdanken ist. Andere Lieder lassen die Absicht erkennen, Kindern die Erziehungsideale der damaligen Zeit musikalisch vermitteln zu wollen. Aus der Feder von Christian Felix Weiße (1726–1804), der als Begründer der deutschen Kinder- und Jugendliteratur gilt, stammen zum Beispiel die folgenden Zeilen:

» *Wenn ich artig bin und ohn' Eigensinn*
thue, was ich soll. O! wie ist mir wohl.
Mich lobt der Papa, mich liebt die Mama,
alles freuet sich, lobt und liebet mich.
(aus: „Das Glück des Kindes"; um 1766)[7]

Oberstes Ziel solcher und ähnlicher Verse war es, das aufmüpfige und rebellische Verhalten von Kindern zu regulieren. Folglich ereilten die widerspenstigen Protagonist*innen in den Liedern und Geschichten oft schreckliche Schicksale: Der zu einem Vogelnest kletternde Junge bricht sich das Genick, Hans-guck-in-die-Luft ertrinkt, eine Langschläferin wird zur Bettlerin und ein leidenschaftlicher Bratwurstesser endet sogar am Galgen.[8] Deutlich wird hier der „pädagogische Zeigefinger" sichtbar, dem wir im Kinderlied auch heute noch begegnen können. Im Jahr 1808 schließlich vollbringen Achim von Arnim und Clemens Brentano die Pionierleistung, mit „Des Knaben Wunderhorn" eine Volksliedersammlung herauszubringen, in der erstmals auch Kinderlieder zu finden sind – wie zum Beispiel Brentanos Nachdichtung eines alten Wiegenlieds, das noch immer zu einem der beliebtesten Schlaflieder unserer Zeit zählt:

> Schlaf, Kindlein, schlaf,
> und blök nicht wie ein Schaf.
> Sonst kommt des Schäfers Hündelein
> und beißt mein böses Kindelein
> Schlaf, Kindlein, schlaf!
> (aus: „Das Morgenlied von den Schäfchen")

> Schlaf, Kindlein, schlaf!
> Der Vater hüt't die Schaf.
> Die Mutter schüttelt's Bäumelein,
> da fällt herab ein Träumelein.
> Schlaf, Kindlein, schlaf!
> (aus: „Schlaf, Kindlein, schlaf"; 1808)[9]

Auch das Lied „Es tanzt ein Bi Ba Butzemann" ist in der Liedersammlung zu finden. Der „Butzemann" war damals ein vor allem im süddeutschen Raum gängiger Begriff für Dämonen oder Gespenster und wird in diesem Lied zum Kinderschreck, mit dem Kindern gedroht wurde, wenn sie nicht gehorchen oder einschlafen wollten. Noch 1911 war der Liedtext in einem Schulgesangbuch unter der Überschrift „Zuchtlieder" zu finden.[10] Der Lehrer Ernst Gebhard Salomon Anschütz (1780–1861) schrieb dagegen Lieder, die wir heute als „didaktisches Lehrmaterial" bezeichnen würden. Sie waren für das Singen in der Schule gedacht, und man erkennt deutlich ihre pädagogische Absicht. So ist „Es klappert die Mühle am rauschenden Bach" nicht nur ein fröhliches Lied, sondern erklärt auch die Arbeitsschritte vom Korn zum Brot. In etwa die selbe Zeit fiel übrigens die von dem Pädagogen Friedrich Fröbel (1782–1852) entwickelte Idee des Kindergartens, dessen pädagogisches Konzept sich durch die Verbindung von Bildung, Betreuung und Erziehung hervortat.

Der historisch bedeutsamste Kinderliedermacher war aber ohne Zweifel August Heinrich Hoffmann von Fallersleben (1798–1874). Weit über 500 Kinderlieder hat er komponiert, zu den Bekanntesten zählen „Alle Vögel sind schon da", „Winter ade", „Kuckuck, Kuckuck ruft's aus dem Wald", „Der Kuckuck und der Esel", „Wer hat die schönsten Schäfchen" oder „Ein Männlein steht im Walde". Sein Schaffen ist frei von Religion, Moral und pädagogischer Indoktrinierung. Stattdessen inszenierte Fallersleben eine heile Welt. „Seine Lieder fangen alles ein, was bürgerlich-kindliches Leben in der Zeit ausmacht",[11] beschreibt der Musikwissenschaftler Thomas Freitag dessen Arbeit. Und die Autorin Christa Holtei ergänzt: „Fallersleben hat wie kaum ein anderer Dichter mit seinen Kinderliedern die Natur auf einfachste Weise und für Kinder verständlich eingefangen."[12] Für Fallersleben selbst, der ein vergleichsweise unstetes Leben führte und unter anderem wegen seiner zeitkritischen Lieder für Erwachsene immer wieder Repressionen ausgesetzt war, waren die Lieder ein wirksames Mittel zur sentimentalen Rückbesinnung auf seine eigene Kindheit. Im Gegensatz zu den Märchen, die seine Freunde Jacob und Wilhelm Grimm etwa zur selben Zeit veröffentlichten, sprach er mit seinen Liedern ganz bewusst nur einen Teil der kindlichen Gefühlswelt an. „Viele ‚sperrigen', realen Gefühle und Gedanken des Kindes (sexuelle Bedürfnisse, Verlassenheit, Einsamkeit, Angst, Eifersucht, Aufmüpfigkeit u.a.) kommen in dieser Sicht der Kinderwelt gar nicht vor", analysiert Fredrik Vahle die künstlerische Grundhaltung Fallerslebens. Stattdessen sei er ganz darauf fokussiert gewesen, das „heitere Gemüt" der Kinder zu stabilisieren und formen. [13]

Etwa zur gleichen Zeit schlugen sich auch politische Krisen im Kinderlied nieder. Es wurde populär, soldatische Tugenden im Kinderlied zu thematisieren. In einzelnen Fällen schreckte auch Fallersleben nicht davor zurück, etwa in der Strophe eines sehr bekannten Weihnachtslieds:

» *Morgen kommt der Weihnachtsmann,*
kommt mit seinen Gaben.
Trommel, Pfeife und Gewehr,
Fahn und Säbel und noch mehr,
Ja ein ganzes Kriegesheer möcht' ich gerne haben.
(aus: „Der Weihnachtsmann"; 1835)[14]

Als Schöpfer des „Soldatenkinderlieds" gilt aber vor allem Friedrich Wilhelm Güll (1812–1879). Ursprünglich für eher volkstümliche und humorvolle Kompositionen bekannt, fand zunehmend auch kriegsverherrlichende Rhetorik Eingang in seine Kinderlieder:

» *Wer will unter die Soldaten, der muß haben ein Gewehr,*
Das muß er mit Pulver laden und mit einer Kugel schwer.

Der muß an der rechten Seite einen scharfen Säbel han,
Daß er, wenn die Feinde streiten, schießen und auch fechten kann.
(aus: „Wer will unter die Soldaten"; 1846)[15]

„Der Gebrauch militärisch-kriegerischer Rituale, Kriegsspiel im Sandkasten – all dies sind auffällige Tendenzen des Kinderliedes ab Mitte des 19. Jahrhunderts",[16] stellt Thomas Freitag in seiner historischen Betrachtung fest. Es überrascht nicht, dass sie sich Anfang des 20. Jahrhunderts weiter fortsetzten. Zum Zweck patriotischer Erziehung selbst kleinster Kinder erschien 1915, ein Jahr nach Beginn des ersten Weltkriegs, ein Liederbuch mit Kinderkriegs- und Vaterlandsliedern. Darin findet sich zum Beispiel auch das „Lied eines deutschen Knaben", in dem es heißt:

> Mein Arm wird stark und groß mein Mut,
> gib, Vater, mir ein Schwert;
> Verachte nicht mein junges Blut,
> ich bin der Väter wert!
> Schon früh in meiner Kindheit
> War mein täglich Spiel der Krieg.
> Im Bette träumt´ ich nur Gefahr
> und Wunden nur und Sieg.
> (aus: „Lied eines deutschen Knaben"; 1774)[17]

Auch der Melodie von „Hänschen klein" wurde ein neuer Text unterlegt, der in einem Liederbuch mit dem Titel „Lebensfrische Gestaltung des ersten Unterrichts" zu finden ist:[18]

> Kühn voran, zieht die Fahn!
> Folget alle Mann für Mann!
> Tapfer mit! Tritt für Tritt!
> Haltet strammen Schritt!
> (aus: „Kühn voran zieht die Fahn"; 1914)[19]

Politische Vereinnahmung im Nationalsozialismus

Mit der Machtergreifung der Nationalsozialisten im Dritten Reich erreichte die politische Vereinnahmung des Kinderliedes ihren vorläufigen Höhepunkt. Begeistert singende Kinder wurden als Zierde für die Herrschenden missbraucht, die ihr menschenverachtendes Handeln mit deren unschuldigem Gesang zu tarnen versuchten. „Der Faschismus nutzt den Boden der volkstümelnden Singpraxis und führt das deutsche Sprichwort ‚Wo man singt, da lass dich nieder, böse Menschen haben keine Lieder' ad absurdum",[20] fasst der Kinderliedermacher Unmada Manfred Kindel die Entwicklung zusammen. Die herrschende Ideologie manipulierte gezielt das kindliche Bewusstsein, um die Bereitschaft zum Opfertum zu kultivieren. Ein Beispiel aus dem Repertoire der Hitlerjugend belegt das eindrücklich:

> Jugend! Jugend! Wir sind der Zukunft Soldaten.
> Jugend! Jugend! Träger der kommenden Taten.
> Ja, durch unsre Fäuste fällt wer sich uns entgegenstellt.
> Jugend! Jugend! Wir sind der Zukunft Soldaten.
> Jugend! Jugend! Träger der kommenden Taten.
> Führer, wir gehören dir, wir Kameraden, dir!
> (aus: „Vorwärts! Vorwärts!"; 1933)[21]

Ganz besonders wurde im Dritten Reich der Führerkult gepflegt. Zu den „neuen" Kinderliedern der damaligen Zeit zählte ein aus einem Kindergarten im Kreis Reutlingen überliefertes Beispiel, das auf bedrückende Weise belegt, wie bereits jüngste Kinder zu folgsamen Rekruten geformt wurden:

> *Du lieber Führer du, wir Buben und wir Mädchen*
> *aus jedem Dorf und Städtchen, wir jubeln laut dir zu.*
> *Du lieber Führer du, wie gut bist du uns Kleinen,*
> *drum sind wir auch die Deinen und bleiben's immerzu.*[22]

Solche und ähnliche Textauszüge zeugen von der manipulativen Kraft des Kinderliedes. Im Wissen um die Verführbarkeit der Jüngsten wurde es von seinem pädagogischen Impetus entkoppelt und in den Dienst kaltblütiger Machtinteressen gestellt. Die Kinder von damals konnten nicht begreifen, „dass ein brutales Gewaltregime ihnen mit solchen Liedinhalten ihren Lebenswert aberkannte für die falsche ‚gute Sache' der Machtausübung, des Imperialismus und des Völkermords", schreibt die Volkskundlerin Ingeborg Weber-Kellermann, die den Faschismus selbst miterleben musste. Und sie fährt fort: „Mitgerissen von solchen ‚Ewigkeitsklängen' gerieten sie in den Bann eines Denkens, in dem es kein Mitleid gab, weder mit anderen, noch mit sich selbst."[23] Der Musikwissenschaftler Hans Günther Bastian rät daher eindringlich dazu, die Zeit des Nationalsozialismus gründlich zu studieren, um gegen alle Verklärungen der Kunst und insbesondere der Musik resistent zu werden. In Anlehnung an den Schweizer Philosophen Hans Saner stellt er klar: „Es ist die halbe Wahrheit, dass sie [die Kunst, Anm. d. Autors] befreit – die andere Hälfte ist, dass sie fesselt und bindet. Es ist die halbe Wahrheit, dass sie die Intelligenz fördert – die andere Hälfte ist, dass sie blind macht und verdummt. Es ist die halbe Wahrheit, dass sie im Bund mit der Wahrhaftigkeit steht – die andere Hälfte ist, dass man mit ihr so leicht lügen kann."[24]

Es gab jedoch auch Querdenker und Regimekritiker, die das Kinderlied bewusst gegen den Strich bürsteten. Mutig stellten sie sich gegen die aus ihrer Sicht überkommenen Wertvorstellungen. Sie wendeten sich gegen die traditionellen Formen der bürgerlichen Erziehung und erhoben ihre Stimme auch gegen die Nationalsozialisten. Schon vor der Machtergreifung versuchten einige von ihnen, das Label „neue Kinderlieder" mit Leben zu füllen. Was mit den Nonsensliedern von Christian Morgenstern (1871–1914) begann und noch vergleichsweise harmlos anmutete, führten Paula und Richard Dehmel in ihren Kinderliedern und -versen fort. Dehmel wollte „den Struwwelpeter aus dem Felde schlagen" und veränderte den literarischen Umgang mit Kindern. „Gassenjargon und antiautoritärer Sprachgebrauch begannen, die heile Welt des Kinderliedes als Täuschung zu entlarven",[25] schreibt Fredrik Vahle über Dehmels Einfluss auf das Kinderlied. Beispielhaft dafür steht das Gedicht „Frecher Bengel", das als das erste populäre, antiautoritäre Kindergedicht gilt:

> *Ich bin ein kleiner Junge,*
> *ich bin ein großer Lump.*
> *Ich habe eine Zunge*
> *und keinen Strump.*
>
> *Ihr braucht mir keinen schenken,*
> *dann reiß ich mir kein Loch.*
> *Ihr könnt euch ruhig denken:*
> *Jottedoch!*
>
> *Ich denk von euch dasselbe.*
> *Ich kuck euch durch den Lack.*
> *Ich spuck euch aufs Gewölbe.*
> *Pack!*
> (Richard Dehmel; 1913)[26]

Auch Bertolt Brecht erkannte im Kind den zukünftigen Erwachsenen, der zum kritischen Denken und zur Teilnahme an sozialen Auseinandersetzungen fähig sein sollte. Als 1950 die alte Nationalhymne bzw. das Deutschlandlied wieder eingeführt wurde, schrieb er eine Gegenhymne, die er später „Kinderhymne" nannte:[27]

> *Armut sparet nicht noch Mühe*
> *Leidenschaft nicht noch Verstand.*
> *Das ein gutes Deutschland blühe*
> *Wie ein andres gutes Land.*
>
> *Dass die Völker nicht erbleichen*
> *wie vor einer Räuberin*
> *sondern ihre Hände reichen*
> *uns wie andern Völkern hin.*[28]

Unter dem Einfluss von Morgenstern, Dehmel und Brecht entwickelten Verse und Lieder für Kinder literarische Eigenständigkeit und thematische Vielfalt. Sie klammerten die Widersprüchlichkeiten des Daseins und des Weltgeschehens nicht länger aus, wurden antipädagogisch und antibürgerlich und sprachen Kinder wie Erwachsene an.[29] Leider boten sich den Autoren kaum Gelegenheiten, um ihre Arbeiten öffentlich vorzutragen. Das lässt sich unter anderem darauf zurückführen, dass ihr inhaltlicher Ansatz bei vielen Eltern auf erheblichen Widerstand stieß. Als ein Lehrer in den 1920er Jahren ein literarisches Sammelwerk mit neuen Kinderliedern und -gedichten zusammenstellte, liefen viele Eltern Sturm und sammelten mehrere hundert Unterschriften gegen das Buch. Der Autor selbst führte diese Reaktionen auf den „pädagogischen Infantilismus" der Erziehenden zurück, die sich in den Zielen und Mitteln ihrer Erziehung nicht von den „im Zögling liegenden Aufgaben", sondern von „verdrängten affektiven Bindungen an die eigene Kindheit" leiten ließen.[30]

Ohne Zweifel ist die erste Hälfte des 20. Jahrhunderts von tiefgreifenden Widersprüchen, radikalen Umbrüchen und existenziellen Nöten geprägt. Vor diesem Hintergrund verwundert es kaum, dass die Kinderlieder von Brecht, Dehmel und Morgenstern keine neue Tradition begründeten, sondern eher ein Nischendasein fristeten. Für die Liedermacher der folgenden Generationen waren sie aber wichtige Wegbereiter. Fredrik Vahle beschreibt sie als „Vorbild und Anregung".[31] Und Thomas Freitag formuliert die These: „Vielleicht ist der Typus des Kinderliedermachers, der mit den Kindern freundschaftlich-vertraut umzugehen versteht, geschichtlich gerade deshalb entstanden, weil durch die politischen, pädagogischen und ideologischen Restriktionen in diesem Jahrhundert der jungen Generation beinahe alles an militaristischem, chauvinistischem, nationalistischem, sozialistischem, psychologischem Ideengut zugemutet worden ist."[32] Diesem Gedanken folgend ließe sich der betulich anmutende Vortrag so mancher Kinderliedermacher*innen der Gegenwart als kulturelles Erbe der jüngeren deutschen Geschichte deuten. Zugegeben, eine gewagte These. Völlig aus der Luft gegriffen erscheint sie mir jedoch nicht.

Diesseits und jenseits der Mauer

Schauen wir zum Ende dieses Kapitels auf die Entwicklung des Kinderlieds in der Nachkriegszeit. Mit der Spaltung der Bundesrepublik kam es auch zur kulturellen Spaltung zwischen West und Ost. Was sich dies- und jenseits der Mauer ereignete, lässt sich nicht im selben Atemzug beschreiben. Grundverschiedene politische Systeme schufen ebenso verschiedene Nährböden für die kulturellen Entwicklungen. Während im kapitalistischen Westen vorwiegend der freie Markt den Ton angab, dem das Kinderlied über lange Zeit ziemlich egal war, wurde im sozialistischen Osten gezielt politisch Einfluss darauf genommen. Demzufolge entstanden hier wie dort sehr unterschiedliche Stil- und Gebrauchsformen des Kinderlieds.

Für Kinder in der DDR waren die „Pionierlieder" von besonderer Bedeutung. Als politisches Organ war die „Pionierorganisation" Teil des einheitlichen Schulsystems und bildete die Vorstufe zur Mitgliedschaft in der *Freien Deutschen Jugend* (FDJ). Nach der Schule traf man sich regelmäßig zu den so genannten „Pioniernachmittagen", programmatisch stand dabei das sozialistische Kollektiv im Mittelpunkt. In diesem Rahmen wurden auch die Pionierlieder eingeübt und gesungen, deren politische Botschaften unschwer zu erkennen sind:

> *Auf dem Wege weiter, den uns die Partei gewiesen!*
> *Vorwärts, junge Streiter, vorwärts, Pionier!*
> *Hallo, auf zu guten Taten, denn den Sozialismus bauen wir!*
> *Vorwärts, junge Streiter, vorwärts, Pionier!*
> *(aus: „Fröhlich Sein Und Singen")*[33]

> *Geburtstag hat heut unser Staat, drum schmücken wir das Haus.*
> *Und alle Straßen ringsumher, die sehen festlich aus.*
> *Auf neuen Häusern flattern Fahnen hoch im Wind.*
> *Weil unser Staat Geburtstag hat, freut sich heut jedes Kind.*
> *(aus: „Geburtstag hat heut unser Staat")*[34]

Noch im Jahr 1988, also ein Jahr vor dem Fall der Mauer, erschien das für Vorschulkinder bestimmte Liederbuch „Singen macht Spaß". Darin finden sich Lieder wie „Soldaten unserer Volksarmee", „Unsere Grenzsoldaten", „Hör ich die Soldaten singen" oder „Mein Bruder ist Soldat".[35]

> *Mein Bruder ist Soldat im großen Panzerwagen*
> *und stolz darf ich es sagen: Mein Bruder schützt den Staat,*
> *mein Bruder schützt den Staat.*
>
> *Der Panzer ist so schwer, wie dick sind seine Wände,*
> *und fährt doch im Gelände geschwinde kreuz und quer,*
> *geschwinde kreuz und quer.*
>
> *Und greift uns jemand an, so hat er nichts zu lachen,*
> *die Volkssoldaten wachen und stehen ihren Mann,*
> *und stehen ihren Mann.*
> *(aus: „Mein Bruder ist Soldat")*[36]

Eine interessante Zusammenstellung von Kinderliedern aus der DDR findet sich auch auf dem 1999 erschienene Sampler „Wenn Mutti früh zur Arbeit geht". Der Name des Samplers legt den Verdacht nahe, dass es sich dabei um eine Sammlung ausschließlich regimefreundlicher Lieder handelt. Das ist jedoch nur teilweise der Fall – auch wenn das titelgebende Lied eindeutig das sozialistische Frauenbild in den Mittelpunkt stellt:

> *Wenn Mutti früh zur Arbeit geht, dann bleibe ich zu Haus.*
> *Ich binde eine Schürze um und feg die Stube aus.*
>
> *Das Essen kochen kann ich nicht, dafür bin ich zu klein.*
> *Doch Staub hab ich schon oft gewischt. Wie wird sich Mutti freu'n!*

*Ich habe auch ein Puppenkind, das ist so lieb und fein.
Für dieses kann ich ganz allein die richt'ge Mutti sein.*
(aus: „Wenn Mutti früh zur Arbeit geht")[37]

Adelheid Wedel, eine in der DDR aufgewachsene Journalistin, hat die Liedersammlung kuratiert und erläutert im Booklet, dass das zitierte Lied Ausdruck real erlebter Zustände sei. Denn die „Mutti" war in der DDR tatsächlich immer beschäftigt. „Sie hatte eine Arbeit und Kolleginnen und Kollegen, meist ein sozialistisches Kollektiv. Und was zu Hause passierte, wusste oft bald die ganze Brigade. Denn das zu Hause und die Arbeit lagen nicht so weit entfernt voneinander: Ein Leben, zu dem Arbeit und Freizeit gehörte, die sich eng umschlungen hielten und in dem das eine ohne das andere weniger gut zu ertragen war".[38] Anders als im Westen Deutschlands, wo man ein deutlich konservativeres Frauen- und Familienbild propagierte und lebte, wurde der Frau in der DDR von vornherein eine andere Rolle zuteil. Für den Aufbau eines sozialistischen Staates war sie ebenso wichtig wie jeder Mann im Land, wie ein Zitat aus einer Rede von Walter Ulbricht aus dem Jahr 1962 eindrucksvoll belegt: „Ich weiß, dass es alte Auffassungen gibt, wonach Frauen vor allem so genannte leichtere Berufe ausüben müssten. Aber, liebe Genossinnen, wir können den Sozialismus nicht nur mit Friseusen aufbauen. Ich bin auch für schöne Frisuren, aber das wichtigste und interessanteste sind gerade die technischen Berufe",[39] so Ulbricht damals. Helfen war daher eine wichtige Vokabel im Alltag, schreibt Wedel. Erwachsene halfen sich gegenseitig, die Eltern halfen den Kindern und diese selbstverständlich den Eltern – und hier besonders der doppelt belasteten Mutti. Das Lied „Wenn Mutti früh zur Arbeit geht" bringe den Stolz und das Wohlgefühl der Kinder entsprechend gut auf den Punkt.

Trotzdem zeigte diese in sich geschlossene Welt kleine Risse, die auch in den Kinderliedern der DDR sichtbar wurden. Hört man bei einigen der Lieder auf dem Sampler genauer hin, dann schimmern latente Unzufriedenheit und heimliche Sehnsucht durch. Von den „Fischern am Kap Horn" wird dort gesungen, die „Türme von Baku" werden gegrüßt, „Kakadu und Pinguine" tauchen in den Liedern auf und euphorisch wird „für den Frieden, der allen gefällt, gemeinsam mit den Kindern der Welt" gesungen. Hier wurde frühzeitig der Nährboden für Unzufriedenheit gelegt, „denn die ‚fernen Länder', die waren, erwachsen geworden, auch nicht erreichbar, und auf die Frage: ‚Warum eigentlich nicht?' gab es weit und breit keine erleuchtende Antwort",[40] erklärt Wedel.

Von besonderer Bedeutung war in der DDR auch die „Singebewegung", deren Aufbau im Jahr 1966 offiziell vom Zentralrat der FDJ beschlossen wurde. Ihr erklärtes Ziel war es, junge Menschen zum gemeinsamen Singen zu motivieren, wobei eine strikte pro-sozialistische Ausrichtung verfolgt wurde. Obwohl staatlich initiiert und kontrolliert, brachte die „Singebewegung" aber auch kritische Liedermacher hervor. Zu ihnen gehört unter anderem der Musiker Gerhard Schöne, der sich gut darauf verstand, die von der Zensur unbesetzt gebliebenen Freiräume zu füllen. Auch als Kinderliedermacher trat Schöne auf, spielte in Kindergärten und Kirchen, auf Kleinkunstbühnen und in Krankenhäusern.

„Fernab von Gängelei, Bevormundung und repressiver Kontrolle" fand er dort Menschen, die danach strebten, alternative Lebenswelten zum DDR-Alltag zu besetzen, wie der Musikwissenschaftler Thomas Freitag über Schöne schreibt.[41] Sein wahrscheinlich bekanntestes Kinderlied ist „Jule wäscht sich nie", das auf der 1982 erschienenen Platte „Lieder aus dem Kinderland" veröffentlicht wurde. Etliche weitere Produktionen, für Kinder wie für Erwachsene, folgten. „Schönes Lieder gehören zum Besten, was aus dem fast lautlos entschwundenen Staat DDR überliefert ist",[42] würdigt Freitag das Lebenswerk des Musikers. Die Geschichte der Kindermusik in der DDR wäre jedoch unvollständig erzählt, wenn nicht auch der „Traumzauberbaum" von Reinhard Lakomy und Monika Ehrhardt zumindest kurz Erwähnung finden würde. Das 1980 erschienene Musikhörspiel gehört für viele in der DDR aufgewachsene Menschen zum festen Musikrepertoire ihrer Kindheit und erfreut sich bis heute großer Beliebtheit. Eine Sammlung modern interpretierter Kinderlieder aus der DDR findet sich auf dem 2019 erschienenen Sampler „Hier lebst du" (siehe „Hidden Track", S. 269). Produktionen wie diese halten nicht nur die Erinnerungen an das eigene Aufwachsen in der ehemaligen DDR lebendig, sondern würdigen zugleich auch die Kinderkultur des sozialistischen Staates.

Vergleichend dazu nahm die Entwicklung des Kinderlieds im Westen Deutschlands einen vollkommen anderen Verlauf. Als das erste Kinderlied der Nachkriegszeit gilt der Song „Pack die Badehose ein", der die siebenjährige Conny Froboess im Handumdrehen zum beliebten Kinderstar machte. Dem Lied kann weder politischer noch pädagogischer Anspruch unterstellt werden. Gerade deshalb ist es ein gutes Beispiel für die im Nachkriegsdeutschland aufkommende Unterhaltungskultur:

> *Wenn man in der Schule sitzt, über seinen Büchern schwitzt*
> *und es lacht der Sonnenschein, dann möcht man draußen sein.*
> *Ist die Schule endlich aus, geh'n die Kinder froh nach Haus*
> *und der kleine Klaus ruft dem Hänschen hinterher:*
> *Pack die Badehose ein, nimm dein kleines Schwesterlein*
> *und dann nischt wie raus nach Wannsee.*
> *Ja, wir radeln wie der Wind durch den Grunewald geschwind*
> *und dann sind wir bald am Wannsee.*
> *(aus: „Pack die Badehose ein"; 1951)[43]*

Es ist die harmlose Anmutung des Liedes, die den Zeitgeist der damals jungen Bundesrepublik auf beinahe unheimliche Weise widerspiegelt. Dass man nur wenige Jahre zuvor den halben Kontinent in Schutt und Asche gelegt hatte und für den Tod von Millionen unschuldiger Menschen verantwortlich war, wollte in diesen Jahren niemand mehr vor Augen geführt bekommen. Die gesamte westdeutsche Unterhaltungsindustrie war gekennzeichnet von einer erstaunlichen Oberflächlichkeit und zeichnete eine Idylle, in der

Aufklärung, Schuldbewusstsein und Reue keinen Platz hatten. Erfolgreich waren dagegen vor Kitsch und Pathos triefende Heimatfilme und der unverfängliche Humor von Komikern wie Heinz Erhard und Showmastern wie Hans-Joachim Kulenkampff. Conny Froboess machte auch nach ihrem frühen Erfolg weiter Musik, verstand sich aber nie als Kinderliedermacherin. Stattdessen entwickelte sie sich zum gefeierten Schlagerstar der Nation.

Eine spezifische Kindermusik-Szene entstand somit erst im Gefolge der Studentenbewegung. In den 70er Jahren traten Kinderliedermacher*innen wie Klaus W. Hoffmann, Dorothée Kreusch-Jacob und Fredrik Vahle in Erscheinung und übertrugen die systemkritische Grundstimmung damaliger Polit-Barden in das Kinderlied. War es zuvor Ausdruck einer heilen Welt und Tummelplatz einer patriarchalischen Ordnung, floss nun zunehmend auch latenter Protest gegen die Erwachsenenwelt in das Kinderlied ein.[44] In den 80er Jahren, während die „Neue Deutsche Welle" deutsche Texte auch jenseits von Schlager und Volksmusik salonfähig machte, folgten mit Volker Rosin, Detlev Jöcker und Rolf Zuckowski schließlich die Interpreten, die das Kinderlied zum kommerziellen Erfolgsprodukt machten. Wie unterschiedlich diese beiden Strömungen zu bewerten sind, werde ich in der Gegenüberstellung der vermutlich einflussreichsten Kindermusiker, nämlich Fredrik Vahle und Rolf Zuckowski, im nächsten Kapitel zeigen.

Was aber ist nun aus diesem Ritt durch die Geschichte des Kinderlieds zu lernen? Zwei Erkenntnisse sind für mich von zentraler Bedeutung: Wie wir gesehen haben, wurde das Kinderlied oft dazu missbraucht, Kinder mit den fehlgeleiteten Ideologien Erwachsener zu infiltrieren. Aus dieser historischen Last leitet sich für jeden selbsternannten Kinderstar die Verpflichtung zur kritischen Selbstreflexion der eigenen Arbeit ab. Zugleich macht der Rückblick in die Vergangenheit aber auch deutlich, dass es bereits vor sehr langer Zeit Menschen gab, die in der Lage waren, Kinder und ihre Bedürfnisse angemessen zu erfassen und ihre Beobachtungen in Liedern zu verewigen, die bis heute zu Recht Kultstatus genießen. Diese Feststellung unterstreicht das große kulturelle Potential von Kinderliedern. Mit Blick auf die jüngsten musikkulturellen Entwicklungen bleibt für mich umso mehr die Frage offen, warum in der Gattung Kindermusik nicht die gleiche Vielfalt vorzufinden ist wie auf dem Musikmarkt insgesamt? Der Makel, der dem Kinderlied offenbar noch immer anhaftet, mag sich durch die historische Analyse vielleicht erklären. In Stein gemeißelt ist er deswegen allerdings nicht.

Für immer
9 Eine Würdigung der Lieder von Fredrik Vahle und Rolf Zuckowski

> „Wer für Erwachsene schreibt, schreibt für die Zeit.
> Wer für Kinder schreibt, für die Ewigkeit."
> (Hans Christian Andersen)

Egal, ob Eltern während ihrer Kindheit selbst Kindermusik gehört haben oder nicht: Wenn ich sie danach frage, welche Kindermusiker*innen sie kennen, nennen sie mir fast immer zwei Namen: Fredrik Vahle und Rolf Zuckowski. Das ist auf den ersten Blick nicht besonders verwunderlich, denn ohne Zweifel haben sich die beiden Herren um die Musikkultur für Kinder sehr verdient gemacht. Wer in den 80er und 90er Jahren aufgewachsen ist, kam an ihren Veröffentlichungen praktisch nicht vorbei und zu Recht gelten viele ihrer Lieder heute als Klassiker der Gattung Kindermusik. Andererseits überrascht es mich, dass junge Eltern, die auf der Suche nach guter Kindermusik sind, noch immer zu den beinahe antiken Werken der beiden Altmeister greifen. Machen wir uns noch einmal klar: Zuckowski begann seine Karriere als Kindermusiker Ende der 70er Jahre mit der Produktion „Rolfs Vogelhochzeit", Fredrik Vahle hat sein erstes Kindermusikalbum „Die Rübe" bereits 1973 veröffentlicht. Ohne den benannten Werken ihre Bedeutung absprechen zu wollen, staune ich doch über deren ungebrochenen Erfolg. Er mag einer Mischung aus ausgeprägtem Traditionsbewusstsein, verklärter Kindheitsromantik und dem gefühlten Mangel an Alternativen zuzuschreiben sein.

Doch bemühen wir uns lieber, dieses Phänomen präzise zu ergründen. Denn die musikalischen Werke von Zuckowski und Vahle hängen nicht nur eng mit ihrem künstlerischen Selbstverständnis, sondern vor allem mit ihren individuellen Erfahrungen und Überzeugungen zusammen. Der Blick in ihre Biografien verspricht nicht nur aufschlussreiche Erkenntnisse über ihre künstlerischen Erfolge, sondern bietet auch zahlreiche Anknüpfungspunkte für die Entwicklung objektiver Kriterien an zeitgenössische Kindermusik.

Kinderlieder als Gesprächsangebote: Fredrik Vahle

Fredrik Vahle, 1942 in Stendal (Sachsen-Anhalt) geboren, übersiedelte 1956 mit seiner Familie in die Bundesrepublik, wo er nach dem Abitur Germanistik und Politik studierte. Schon während seines Studiums engagierte er sich im „Sozialistischen Deutschen Studentenbund" (SDS), der ursprünglich als Hochschulverband der SPD gegründet wurde, sich Anfang der 60er Jahre aber von der Partei abspaltete und fortan als Teil der internationalen „Neuen Linken" verstand. Dieses politische Umfeld hat offenkundig auch Einfluss auf die Inhalte seiner Kinderlieder genommen. Vahle selbst sagt im Rückblick über diese Zeit: „Ich hatte damals den jungen Marx gelesen, ich kam aus der DDR, hatte also zu der DDR auch eine kritische Einstellung. Aber ich habe durchaus auch gesehen, was es in der DDR an sozialistischen Idealen gab." Und er fährt fort: „Ich habe mich schon für andere Ideale begeistert als ein Großteil meiner Klassenkameraden, die schon gleich geguckt haben: Was kann ich werden? Wo habe ich einen größeren Erfolg im Beruf? Das war bei mir nicht so angesagt."[1] Stattdessen promovierte Vahle nach seinem Universitätsabschluss in Soziolinguistik und forschte für seine Habilitation sowohl zum Kinderlied als auch zur Kindersprache. Als ausgewiesener Kenner der kinderkulturellen Leistungen von Christian Morgenstern, Paula und Richard Dehmel, Joachim Ringelnatz oder Bertolt Brecht habe er „die notwendigen Schlüsse für eine Neuorientierung im diffus erscheinenden Feld der Kinderlyrik gezogen",[2] urteilt der Musikwissenschaftler Thomas Freitag über Vahles unermüdliches Engagement für die Kindermusik.

Erste eigene Kinderlieder verfasste Vahle gemeinsam mit Christiane Knauf im Rahmen seiner beruflichen Tätigkeit mit lernbeeinträchtigten Kindern. Als *Christiane & Fredrik* traten sie gemeinsam auf und veröffentlichten mit „Die Rübe" 1973 schließlich ihr erstes Kinderlieder-Album. Musikalisch orientierte es sich deutlich an der Tradition der Liedermacher: Die zurückhaltende Instrumentierung gab den jeweiligen Melodien und vor allem den Texten reichlich Raum. Immer wieder positionierte sich das Duo kritisch gegenüber den gesellschaftlichen und sozialen Missständen. So thematisierte das titelgebende Lied „Die Rübe" beispielsweise Rassismus und Fremdenfeindlichkeit:

» *Jetzt ziehen sie zu viert, doch die Rübe bleibt drin.*
Der Fritz meint schon traurig: Es hat doch keinen Sinn.
Ganz plötzlich ruft Paul: Hier, ich hab 'ne Idee,
wie wär's, wenn wir mal zum Antonio gehen?

Doch da meint der Klaus: So was hilft uns nicht weiter.
Das sind doch alles Kinder von so Gastarbeitern.
Mein Vater sagt immer, die verschwänden viel besser.
Und außerdem sind das Spaghettifresser!

Fredrik Vahle

Das ärgert den Paul, was der Klaus da so spricht.
Der Antonio ist kräftig, und dumm ist er nicht.
Und außerdem, Klaus, hast du eins wohl vergessen,
du hast dich an Spaghetti neulich fast überfressen.
(aus: „Die Rübe"; 1973)

Dank des geschickten Zusammenspiels von Sprache, Rhythmus und Text ging dieses Lied sowohl als Bewegungslied wie auch als politischer Protestsong durch. Gleichermaßen an der Sprache wie der Lebenswelt der Kinder orientiert, griff es die üblichen Klischees über Gastarbeiter auf. So gelang es Vahle, seine junge Zuhörerschaft gezielt für Vorurteile und Ressentiments gegenüber Menschen aus Einwandererfamilien zu sensibilisieren. Ähnlich ging er in zahlreichen anderen Liedern vor. Im Lied „Der Umzug" kritisierte er beispielsweise die Gier und Skrupellosigkeit von Immobilienbesitzer*innen:

» *Das Haus wo wir gewohnt haben das steht jetzt drei Jahre leer.*
Und dann wird es kaputt gehauen, als ob es gar nichts wär.
Es soll da ein Bürohaus hin, mit 21 Stock,
der Hausbesitzer fühlt sich stark, fast wie der liebe Gott.
(aus: „Der Umzug"; 1973)

An anderer Stelle bemühte sich Vahle, Kinder gezielt in Kapitalismuskritik zu schulen:

» *Es war einmal ein Mann, der hieß Pam Pu*
Der machte sein ganzes Leben lang Schmu!
Er hatte ‚ne große Fabrik vor der Stadt
und hinter seiner Villa ein Luxusbad.
Doch die Abwässer von seiner Fabrik
Die flossen stinkend zum Fluss zurück!

Dem Bürgermeister war das nicht geheuer
doch dachte er an die vielen Steuern
die die Fabrik der Gemeinde brachte.
Pam Pu saß in seiner Villa und lachte
und sagte: „So schnell mach' ich keinen Stuss!
Mein Geld, das stinkt nicht – allerhöchstens der Fluss."
(aus: „Pu Pam und Pam Pu"; 1973)

Mit anderen Worten: Vahle war ein kritischer Beobachter realer Missstände und überzeugt davon, dass Kinder mit diesen Themen konfrontiert werden können und müssen. Anstatt sie oberflächlich auf ihre Spielfreude und ihren Bewegungsdrang zu reduzieren, beobachtete er ihre Reaktionen auf seine Lieder genau und ließ diese Erfahrungen fortlaufend in seine neuen Werke einfließen. Krieg und Frieden, Leben und Tod, die Hinterfragung gesellschaftlicher Normen, das Aufbrechen tradierter Geschlechterrollen oder der Aufstand gegen Autoritäten: Es schien kaum ein Thema zu geben, das nicht auch in einem Kinderlied bearbeitet werden könnte. Obgleich sie kaum an Aktualität eingebüßt haben, würde sich heute kaum noch jemand darüber aufregen. In den bürgerlich geprägten Milieus der 70er Jahre stieß Vahle mit seinem künstlerischen Ansatz jedoch immer wieder auf Unverständnis. Als „rote Laus im Kindergartenfell" wurde er öffentlich angeprangert und erhielt kritische Zuschriften wie diese:

» *Sie selbst sind hoffentlich nicht so geistlos und primitiv wie die Texte ihrer sogenannten Kinderlieder. Wer noch nicht einmal in der Lage ist (...) lustige Texte in guten Reimen zu verfassen, der sollte seine Dichtversuche lieber im Schreibtisch liegen lassen, als sie anmaßend auf einer Schallplatte zu veröffentlichen und in Bänkelsängersart durch Hessen zu verbreiten.*
(Zuschrift eines Musiklehrers, 1974)

» *An den vorgetragenen Liedern falle neben der zum Teil ordinären Ausdrucksweise, die von Kindern unkritisch übernommen wird, unter anderem auf, dass zum Diebstahl – also einem strafrechtlichen Tatbestand – aufgerufen werde („Gehen wir Fische klauen"). Die politisch einseitige Tendenz, die in einer ganzen Reihe von Liedern zum Ausdruck kommt, dürfte den Kindergärtnerinnen und insbesondere ihrer Leiterin nicht entgangen sein.*
(CDU-Stadtratsfraktion in der Oberhessischen Presse, Marburg, 1974)[3]

Dieser frühe „Shitstorm" macht deutlich, dass Fredrik Vahle mit seinen Liedern ganz offensichtlich einen empfindsamen Nerv getroffen hatte. Er selbst bezeichnet diese Phase im Rückblick als „aufgeregte und auch von Seiten des Establishments sehr hysterische Zeit."[4] Ihn deshalb als „Protestsänger" abzustempeln würde jedoch zu kurz greifen. Vahle wollte nicht politische Entscheidungsträger*innen an den Pranger stellen, sondern eine Haltung vermitteln: „Meine Botschaft ist mein Leben, meine Art und Weise, wie ich mit den Kindern umgehe. Und das, was in meinen Liedern gesagt wird. Aber nicht im Sinne von Botschaft „So muss es sein", sondern eher von Gesprächsangebot und von aufmerksam machen auf bestimmte Sachverhalte und Themen",[5] beschreibt Vahle selbst seinen künstlerischen Ansatz. Als Musiker und Sprachwissenschaftler widmete er sich über vier Jahrzehnte einer Reihe von Querschnittsthemen – sei es der Zusammenhang zwischen Musik und Bewegung, der Wert von Integration und kultureller Vielfalt oder der Zugang zu Spiritualität und Achtsamkeit. Mehr als 40 Alben mit Kinderliedern hat er veröffentlicht, dazu etliche Ratgeber und Übungsbücher für Erzieher*innen. Eine wichtige Konstante war für ihn die Auseinandersetzung mit seiner eigenen Kindheitserfahrungen. Von „Selbstfürsorge" spricht er und konkretisiert, dass er immer wieder von seinem „inneren Kind" berührt werden müsse, dass er dies auch als Anregung und

Impuls für seine Arbeit mit Kindern benötige: „Da ist nämlich ein Kind in mir, das ich wiederentdecken, das ich annehmen und mit dem ich mich versöhnen kann. Das innere Kind will beschützt, umsorgt und genährt sein. Es schenkt dir inneren Reichtum, bis in dein äußeres Leben hinein. Das innere Kind hat keine Macht, kann keine Gewalt ausüben, aber es ruft die Liebe hervor – und das verändert alles."[6]

2017 wurde Fredrik Vahle 75 Jahre alt und es scheint, als denke er noch lange nicht ans Aufhören. „Alles ist Schwingung, alles ist Klang" heißt eines seiner jüngsten Werke. Es wirkt ein bisschen wie aus der Zeit gefallen, bündelt aber konsequent die verschiedenen Facetten seiner künstlerischen Arbeit und persönlichen Lebenshaltung. „Früher sang er über Integration, heute steckt das Interkulturelle in seiner Musik selbst"[7], sagt Dietlind Grabe-Bolz, die ihn seit vielen Jahren auf der Bühne begleitet. Er selbst betont, dass es in einer Zeit, die von Phänomenen wie Beschleunigung, Reizüberflutung und Multitasking gekennzeichnet ist, für Kinder umso wichtiger sei, ihr Bedürfnis nach Stille und lustvoller Aufmerksamkeit befriedigen zu können. „Wenn Kinder die Erlaubnis oder die Möglichkeit bekommen da reinzugehen, das auszuagieren, dann werden sie das auch sehr dankbar aufnehmen und die Möglichkeit ergreifen",[8] so Vahle. Man könnte sagen: Mit dieser Haltung liegt er voll im Trend. Spiritualität, Achtsamkeit und Meditationspraktiken haben heute Hochkonjunktur. Vielleicht ist es gerade dieses Selbstverständnis, das junge Familien bis heute in seine Konzerte lockt? Seine politisch angehauchten Kinderlieder hält er in diesem Kontext jedenfalls für weniger relevant. Schon zur Zeit ihrer Entstehung, während der antiautoritären Studentenbewegung, schienen sie ihm überbewertet. „In diesem Kontext wurde es häufig überladen, wurde unbeweglich und konnte nicht ankommen", erinnert sich Vahle und resümiert: „Die damalig hohen Erwartungen wurden bekanntlich nicht erfüllt."[9] Das zeigt sich auch am Beispiel anderer Künster*innen und ihrer Lieder. Denn Vahle war bei Weitem nicht der einzige politisch motivierte Kinderliedermacher. Auch im Berliner *Grips-Theater* bemühte man sich, kritisches Denken durch das Kinderlied zu schulen – wie etwa im Lied „Doof gebor'n ist keiner":

> *Erika ist mies und fad, doch Papi ist Regierungsrat,*
> *drum macht sie ganz bestimmt das Abitur.*
> *Paule ist gescheit und schlau, doch sein Vater ist beim Bau,*
> *drum geht er zur neunten Klasse nur.*
>
> *Doof gebor'n wird keiner, doof wird man gemacht*
> *und wer behauptet „Doof bleibt doof" der hat nicht nachgedacht.*
> (aus: „Doof gebor'n ist keiner"; 1973)

Und auch der Kabarettist Dieter Süverkrüp versuchte sich in dieser Gattung und schrieb das Lied vom Baggerführer Willibald, der seine Kollegen am Bau zum zivilen Ungehorsam aufruft:

> *Das hat doch keinen Zweck, der Boss geht besser weg*
> *dann bauen wir uns selber ein schönes Haus mit Keller,*
> *da ziehn wir alle ein – au fein!"*
>
> *Wie Willibald das sagt, so wird es auch gemacht:*
> *Die Bauarbeiter legen los und bauen Häuser, schön und groß,*
> *wo jeder gut drin wohnen kann, weil jeder sie bezahlen kann,*
> *der Baggerführer Willibald baut eine neue Schwimmanstalt,*
> *da spritzen sich die Kinder nass, das macht sogar dem Bagger Spaß!*
> (aus: „Der Baggerführer Willibald"; 1970)

Sollten Sie in den 70er Jahren aufgewachsen sein, dann kommt Ihnen das eine oder andere der hier zitierten Lieder möglicherweise bekannt vor. Insgesamt kann jedoch nicht behauptet werden, dass die genannten Künstler*innen die Gattung Kindermusik mit ihrer sozialkritischen Haltung nachhaltig geprägt hätten. Das Kinderlied der Gegenwart ist in der Regel vieles, nur nicht politisch. Ist es also vor allem Vahles spirituelle Ausstrahlung, die junge Eltern noch heute begeistert? Sie selbst saßen als Kinder bei seinen Konzerten im Publikum, fühlten sich im besten Fall ernst genommen, unterhalten und inspiriert. Vielleicht ist es gerade diese Erfahrung, die die Kinder von damals nun an ihre eigenen Kinder weitergeben möchten. Nach einer Erklärung für das anhaltende Interesse an seiner Person und seinen Liedern gefragt, erinnert sich Vahle an die Begegnung mit einem kleinen Jungen nach einem seiner Konzerte. Dieser sei auf ihn zugekommen und habe gesagt: „Das sind zwar gar keine richtigen Kinderlieder, aber spiel mal noch eins." Diese Rückmeldung wurde für Vahle zum Motto seines Schaffens: „Immer ein bisschen nebendran und trotzdem so, dass Leute, die in der Mitte sind, erkennen können: Aha, da gibt es eine Anregung, da gibt es einen Impuls."[10]

Rolf Zuckowski: Der erste Star der Kinderlieder-Szene

Wenn wir vergleichend dazu auf den künstlerischen Werdegang von Rolf Zuckowski blicken, dann offenbart sich ein ganz anderer Zugang zur Gattung Kindermusik. 1947 in Hamburg geboren, prägte ihn vor allem die junge, wilde Musik der *Beatles*. Folgerichtig gründete Zuckowski noch in der Schule seine erste Band, die *Beathovens*, bei denen er als Sänger und Gitarrist an vorderster Front stand. Beruflich führte ihn sein Weg aber zunächst in eine andere Richtung. Er lernte erst Betriebswirtschaft und begann kurz darauf, Schlager für andere Künstler*innen zu schreiben. Eines seiner bekanntesten Lieder aus dieser Zeit ist „Guten Morgen Sonnenschein" von Nana Mouskouri. Aber auch mit der Band *Peter, Sou & Marc* feierte er, insbesondere im Rahmen des *Eurovision Song Contests*, große Erfolge. Wie bei so vielen anderen Kindermusiker*innen führte schließlich die Geburt seiner eigenen Kinder dazu, dass sich Zuckowski auch der Komposition von Kinderliedern widmete. In der Zusammenarbeit mit einem seiner ehemaligen Bandkollegen entstand 1977 die erste Musikproduktion für Kinder: „Rolfs Vogelhochzeit". Dass die Vorbehalte gegenüber Kindermusik schon damals groß waren, beschreibt Zuckowski in seiner Autobiografie. In der Geschäftsleitung der Plattenfirma *phonogram* wollte zunächst niemand an den Erfolg der Produktion glauben. Da man aber der Ansicht war, dass das Produkt „gut für das Image der Firma" sei, wurde Zuckowski eine Chance gegeben. Und siehe da: „Rolfs Vogelhochzeit" wurde ein einzigartiger Verkaufserfolg. Im Kontext frühmusikalischer Erziehung an Kindergärten und Grundschulen wurden die Lieder zum Selbstläufer und Dauerbrenner. Inzwischen werden sie sogar in Guatemala und China gesungen. Beflügelt von diesem Erfolg, wollte Zuckowski natürlich weitermachen und erarbeitete ein Konzeptalbum mit Liedern zur Verkehrserziehung. Trotz des vorangegangenen Erfolgs rannte er damit bei seiner Plattenfirma erneut keine offenen Türen ein. Verkehrssicherheitslieder wurden für „viel zu pädagogisch" gehalten und so kam es, dass „Rolfs Schulweg-Hitparade" schließlich bei *Polydor* (heute *Universal*) erschien.[11]

Es dürfte diesem Wechsel sowie der damals noch überschaubaren Medienlandschaft zu verdanken sein, dass Zuckowski eine für heutige Verhältnisse kaum vollstellbare Medienpräsenz erlangte. 1981 wurde sein Lied „Du da im Radio" ein bundesweiter Hit und machte Kindermusik plötzlich zu einer auch wirtschaftlich relevanten Gattung. Es folgten Auftritte in diversen Fernsehsendungen, wie etwa der legendären *ZDF Hitparade* mit Dieter Thomas Heck. Die Einladung in die Show *Wetten dass?* markierte für Zuckowski schließlich den endgültigen Durchbruch. Insgesamt dreimal war er dort zu Gast, wurde bisweilen aber auch für die Interessen des Senders zweckentfremdet. Als sich Gastgeber Thomas Gottschalk, dank etwas zu leicht bekleideter Damen in der vorangegangenen Ausgabe der Sendung, dem öffentlichen Vorwurf ausgesetzt sah, dass man *Wetten dass?* mit Kindern nicht mehr schauen könne, rettete Zuckowski mit seinem Auftritt das Image der Show als familienkompatibles Fernsehformat. Zu seinem Schaden sollte das nicht sein, denn so bot sich für Zuckowski die einmalige Chance, das Lied „In der Weihnachtsbäckerei" einem großen Publikum vorzustellen. „Letztendlich war es für uns wunderbar, dass das Lied plötzlich für 33 Millionen Zuschauer (...) über Nacht zu einer Art Volkslied wurde",[12] erinnert sich Zuckowski. Auch der Musikwissenschaftler Thomas Freitag ist sich sicher, dass ihm Gelegenheiten wie diese die schnelle Gefolgschaft einer interessierten Hörerschaft einbrachten. Zugleich kritisiert er jedoch, dass „die Adressierungen seines Singens unscharf wurden und die zielgerichtete Ausrichtung des Kinderliedes auf die marktorientierte Größe ‚Hit' bzw. ‚Kinder-Hit' neue Klischeebildungen hervorbrachte".[13]

Auch Zuckowski selbst entwickelte eine kritische Haltung zum öffentlichen Rummel um seine Arbeit. Ihm war der Kontakt zu den Kindern immer wichtiger als der mediale Erfolg, zumal ihn die Inszenierungen für die TV-Shows mit zunehmendem Alter vor immer größere Herausforderungen stellten. Eine „ziemlich klamaukige Szene als Besucher auf dem Bauernhof im hautengen Biker-Dress"[14] Mitte der 80er Jahre wurde für ihn zum Warnsignal. Er spürte, dass er als Erwachsener nicht mehr lange den Spielkameraden der Kinder abgeben konnte. Die Frage, wen er mit seinen Liedern wie ansprechen wolle und

Rolf Zuckowski

welcher Mittel er sich dazu bedienen könne, drängte sich immer stärker in den Vordergrund. In seiner Autobiografie schreibt Zuckowski: „Ich habe in den gut vorbereiteten Annäherungen, gemeinsamen Freizeiten und Gemeinschaftskonzerten, vor allem aber beim herzzerreißenden Abschied der Kinder immer wieder gefühlt, dass mir diese Ebene meiner Arbeit (...) wichtiger geworden ist als mancher Medienerfolg, der doch nur wie ein bunter Luftballon davonfliegt. Du musst die Kinder mehr lieben als die Musik und den Erfolg."[15] Hinzu kam, dass er in seiner Rolle als Kindermusiker wie auch in der als Vater die inhaltliche Fokussierung auf Kinderthemen immer kritischer betrachtete. Das weit verbreitete Schubladendenken und die scharfe Abgrenzung zwischen Unterhaltung für Kinder und Erwachsene wurden ihm zunehmend suspekt. Umso mehr bemühte sich Zuckowski darum, die inhaltliche Abkopplung von Kindern und Eltern aufzulösen. Er war der festen Überzeugung, dass Musik für Kinder immer auch die Eltern und damit auch die Familie als Ganzes ansprechen müsse. Da er regelmäßig auch Musikproduktionen für Erwachsene veröffentlichte, sah er sich bei seinen Konzerten wie auch auf seinen Kindermusik-Alben der Ansprache beider Zielgruppen verpflichtet.

Anders als Fredrik Vahle verzichtete Zuckowski darauf, mit seinen Liedern politische Botschaften zu vermitteln oder gesellschaftliche Missstände zu thematisieren. Das kennzeichnet ihn aber keineswegs als unpolitischen Künstler. Gerade weil seine Lieder für viele Kinder wertvolle Begleiter waren, die sie als ihre Lieder verstanden und verinnerlichten, beschäftigte ihn immer auch die gesellschaftliche Verantwortung, die mit dieser Tätigkeit verbunden war. Gerade vor dem Hintergrund der jüngsten deutschen Geschichte und den Versuchen der Nationalsozialisten, Kinder auch mit Hilfe von Liedern „verführen" zu wollen, vermied er es, sie ideologisch zu beeinflussen. Explizit kritische Texte werden Sie in seinem Repertoire nicht finden. Demzufolge wurde bereits ein Lied wie „Nackidei", in dem wohlgemerkt nicht Kinder, sondern verschiedene Tiere der Freikörperkultur frönen, vereinzelt bereits als inhaltliche Grenzüberschreitung angesehen. Gönnen wir uns einen kurzen Textauszug:

» *Der Eber sagt zu seiner Frau:*
„Hör zu du süße kleine Sau:
Wir machen heut ne Schweinerei
und gehen mal wieder Nackidei."

Dem Schaf wird in der Wolle heiß
und von der Stirn rinnt ihm der Schweiß.
Doch nach der Schurr sagt es:
„Ja mei, des is fantastisch! Nackidei!"

Nackidei Nackidei alle sind heut Nackidei,
Nackidei Nackidei und keiner findet was dabei.
(aus: „Nackidei"; 1983)

Deutlich kritischer positionierten sich manche Leute jedoch gegenüber Zuckowskis musikalischem Stil, der sich nicht unbedingt durch Virtuosität auszeichnet. Seinen Hang zu Schlagerkompositionen empfanden viele Erwachsene als Zumutung. Als „C-Dur Papst" oder „Nervensäge im Kinderzimmer" wurde er bezeichnet. Ein Journalist der *Süddeutschen Zeitung* trieb es anlässlich Zuckowskis 60. Geburtstags auf die Spitze, indem er ihn im Interview mit der immer gleichen Frage konfrontierte: „Herr Zuckowski, Kinder können gar nicht genug kriegen von Ihren Liedern, Eltern sind leicht genervt von den ständigen Wiederholungen. Können Sie das erklären?".[16] Geduldig und verständnisvoll setzt Zuckowski zu immer wieder neuen Antworten an, pocht zugleich aber auf die Berechtigung von Redundanzen im Kinderlied. „Wenn sie etwas mögen, dann mögen sie es. Deshalb nehme ich es als großes Kompliment, wenn Kinder meine Lieder immer wieder hören und singen wollen." [17]

Ganz klar: Man muss Zuckowskis Stil nicht mögen. Ihm deshalb allerdings die musikkulturelle Relevanz abzusprechen, würde seiner Lebensleistung nicht gerecht. Gerade weil er mit seinen Texten so wenig polarisiert, konnte er so viele Menschen (und insbesondere Kinder) damit begeistern. Ihm ist es zu verdanken, dass das Kinderlied, über Jahrzehnte in der Versenkung verschwunden und historisch mit einem denkbar schlechten Image behaftet, plötzlich wieder relevant und öffentlich sichtbar wurde. Zuckowski lieferte den perfekten Soundtrack zu einer behüteten Kindheit während der 80er und 90er Jahre. Inhaltlich knüpften seine Lieder an das an, was man als Kind real erlebte und griffen dabei ebenso konkrete Alltagssituationen wie diffuse Gefühlswelten auf. Seine Stärke bestand in der absoluten Hinwendung zu den Kindern. Bis heute werden sie durch seine Kompositionen durch kulturelle Gebräuche, Jahreszeiten und Feiertage begleitet. Liederzyklen wie „Die Jahresuhr", „Rolfs Vogelhochzeit" oder „Rolfs Schulweg-Hitparade" bieten kreative Möglichkeiten zur darstellenden Umsetzung in Kindergarten und Schule. Zuckowski hat die Gattung Kindermusik gründlich entstaubt, unzähligen Kindern einen unverkrampften Zugang zur eigenen Musikalität eröffnet und nicht zuletzt den Nährboden für viele andere Künstler*innen geschaffen, die inzwischen in dem Feld aktiv sind. Darin besteht sein Verdienst als Kinderliedermacher – auch wenn er selbst sich mit der Zuschreibung „Spielmann" deutlich besser anfreunden kann.

Dass er mit seinen Liedern auch das ein oder andere Rollenklischee mitgeprägt hat, ist ihm in der rückwirkenden Betrachtung durchaus bewusst. „Wenn man 30 Jahre Musik macht, dann gibt es Wandlungen. Der Zeitgeschmack ändert sich, (...) das Verhältnis von Eltern zu Kindern verändert sich, auch die Rolle der Frau in der Familie",[18] reflektiert er seine Arbeit selbstkritisch. Sicherlich bilden manche seiner Lieder nicht mehr die aktuellen Lebenswelten von Kindern ab. Dass sie sich trotzdem noch großer Beliebtheit erfreuen, ist am allerwenigsten Zuckowski selbst anzulasten, sondern eher den Erwachsenen, die sie offenbar noch immer für zeitgemäß halten. Dass er persönlich für die Verbreitung des ein oder anderen Klischees zur Rechenschaft gezogen wird, nimmt er gelassen zur Kenntnis. Die kritischen Rückmeldungen kämen in der Regel ohnehin nicht von Seiten der Eltern, sondern von Journalist*innen – eine Beobachtung, die Zuckowski auf deren grundverschiedene Gewichtungen von Herz und Kopf zurückführt. Bedenklich stimmt ihn dabei die Sorge, dass überkritische Einordnungen vor allem die Kinder selbst treffen könnten. „Natürlich ist es manchmal fahrlässig, weil man nicht nur mich verletzt. Man verletzt ja auch die vielen Menschen, die meine Lieder lieben und mit ihnen wirklich eins sind. Darüber scheinen diese Journalisten nicht nachzudenken",[19] mahnt er an.

Aus dem aktiven Geschäft hat sich Rolf Zuckowski inzwischen zurückgezogen. Neue Kinderlieder hat er schon lange nicht mehr veröffentlicht und Konzerte für Kinder spielt er kaum noch. Seine ständige Bereitschaft zur Weiterentwicklung sowie ein sicheres Gespür für den Zeitgeist bewies er stattdessen mit der Gründung des Labels *noch mal!!!*, mit dem er jungen Musiker*innen ein Sprungbrett in die Kindermusik-Szene baute. Initialzündung dafür war die Begegnung mit der Band *Deine Freunde*, die sich ursprünglich *Rolf Zuckopfnicks* nennen und den „Godfather of Kindermusik" dafür um Erlaubnis bitten wollte. Diese Idee redete Zuckowski ihnen jedoch schnell wieder aus. Nicht aus persönlicher Kränkung, sondern aus dem Willen heraus, neue Kindermusikbands in ihrer Eigenständigkeit fördern zu wollen – und das fange eben bereits beim Bandnamen an. Neben den ersten Alben von *Deine Freunde* erschienen auch die Musikhörspiel-Reihe „Eule findet den Beat" und das Debüt-Album des Musikers Simon Bergholz (aka. *Simon sagt*) beim Label *noch mal!!!*. In all diesen Projekten führen die jungen Musiker*innen künstlerisch fort, was auch Zuckowski immer anstrebte: Die Verbindung von klarem Stilwillen und Texten, die die Lebenswelt der Kinder im Blick behalten, dabei aber auch die Eltern auf geschickte und einfühlsame Weise mitnehmen. Die wahre Kraft eines Kinderliedes zeige sich nach seiner Überzeugung aber erst, wenn es die Kinder auch alleine singen. Denn erst dann habe es für sie einen Gefühls- und Erlebniswert. Wer einmal bei einem *Deine Freunde*-Konzert war, der wird Zeuge davon, wie dieser Anspruch in der Gegenwart eingelöst werden kann. Diese Band auf dem Weg ins Neuland begleiten und beraten zu können, empfindet Zuckowski als ein „großes Geschenk der späten Jahre", wie er im Interview sagt.

Der direkte Vergleich der künstlerischen Biografien von Fredrik Vahle und Rolf Zuckowski zeigt, dass beide die Gattung Kindermusik in besonderer Weise geprägt haben. Zu Recht wurden sie dafür mit dem Bundesverdienstkreuz ausgezeichnet. Die Auseinandersetzung mit ihrem Werdegang macht aber auch deutlich, dass vor allem ihre individuelle Haltung zu Kindern bedeutsam für die Qualität und Anerkennung ihrer Arbeit war. Das Wort „Authentizität" ist leicht in den Mund genommen und schnell gesagt. Sich aufrichtig darum zu bemühen und dabei fortlaufend mit Kritik, Widerständen und Polemik konfrontiert zu sein, setzt jedoch eine Motivation voraus, die weit über musikalische Ansprüche hinausgeht. Es mag sein, dass manche der Lieder von Vahle und Zuckowski in ihrer musikalischen Anmutung nicht mehr dem gegenwärtigen Zeitgeist entsprechen. Ihre unumstößliche Überzeugung, Kinder mit ihren kindlichen Bedürfnissen ernst nehmen zu müssen und sie zugleich in ihren Fähigkeiten herausfordern zu dürfen, ist dagegen umso zeitloser. Sie sollte für alle Kindermusiker*innen verbindlichen Charakter haben.

Das hast du gut gemacht
10 Wie macht man ein gutes Kinderlied?

> „Es gibt drei goldene Regeln,
> um einen guten Song zu schreiben.
> Leider sind sie unbekannt."
> (N.N.)

Der Struktur dieses Buches folgend nähern wir uns dem Ende der Strophe. Damit wird es Zeit für eine erste Zwischenbilanz: Wie also macht man ein gutes Kinderlied? Einer Antwort auf diese Frage möchte ich näherkommen, ich werde sie aber keinesfalls abschließend klären können. Nicht ohne Grund habe ich gleich zu Beginn dieses Buchs klargestellt, dass ich es für unmöglich halte, ein festes Regelwerk oder einen verbindlichen Kriterienkatalog für gute Kinderlieder zu definieren – obwohl mich die Recherche nach entsprechender Fachliteratur durchaus darin bestärken könnte, mich dieser Idee selbstbewusst zu nähern. Titel wie „How to compose popular songs that will sell", „How to compose catchy music and melodies" oder „Anybody can write a song" suggerieren, dass die Komposition eines Hits kaum mehr als solides Handwerk ist. Hinzu kommen unzählige Apps, Tutorials und Software-Lösungen, die vollmundig Unterstützung anbieten – selbst, wenn man keinerlei musikalische Vorkenntnisse mitbringt. Schon 2007 berichtete die *Zeit* unter der Überschrift „Ludwig van Betriebssystem" über eine Software (in Anlehnung an Beethoven wurde sie von den Entwickler*innen tatsächlich „Ludwig" getauft), die auf der Basis kurzer Melodiefragmente eigenständig Symphonien und Choräle komponiert und dazu gleich auch die kompletten Partituren (also die ausgeschriebenen Einzelstimmen im übersichtlichen Notensystem) mit ausspuckt.[1] Seitdem ist die Entwicklung weiter vorangeschritten. An der Universität von Málaga wurde die Software Melomics programmiert, die die Prinzipien evolutionärer Algorithmen und künstlicher Intelligenz auf musikalisches Schaffen anwendet. Im Ergebnis entstand 2012 das Album „Iamus" – komponiert von einer künstlichen Intelligenz, eingespielt vom London Symphony Orchestra. Im Sommer 2017 folgte die YouTuberin Tayrn Southern mit ihrem Album „I AM AI". Schon der Titel gibt Auskunft über dessen Entstehungsprozess, denn „AI" steht für „Artificial Intelligence", künstliche Intelligenz also. „I AM AI" ist das erste Pop-Album, das vollständig von einer Software komponiert und produziert wurde. Die gesamte Produktion entstand in Kooperation mit *Amper Music*, einem jungen Startup, das neben anderen Anbietern wie *Jukedeck* oder *Flow Machine* zu den Pionieren im Bereich Kompositionssoftware zählt. Angesichts solcher Entwicklungen drängt sich der Verdacht auf, dass längst nicht mehr der Ton, sondern vielmehr der Code die Musik macht.[2] Wenn es uns inzwischen so einfach gemacht wird, Musik zu komponieren, was ist dann so schwer daran, ein gutes Kinderlied zu schreiben?

Nun, ich gebe zu: Ich bin ein Fan handwerklicher Arbeit, bringe also eine gewisse Grundskepsis gegenüber diesen technologischen Errungenschaften mit. Es mag sein, dass sie am Ende spannende musikalische Ergebnisse zutage fördern. Auf der Strecke bleiben in der Regel aber der kreative Schaffensprozess, das Hadern und Ringen mit den eigenen Ideen und Möglichkeiten, letztlich also die emotionale oder seelische Dimension eines Musikstücks. Darüber hinaus entscheiden, neben der Komposition selbst, noch zahlreiche weitere Aspekte über die Wirkung und letztlich auch den Erfolg eines Liedes. Nicht nur musikalische Parameter spielen dabei eine Rolle, sondern ebenso der Text, die Produktion, das Marketing und nicht zuletzt natürlich auch der Interpret oder die Interpretin. Es ist das komplexe Zusammenspiel verschiedener Faktoren, die dazu beitragen, dass ein Lied zu einem „Hit" wird. Oft genug steuert am Ende das Schicksal die entscheidende Zutat bei. So berichtet Rolf Zuckowski in seiner Autobiografie, dass es sein damals zweijähriger Sohn gewesen sei, der ihm beim Vorsingen wichtige Impulse für die Melodie von „In der Weihnachtsbäckerei" gegeben habe. Ihm sei die „Volkstümlichkeit dieses Liedes" zu verdanken, so Zuckowski.[3] Ähnlich äußert sich Andreas Donauer (*Donikkl*) über das „Fliegerlied", das ihn und seine damalige Band *Donikkl und die Weißwürschtl* bundesweit bekannt machte. Der aus einer einfachen Übung zur Körperwahrnehmung entstandene Song wurde zu einer regelrechten Party-Hymne, bahnte sich seinen Weg aber jenseits kommerzieller Vertriebswege. „Lange bevor es ein Oktoberfest-Hit war, haben es die ganzen Raftingtour-Leute in Österreich abends am Lagerfeuer gespielt. Die Menschen haben das Lied zu ihrem Lied gemacht. Und deswegen ist es, glaube ich, auch so stark: Weil eben keine Industrie dahintersteckt, sondern die Menschen selbst",[4] erklärt Donauer. Die Band *Deine Freunde* bezeichnet sich sogar selbst als ein „Zufallsprodukt". Man habe sich in einer „Wir machen jetzt mal was ganz anderes-Laune" getroffen, ohne den Anspruch, etwas revolutionieren zu wollen. So sei schließlich das Lied „Schokolade" entstanden.[5] Das Video zu dieser humorvoll gerappten Hommage an Omas Süßigkeiten-Schublade verbreitete sich im Netz so rasend schnell, dass erst infolgedessen die Idee zur Gründung der Band entstand. Mitverantwortlich für diesen Erfolg war, dass der Song offenbar auch Erwachsenen gefiel. Für Andreas Maaß (*Universal*) ist gerade dieser Aspekt von entscheidender Bedeutung. Er ist überzeugt, dass die qualitativen Bewertungsmaßstäbe für ein Kinderlied nicht von den Kindern selbst, sondern vor allem von deren Eltern festgelegt würden – und die seien eben nicht fünfzig, sondern zwischen zwanzig und vierzig Jahre alt. Das müsse bei Musikproduktionen für Kinder berücksichtigt werden. „Man muss deshalb nicht gleich die Musik der Erwachsenen kopieren, aber ein Kinderalbum mit Casio-Sound zu produzieren – das hat vielleicht vor 20 Jahren funktioniert. Das geht aber heute nicht mehr", so Maaß.

Der Erfolg eines Kinderliedes sagt jedoch nicht zwangsläufig etwas über dessen musikalische Qualität aus. Welche weiteren Kriterien lassen sich also heranziehen? Die Kindermusiker*innen selbst finden auf diese Frage sehr unterschiedliche Antworten und verweisen dabei häufig auf außermusikalische Bezugspunkte. Viele äußern zum Beispiel Kritik an der Kommerzialisierung des Kindermusikmarktes. So beobachtet Arne Gedigk (*Radau!*) eine wachsende Tendenz zu Angeboten, die die Bedürfnisse der Kinder nicht berücksichtigen. Für umso wichtiger hält er es, bei jeder Produktion die Frage „nach den Motiven und der Zielgruppengerechtigkeit" zu stellen. Suli Puschban meint, dass der Musikgeschmack von Kindern zu früh in Richtung „weichgespült" und „kritiklos" geformt werde, wünscht sich aber Musik, „die unterstützt, dass aus Kindern denkende Menschen werden". Dabei sei es besonders wichtig, „jenseits von Klischees und Rollenkonformität zu agieren". Wieder andere vermissen inhaltlichen Anspruch. So kritisiert Robert Metcalf die Tendenz, entweder rein pädagogische oder aber animierende Themen aufzugreifen. „In beiden Fällen besteht die Gefahr, dass originelle Musik und Inhalte keinen Platz haben und die „künstlerischen" Qualitäten auf der Strecke bleiben", so Metcalf. Juliane Wilde (*Julianes Wilde Bande*) weist darauf hin, dass die Eltern von heute auf Wertesuche seien und ihre Kinder dabei mitnehmen wollten. Ähnliche Beobachtungen mache sie in den Bereichen Kinderliteratur, Kindertheater und Kinderfilm. Umso mehr brauche es daher die „Zusammenführung zu Familienmusik". Verena Roth und Florian Erlbeck (*Muckemacher*) beklagen dagegen, dass viele Kindermusik-Alben keinen Anspruch an Komposition und Produktion stellten. Pädagog*innen hätten oft nicht den technischen Sachverstand, Pop-Produzenten fehle dagegen der emotionale Zugang zum Thema. Allzu oft werde davon ausgegangen, dass Kinder nur einfachste Melodien und gerade Takte begreifen könnten. „Man sollte den Kindern mehr zumuten. Unsere Gesellschaft ist viel bunter", so das Berliner Duo. Wieder andere blicken kritisch auf die eigene Szene und beklagen die kindliche Attitüde einzelner Künstler*innen. Konkret werden Aspekte wie „verniedlichende Kindersprache" oder „die alberne Imitation von Kinderstimmen" benannt. Auch Protagonist*innen, die in Kinderrollen schlüpfen und so dafür sorgen, dass die Grenze zwischen Kinder- und Erwachsenenwelt verschwimmt, werden in Frage gestellt. Kai Lüftner (*Radio Rotz'n'Roll*) schließlich erklärt die „selbstgemachte Vermischung" zu einem der Hauptprobleme der Kindermusik-Szene und fordert mehr künstlerisches Selbstbewusstsein ein.

Musikalische Kriterien

Sie sehen: Die Frage nach den Kriterien für ein gutes Kinderlied lässt sich nicht eindimensional beantworten. Wagen wir uns daher an die systematische Analyse verschiedener Einflussfaktoren. Diesen Versuch unternahm auch der amerikanische Neurowissenschaftler und Musikproduzent Daniel Levitin. In seinem Buch „Der Musik-Instinkt" beschreibt er die Zusammenhänge zwischen akustischen Ereignissen und deren körperlichen und emotionalen Wirkungen. Er stellt heraus, dass der Begriff „Musik" das komplexe Zusammenwirken verschiedener Elemente wie Klangfarbe, Lautstärke, Melodie, Dauer und Tempo beschreibt. Musikalische Genres lassen sich demzufolge durch die konkrete Anwendung dieser unterschiedlichen Elemente definieren. Exemplarisch verdeutlicht Levitin das an den Liedern „Bruder Jakob" oder „Fuchs du hast die Gans gestohlen". Hier variiere vor allem die Tonhöhe, der Rhythmus bleibe dagegen fast immer gleich.[6] Im Zusammenspiel von Sprache und Musik zeige sich zudem, dass die Wortgrenzen häufig mit den Taktgrenzen zusammenfielen.[7] Wilfried Gruhn, emeritierter Professor für Musikpädagogik an der Musikhochschule Freiburg, verweist in diesem Kontext auf strukturelle Übereinstimmungen im interkulturellen Vergleich von Schlaf- und Wiegenliedern. Zwar gebe es kulturspezifische Unterschiede in Tongebung und Aufführungspraxis, prinzipiell seien die Melodien aber durch „kleinschrittige Pendelbewegungen, wiegende Rhythmen, ruhiges Tempo und die häufige Wiederholung kleiner Melodieabschnitte" gekennzeichnet, so Gruhn.[8]

Lieder, die sich solcher Schemata bedienen, sind, das wissen wir aus eigener Erfahrung, leicht zu erlernen. Gerade deshalb eignen sie sich besonders gut für das gemeinsame Singen mit Kindern. Ihr Mangel an Variation lässt aber zugleich unser Bedürfnis nach Abwechslung und überraschenden Momenten unbefriedigt. Daniel Levitin beschreibt diese Wechselwirkung wie folgt: „Damit wir Musik (…) mögen, muss sie das richtige Gleichgewicht zwischen Einfachheit und Komplexität aufweisen. Einfachheit und Komplexität hängen mit Vertrautheit zusammen – und Vertrautheit ist nur ein anderes Wort für Schema."[9] Da Musik, in Abgrenzung zu beispielsweise bildender Kunst, vor allem dadurch gekennzeichnet ist, dass sie einen zeitlichen Ablauf hat, erzeugt sie in uns permanent Erwartungen. Mit zunehmender Erfahrung werden wir immer besser darin, Vorhersagen darüber zu entwickeln, was als nächstes kommt. Je mehr musikalische Erfahrungen wir also sammeln, desto offener werden wir auch für neue musikalische Einflüsse. Diesen Zusammenhang zwischen Komplexität und individuellen Vorlieben beschreibt Levitin als eine umgekehrte U-Funktion. „Mit zunehmender Komplexität der Musik finden Sie zunehmend Gefallen daran. Die beiden Variablen steigen eine Weile im Gleichschritt an, (…) bis eine subjektive Schwelle erreicht ist, an der Ihre starke Abneigung gegenüber dem Musikstück in mäßiges Gefallen übergeht. So geht es weiter, bis die Musik an irgendeinem Punkt zu komplex wird und Ihr Gefallen daran nachzulassen beginnt. Nun führt zunehmende Komplexität dazu, dass Ihnen das Stück immer weniger gefällt, bis erneut eine Schwelle erreicht ist und Sie die Musik überhaupt nicht mehr mögen. Wird die Musik zu komplex, beginnen Sie sogar, sie zu hassen."[10]

Zusammenfassend lässt sich festhalten, dass wir ein Lied dann als zu einfach empfinden, wenn es uns unmittelbar vorhersehbar erscheint. Übertragen auf die Frage nach den Kriterien für ein gutes Kinderlied hieße das, dass die musikalische Komplexität mit zunehmendem Alter der Zielgruppe grundsätzlich zwar ansteigen sollte, das Maß an Komplexität dabei aber wesentlich von den zuvor erworbenen musikalischen Erfahrungen abhängt. Hier bewegen wir uns auf dem schmalen Grat zwischen Unter- und Überforderung. Gerade in der Kindheit bilden sich rascher als in jeder anderen Lebensphase neue neuronale Verbindungen aus. Schon in der Mitte der Kindheit beginnt das Gehirn jedoch, diese Verknüpfungen wieder zu kappen, so dass nur noch die wichtigsten und am häufigsten gebrauchten Verbindungen erhalten bleiben. Diese schaffen unter anderem die Grundlage für unser Verständnis von Musik und letztendlich auch für unsere musikalischen Vorlieben, dafür, welche Musik uns bewegt und wie sie uns bewegt. „Das bedeutet nicht, dass wir als Erwachsene nicht neue Musik schätzen lernen können. Die grundlegenden Strukturelemente werden jedoch bereits beim Musikhören in jungen Jahren in die Verschaltungen unserer Gehirne eingebaut",[11] stellt Levitin klar. Musikwissenschaftler*innen sprechen in diesem Zusammenhang von „Offenohrigkeit" – ein Begriff, der den unvoreingenommenen Zugang von Kindern zu Musik beschreibt und der uns im weiteren Verlauf dieses Buches noch häufiger begegnen wird.

Ein ständiges Thema in der Kindermusik ist auch der Umgang mit Wiederholungen. Für Kinder erfüllen sie eine wichtige Funktion. „Erst dauernde Nutzung und wiederholte Übung setzen eine Umcodierung der figuralen in eine formale Repräsentation in Gang, die dann Grundlage ist für musikalische Kompetenz im Sinne musikalischen Denkens, Handelns und Verstehens",[12] erklärt der Musikwissenschaftler Wilfried Gruhn. Einfacher ausgedrückt: Damit ein Ereignis zu „fundiertem" Wissen wird, muss es sich auf eine Erfahrung beziehen können, denn Musik ist für unser Gehirn erstmal nichts anders ist als ein physikalischer Reiz. „Unser physiologisches Ohr empfängt nur Salven von Luftdruckschwankungen, die erst im Bewusstsein vorhandener musikalischer Repräsentationen als eine Melodie, ein Thema, ein Motiv interpretiert werden müssen", so Gruhn. „Aus quantitativen Reizen werden so qualitative Erfahrungen".[13] Gerade in der Kindermusik erfüllen Wiederholungen also einen wichtigen Zweck, denn durch sie entsteht eine Art Schablone, die Kindern dabei hilft, neue musikalische Erfahrungen einordnen zu können.

Doch auch in der Kindermusik sind Redundanzen kein Ausschlusskriterium für Vielfalt – eher im Gegenteil. Laut Gruhn ist es wichtig, dass Hörangebote für Kinder in abwechslungsreicher Vielfalt dargeboten werden und zwischen verschiedenen musikalischen Mitteilungen wechseln. Bei einer stichprobenartigen Überprüfung verschiedener Liedersammlungen für Kinder stellte er jedoch fest, dass eher das Gegenteil die Regel ist. Die meisten der von ihm analysierten Lieder waren in geraden Takten und in Dur-Tonarten notiert. Das sei weder notwendig, noch hilfreich. „Je vielseitiger die musikalische Lernumgebung ist, desto differenzierter kann sich das Repräsentationsnetz ausbilden", so Gruhn.[14] Lernpsychologisch wie neurobiologisch sei das viel angemessener, denn das Gehirn brauche Abwechslung, um nicht abzuschalten, aber auch Wiederholung, um die Verarbeitungswege zu festigen. Entscheidend ist also die ausgewogene Balance zwischen Wiederholung und Abwechslung. Übertragen auf eine Kindermusikproduktion könnte das heißen: Musiker*innen sollten Abwechslung und musikalische Vielfalt nicht scheuen. Mit Hilfe der Repeat-Taste sorgen die Kinder im Zweifelsfall selbst für die richtige Wiederholungsrate.

Inhaltliche Kriterien

Genauso wichtig wie die musikalischen Aspekte sind die inhaltlichen Botschaften im Kinderlied. Auch hier gilt es, das Verhältnis zwischen Unter- und Überforderung sorgsam auszutarieren. Der Musikwissenschaftler Thomas Freitag warnt davor, Kindern die „vollständige psychopathologische Kaputtheit von Erwachsenen"[15] zu vermitteln. Zugleich beklagt er die „Gefahr der musikalischen Kindertümelei und Gängelei" und zitiert in diesem Zusammenhang die schwedische Frauenrechtlerin Ellen Key, die schon vor weit über 100 Jahren klarstellte: „Kinder haben das Recht, nicht für die Fehler und Irrtümer ihrer Eltern leiden zu müssen."[16] Wie kommt es, dass trotzdem so viele Musiker*innen an den Bedürfnissen der Kinder vorbei texten? Die Philosophin Susan Neiman liefert hierzu eine recht schlüssige Erklärung. Sie formuliert die These, dass es uns bislang nicht gelungen sei, Gesellschaften zu schaffen, in die unsere Jugend gerne hineinwachsen möchte. Daher neigten Erwachsene dazu, die Phase der Kindheit und Jugend zu idealisieren. Unter Bezugnahme auf Rousseaus pädagogisches Hauptwerk „Émile" plädiert sie dafür, Kinder möglichst früh zum kritischen Denken anzuleiten: „In der Kindheit selbst zu denken ist eine Vorübung dafür, dies auch als Erwachsener zu tun. Oder andersherum formuliert: Das Kind, das rundum nur Babysprache hört, und der Schuljunge, der stillsitzen und dem Geschwätz eines Lehrers zuhören muss, werden auch nicht zusammenzucken, wenn sie die verlogenen Phrasen eines Politikers hören",[17] so Neiman. Auch die Musikpädagog*innen Daniel Diestelkamp und Dorothé Marzinzik sprechen sich klar dafür aus, Kinder nicht zu einem dem „Machterhalt oder einem pedantisch festgehaltenen, einseitig formulierten Weltbild dienenden Zwecke zu gestalten und zu formen". Wichtigstes Ziel sei es stattdessen, „das individuelle Bedürfnis und die Freiheit von Kind und Mensch zu berücksichtigen".[18] Wie also kann die Förderung zum kritischen Denken im Kinderlied gelingen?

Wie ich bereits gezeigt habe, war Kindermusik nie frei vom Versuch politischer Einflussnahme. Auch heute werden noch Medienangebote für Kinder produziert, in denen längst überholte Vorurteile, Klischees oder Stereotypen gefestigt werden. Ein Beispiel: Kürzlich fiel mir das mit dem deutschen Hörbuchpreis ausgezeichnete Kinderhörbuch „Kuckuck, Krake, Kakerlake" in die Hände, in dem verschiedene Tiere in durchaus unterhaltsamen Kurzgeschichten vorgestellt werden. Als es um den Bonobo-Affen ging, hieß es darin wortwörtlich: „Der Bonobo ist ein Affe, der den Menschen so furchtbar ähnlich ist, dass wir ihn gerne studieren. Aber das ist schwer, denn der Bonobo wohnt in den dichten Wäldern Afrikas, in einem Land, in dem fast immer Krieg herrscht."[19] Es ist schon eine bemerkenswerte Leistung, gleich zwei kulturelle Irrtümer in nur einem Satz zu reproduzieren. Denn weder handelt es sich beim afrikanischen Kontinent um ein Land, noch herrscht in allen 55 afrikanischen Staaten Krieg.

Systematisch erforscht wurde die Verbreitung von Stereotypen in Kindermedienproduktionen unter anderem von Politik- und Erziehungswissenschaftlern der Universität

Essen. Die Autoren analysierten verschiedene Kinderhörspiele und machten dabei Beobachtungen, die den „Kassettenkindern" (also den Geburtsjahrgängen der 70er und frühen 80er Jahre) sehr vertraut vorkommen dürften. Figuren wie *Bibi Blocksberg*, *Benjamin Blümchen* oder auch die *TKKG-Freunde* waren nämlich alles andere als unpolitisch. Wer sich die Hörspiele von damals noch einmal anhört, dem fällt unweigerlich auf, dass Gabi in der *TKKG*-Hörspielreihe ausgerechnet dann ins Bett muss, wenn es spannend wird. Oder dass die gejagten Verbrecher in aller Regel einen slawischen Akzent haben. Und dass Tim, der von allen bewunderte und stets überlegene Held der *TKKG*-Reihe, ein erschreckend wertkonservatives Weltbild vertritt. Der freundliche Elefant *Benjamin Blümchen* verkörpert dagegen die Figur des „Wutbürgers". Zusammen mit seinem Freund Otto setzt er sich für sozial Schwächere ein, geht für Umwelt- und Ökologie-Probleme auf die Straße und organisiert notfalls auch Sitzstreiks oder Baumbesetzungen. Sein Antagonist ist der grenzdebile Bürgermeister von Neustadt, der ausschließlich eigennützige Entscheidungen trifft. Oliver Emde, einer der Autoren der Forschungsarbeit, kritisiert diese negative Darstellung der institutionalisierten Politik. Demokratie werde dort „als Herrschaftsform begriffen, in der Herrschende und Beherrschte immer unterschiedliche Interessen haben".[20] Auch in den frühen *Bibi Blocksberg*-Geschichten spiegelten sich ähnliche gesellschaftliche Missverhältnisse. Die in den 70er und 80er Jahren entstandenen Episoden fielen in eine Zeit, die politisch durch die Umwelt-, Ökologie- und Frauenbewegungen geprägt war. Gleichzeitig wurde das konservativ-bürgerliche Lebensmodell vehement verteidigt. Genau dieses Lebensmodell finde sich auch bei *Bibi Blocksberg* wieder, so Emde. „Wir haben dort geschlechterspezifische Zuordnungen: Das Kochen oder das Putzen wird immer Barbara Blocksberg zugewiesen, Bernhard vertritt die Familie nach außen."[21] Im Kontrast dazu steht die Figur *Pippi Langstrumpf*, die bei Kindern wie Erwachsenen bis heute als beliebtes Role-Model für das emanzipierte Kind gilt. Zweifellos vertrat die Autorin Astrid Lindgren ein deutlich moderneres Verständnis von kindlicher Autonomie als beispielsweise Elfie Donnelly, die Autorin der Geschichten von *Bibi Blocksberg*. Selbstbewusst fordert Pippi Autoritäten heraus und hinterfragt deren gesellschaftliche Stellung. Mit ihren Freunden Tommy und Annika, die im Gegensatz dazu das Idealbild der bürgerlichen Gesellschaft verkörpern, wird aber auch dort das Gegenteil sichtbar.[22]

Die hier aufgeführten Beispiele zeigen, wie subtil Kindern Rollenklischees und Wertvorstellungen untergejubelt werden. Trotzdem sind die Wissenschaftler der Universität Essen nicht der Meinung, dass Kindern die untersuchten Geschichten vorenthalten werden müssten. Es sei nicht die Aufgabe von Kindern, Dinge zu hinterfragen, die erstmal als selbstverständlich gelten. „Das können Kinder auch gar nicht",[23] erklärt der Erziehungswissenschaftler Lukas Möller. Die in den 80er Jahren entstandenen Geschichten von *Bibi Blocksberg* oder *Benjamin Blümchen* transportierten die Normen ihrer Entstehungszeit. Das sei weder zeitlos noch wertfrei und eben das müsse deutlich gemacht werden, wenn Kinder die Geschichten von damals hören. Doch welche Erkenntnisse lassen sich für aktuelle Produktionen daraus ableiten? Es wird sich nicht vollständig vermeiden lassen, dass die Haltungen von Erwachsenen in die Medienangebote für Kinder einfließen. Wir alle sind durch unsere individuellen Erfahrungen geprägt und können uns nur begrenzt davon distanzieren. Gerade deshalb sollten sich Kindermusiker*innen vor der Anwendung des Konzepts „Erziehung durch Musik" hüten. Wohin das im Extremfall führen kann, hat der Blick in die Geschichte des Kinderliedes gezeigt. Eine angemessenere Zielformulierung könnte lauten, Kinder zum eigenständigen, kritischen und selbstbewussten Denken und Handeln zu befähigen.

Doch dürfen wir bei Kindern überhaupt so etwas wie ein politisches Grundverständnis voraussetzen? Mit dieser Frage hat sich unter anderem der niederländische Politikwissenschaftler Jan van Deth befasst. Er traut Kindern nicht nur zu, sich sinnvoll mit politischen Themen zu beschäftigen, sondern hält demokratische Einstellungen und politisches Verhalten von Kindern für ebenso eigenständige wie zentrale Aspekte einer demokratischen Gesellschaft. Auf die Frage, wie denn ein guter, demokratischer Bürger aussehen solle, gibt er eine einfache Antwort: „Eine gute Bürgerin oder ein guter Bürger ist sicherlich auch jemand, der oder die bereits in der Kindheit ernst genommen worden ist."[24] Gerade das kann durch eine altersgerechte Konfrontation mit gesellschaftspolitischen Themen gelingen, wie die Untersuchungen von Marina Berton und Julia Schäfer vom Mannheimer Institut für europäische Sozialforschung gezeigt haben. Auf der Basis von Tiefeninterviews haben sie sich mit der politischen Orientierung von Grundschulkindern befasst und stellten dabei fest, „dass Kinder dieser Altersstufen grundsätzlich über ein gewisses politisches (Vor-) Verständnis, Grundorientierungen und Wissen verfügen. Sie können mit politischen Inhalten umgehen, sind politisch involviert und interessiert".[25] Es stellt sich also weniger die Frage, *ob* man Kindern politische Themen zumuten darf, sondern vielmehr die, *wie* man sie damit konfrontiert. Wie schnell der Versuch, ein Kinderlied mit „Botschaft" komponieren zu wollen, misslingen kann, habe ich in Kapitel 4 an verschiedenen Beispielen gezeigt. Es erfordert reichlich Fingerspitzengefühl, dabei nicht ins Dogmatische oder Manipulative abzudriften. Kindermusiker*innen sind gut beraten, ihr Ohr auf die Bedürfnisse und Perspektiven von Kindern auszurichten und dieses Wissen aus erster Hand in ihr künstlerisches Schaffen zu integrieren. Das Ergebnis sollte Kinder weder rhetorisch verschaukeln noch mit ironischen Zuspitzungen irreführen. Wenn Kinder dagegen als fantasievolle Utopisten begriffen werden, ergibt sich wie von selbst eine politische Dimension im Kinderlied.

Produktionstechnische Kriterien

Nicht zuletzt hat auch der Produktionsprozess maßgeblichen Einfluss auf die Qualität eines Kinderlieds. Ein Song kann in Komposition und Inhalt noch so gut sein: Wird er am Ende schlecht produziert, bleibt sein Potenzial verschüttet. Die Fachliteratur zum Thema Musikproduktion füllt ganze Bibliotheken, sehr leicht kann man sich bei deren Lektüre in technischen Details verlieren. Mir geht es jedoch weniger um die Frage nach den besten Mikrofonen, Vorverstärkern und Mischpulten, sondern um klangliche Authentizität. Natürlich ist es inzwischen längst möglich, den Klang von nahezu jedem Instrument technisch zu reproduzieren. Jeder, der ein Instrument spielen kann, weiß aber, dass man dessen Klang aktiv beeinflussen kann. Gute Musiker*innen verstehen es, den Ton durch Phrasierung und Dynamik gezielt zu verändern. Diese Arbeit mit dem Instrument ist hörbar, lässt sich aber nur begrenzt virtuell erzeugen. Das bestätigt auch Hans-Joachim Maempel, wissenschaftlicher Mitarbeiter im Fachgebiet Audiokommunikation an der Technischen Universität Berlin. Seiner Einschätzung nach ist die typische Spielweise bestimmter Instrumente wie Holzbläser oder Streicher selbst bei der Verwendung echt klingender Samples nur schwer zu imitieren. Obwohl Anbieter von so genannten „Sound Libraries" intensiv an dem Problem von Spieltechniken arbeiten, werde der reale Instrumentalist auf absehbare Zeit nicht überflüssig, so Maempel.[26] Es macht also einen Unterschied, ob ein Musikstück am Computer „gebaut" oder aber von erfahrenen Musiker*innen eingespielt wird.

Nicht anders verhält es sich mit der Frage nach stilistischer Authentizität. Es kostet heutzutage nur wenige Mausklicks und schon spuckt eine entsprechende Audio-Software fertige Samba-Rhythmen und Latin-Grooves aus. Mit dem tatsächlichen Charakter dieser Musikrichtungen haben die klanglichen Ergebnisse allerdings nicht viel zu tun. Wer davon spricht, Kinder mit seinen Liedern ernst nehmen zu wollen, der sollte mit dieser Zielformulierung auch einen stilistischen Anspruch verbinden und seine Fähigkeiten diesbezüglich kritisch prüfen. Nur wenige Musiker*innen beherrschen ein breites Spektrum verschiedener musikalischer Stile. Ausgerechnet in der Gattung Kindermusik scheinen aber viele Menschen zu glauben, diesbezüglich mit einem besonderen Ausnahmetalent gesegnet zu sein. Die Ergebnisse klingen in der Regel wenig überzeugend und lassen entweder auf Selbstüberschätzung oder musikalische Unkenntnis schließen. Vor allem aber tragen sie dazu bei, dass Kinder falsche musikalische Repräsentationen entwickeln.

Oft wird mir an diesem Punkt entgegnet, dass Kinder doch ohnehin noch nicht dazu in der Lage seien, den Klang echter Instrumente von Samples zu unterscheiden. Außerdem sei ihnen das gar nicht so wichtig, denn sie legten viel mehr Wert auf die aktive Zuwendung und eine inhaltlich angemessene Ansprache. Diese weit verbreitete Haltung ignoriert jedoch die zuvor erläuterten Erkenntnisse zum Erwerb musikalischer Erfahrungen. Es stimmt zwar, dass Kinder ein Lied niemals nach den hier benannten Kriterien bewerten würden. Trotzdem sollten sie die Chance bekommen, klangliche Bezüge herstellen zu können. Wer nicht weiß, wie ein Saxophon klingt, der wird Schwierigkeiten damit haben, einen technisch reproduzierten Sound davon unterscheiden zu können. Gerade deshalb halte ich stilistische Authentizität im Kinderlied für besonders wichtig. Wachsen Kinder mit unnatürlichen Klangvorstellungen auf, dann wird es um ihre musikalischen Erwartungshaltungen als Erwachsene schlecht bestellt sein. Nicht zu verwechseln sind die hier angeführten Anforderungen an die Produktion von Kindermusik übrigens mit der Annahme, dass sie immer lauter oder dichter instrumentiert werden müsste. Natürlich darf Kindermusik leise, andächtig und zurückhaltend sein. Doch auch ruhig anmutende Kompositionen haben gute stilistische Vorbilder.

Schon 1981 stellte die Musikpädagogin Maria Luise Schulten klar, „dass es keiner niedlichen Kinderromantik in der Musik bedarf, um Kinder für Musik zu interessieren, sondern dass die Musik selbst Anreiz bieten muss, sich mit ihr zu beschäftigen."[27] Diese Erkenntnis hat nichts an Gültigkeit eingebüßt. Musiker*innen bringen sie in einer einfachen Faustregel auf den Punkt, die da lautet: „Ein guter Song ist ein guter Song ist ein guter Song!" Was genau in der Gattung Kindermusik darunter verstanden werden kann, habe ich auf den letzten Seiten zu erörtern versucht. Eines dürfte dabei deutlich geworden sein: Viel zu unbedacht werden Kindern musikalische Angebote gemacht, die sie unterfordern, verstören, langweilen, für dumm verkaufen oder nicht ernst nehmen. Misslingt jedoch in dieser frühen Lebensphase die Vermittlung eines positiven Zugangs zu Musik, kann das durchaus weitreichende Folgen haben. Wie viele Menschen behaupten von sich selbst, nicht singen zu können oder völlig unmusikalisch zu sein? Wann immer ich diese Selbsteinschätzung höre, versuche ich nachzuhaken und herauszufinden, wie sie zu dieser Annahme kommen. Oft stellt sich dann heraus, dass es da diese eine Person in frühester Kindheit gab, die einem das musikalische Selbstbewusstsein – manchmal durch nur einen einzigen kritischen Kommentar – von einem auf den anderen Moment genommen hat. Solche Erfahrungen brennen sich tief in unsere Erinnerungen ein. Wie viele dieser Menschen bedauern es als Erwachsene, musikalisch vermeintlich untalentiert zu sein? Den unverkrampften, vorurteilsfreien und experimentierfreudigen Zugang zu Musik, der uns als Kindern praktisch in die Wiege gelegt wird, können wir im späteren Leben kaum nachholen. Betroffene beschreiben dies in aller Regel als Verlust. Skaliert auf die Gesellschaft als Ganzes würde ich von einem schwerwiegenden kulturellen Defizit sprechen.

Kultur ist das Rückgrat unserer Gesellschaft. Kulturellen Erfahrungen sollten wir einen entsprechenden Stellenwert beimessen und besonders Kindern sollten reichlich Möglichkeiten geboten werden, solche Erfahrungen sammeln zu können. Kindermusik kann ein wichtiger Bestandteil davon sein. Doch anders als in der Popmusik steht bei Kinderliedern nicht die eigene künstlerische Selbstverwirklichung im Mittelpunkt, sondern ein musikpädagogischer Auftrag. Ihm sollten sich die Musiker*innen mit Haltung und hinreichend Sachverstand widmen. Wenn jemand bei diesem Thema aus Erfahrung spricht, dann ist es wohl Rolf Zuckowski. Für ihn als Kindermusiker sei es immer wichtig gewesen, eine kindliche Seele zu haben und sie mit erwachsenen Möglichkeiten zum Klingen zu bringen. „Denn man muss ja schon irgendwie professionell arbeiten. Sonst bleiben es ja nur private Gedanken",[28] so der Musiker. Professionalität – so pointiert lässt sich die Formel für ein gutes Kinderlied am Ende zusammenfassen.

BRIDGE

Doof geboren ist keiner, doof wird man gemacht
11 Kindheit im 21. Jahrhundert

> „Die Natur will, dass Kinder Kinder sind,
> bevor sie zum Erwachsenen werden."
> (Jean-Jacques Rousseau)

Ein Buch über gute Musik für Kinder sollte auch deren Bedürfnisse berücksichtigen. Darum lade ich Sie in der Bridge dazu ein, für ein paar Seiten die Perspektive der Kinder einzunehmen. Als Erwachsene glauben wir viel darüber zu wissen, was gut für Kinder ist. Doch liegen wir mit unseren Annahmen wirklich immer richtig? Eine inzwischen einige Jahre zurückliegende Beobachtung während der Bildungsmesse *Didacta* konfrontierte mich sehr unmittelbar mit dieser Frage. Auch Kindermusik gehört zum inhaltlichen Spektrum der Veranstaltung und so entdeckte ich dort einige Vertreter*innen aus der Szene. Zu ihnen zählten auch die *JoJos*. Hinter diesem Bandnamen verbergen sich die zwei „Gutelaunebrüder" Jörg und Jens Mehring – der eine Tischler, der andere Industriekaufmann. Gemeinsam widmen sie sich seit geraumer Zeit dem Kinder-Entertainment und sind in diesem Feld recht professionell aufgestellt. Die Liste der von ihnen bedienten Veranstaltungsformate ist lang, eine Vielzahl verschiedener Eventmodule, von der Hüpfburg bis zum Wettmelken, rundet das Angebot des Duos ab. Im Rahmen der *Didacta* boten die *JoJos* interessierten Besucher*innen die Möglichkeit, sich einen persönlichen Eindruck von ihrem Show-Programm zu machen.

Irritiert hat mich gar nicht der Auftritt selbst. Ihr von Halbplayback begleitetes Musik-Entertainment bediente die üblichen Klischees moderner Kinderunterhaltung. Verstört haben mich vielmehr die Erzieher*innen, die die Show der *JoJos* nicht nur frenetisch bejubelten, sondern auch etliche ihrer Lieder lauthals mitsangen und sich dem Animationsprogramm der beiden Entertainer willig hingaben. Fast schien es, als würden die *JoJos* gar keine Kindermusik machen, sondern vielmehr die Pädagog*innen als Zielgruppe im Blick haben. In diesem Moment wurde mir klar, wie groß der Einfluss erwachsener Begleiter*innen ist, wenn es um die Frage geht, mit welchen musikalischen Angeboten Kinder heute aufwachsen. In solchen Augenblicken wünschte ich mir einen musikpädagogischen Führerschein, um in Kitas und Kindergärten ein Mindestmaß an stilistischer Vielfalt und musikalischer Qualität zu gewährleisten. Privat sei den Zuschauer*innen von damals ihre Leidenschaft für die Darbietung der *JoJos* gegönnt. In ihrer Rolle als Erzieher*innen kommt ihnen jedoch auch eine musikpädagogische Verantwortung zu, die ich in Anbetracht solcher Bilder gefährdet sehe.

Eine der größten Herausforderungen im Umgang mit Kindern besteht darin, dass sie sich ständig und vor allem rasend schnell verändern. Erst können sie nur krabbeln, dann stehen und laufen. Erst können sie nur brabbeln, dann sprechen und singen. Erst sind sie klein, dann werden sie groß. Erst sind sie niedlich, wenig später plötzlich cool. Kindheit ist gekennzeichnet vom permanenten Wandel und als Erwachsene sind wir praktisch dazu gezwungen, uns ihm fortlaufend anzupassen. Dabei lässt sich eine merkwürdige Paradoxie beobachten. Nostalgisch-verklärt auf ihr eigenes Aufwachsen zurückblickend sehen viele Menschen die Kindheit heute im Verschwinden begriffen. Zugleich existierten noch nie so viele verschiedene Angebote, um diese Lebensphase mehr oder weniger gehaltvoll auszugestalten. Die Möglichkeiten, die Kindheit sinnvoll zu füllen bzw. zu „nutzen", sind fast unbegrenzt. Jeder noch so absurde Bedarf manifestiert sich in neuen Produkten und Dienstleistungen, die früher kaum jemand vermisst hat. Wie ich bereits gezeigt habe, macht der Kindermusikmarkt da keine Ausnahme, einmal mehr zeigt es sich am Beispiel der *JoJos*. Geschäftstüchtig haben sie ihr Konzertprogramm für Kinder bedarfsgerecht konfektioniert. So kann man bei ihnen die Programme „U3 – Musik für die Kleinen", „U6 – Musik für Jungs und Mädchen" sowie „U9 – Musik für Grundschulkids" buchen. Ergänzend werden Konzepte wie die „100.000 Lichter-Show", das Karnevalsprogramm „Ramba Zamba", die Weihnachtsshow „Warten aufs Christkind" oder „Immer in Bewegung", das „Konzert für jeden Anlass" angeboten.[1] Je nach Wunsch steht interessierten Kund*innen das passende Format zur Verfügung. Mag die Kindheit auch noch so kurz sein: Sie ist noch immer lang genug, um sie mit reichlich Nonsens zu füllen. Völlig zu Recht verweist Prof. Dr. Gunter Kreutz auf die Bedeutung musikalischer Erziehung als „Beitrag gegen die geistige Verarmung der Gesellschaft und für eine humane Lebenswelt". Seiner Überzeugung nach wird musikalische Entwicklung dann zum Selbstläufer, wenn zwei Aspekte beachtet werden: Zum einen müsse jede Form von Überforderung im Sinne musikalischer Leistung unterlassen werden. Zum anderen gelte es, die musikalischen Bedürfnisse von Kindern ernst zu nehmen.[2]

Das „Verschwinden der Kindheit"

Schauen wir uns die Bedürfnisse von Kindern also genauer an. Dafür verlassen wir zunächst das spezifische Terrain der Kindermusik und machen uns stattdessen grundlegendere Gedanken über den Lebensabschnitt Kindheit. Was kennzeichnet diese Phase im direkten Vergleich zu unserem Leben als erwachsene Menschen? Die Philosophin Susan Neiman hat sich dieser Frage aus einer besonderen Perspektive genähert. Ihr Buch „Warum erwachsen werden?" ist ein Plädoyer für ein erwachsenes Leben, das sie unter anderem durch die Abgrenzung von der Phase der Kindheit definiert. Der Buchtitel ist dabei etwas irreführend, suggeriert er doch, dass wir eine Wahl hätten zwischen erwachsen werden und Kind bleiben. Natürlich haben wir die nicht. Wir alle können uns dem Zeitverlauf nicht entziehen und oft genug ruft diese Erkenntnis ein Gefühl von Ernüchterung in uns hervor. Aus kindlicher Perspektive betrachtet stellt sich dieser Entwicklungsprozess jedoch genau andersherum dar. Kinder lernen stets dazu. Mit zunehmenden Fähigkeiten wird die Welt für sie Tag für Tag verständlicher und ihre Neugier darauf immer größer. Älter zu werden bedeutet für ein Kind, sich die Welt immer mehr zu eigen machen zu können. Warum, so Neimans Gedanke, sollten Kinder also annehmen, dass Zeit und Welt begrenzt seien – erleben sie beides doch fortlaufend im Wachstum?[3] Entlang dieses Gedankens lässt sich eine fast poetische Definition des Kindheitsbegriffs ableiten, nämlich die beneidenswert naive Illusion eines Lebens in unbegrenzten Möglichkeiten. Aus eben dieser Illusion speist sich kindliche Fantasie. Demzufolge würde das Ende der Kindheit erst dann eingeläutet, wenn die Illusion der schmerzhaften Erkenntnis weicht, dass alles Dasein endlich und unser individueller Einfluss auf die Welt begrenzt ist.

Natürlich ist das ein sehr romantisiertes Kindheitsbild. Es veranschaulicht den eigentümlichen Zauber dieser Lebensphase aber recht treffend. In guten Momenten gelingt es uns als Erwachsenen, uns daran zu erinnern, wie sich die eigene Kindheit angesichts überbordender Fantasie anfühlte. Wir verstehen es als charakterliches Aushängeschild, wenn wir davon sprechen, auch als reife Menschen immer noch Kind geblieben zu sein. Dem kindlichen Dasein unterstellen wir Offenheit, Unbeschwertheit, Toleranz und eine gesunde Seele. „Gebt den Kindern das Kommando", sang Herbert Grönemeyer schon 1986 und forderte: „Kinder an die Macht!" Die schwedische Kinderbuchautorin Astrid Lindgren meinte: „Wie die Welt von morgen aussehen wird, hängt im großen Maß von der Einbildungskraft jener ab, die gerade jetzt lesen lernen." Und bereits in der Bibel wird Jesus mit dem Satz „Wenn ihr nicht werdet wie die Kinder, so werdet ihr nicht ins Himmelreich kommen" zitiert. Es besteht also kein Zweifel daran, dass die Kindheit eine Lebensphase mit besonderen Segnungen ist.

Umso erstaunlicher ist es, dass Kindern heutzutage kaum noch zugestanden wird, diese Lebensphase genüsslich auszukosten. Dieser Ansicht sind zumindest einige Kindermusiker*innen. Angesichts einer „kommerzialisierten, entsinnlichten und kinderfeindlichen Welt" sieht der Schweizer Musiker Linard Bardill die Kindheit in den Hintergrund gedrängt.[4] Der Kinderliedermacher Unmada Manfred Kindel bescheinigt Kindern nur noch demografische Relevanz, glaubt das Kind selbst in seinem Potenzial aber „nicht begriffen".[5] Und Rolf Zuckowski sieht die „Kindheitsräuber" am Werk, beobachtet er doch die zunehmende Tendenz, dass Kinder immer früher „in die Jugendszene und damit in den Jugendkonsum" hineingezogen würden.[6] Zu diesen kritischen Gegenwartsbeschreibungen gesellen sich vergleichsweise historische Analysen. Der US-amerikanische Soziologe Neil Postman verfasste bereits 1982 ein Buch über „Das Verschwinden der Kindheit" und formulierte darin deutliche Kritik gegen die Allianz von Kommerz, Ideologie und Gedankenlosigkeit, gegen den Anspruch von Kindern auf eine eigene, freie

Lebenszeit.[7] Auch der Reformpädagoge Hartmut von Hentig sah bereits in den 1970er Jahren skeptisch auf den Zustand der Kindheit. Er entwickelte Begriffe wie „Fernsehkindheit" (die Welt erscheine Kindern verkleinert, zerstückelt, an- und abstellbar, in absurder Mischung und ohne Zusammenhang), „Schulkindheit" (die Schule übe einen zu dominanten Einfluss auf Kinder aus), „Stadtkindheit" (anstatt elementare Naturerfahrungen zu machen, erlebten Kinder eine Kauf- und Verbraucherkindheit) oder auch „Zukunftskindheit" (das Leben werde zu wenig in der Gegenwart gelebt und sei stattdessen immer auf ein Morgen bezogen).[8] Noch früher, nämlich 1958, widmete sich der Arzt Gustav-Adolf von Harnack in einer breit angelegten Studie den Ursachen für „nervöse Verhaltensstörungen beim Schulkind". Zum Abschluss seiner Untersuchungen formulierte er die These, dass Reizüberflutung, eine verplante Kindheit, der Autoritätsverlust der Eltern und nicht zuletzt der Einfluss der Medien (womit damals „Comic Books" und „illustrierte Zeitschriften" gemeint waren) die Ursachen für frühe Verhaltensstörungen in der Kindheit seien.[9] Es war Jean-Jacques Rousseau, der mit seinem 1762 erschienenen Roman „Émile" den Kindheitsbegriff überhaupt erst begründete. Darin schildert er die Entwicklung des fiktiven Zöglings Émile und arbeitet sich zugleich an den gesellschaftlichen und religiösen Rahmenbedingungen seiner Zeit ab, die sicher weitaus mehr Anlass zur Kritik gaben als heute. Natürlich plädierte auch Rousseau eindringlich dafür, den Eigenwert der Kindheit anzuerkennen und durchzusetzen.

Zwischen „Gegenwartsschrumpfung" und Erziehungsalarmismus

Zugegeben, diese Zusammenstellung ist tendenziös, macht aber deutlich, dass das Lamentieren über das angebliche Verschwinden der Kindheit ein nicht gerade neues Phänomen ist. Seit sie als solche bezeichnet wird, wird sie auch als bedroht wahrgenommen. Wir tun also gut daran, uns um eine sachlichere Perspektive zu bemühen, wenn wir den aktuellen Zustand der Kindheit kritisch unter die Lupe nehmen wollen. Der Bildungsforscher Volker Fröhlich spricht beispielsweise nicht vom Verschwinden der Kindheit, sondern von „Kindheitsbeschleunigung". Diese Begriffsbezeichnung basiert im Wesentlichen auf seinen Beobachtungen, dass nicht mehr die Entwicklungs*bedürfnisse* von Kindern im Fokus erzieherischer Maßnahmen stünden, sondern vielmehr gesellschaftlich normierte Entwicklungs*ziele*.[10] Die Beschleunigungs-Theorie ist attraktiv, denn zahlreiche Beispiele aus dem täglichen Leben machen sie für jeden von uns konkret nachvollziehbar. Mehr denn je gestalten wir unseren Alltag wie auch unser Berufsleben unter dem allgegenwärtigen Dogma von Zeiteffizienz, wesentlich vorangetrieben durch die neuen Möglichkeiten digitaler Technologien. Diese Entwicklung beeinflusst auch das Aufwachsen von Kindern – exemplarisch sei hier auf die zunehmenden Rufe nach digitalen Bildungsangeboten in der Kita, den frühen Erwerb von Fremdsprachen im Kindergarten, die Verkürzung der Schulzeit oder den Umbau des Hochschulsystems (Bologna-Prozess) verwiesen. In der Folge schrumpft zwar nicht unbedingt die Lebensspanne der Kindheit insgesamt, jedoch werden die Zeitfenster für das kleiner, was wir neudeutsch als „Quality Time" bezeichnen. Das genussvolle Dasein im Hier und Jetzt findet immer weniger Raum.

Der Soziologe Hartmut Rosa, der sich seit vielen Jahren mit der Dynamisierung gesellschaftlicher Verhältnisse beschäftigt, findet mit dem Begriff „Gegenwartsschrumpfung" eine anschauliche Metapher für diese Entwicklung und hält Beschleunigung für die treibende Kraft der Moderne.[11] Das Buch „Gestatten Elite" der Journalistin Julia Friedrichs untermauert seine Thesen. Darin zeigt sie, wie sich der elterliche Wunsch nach einer erfolgreichen und sicheren Zukunft ihrer Kinder in Elite-Universitäten, -Akademien und -Internaten fortlaufend institutionalisiert.[12] Doch nicht nur das strukturelle, sondern vor allem auch das familiäre Umfeld für Kinder hat sich gewandelt. Die Auflösung tradierter Rollenmuster von Mann und Frau hat die Räume für das gemeinsame Familienleben schrumpfen lassen. Zugleich bemühen sich Väter wie Mütter heute um einen deutlich reflektierteren erzieherischen Umgang mit ihren Kindern, als es die Generation ihrer eigenen Eltern tat. Mehr denn je versuchen sie, die Bedürfnisse ihrer Kinder wahrzunehmen und ihnen angemessen gerecht zu werden. Prinzipiell ist diese Haltung zu begrüßen. Sie hat jedoch zu einer schleichenden Verschiebung der Prioritäten geführt – mit unbeabsichtigten Folgen. Der Soziologe Heinz Bude spricht von der Entwicklung weg von einer „partnerzentrierten" hin zur „kinderzentrierten Familie" und diagnostiziert folglich eine „empathische Überbeanspruchung" der Kinder. Der Abstand, den es früher zwischen Eltern und Kindern gab, die Rollen, die sich klar voneinander abgrenzten, lösten sich zunehmend auf. „Erwachsene erziehen kleine Erwachsene",[13] bringt Bude seine These pointiert auf den Punkt.

Aus dieser Perspektive erklärt sich die Paradoxie zwischen einer einerseits wahrscheinlich noch nie so ausgeprägten Sensibilität gegenüber Kindern und der offenbar weit verbreiteten Annahme, die mit dem Aufwachsen verbundenen Entwicklungsschritte möglichst rasch abschließen und gezielt antreiben zu müssen. Kindheit ja, aber bitte nur so lange wie unbedingt nötig. Diese irrsinnige Maxime kostet nicht nur Zeit und Nerven, sondern treibt Eltern oft genug auch in fundamentale Selbstzweifel. Unzählige Erziehungsratgeber suggerieren in dieser Situation Empathie und bieten kompetente Lösungsstrategien an. Buchtitel wie „Tatort Familie", „SOS Kinderseele", „Die Erziehungskatastrophe" oder „Erziehen ohne Auszurasten" holen Eltern bei ihren Sorgen ab, verstärken aber zugleich die Tendenz, sich dabei immer weniger auf den eigenen, inneren Kompass zu verlassen. Einer der erfolgreichsten Autoren dieser Zunft ist Michael Winterhoff, dessen Bücher Titel tragen wie „Warum unsere Kinder Tyrannen werden", „Tyrannen müssen nicht sein" oder „Persönlichkeiten statt Tyrannen". Als Kinder- und Jugendpsychiater hat er es vornehmlich mit verhaltensauffälligen Kindern zu tun, was zwar seine Sicht auf das Thema erklärt, seine allgemeingültigen Rückschlüsse jedoch nicht rechtfertigt. Winterhoffs Perspektive gleiche der eines Gefängnisdirektors, der ein Buch über die Moral der Gesellschaft schreibt, urteilt die *Zeit* über dessen Bücher.[14] Sein jüngstes Werk „Deutschland verdummt" knüpft nahtlos an dieses Erfolgsmodell an. Erzieherische Unsicherheit und das gleichzeitige Bemühen um eine perfekte Familie spiegeln sich jedoch zunehmend auch im alltäglichen Sprachgebrauch wider. Die Geburt eines Kindes wird zum „Projekt" erklärt, das Kind selbst wird zum „Sinncontainer". Angesichts der vielfältigen erzieherischen Herausforderungen werden Begriffe wie „Kampfauftrag Kind" oder die „Mutterglück-Lüge" (auch: „Regretting motherhood") salonfähig. Unterm Strich herrscht allgemeiner „Erziehungsnotstand", es droht die „Erziehungskatastrophe".

Wohin dieser scheinbare Notstand führt, lässt sich in verschiedenen Lebensbereichen beobachten. „Eltern optimieren, wo früher gefördert wurde, sie kontrollieren, wo sie früher vertrauten, sie erobern den Raum, der früher der Kindheit vorbehalten war",[15] lässt sich der Chefjustiziar der Hamburger Schulbehörde Andreas Gleim im *Spiegel* zitieren und verweist auf die massiv ansteigenden Klagen von Eltern gegen Schulen. Der Kinderarzt Michael Hauch, Autor des Buches „Kindheit ist keine Krankheit", beklagt die zunehmende Pathologisierung normaler kindlicher Entwicklungsunterschiede. „Das Kind soll lieber eine Dyskalkulie haben als eine schlechte Note in Mathe. (...) Wenn das Kind verträumt ist, dann muss es eine Wahrnehmungsstörung haben; wenn es schlecht zuhört, eine auditive Störung",[16] so Hauch. Laut Heilmittelbericht der AOK wurde 2017 bei 38,4 Prozent der versicherten Kinder eine Entwicklungsstörung dokumentiert.[17] Angesichts solcher Zahlen fragen sich auch Expert*innen, ob es tatsächlich die Kinder sind, die sich nicht „normal" entwickeln, oder ob nicht eher die elterlichen Ansprüche und Erwartungen von der Norm abweichen?

Heinz Hengst, emeritierter Professor für Sozial- und Kulturwissenschaften an der Hochschule Bremen, beschäftigte sich intensiv mit zeitgenössischer Kindheit und Kinderkultur. Unter Bezugnahme auf die Ergebnisse einer Studie über die „Geburt der Eltern" verdeutlicht er, dass in die Ausstattung der Welt, in die ein Kind hineingeboren wird, ein beträchtliches Maß an Wünschen, Utopien und Bedürfnissen der Eltern eingebracht werde. Die Ausgestaltung des „Nestes" für die eigenen Kinder bezeichnet er als eine „narzisstisch aufgeladene Situation", die durch gut gemeinte Ratschläge (oder kritische Rückmeldungen) von Freunden, Verwandten und Bekannten häufig noch verstärkt würde. Zu allem Überfluss suggerierten unzählige Konsumartikel für das Neugeborene, diesen Wünschen auch materiell entsprechen zu müssen.[18] Anstatt sich auf ihre eigene Intuition zu verlassen, fühlen sich junge Eltern zunehmend dazu verleitet, ihr erzieherisches Handeln an äußeren Zwängen und der eigenen, oft überzogenen Erwartungshaltung auszurichten. Diese Annahme bestätigen die Ergebnisse einer repräsentativen Studie, die 2014 im Auftrag der Zeitschrift *Eltern* durchgeführt wurde. 41 Prozent der dafür befragten Mütter und Väter sehen sich in der Kindererziehung vor allem durch die eigenen Ansprüche unter Druck gesetzt, 40 Prozent durch gesellschaftliche Normen. 59 Prozent von ihnen meinen, dass die Anforderungen an Eltern heute höher sind als noch vor 30 Jahren.[19]

Konzepte aus musischer und kultureller Bildung als Maßstab für die Pädagogik

Schon Immanuel Kant war der Ansicht, dass Eltern ihre Kinder so zu erziehen hätten, dass sie in der Welt zurechtkommen. Die Philosophin Susan Neiman greift diesen Gedanken auf, erweitert ihn jedoch um eine wichtige Dimension. Ihrer Ansicht nach müsse eine ideale Erziehung Kinder in die Lage versetzen, an der Gestaltung einer besseren Welt mitzuwirken.[20] Neiman geht also davon aus, dass Welt und Mensch in wechselseitiger Beziehung zueinander stehen. Mir gefällt diese Perspektive, denn darin schwingen eine konstruktive Grundhaltung und ein aktiver Gestaltungswille mit. In den reformpädagogischen Konzepten von Rudolf Steiner, Maria Montessori oder Célestine und Élise Freinet (um nur einige zu nennen) finden sich ähnliche Motive wieder. Sie wurden in alternativen Schulformen institutionalisiert und erfreuen sich nicht ohne Grund immer größerer Beliebtheit.

Dass solche alternativen Konzepte auch an Regelschulen umgesetzt werden können, bewies unter anderem Enja Riegel, ehemalige Direktorin der Helene-Lange-Schule in Wiesbaden. Vor einigen Jahren hatte ich die Möglichkeit, sie in einem Vortrag erleben zu dürfen. Darin berichtete sie unter anderem, wie sie das gemeinsame Theaterspiel zum elementaren Bestandteil des Schulprofils erkor. Innerhalb kürzester Zeit stellten sich bei den Schüler*innen nicht nur bessere Lernerfolge ein, sie lernten auch mit mehr Spaß und Freude. Zugleich sank der Krankenstand der Lehrer*innen beträchtlich. Die Schule schnitt mit großem Abstand beim PISA-Test als beste deutsche Schule ab und gewann im Jahr 2007 den deutschen Schulpreis. In der Laudatio zur Auszeichnung der Schule hieß es: „Ihr Bildungskonzept ist zugleich praktisch und verständnisintensiv. Es umfasst forschendes Lernen und handwerkliche Arbeit, demokratisches Engagement im eigenen Haus und weltweit, künstlerische und theatrale Arbeit, die ihresgleichen sucht und Jugendliche zu sich selbst befreit – zu ihrer Kreativität und zur Leidenschaft für eine Sache."[21]

Enja Riegel selbst schreibt über ihr Verständnis von Schule: „In naiver Arbeitsteilung wird die Schulung des Vorstellungsdenkens den musischen Fächern zugewiesen, in denen ‚Kreativität' ihren Platz haben soll. Dabei waren auch in allen anderen Bereichen die interessanten und wichtigen Erkenntnisfortschritte nur möglich, weil jemand ‚kreativ' neue Fragen stellte und das Vermögen besaß, sich vorzustellen, dass vom Herkömmlichen abweichende Lösungen möglich sein können."[22] Ausgehend von dieser Beobachtung ließe sich die These formulieren, dass sich ein zeitgemäßes Erziehungs- und Bildungsverständnis an den Grundlagen musischer und kultureller Bildung orientieren sollte. Ganz neu ist dieser Gedanke nicht. Schon in der griechischen Antike beschränkte sich der Begriff *Musiké* nicht allein auf die Vermittlung von Musik, sondern bezog sich auf die Bildung des Geistes insgesamt. Wer sich auch nur rudimentär mit alternativen Bildungskonzepten beschäftigt, stößt fortlaufend auf vergleichbare Theorien. Auch wenn sie (noch) nicht zur Regel geworden sind, lassen sich doch zumindest Tendenzen erkennen, die hinreichend dazu motivieren sollten, ähnliche Ideen aktiv voranzutreiben.

Vielleicht sind es diese Entwicklungen, die den Soziologen, Psychologen und Psychotherapeuten Martin Dornes dazu anspornten, sich mit der Krise der Erziehungsleistung zu beschäftigen und die seelische Verfassung von Kindern und Eltern auf den Prüfstand zu stellen? In seinem Buch „Die Modernisierung der Seele" kommt er zu einem klaren Fazit: Kinder und Eltern seien besser als ihr Ruf und die Unkenrufe der vielen Skeptiker nichts anderes als mediale Artefakte.[23] Dornes, über lange Zeit Mitglied im Leitungsgremium des Frankfurter Instituts für Sozialforschung, hat für seine Forschungsarbeit die Ergebnisse unzähliger Studien und Statistiken zum gegenwärtigen Zustand der Kindheit ausgewertet und stellt dabei fest, dass die meisten Kinder mit den modernen Bedingungen des Aufwachsens gut zurechtkämen. Überwiegend seien sie mit sich, ihren Eltern und ihren Lebensumständen zufrieden. Dass sich das in der öffentlichen Wahrnehmung häufig anders darstelle, führt er vor allem darauf zurück, dass viele Autor*innen auf persönliche Erfahrungen, nicht jedoch auf valides Datenmaterial zurückgreifen würden. Fallbeispiele ersetzten Statistik, steile Thesen die gesicherte Theorie und „impressionistische Untergangsvisionen" die aus den Daten abzuleitenden Schlussfolgerungen. „Ich plädiere für eine realistische Einschätzung von Chancen und Gefahren und nicht für eine Spürhundmentalität, die jede individuelle, familiäre und soziale Veränderung vorwiegend auf ihre potenziellen Gefährdungen absucht und damit unvermeidlich aggraviert",[24] gibt Dornes unmissverständlich zu verstehen. Sein Kollege, der neuseeländische Bildungsforscher John Hattie, verfolgte einen ähnlich ambitionierten Forschungsansatz. Er hatte es sich in den Kopf gesetzt, die wichtigsten Einflussfaktoren für guten Schulunterricht zu ermitteln. Auf der Basis von rund 50.000 Einzeluntersuchungen, die weltweit zu diesem Thema bereits durchgeführt wurden, erstellte er in über 15 Jahren Fleißarbeit eine umfassende Metaanalyse. Die zentrale Erkenntnis seiner Forschungsarbeit ist am Ende überraschend schlicht: Guter Unterricht hänge vor allem vom Lehrpersonal ab. Was Schüler*innen lernen, bestimme der einzelne Pädagoge bzw. die Pädagogin. Andere Einflussfaktoren, wie etwa materielle Ausstattung, Schulform, Klassengröße oder Lehrmethoden, seien dagegen eher zweitrangig.[25]

In den Erziehungswissenschaften schlägt sich Hatties Erkenntnis in der Diskussion über das Verhältnis von *Er*ziehung zu *Be*ziehung nieder. Beinahe könnte man den Eindruck gewinnen, als ob nur eines der beiden Prinzipien Gültigkeit hätte. Vielmehr stehen sie aber in einer unauflöslichen Wechselwirkung zueinander, denn ohne Beziehung keine Erziehung. Wer Kinder erreichen, ihnen etwas mit auf den Weg geben oder beibringen möchte, der sollte in der Lage sein, sich als ganze Person auf sie einzulassen. Der sollte ihnen zuhören und aufmerksam sein für das, was sie zu sagen haben. Der sollte ihre Weltsicht ernst nehmen und ihnen Räume eröffnen, in denen sie sich spielerisch und selbstbestimmt entfalten können. Wie wertvoll solche gemeinsamen Erfahrungen sein können, wurde mir zuletzt vor Augen geführt, als ich im Sommer 2018 die Ausstellung „The Playground Project" in der Bundeskunsthalle in Bonn besuchte. Im Inneren wurden architektonische Konzepte von Spielplätzen aus den vergangenen 100 Jahren ausgestellt. Draußen jedoch, auf dem Dach des Gebäudes, hatten zeitgenössische

Künstler*innen zahlreiche Spielangebote und interaktive Installationen entworfen, die es den Besucher*innen ermöglichten, Kunst partizipativ und performativ zu erleben – ein riesiger Spielplatz für Groß und Klein. Es war faszinierend zu beobachten, wie gelöst, neugierig und kindlich verspielt sich die Besucher*innen auf diese Angebote einließen. In dem Moment, in dem sich das Spiel als Kunst gerierte, ließen sich auch die Erwachsenen darauf ein. Eltern täten gut daran, sich häufiger mit ihren Kindern in solche verspielt-kreative Situationen zu begeben. Sie geben nicht nur dem inneren Kind Raum, sondern schaffen auch ganz konkrete Möglichkeiten, um authentisch mit Kindern in Beziehung zu treten. Im gemeinsamen Spiel liegt der Zugang zur kindlichen Seele.

Wozu nun dieser Exkurs über die Kontroversen zur Erziehung und zum Aufwachsen von Kindern? Was ist im Kontext guter Kindermusik daraus abzuleiten? Ganz einfach: Kinderlieder sind der Schauplatz, auf dem sich viele der in diesem Kapitel geschilderten Beobachtungen bündeln. Ansprüche und Werte Erwachsener, pädagogische Intentionen und Ziele sowie kindliche Wünsche und Bedürfnisse – all das verdichtet sich im Kinderlied zu einer poetischen Kurzform. In der Regel finden sich die persönlichen Haltungen von Kindermusiker*innen in ihren musikalischen Botschaften wieder. Es ist wichtig, dass sie sich zur eigenen Zielgruppe bekennen, doch dieses Bekenntnis legitimiert nicht jede künstlerische Arbeit für Kinder. Von entscheidender Bedeutung ist auch, wie auf die Phase der Kindheit geschaut wird, ob sie naiv verherrlicht, sorgenvoll behütet, agressiv verteidigt oder schlicht ignoriert wird. Gerade deshalb ist es wichtig, dass Eltern wie Pädagog*innen mehr Expertise für gute Kindermusik entwickeln und einen Anspruch daran formulieren. Der muss sich nicht aus erzieherischen Bedürfnissen ableiten, sondern sollte vielmehr musikalische Bezugspunkte in den Mittelpunkt stellen. Laut der bereits zitierten *Eltern*-Studie, finden es 93 Prozent der Kinder schön, auf der Welt zu sein. 92 Prozent von ihnen sagen, dass ihre Eltern die besten Eltern sind, die sie sich vorstellen können.[26] Ganz so schlecht scheint es um das Aufwachsen von Kindern gegenwärtig also nicht bestellt zu sein.

Gute Kindermusik trägt dieser Erkenntnis Rechnung. Wenn es gelingt, Kindern mehr gehaltvolle musikalische Angebote zu machen, anstatt sie mit der konfektionierten Kost vermeintlich moderner Kinderunterhaltung abzuspeisen oder ideologisch zu vereinnahmen, dann wäre das nicht nur in musikkultureller Hinsicht ein Gewinn. Ich bin mir sicher, dass die gemeinsame Leidenschaft für gute Kindermusik in Familien, Kindergärten und Schulen für reichlich genussvolle Momente und mehr „Quality Time" sorgen würde. Die Kindheit kann nicht verschwinden, sollte aber bewusst ausgestaltet werden. Die oft bemühte Floskel „Kinder sind die Zukunft" gewinnt vor diesem Hintergrund besondere Brisanz. Denn Kinder leben in der Gegenwart, haben kindliche Bedürfnisse und ein Recht auf entsprechend bedarfsgerechte Angebote. Nicht erst in der Zukunft, sondern hier und jetzt.

Du da im Radio
12 Musik für Kinder in den Medien

> „The revolution will not be televised."
> (Gil Scott-Heron)

Kindheit ist heute Medienkindheit. Diese Erkenntnis gilt als das Mantra der Medienpädagogik. Doch natürlich haben Medien auch schon früher eine bedeutende Rolle im Aufwachsen gespielt. Seit jeher eröffnen sie Kindern Wege zu Erfahrungsräumen außerhalb ihrer vertrauten Lebenswelt, kreieren kindliche Held*innen und Vorbilder. Die Digitalisierung hat in den vergangenen Jahren aber nicht nur dazu geführt, dass sich die Art unseres Medienkonsums grundlegend gewandelt hat, sondern dass sich auch die medialen Inhalte selbst verändert haben. Das betrifft auch Musikangebote für Kinder.

Im Bemühen um die richtige Medienerziehung sehen sich viele Eltern jedoch vor Herausforderungen gestellt, zu denen sie oft mehr Fragen als Antworten haben. Wie groß die daraus resultierende Unsicherheit ist, zeigen die Ergebnisse der jüngsten *KIM-Studie* (KIM = Kinder, Internet, Medien) aus dem Jahr 2018, die den Medienumgang 6- bis 13-jähriger Kinder regelmäßig evaluiert. Danach verbinden Eltern mit Internet und Fernsehen eher negative Eigenschaften – etwa in Bezug auf die Gewaltbereitschaft von Kindern, die Vermittlung ‚ungeeigneter Dinge' oder die Gefahr, zum Stubenhocker zu werden. Gleichzeitig schreiben sie Büchern durchweg positive Eigenschaften zu, etwa hinsichtlich ihres Einflusses auf Schul- bzw. Lernerfolge oder die Förderung kindlicher Fantasie.[1] Zu vergleichbaren Ergebnissen kommt auch die letzte *miniKIM-Studie* aus dem Jahr 2014, die den Medienumgang 2- bis 5-jähriger Kinder statistisch erfasst und auswertet. Im Zusammenhang mit Musikangeboten für Kinder zeigt sie, dass Eltern den Audio-Medien (Radio, Kassette, CD und mp3) in fast allen Kategorien eine vergleichsweise unbedeutende Rolle zusprechen.[2] Welche Rückschlüsse lässt das auf die mediale Präsenz von Kindermusik zu? Werden die musikalischen Bedürfnisse von Kindern von den Medienanbietern überhaupt angemessen berücksichtigt?

Schauen wir zur Beantwortung dieser Fragen zurück auf die Medienlandschaft der 1980er und 1990er Jahre. Zu dieser Zeit steckte das Internet noch in den Kinderschuhen und spielte für die private Nutzung praktisch keine Rolle. Filesharing- und Streamingdienste waren für die Musikkonzerne nicht mehr als visionäre Fantasien, umso größer war die Bedeutung von Medien für die Verbreitung von Musik. Wer seine Lieblingslieder hören wollte, der musste die entsprechenden Tonträger käuflich erwerben. Und wer musikalische Inspiration suchte, fand sie im Radio, im (Musik-)Fernsehen oder in unzähligen Fach- und Szene-Zeitschriften. Wer wiederum als Musiker*in erfolgreich sein wollte, kam um eine entsprechende Medienpräsenz ebenso wenig herum. Das galt insbesondere in der Popmusik. Begünstigt wurde diese Entwicklung durch die Öffnung der Medienlandschaft für das Privatfernsehen und den privaten Rundfunk. Nach jahrzehntelanger Dominanz der öffentlich-rechtlichen Sender im Nachkriegsdeutschland entstand ab Mitte der 1980er Jahre ein neuer, deutlich größerer Markt, von dem auch die Musikwirtschaft enorm profitierte. Denn auf *MTV* (ab 1981), *VH1* (ab 1985) oder *VIVA* (1993–2018) sowie in von öffentlich-rechtlichen Sendern produzierten Formaten wie *Formel Eins* (1983–1990) oder *Hit-Clip* (1993–1997) fanden ihre Musikvideos zielgruppengerechte Ausspielwege.

Kaum anders verhielt es sich im Rundfunk. Unzählige private Radiosender entstanden im Zuge des 1984 eingeführten dualen Rundfunksystems, und damals wie heute füllte das Musikprogramm den größten Teil der Sendezeit. Für das Radio war Musik ein wichtiger Programmbestandteil, denn die Musikauswahl unterstrich das Profil des jeweiligen Senders und beeinflusste damit maßgeblich dessen Erfolg. „Die Geschichte der Musik ist (…) unauflöslich mit der Mediengeschichte verbunden, wie umgekehrt die Karriere einer Vielzahl von Medien ohne Musik nicht denkbar ist",[3] bilanziert der Musikwissenschaftler Thomas Münch. Und der ehemalige *Universal*-Chef Tim Renner ergänzt pointiert: „Pop braucht Kapital, aber noch mehr braucht es Massenmedien, die natürlich wiederum nur aufgrund von Kapitaleinsatz existieren und gemäß Kapitallogik funktionieren."[4] Eben dieser Wechselwirkung zwischen Pop und Kapital ist es zuzuschreiben, dass die Rundfunkprogramme über die Jahre durchformatiert wurden und sich insbesondere in ihrer Musikauswahl immer weniger voneinander unterschieden. Im Ergebnis entstand eine Art popkultureller Monokultur. Die Konkurrenz belebte vielleicht das Geschäft, nicht aber unbedingt die musikalische Vielfalt.

Während die Anzahl der Radiostationen in Deutschland von rund 40 Sendern im Jahr 1987 auf heute über 400 anstieg, senden die allermeisten von ihnen gleichförmige Musikprogramme mit nur wenig individuellen Akzenten. Und während Musikredaktionen früher dafür verantwortlich waren, das musikalische Profil eines Senders kreativ auszugestalten, dominiert dort heute das Bemühen nach Optimierung und Objektivierung. Diese Entwicklung führt weg von Kreativität und Emotion und birgt die Gefahr, all das auszutrocknen, was nicht messbar ist, meint Tim Renner. „Planbarkeit bremst Spontaneität und zwingt zur Fokussierung auf die Technik – anstelle der Idee",[5] schrieb er vor über 15 Jahren in seinem Buch „Kinder, der Tod ist gar nicht so schlimm". Damals, als die Musikindustrie durch den Filesharing-Dienst *Napster* in die Krise geriet, appellierte er eindringlich an die kulturelle Verantwortung der Entscheidungsträger*innen bei den Sendern: „Aus den modernen Hörfunk- oder Fernsehchefs drohen reine Demoskopen zu werden. Ihre Aufgabe liegt aber nicht darin, stur die Meinungen anderer zu erforschen, sie sollten selbst eine haben und für diese einstehen",⁶ so Renner damals. Ähnlich kritisch positionierte sich der Musiker und Radiomoderator Götz Alsmann in einem Talk zu dem Thema. Die mangelnde musikalische Vielfalt vieler Radiosender führte er auf Konzepte „wohlmeinend musikalisch orientierter Sozialpädagogen" zurück, die mit der Wirklichkeit des Radiohörens nichts zu tun hätten. „Warum zieht so ein Übermaß an Demokratie in die Programmfindung ein? Warum kann ein Musikredakteur nicht selbstbewusst einen besonderen Stil pflegen und versuchen, diesen Stil im rundfunktechnischen Wettbewerb durchzusetzen?", fragte Alsmann und beendete sein Statement angesichts des steigenden Quotendrucks mit einem Zitat von Martin Luther: „Aus einem verzagten Arsch kommt kein fröhlicher Furz."⁷ Inzwischen legen viele erfolgreiche Podcast-Formate, die mit sehr spezifischen Profilen gezielt die Lücken besetzen, die das Radio hinterlassen hat, den Verdacht nahe, dass Renner und Alsmann mit ihrer Kritik anscheinend richtig lagen.

Kindermusik im Fernsehen

Kindermusik fristete in den 1980er und 1990er Jahren ein noch größeres Nischendasein als heute, unterlag prinzipiell aber derselben Erfolgslogik wie Musik für Erwachsene – erinnern wir uns an die Aussage von Rolf Zuckowski, dass sein Durchbruch ohne eine Sendung wie *Wetten dass?* kaum denkbar gewesen wäre. Es existierte damals gerade mal eine Hand voll Akteure, die sich als Kinderliedermacher*innen verstanden. Trotzdem gab es im Fernsehen bereits einige Formate für Kinder, in denen auch Kindermusik eine gewichtige Rolle spielte. Die *Sendung mit der Maus* (seit 1971) endete mit einem Musikvideo für Kinder und Peter Lustig erklärte seinen jungen Zuschauer*innen in *Löwenzahn* (seit 1981) die Welt auch in Liedern. In der *Mini Playback-Show* (1990–1998) oder beim *Kinderquatsch mit Michael* (1991–2003) standen Kinder sogar selbst als Interpret*innen auf der Bühne.

Bei all diesen Fernsehformaten standen zwar die Kinder im Fokus, durch die Einbettung in das Regelprogramm der Sender funktionierten sie aber auch als Familienunterhaltung. Im Laufe der Zeit verschwanden derartige Konzepte jedoch zunehmend aus den Hauptprogrammen. Das junge Publikum sollte beim *KiKa* (seit 1997) oder bei *Super RTL* (seit 1995) eine neue mediale Heimat finden. Ähnlich entwickelte sich auch das Rundfunkprogramm für Kinder. Ursprünglich strahlten fast alle öffentlich-rechtlichen Sender auch ein Radioformat für Kinder aus. Heute werden im analogen UKW-Programm nur noch die Sendungen *radioMikro* (BR) und *KiRaKa* (WDR) ausgestrahlt. Deutschlandradio Kultur bietet seine Kindersendung *Kakadu* seit dem Frühjahr 2019 nur noch als Podcast an. Und das Kinderangebot *Figarino* des MDR ist einem neuen Format gewichen, das sich unter dem Namen *Tweens* an eine nun ältere Zielgruppe (8 bis 13 Jahre) richtet. Als einziger privater Radiosender für Kinder konkurriert *Radio Teddy* mit diesen öffentlich-rechtlichen Formaten. Zusammenfassend kann also festgehalten werden: Auch im Hörfunk geht der Programmanteil für Kinder zurück, die Angebote verlagern sich aber zumindest teilweise ins Internet. Mit Blick auf die Musiksozialisation von Kindern spricht der Musikwissenschaftler Thomas Münch von einer „eigenen kulturellen Dignität" und beobachtet die Entstehung einer separierten „Kinderkultur".[8] Dass diese Entwicklung nicht zwangsläufig für inhaltliche Qualität bürgt, zeigt der Blick auf die Musikformate für Kinder bei den einzelnen Sendern.

Im Kinderfernsehen nimmt der *KiKa* die unangefochtene Pole-Position ein. Rund 70 Prozent der 2 bis 5-jährigen Kinder bezeichnen ihn als ihren „Lieblingsfernsehsender".[9] Als öffentlich-rechtliches Angebot profitiert der *KiKa* im Vergleich zur privaten Konkurrenz vom Vertrauensvorschuss vieler Eltern, punktet darüber hinaus aber auch als werbefreies Programm, das auch einige Musikformate für Kinder beinhaltet. Dazu zählt die Sendung *SingAlarm* (früher *Singas Musikbox*), in der die Moderatorin Singa Gätgens aktuelle Kinderlieder vorstellt. Unterstützt wird sie vom *Sing-Ding*, einem sprechenden Mikrofon, sowie wechselnden Kindermusiker*innen, die in der Sendung zu Gast sind. Nachdem deren Lieder kurz vorgestellt werden, folgen meist exklusiv für die Sendung produzierte Musikvideos, zu denen die Songs dann in voller Länge ausgespielt werden.

Die Idee, ein Musikfernsehformat für Kinder zu etablieren, ist durchaus schlüssig, überzeugt im Ergebnis aber leider kaum. In verstörend bunter Studiokulisse bewegt sich *SingAlarm* an der Grenze zur Peinlichkeit. In den Musikvideos tanzen die Musiker*innen vor virtuellen Kulissen herum und geben dabei ihre Songs zum Besten – wie etwa das Duo *Rodscha und Tom* („Hulala die Dschungel-Disko-Party, hulala die find ich super-duper") oder Detlef Jöcker („Alle wollen leben hier auf dieser schönen Erde"). Sofern den Video-Produktionen überhaupt ein dramaturgisches Konzept zugrunde liegt, wirkt deren Umsetzung meist ausgesprochen klischeehaft und wenig ambitioniert. So finden sich die Musiker der Hamburger Band *Radau!* als Indianer um ein Lagerfeuer tanzend wieder („Durch die Prärie"), Matthias Meyer-Göllner darf inmitten einer Mädchen-Fußballmannschaft ungelenk auf dem Sportplatz bolzen („Fliegende Füße") und die *Pianino-Band* jagt ein paar Kinder in Regenjacken durch dreckige Pfützen („M.A.T.S.C.H."). Ganz offenbar hält man es bei dem Sender nicht für nötig, ein in seiner Grundidee durchaus gutes Format finanziell angemessen auszustatten. Am Ende ist es eben doch nur ein Musikangebot für Kinder.

Als Pendant zum *SingAlarm* produziert der *KiKa* seit 2004 auch die Sendung *TanzAlarm*. In ihren Grundzügen weisen beide Formate Parallelen auf – angefangen bei der Moderatorin Singa Gätgens. Mit dem *TanzTapir* steht ihr auch hier ein in Plüsch gehüllter Sidekick zur Seite. Daneben gibt es noch die *TanzAlarm*-Kids, die sich als junge Animateur*innen fröhlich durch die einzelnen Episoden tanzen. Dramaturgischer Dreh- und Angelpunkt jeder Folge sind wechselnde Protagonist*innen, die im Verlauf der Sendung zum Tanzen motiviert werden müssen. Die Intention, Kinder auf diese Weise zu mehr Bewegung zu verhelfen, ist prinzipiell zu begrüßen. Wenn aber ausgerechnet Volker Rosin, der bereits hinlänglich durch die Mangel genommene „König der Kinderdisko", musikalischer Pate und Dauergast der Sendung ist, stellt sich die Frage, welche Art von Kindermusik hier protegiert werden soll.

Auf den Boom der vielen Talentshows im Fernsehen reagierend, entwickelte man beim *KiKa* mit *Dein Song* auch ein Castingformat für Kinder. Anders als bei Dieter Bohlen steht hier nicht die Inszenierung privater Schicksale, sondern tatsächlich die professionelle und zugleich kindgerechte Begleitung junger Sänger*innen im Mittelpunkt, die mit einem eigenen Song am Wettbewerb teilnehmen. Die Sendung präsentiert also nicht musikalische Angebote für Kinder, sondern Lieder von Kindern, die sich in den meisten Fällen bereits an der Schwelle zur Pubertät befinden. Zur Seite stehen ihnen prominente Paten wie *Die Orsons*, Dellé (*Seeed*), Max Giesinger, Leslie Clio oder zuletzt Johannes Strate (*Revolverheld*), *Mathea*, Ilse DeLange oder Nils Landgren. In Konkurrenz zu anderen Casting-Formaten muss *Dein Song* den Vergleich also nicht scheuen, trägt aber eben auch nicht zu einer größeren Medienpräsenz von Kindermusik bei. Gleiches gilt für das deutlich bekanntere Format *The Voice Kids* bei *Sat.1*, auf das ich später noch ausführlicher zu sprechen kommen werde.

Mit dieser Aufzählung ist das Angebot ausgewiesener Musikformate für Kinder im Fernsehen bereits vollständig benannt. Hinzu kommen allenfalls noch einzelne Sendungen, in denen Musik eine eher randständige Rolle spielt – wie zum Beispiel *Die Sendung mit der Maus* oder *KiKa-Ninchen*. Unter der Flagge dieser Formate werden wiederum exklusive Musikproduktionen veröffentlicht. Auf diese Weise werden die aus dem Fernsehen bekannten Protagonist*innen zu Testimonials für Kindermusik und beliebte Moderator*innen wie Ralph Caspers und Shary Reeves (*Wissen macht Ah!*) oder das Duo *Fug & Janina* zu Teilzeit-Kindermusikinterpret*innen. Diese Art von Cross-Promo ist uns bereits hinlänglich bekannt. Im Rennen um Quote und Verkaufszahlen intensivieren Fernsehsender und Plattenfirmen seit Jahren ihre Beziehungen und monetarisieren die redaktionellen Inhalte der Sender – auch auf dem Musikmarkt. Mit *Seven.One Starwatch* hat die ProSiebenSat.1-Gruppe 2005 ihr eigenes Musiklabel gegründet, RTL folgte 2013 mit dem Label *Music for Millions*. Diese Art der Zweitverwertung ist sicher lukrativ, dürfte aber nur in den wenigsten Fällen künstlerisch motiviert sein. Holger Noltze, Professor für Musikjournalismus an der TU Dortmund, unterstellt dem Kulturfernsehen, seinen Bildungsauftrag „gelegentlich hart an der Grenze zur Desinformation" zu betreiben. „Im Kampf um das knappe Gut Aufmerksamkeit", so Noltze, „ist Kultur im gewesenen Leitmedium Fernsehen keine Option auf Bildung, Begegnung mit Neuem, Anregung, Erkenntnis oder ästhetische Erfahrung, sondern vor allem ein Problem, Hindernis auf dem Weg zum Publikum".[10] Zumindest in Bezug auf seine Musikangebote scheint das Kinderfernsehen da keine Ausnahme zu machen.

Musik für Kinder im Hörfunk

Im Radio stellt sich die Situation ein wenig anders dar. Schon immer war das Medium ein wichtiges Forum für Musik, profilierte sich aber insbesondere durch zielgruppengerechte Inhalte der einzelnen Sender. Dieses Konzept hat in Folge der Rundfunkreform in den 80er Jahren Schlagseite bekommen. Bei den allermeisten Sendern wurde der Anteil des

Wortprogramms drastisch reduziert und in Informationseinheiten zerlegt, die oft kürzer sind als ein Popsong. Schon vor fast 20 Jahren stellte der Kindermedienforscher Horst Heidtmann fest: „Die Komplexität der meistgehörten Rundfunkprogramme entspricht (...) heute den kognitiven Fähigkeiten von Kindern."[11] Im Gegenzug nahm das Musikprogramm immer mehr Raum ein. Dass viele Menschen auf die Frage, welche Musik sie bevorzugt hören, mit den Worten „Das, was im Radio läuft!" antworten, verdeutlicht die gewichtige Rolle des Mediums im Kontext der Musikvermittlung. Zugleich legt diese Aussage auf erschreckende Weise offen, in welch engen Grenzen sich das Musikprogramm im Radio inzwischen bewegt. „Das, was im Radio läuft" scheint eine eigene Genrebezeichnung zu sein, meint aber in der Regel: Charts, Mainstream und das Beste aus den 8oer und 9oer Jahren. Hits, Hits, Hits. Die Hintergründe, die zur Entstehung dieser musikalischen Monokultur führten, habe ich bereits dargestellt. Doch welche musikalischen Angebote werden Kindern heute im Radio gemacht?

Nach zehn Jahren musikredaktioneller Arbeit beim Kinderhörfunk kann ich diesbezüglich persönliche Erfahrungen einfließen lassen. Beim *KiRaKa* wurde der Aufbau des Musikprogramms vergleichsweise aufwändig betrieben. Fortlaufend wurden wir durch Labels, Verlage oder die Musiker*innen selbst mit Neuerscheinungen bemustert. In regelmäßigen Abhörkonferenzen prüften wir sorgfältig, ob die jeweilige Produktion den Ansprüchen an das Musikprogramm gerecht wurde. Ausschlaggebend dafür waren vor allem die Qualität von Komposition und Produktion sowie natürlich inhaltliche Kriterien. Großen Wert legten wir also nicht nur auf musikalisches Können und klangliche Authentizität, sondern vor allem auf eine erzählerische Perspektive, die Kinder auf angemessene Weise ernst nimmt. Im nächsten Schritt prüften wir, welche Titel eines Tonträgers in die Musikrotation aufgenommen werden sollten. Da Single-Auskopplungen in der Gattung Kindermusik eher unüblich sind, waren wir bemüht, alle musikalischen Schätze eines Albums zu heben. So wuchs über die Jahre eine stattliche Kinderlieder-Sammlung an, die wir mit Hilfe einer Musikplanungs-Software genau kategorisieren und so gezielt ins Programm einbinden konnten.

Die softwaregestützte Musikplanung gehört heute in jedem Radiosender zum Standard und erleichtert die musikredaktionelle Arbeit erheblich. Jeder Titel lässt sich nach Tempo, Klangfarbe, Stimme, Geschlecht, Genre, dynamischem Verlauf und etlichen weiteren Parametern kategorisieren. Darüber hinaus lassen sich genaue Zeitfenster definieren, in denen das System ein Lied einplanen kann. Auch die Wiederholungsrate eines Liedes im Tages- oder Wochenverlauf lässt sich genau festlegen. Ein Stichwortverzeichnis zum Inhalt der einzelnen Songs vereinfacht es überdies, konkrete Bezüge zwischen Musik- und Wortprogramm herzustellen. Auf Basis dieser Vorgaben erledigt die Software die Planung des Musikprogramms praktisch im Alleingang. Darin liegt ihr Zweck und Nutzen, darin besteht aber auch die Gefahr für das musikalische Profil eines Senders. Die Arbeit eines Musikredakteurs bzw. einer Musikredakteurin hat sich durch diese Art der Musikplanung grundlegend verändert. Deren Kernkompetenz liegt inzwischen vor allem in der Aufbereitung von Audiofiles und der fortlaufenden Optimierung der Planungssoftware. Besonders kreativ ist das nicht – und das hört man dem Musikprogramm vieler Sender leider oft auch an.

Beim *KiRaKa* versuchten wir, diese Falle auf zweierlei Wegen zu umgehen. Zum einen prüften wir jede von der Software geplante Sendestunde noch einmal genau, passten Übergänge an und tauschten einzelne Titel ggf. wieder aus. Zum anderen reichte das Spektrum des Musikprogramms weit über Kinderlieder hinaus. Ausgehend von dem Anspruch, Kindern in ihrer vorurteilsfreien Grundhaltung einen Zugang zu musikalischer Vielfalt zu ermöglichen, durchmischten wir Kindermusik mit Titeln aus Pop, Jazz, Weltmusik und Klassik. Unbekannte Lieder wurden in Jingles eingebettet, die den jeweiligen Kontext erläuterten („Jetzt kommt ein Lied aus…" oder „Musik aus Papas/Mamas CD-Regal…"). Darüber hinaus produzierten wir Musikformate, die sich in aller Ausführlichkeit der Vorstellung eines spezifischen musikalischen Genres widmeten. Dabei kamen nicht nur die Kinder selbst mit ihren Sichtweisen und musikalischen Vorlieben zu Wort, sondern auch wechselnde Gäste, die das jeweilige Thema durch ihre Expertise bereicherten. Kurzum: Der Aufwand für die Musikplanung war vergleichsweise hoch, trug aber auch dazu bei, dass der *KiRaKa* zur bundesweit bedeutendsten Anlaufstelle für Kindermusik wurde.

Doch es galt auch, Widerstände auszuhalten. Kinder kritisierten das Musikprogramm zwar nur selten, umso mehr erkoren aber Erwachsene ihre individuellen Ansprüche zum Maßstab. „Kinderlieder, vom Kinderchor gesungen, kann man zwar noch im hessischen Rundfunk hören. Sie scheinen aber eher von Müttern und Großmüttern gewünscht zu werden, während Kinder keinen Kinderkram aushalten",[12] schrieb Wulff Oppermann schon 1977 in einer Analyse über das Hörfunkprogramm für Kinder. An dieser Erwartungshaltung scheint sich in 40 Jahren nur wenig verändert zu haben. Die Urteile, die vereinzelt über das Musikprogramm im *KiRaKa* gefällt wurden, überraschen in ihrer konservativen Grundhaltung. Wir wurden beispielsweise aufgefordert, ein Lied aus dem Programm zu nehmen, in dem die Freundschaft mit einem Räuber besungen wird. Die argumentative Präzision, mit der diese Meinung erläutert wurde, war regelrecht erheiternd: „Einen kräftigen Räuber als Freund zu haben, dessen Erwerbstätigkeit darin besteht, anderen Menschen ihr Hab und Gut wegzunehmen, halte ich für einen sehr schlechten Freund. Es wäre kein Glück, einen Räuber als Freund zu haben. Dieser Freund würde das Kind in seiner Tätigkeit anlernen und ihm einen Weg in eine kriminelle Laufbahn zeigen. Und, soweit ich weiß, sind alle klassischen Räuberkarrieren im Kerker oder am Galgen beendet worden."[13] Dass sich der kritisierte Titel lediglich fantasievoll mit dem Thema Freundschaft auseinandersetzt, registrierte der Hörer offenbar nicht.

In einem anderen Fall glaubte ein aufmerksamer Hörer im Lied „Pyjama-Party" von der Band *Deine Freunde* pädophile Andeutungen zu erkennen und zeigte sich entsprechend besorgt: „Eltern, Lehrer und Kindergärtner geben sich viel Mühe, Kinder dazu zu bewegen, nicht zu fremden Erwachsenen nach Hause zu gehen. Dieses Lied aber macht diese Bemühungen zunichte. Ich möchte *Deine Freunde* nicht beschuldigen, Kindesmissbrauch fördern zu wollen oder gar selber Kinderschänder zu sein – dafür habe ich keine Anhaltspunkte. Ich möchte aber deutlich machen, dass dieses Lied unverantwortlich und gefährlich für Kinder ist. Der Ich-Erzähler des Liedes macht alles, was Kinderschänder auch tun."[14] Da hat jemand anscheinend nicht gut zugehört, denn der Ich-Erzähler des Liedes ist ein Kind, das eine Pyjama-Party mit seinen Freunden feiert. „Wir gucken heimlich fern und laufen nachts übern Flur. Wir bleiben ganz lange auf und trinken O-Saft pur", heißt es im Refrain des Songs. Es braucht schon viel Fantasie, um einen solchen Text als pädophil zu entlarven. Bei Popmusik-Titeln gewinnen derartige Einlassungen besondere Brisanz. Als *Peter Fox* in seinem Lied „Haus am See" die Zeilen „Wir grillen, die Mamas kochen und wir saufen Schnaps" sang, wurde sogleich die Verführung zum Alkoholkonsum unterstellt. Und als die französische Band *Daft Punk* im Song „Get lucky" mit den Worten „We're up all night 'til the sun, we're up all night to get some" vage sexuelle Gelüste andeutete, wurde die Ausstrahlung des Sommerhits 2013 im Kinderprogramm zum Gipfel pädagogischer Unverantwortlichkeit erklärt. Noch empörter reagierten nur die Musiker*innen, deren Lieder wir erst gar nicht ins Programm aufnahmen.

Die ausführliche Beschreibung meiner Erfahrungen aus dem Kinderhörfunk soll zeigen, dass gute Musikplanung weitaus mehr bedeutet, als Tonträger in den Rechner zu schieben und die inhaltliche Dramaturgie einem Algorithmus zu überlassen. Ein zielgruppengerechtes, vielfältiges und stilbildendes Musikprogramm für Kinder ist das Ergebnis handwerklicher Sorgfalt und umfassender Genrekenntnis. Wird diese Aufgabe ernst genommen, leistet sie einen wichtigen kulturellen Beitrag. „Hörfunk kann mehr sein als musikalische Dauerberieselung, als banale Unterhaltung, Bestätigung vorhandener Erfahrungen und Gewohnheiten. Er kann Denkanstöße geben, Hilfe bei der Welterfahrung, er könnte auch produktiv irritieren",[15] skizzierte der Medienforscher Horst Heidtmann seine Visionen für den Kinderhörfunk. Bezogen auf journalistische Inhalte haben sie sich, ungeachtet neuer Ausspielwege, durchaus erfüllt. Es gibt wirklich tolle Radioformate für Kinder! Hinsichtlich ihres Musikprogramms ist die Bilanz jedoch eher enttäuschend.

Zu meiner eigenen Überraschung stellte selbst der WDR das digitale Programmangebot des *KiRaKa* Ende 2019 ein, ersetzte es aber zumindest durch zwei neue Podcast-Formate: *Die Maus zum Hören* und die *Gute Nacht Maus*. Dennoch wurde mit dieser Entscheidung der wahrscheinlich wichtigste Ausspielweg für zeitgemäße Kindermusik von einem Tag auf den anderen massiv beschnitten. Bis vor Kurzem war der Privatsender *Radio Teddy*, der hinsichtlich seiner Musikauswahl deutlich niedrigere Maßstäbe ansetzt, das einzige konkurrierende Angebot mit einem tagesfüllenden Musikprogramm für Kinder. Im Sommer 2020 ging ergänzend dazu auch *Toggo Radio* (ein Ableger des Kinderprogramms von *Super RTL*) als digitales Radioformat an den Start. Hinzu kommen mehr oder weniger engagierte Privatprojekte wie *Radio-Küken* oder *Floh im Ohr*, die aber eher ein Nischendasein mit bisweilen dubiosem Charakter fristen.

Die Einschränkung des Programmangebots für Kinder führt zwangsläufig dazu, dass sie sich immer früher anderen Angeboten zuwenden. Exemplarisch dafür steht die hohe Beliebtheit des Genres „Gangsta Rap" bei Kindern – ein Phänomen, das die Musikwissenschaftlerin Kerstin Wilke im Rahmen ihrer Forschungen zu Musikpräferenzen von Kindern im Grundschulalter intensiv untersucht hat. Sie spricht von einer spezifischen, medial geprägten Kultur, die sich eine bestimmte Gruppe von Kindern selbstständig angeeignet habe und stellt klar: „Kindliche Musikpräferenzen sind alles andere als frei oder zufällig; sie orientieren sich an dem medialen Angebot. (...) Präferiert wird nur das, was gerade im medialen Mainstream-Angebot präsent ist."[16] Dass Rap und Hip-Hop in den Medien omnipräsent sind, wird niemand bestreiten. Die Szene selbst spricht inzwischen von der „Fastfoodisierung eines Musikgenres" und fragt sich besorgt: „Wann platzt die Deutschrap-Blase?"[17] Dass dieser Trend an Kindern nicht vorbeigeht, ist wenig verwunderlich. Es verhält es sich in etwa so wie mit der Frage nach der Henne und dem Ei: Was war zuerst da? Hören Kinder immer weniger Kindermusik, weil sie keine guten Angebote kennen? Oder gibt es in den Medien keine Musikangebote für Kinder, weil davon ausgegangen wird, dass Kinder andere musikalische Vorlieben haben?

Die Medienwirkungsforschung diskutiert solche Fragen entlang der so genannten „Agenda Setting-Theorie", nach der den Medien zwar kein unmittelbarer Einfluss auf unser Denken zugesprochen wird, sehr wohl aber auf unseren thematischen Fokus. Der Blick auf die Ergebnisse der aktuellen *KIM-Studie* belegt das. Befragt nach ihren liebsten Musikstars, landen schon in der jüngsten Altersgruppe Popstars wie Justin Bieber, Mark Foster, Helene Fischer, Taylor Swift oder Selena Gomez auf den vordersten Plätzen.[18] Ungeachtet ihrer jeweiligen künstlerischen Ausrichtung handelt es sich dabei ausnahmslos um Künstler*innen mit ausgeprägter medialer Präsenz. Die Medien formen also auch den Mainstream der Kinder, obwohl sich der größte Teil ihrer Angebote gar nicht explizit an Kinder richtet. Die Verlagerung ihrer musikalischen Präferenzen sollte man jedoch nicht den Kindern selbst zum Vorwurf machen. Führt man sich vor Augen, dass rund 67 Prozent von ihnen angeben, dass sie sich (sehr) für Musik interessieren und sogar 75 Prozent von ihnen mehrmals pro Woche Musik hören, wird die Diskrepanz zwischen Angebot und Nachfrage deutlich sichtbar.[19] Das gilt für das Fernsehen wie für den Hörfunk. „Das Radio wird gerade nicht zum Korrektiv des kontinuierlich verblödenden Fernsehens. Es macht es nicht anders, es tut es auf seine Weise mit",[20] bilanziert Holger Noltze über das Verhältnis von Medien und Musik.

Kindermusik auf digitalen Plattformen

Bleibt abschließend noch der Blick ins Internet. Musik wird heute nicht mehr gekauft und gesammelt, sie wird vor allem gestreamt. Anbieter wie *Spotify*, *Apple Music*, *Deezer* oder *Amazon Music* gewähren uns den Zugriff auf die Veröffentlichungen fast aller Musiker*innen der Welt und ihre Algorithmen bestimmen maßgeblich unsere Auswahl. Auch diese Entwicklung macht nicht vor Kindern Halt. Sofern wir die kontroverse Debatte um eine angemessene Vergütung der Künstler*innen durch die verschiedenen Plattformbetreiber außen vor lassen, ist diese Entwicklung zunächst einmal unbedenklich. Die Musikgeschichte war schon immer vom technologischen Wandel gekennzeichnet. Er verändert nicht die Musik, sondern lediglich das Medium.

Damit ist im Kern bereits gesagt, was es über Kindermusik im Internet zu sagen gibt: Das Netz selbst komponiert keine besseren oder schlechteren Kinderlieder. Es entzieht sich aber weitestgehend redaktioneller Kontrolle. Aus Sicht vieler Kindermusiker*innen birgt das riesige Chancen, denn sie sind deutlich weniger auf die Unterstützung einer Plattenfirma oder eines Radiosenders angewiesen. Dass dabei mehr als zuvor auch viel Kurioses den Weg an die Oberfläche findet, muss als unvermeidbare Begleiterscheinung eingepreist werden. Große Plattformen wie *Spotify* (mit der Nutzeroberfläche *Spotify Kids*) oder *YouTube* (mit seinem Ableger *YouTube-Kids*) bieten inzwischen auch ein für Kinder kuratiertes Angebot an. Mit Plattformen wie *Kixi* und *Kividoo* existieren sogar zwei Videostreaming-Angebote, die sich ausschließlich an Kinder richten. Und mit *Disney+* ist im Frühjahr 2020 endlich auch der wahrscheinlich größte Family Entertainment-Konzern der Welt in das Streaming-Geschäft eingestiegen. Auf diesen Plattformen werden aber nicht empfohlene, sondern lediglich geeignete Inhalte für Kinder angeboten. Diese Unterscheidung mag kleinkariert wirken, ist aber elementar. Vertraut ist sie Ihnen sicher aus der Filmbranche. Dort verwechseln viele Eltern die Altersfreigaben der freiwilligen Selbstkontrolle (FSK) mit Film-Empfehlungen. Die FSK-Kennzeichnung erhebt aber weder den Anspruch eines Qualitätssiegels, noch gilt sie als pädagogische Empfehlung. Orientiert an den Vorgaben des Jugendschutzgesetzes, informiert sie lediglich darüber, welche Filme wir Kindern zum Schutz ihres psychischen Wohlbefindens bis zu einer bestimmten Altersgrenze vorenthalten sollten. Überträgt man diese Logik auf das Angebot einer Musikstreaming-Plattform, so hieße das, dass jeder Song, der nicht mit dem Hinweis „explicit lyrics" (anstößige Liedtexte) gekennzeichnet ist, als für Kinder geeignet gelten könnte. Es zeigt sich: So lange auf den Plattformen im Internet keine qualitative Einordnung erfolgt, sind Eltern und ihre Kinder auf ihre eigene Expertise und Nutzer*innenkompetenz angewiesen.

Fassen wir zusammen: Musik für Kinder ist, trotz spezifischer Kinderformate, in den Medien maximal unterrepräsentiert. Doch woran liegt das? Interessieren sich Eltern nicht hinreichend für das Thema, oder schreiben eher die Sendeanstalten Kindermusik zu wenig Relevanz zu? Liegt es am Ende vielleicht sogar an den Musiker*innen selbst, weil diese weder den Geschmack von Eltern und Kindern noch den von Redakteur*innen treffen? Womöglich steckt in all diesen Fragen ein Teil der Antwort. „Generell ist das mediale Interesse an Kindermusik nach wie vor schwach ausgeprägt", schildert Andreas Maaß von *Universal* seinen Eindruck. „Früher haben es Kinderliedermacher auch mal in die großen Samstagabendsendungen geschafft. In der Regel ist es für sie heute aber schon schwierig, überhaupt mal in eine Talkshow zu kommen. Das ändert sich jetzt langsam – und zwar vor allem dadurch, dass die Protagonisten origineller werden", so

Maaß. Damit verweist er auf den Zusammenhang zwischen medialem Interesse und medientauglichen Protagonist*innen. Seiner Argumentation folgend stehen also weniger die Medienanstalten, sondern vor allem die Musiker*innen selbst in der Pflicht. Arne Gedigk und seine Band *Radau!* haben sich ernsthaft darum bemüht, am Ende allerdings ernüchternde Erfahrungen machen müssen: „Die Moderatoren sind begeistert von uns, die Redakteure finden es toll. Aber keine Chance, dass irgendjemand das einfach mal spielt. Warum nicht? Wieso hat das bei „Schnappi" funktioniert und wieso funktioniert das bei Helene Fischer? Ganz einfach: Weil die Leute das nicht in den Köpfen haben. Deswegen kommt es nicht ins Mainstream-Radio", so Gedigk.

Sind es am Ende also doch die Programmverantwortlichen in Rundfunk und Fernsehen, die guter Kindermusik mehr Aufmerksamkeit schenken sollten und so ihre Wahrnehmung positiv beeinflussen könnten? Auf einen dezenten Hinweis stieß ich bei der Durchsicht der Nominiertenliste für den *Grimme Preis* 2019. Jedes Jahr zeichnet der Preis Fernsehsendungen aus, „die für die Programmpraxis vorbildlich und modellhaft sind". In der Pressemitteilung zu den Nominierungen in der Kategorie „Kinder & Jugend" war jedoch zu lesen: „Wie bereits im vergangenen Jahr schöpfte die Kommission das Kontingent von 19 möglichen Nominierungen nicht aus. Gerade in der Zielgruppenansprache wünschte sich die Kommission mehr Authentizität und Gelassenheit."[21] Preiswürdig scheint das aktuelle Kinderfernsehen also nicht unbedingt zu sein. Stattdessen war es Jan Böhmermann, der in seiner Sendung *Neo Magazin Royale* mit *Deine Freunde* zuletzt eine Kindermusik-Band im Fernsehprogramm für Erwachsene präsentierte. Auch wenn es sich bei der im Mai 2018 ausgestrahlten Sendung (zumindest vordergründig) um eine vollständig für Kinder konzipierte Folge handelte, ist es doch bezeichnend, dass es ausgerechnet einer der bekanntesten Satiriker des Landes ist, der den Mut aufbringt, Kindermusik wieder stärker ins mediale Rampenlicht zu rücken. Es bräuchte deutlich mehr solcher Vorstöße!

Schlauberger
13 Studien über Kinder und Musik

> „In der Jugend studiert man Erwachsene, um klug zu werden.
> Im späteren Leben studiert man Kinder, um glücklich zu werden."
> (Peter Rosegger)

Das Forschungsgebiet „Kindermusik" ist nicht besonders etabliert. Wenn sich Wissenschaftler*innen an Universitäten und Hochschulen überhaupt für das Verhältnis von Kindern und Musik interessierten, dann in der Regel nur in Bezug auf die Wirkungsforschung musikalischer Früherziehung. Nicht die Musik selbst ist dann Gegenstand ihrer Betrachtungen, sondern die so genannten „Transfereffekte" musischer Bildung. Wissenschaftliche Erkenntnisse zu den musikalischen Vorlieben von Kindern gibt es dagegen kaum. Die meisten der dazu durchgeführten Studien beziehen sich auf die Überprüfung der so genannten „Offenohrigkeits-Hypothese", nach der bei Kindern von einer vergleichsweise toleranteren Einstellung gegenüber unkonventioneller Musik ausgegangen wird.

Veranschaulichen lässt sich diese Hypothese anhand von vier Stadien musikalischer Sozialisation. Das erste Stadium, das von der Geburt bis zum Eintritt in die Pubertät andauert, zeichnet sich durch eine prinzipielle Offenheit für ein stilistisch weites Musikspektrum aus. In dieser Phase orientieren sich die musikalischen Präferenzen von Kindern größtenteils an den Einflüssen und Vorlieben von Eltern und Familie – und in dieser Phase kommt natürlich auch der Einfluss von Kindermusik zum Tragen. Im zweiten Stadium, das in etwa vom zehnten bis zum zwanzigsten Lebensjahr andauert, entsteht individueller Musikgeschmack. Nicht nur, weil Peer-Groups und Medien immer mehr Einfluss gewinnen, sondern auch, weil sich die Kinder bzw. Jugendlichen von ihren Autoritäten zu lösen beginnen. Musikalische Vorlieben sind in dieser Zeit stark an das Bedürfnis von Abgrenzung und Eigenständigkeit gekoppelt. Am Ende dieser Phase haben sich in der Regel relativ stabile musikalische Präferenzmuster entwickelt. Das dritte und längste Stadium überdauert das gesamte Erwerbsleben. In dieser Zeit stehen den wachsenden Optionen für die Weiterentwicklung kultureller Interessen die vielfältigen Anforderungen des Alltags gegenüber. In der Regel nimmt das kulturelle Engagement in dieser Phase eher ab. Musikalische Partizipation erfolgt nun vornehmlich durch den Besuch einzelner Live-Events sowie durch medial vermittelte Musikkultur. Erst im vierten und letzten Stadium, das den Zeitraum des beruflichen Ruhestands bis zum Lebensende umfasst, verändern sich der Zugang und das Interesse an Musik im besten Fall noch einmal. Losgelöst von den täglichen Anforderungen des Berufs- und Familienlebens können neue Formen gesellschaftlichen Engagements und kultureller Partizipation erprobt werden. Im Rückblick auf das eigene Leben werden alte Vorlieben aufgegriffen, musikalische Hobbys wieder gepflegt und bestenfalls noch einmal neue Formen der individuellen und sozialen Nutzung von Musik erlebt.[1]

Diese vier Phasen der musikalischen Sozialisation, vor über zehn Jahren vom Kulturwissenschaftler Günter Kleinen verfasst, klingen in ihrer schematischen Einfachheit zwar plausibel, wirken in ihren verallgemeinernden Annahmen aber zumindest teilweise überholt. Nicht nur, weil sich in den letzten Jahren der Zugang zu Musik und der Stellenwert von Live-Kultur deutlich verändert haben, sondern vor allem auch, weil sich Lebensformen und Berufsbiografien pluralisiert haben. Oft durchläuft die heutige Elterngeneration keine stabilen Erwerbsbiografien mehr, sondern formuliert individuelle Ansprüche, die sich in einer Fülle verschiedener Lebensentwürfe widerspiegeln. Das wachsende Bestreben nach Work-Life-Balance und Selbstverwirklichung findet in Jobwechseln, Start-ups, Sabbaticals, Elternzeit und „Gute Kita"-Gesetzen gesellschaftliche wie politische Entsprechung. Für das hier beschriebene Modell musikalischer Sozialisation darf demzufolge angenommen werden, dass zumindest der dritten Phase inzwischen ein anderer Stellenwert zukommt. Vielleicht lässt sich gerade daraus das gegenwärtig wachsende Interesse von Eltern an guter Kindermusik ableiten.

Mit Blick auf die musikalische Sozialisation von Kindern ist aber vor allem das erste Stadium relevant. In der von stilistischer Offenheit geprägten Lebensphase der Kindheit werden elementare Grundlagen für musikalische Interessen gelegt – eben deshalb kommt ihr eine so große Bedeutung zu. Sie findet zwar in vielfältigen Angeboten zur musikalischen Früherziehung eine Entsprechung, viel zu wenig jedoch in der Gattung Kindermusik. Spätestens im Alter von 11 bis 12 Jahren haben Kinder die Hörkompetenz von Erwachsenen entwickelt. Damit ist aber nicht etwa die physiologische Fähigkeit des Hörens gemeint, sondern vielmehr eine Art von kultureller Kompetenz, die im Detail verschiedene Dimensionen umfasst. Dazu zählt das Mitsingen bekannter Melodien, das Erfassen und die Reproduktion vom Rhythmus eines Liedes, das Erkennen von Instrumenten am Klang und die Identifikation musikalischer Stimmungen. Darüber hinaus ist natürlich auch die individuelle Repertoirekenntnis gewachsen.[2] Etwa ab dem 11. Lebensjahr haben Kinder also einen recht stabilen Musikgeschmack entwickelt. Zugleich nimmt ihre Offenheit gegenüber neuen musikalischen Einflüssen nachweisbar ab. Damit wird klar, warum die Kindheit eine so bedeutsame Phase für die Vermittlung musikkultureller Vielfalt ist. Wie genau jedoch Kinder einen stabilen Musikgeschmack ausbilden, ob ihre Vorlieben eher zufällig entstehen oder sich an denen der Eltern orientieren, dazu liegen nur relativ wenige Erkenntnisse vor.

Der „Mozart-Effekt"

Die frühesten mir bekannten Forschungsergebnisse zum Verhältnis von Kindern und Musik stammen aus einer 1928 begonnenen Langzeitstudie des US-amerikanischen Psychologen Lewis Terman. Er interessierte sich für den Zusammenhang von kindlicher Musikalität und Intelligenz und wollte nachweisen, dass ein hoher Intelligenzquotient mit künstlerisch-musikalischer Hochbegabung einhergeht.[3] Terman war ein bekanntes Mitglied der eugenischen Gesellschaft *Human Betterment Foundation*, die versuchte, neueste Erkenntnisse aus der Humangenetik in gesundheitspolitische Praxis zu überführen. Sie setzte sich beispielsweise für die Zwangssterilisation unterdurchschnittlich intelligenter Personen ein. Nicht nur deshalb wurde Termans Arbeit heftig kritisiert, auch methodisch wies sein Setting einige Schwächen auf. Dennoch rief sein Forschungsinteresse Nachahmer*innen auf den Plan. Besonders berühmt wurde die im Jahr 1993 in der Fachzeitschrift *nature* veröffentlichte Studie der University of California in Irvine. Ein Team von Wissenschaftler*innen um die Psychologin Frances Rauscher hatte herausgefunden, dass Studierende, denen man für etwa zehn Minuten eine Klaviersonate von Mozart vorspielte, ihre Leistung in einer Papierfaltaufgabe (diese war Bestandteil eines Intelligenztests) deutlich verbessern konnten. Konkret entsprach die Steigerung des IQs acht bis neun Punkten auf der Stanford-Binet-Skala.[4] Der gemessene Effekt hielt zwar nur etwa 20 Minuten an, löste unter dem Namen „Mozart-Effekt" aber dennoch ein weltweites mediales Echo aus. Mitglieder des amerikanischen Kongresses verabschiedeten Resolutionen, und der Gouverneur von Georgia bewilligte sogar Gelder zum Kauf einer Mozart-CD für jedes neugeborene Baby in seinem Bundesstaat.[5] Wissenschaftlich wurde der „Mozart-Effekt" jedoch von Beginn an bezweifelt. In der psychologischen Datenbank *PsycINFO* finden sich über 50 Vergleichsstudien, in denen die von Rauscher gemessenen Ergebnisse nicht oder lediglich in deutlich geringerem Ausmaß reproduziert werden konnten. Einzelne Experimente nahmen dabei regelrecht absurde Züge an. Rauscher selbst führte zum Beispiel einen Folgeversuch an Ratten durch, anhand derer sie ähnliche Effekte nachzuweisen glaubte. Der Vergleich der Audiogramme von Menschen und Ratten legte jedoch offen, dass die Tiere 69 Prozent der Grundfrequenzen gar nicht hören können.[6] Auch der kanadische Komponist und Musikpsychologe Glenn Schellenberg reproduzierte die Versuchsanordnung seiner Kollegin, ersetzte Mozarts Musik aber durch eine Kurzgeschichte von Stephen King – und kam zu ähnlichen Ergebnissen.[7] Es ging ihm mit dieser Versuchsanordnung nicht darum, nun seinerseits mit dem „Stephen King-Effekt" hausieren zu gehen. Vielmehr wollte er die vielen Forschungsergebnisse zum „Mozart-Effekt" möglichst offensichtlich in Frage stellen.

All diesen Einlassungen zum Trotz hat der „Mozart-Effekt" einen bis heute anhaltenden Hype ausgelöst. Das ist insbesondere dem amerikanischen Musiktherapeuten Don Campbell zu verdanken, den die genauen wissenschaftlichen Zusammenhänge vermutlich nur recht wenig interessierten, als er sich dazu entschloss, den Begriff „Mozart-Effekt" als Warenzeichen schützen zu lassen. „In der ersten Euphorie sind Mozart-CDs in Entbindungsstationen und Kindergärten wie Vitaminpräparate eingesetzt worden",[8] beschreibt der Musikpädagoge Wilfried Gruhn die Folgen. Bis heute vertreibt das *Mozart Effect Ressource Center* zahlreiche Bücher und Tonträger zu dem Thema und wirbt damit, durch sie die mentale Entwicklung von Säuglingen und Kleinkindern stimulieren und so ihre Kreativität anregen zu können. Der einzig wirklich messbare Effekt dieser Produkte dürfte jedoch der sein, dass sie Campbell und Konsorten bis heute satte Einnahmen bescheren.

Die „Bastian-Studie"

Doch auch in Deutschland interessierte man sich für die Wirkung von Musik auf das Aufwachsen von Kindern. Die wohl bekannteste Studie dazu stammt von dem Musikwissenschaftler und -pädagogen Hans Günther Bastian. Als Gründungsdirektor des *Instituts für Begabungsforschung und Begabtenförderung in der Musik* (IBFM) an der Universität in Paderborn lag sein Hauptinteresse in der Erforschung des Zusammenhangs von musikalischer Förderung und kindlicher Intelligenzentwicklung. Bastian war ein leidenschaftlicher Verfechter der Künste, von dem Zitate stammen wie: „Der Medienkonsument unserer Tage verkauft sein Erstgeburtsrecht als kreativer Mensch an das Linsengericht der Medien".[9] Aus dieser Haltung heraus war ihm sehr daran gelegen, möglichst vielen Kindern einen Zugang zu musikalischer Bildung zu ermöglichen. Entsprechend ausgeprägt war sein Eifer, legitime Gründe dafür benennen zu können. Zwischen 1992 und 1998 führten er und weitere Wissenschaftler an sieben Berliner Grundschulen eine aufwändige Langzeitstudie zur Erforschung des Einflusses erweiterter Musikerziehung auf die allgemeine und individuelle Entwicklung von Kindern durch.[10] Fünf Klassen dienten ihm als Modell-, zwei Klassen als Kontrollgruppen. Die Kinder in den Modellgruppen kamen in den Genuss einer „erweiterten Musikerziehung". Sie nahmen also nicht nur an dem nach Lehrplan vorgesehenen Musikunterricht teil, sondern lernten auch ein Instrument und musizierten gemeinsam im Ensemble.[11] Zu den Zielen der Studie schrieb Bastian: „Unsere Motivation war ursprünglich die Einsicht, dass Kinder natürliche musikalische Begabungen besitzen, die möglichst individuell (z.B. im Erlernen eines Instrumentes) gefördert werden sollten."[12] Mit der Studie gelang es Bastian jedoch auch, einen Zusammenhang zwischen musikalischer Förderung und kindlicher Intelligenzentwicklung nachzuweisen. In den ersten Jahren unterschieden sich die beiden Schülergruppen hinsichtlich ihrer IQ-Mittelwerte zwar kaum. Nach fünf Jahren Schulzeit und vier Jahren erweiterter Musikerziehung kam es bei den Kindern aus den musikbetonten Grundschulen jedoch zu einem signifikanten IQ-Zugewinn. Auch sozial benachteiligte und in ihrer kognitiven Entwicklung weniger geförderte Kinder profitieren von der erweiterten Musikerziehung, was für die Kontrollgruppe ohne erweiterte Musikerziehung nicht bilanziert werden konnte.[13]

Als Bastian die Ergebnisse seiner Langzeitstudie 2000 veröffentlichte, war das mediale Echo groß. Mit Überschriften wie „Mozart oder Molotov" (*Spiegel*), „Musik macht klug" (*Zeit*) oder „Wer singt, prügelt nicht" (*Süddeutsche Zeitung*) verkürzte die Presse seine Forschungsergebnisse auf medienwirksame Schlagzeilen.[14] Das führte dazu, dass sich Bastian und sein Forscherteam innerhalb kürzester Zeit heftiger Kritik ausgesetzt sahen. Sowohl sein methodisches Vorgehen als auch die Interpretation seiner Ergebnisse wurden in Frage gestellt. Ähnlich wie schon bei den Forschungen zum „Mozart-Effekt" wurde bezweifelt, dass die erweiterte Musikerziehung als alleinige Ursache für die positive Intelligenzentwicklung der Kinder zu bewerten sei. Unter Berufung auf eine Vergleichsstudie wurden die in der Summe gemessenen Effekte als so gering eingestuft, dass die Ergebnisse der Bastian-Studie letztlich offiziell angezweifelt wurden. Von der „Bastian-Falle" schrieb die Fachpresse nun.[15]

Was darauf folgte, gleicht einem Drama in mehreren Akten. Zunächst sah sich das Bundesministerium für Bildung und Forschung (BMBF), das Bastians Studie finanziert hatte, offenbar dazu genötigt, eine über 180 Seiten umfassende wissenschaftliche Expertise herauszugeben, in der seine Ergebnisse relativiert wurden. Etwa zwei Jahre darauf folgte eine von Bastian persönlich verfasste Replik, in der er seine ursprüngliche Intention klarstellte und falsche Interpretationen zurechtrückte. Einzelne kritische Einlassungen diskreditiert er darin als „rein akademische" Spitzfindigkeiten. An anderer Stelle warnt er eindringlich vor einer „gefährlichen Fächerkonkurrenzdebatte". Unmissverständlich stellt er klar, dass er persönlich nie einen Kausalzusammenhang zwischen musikalischer Erziehung und der gemessenen Intelligenzentwicklung hergestellt habe – dies sei ihm lediglich unterstellt worden. Ganz besonders schien ihn aber der Vorwurf zu treffen, er wolle den Musikunterricht für außermusikalische Zwecke instrumentalisieren. „Wer dies behauptet, hat die Studie nicht gelesen", so Bastian. „Dass wir den Musikunterricht in den Schulen nicht für irgendwelche Transfereffekte missbrauchen dürfen, schließt aber nicht aus, in bildungspolitischen Argumentationen selbstbewusst auf diese zu verweisen und die öffentliche Musikerziehung aus dem Odium der Zeitverschwendung und der spaßmachenden Unterhaltung zu befreien."[16] Zweifellos war Bastian verärgert. Wer will es ihm verübeln, nachdem sein Lebenswerk öffentlich fehlinterpretiert und wissenschaftlich für weitestgehend ungültig erklärt wurde? Dennoch hat seine Studie wichtige Grundlagen für die Weiterentwicklung musikalischer Förderung von Kindern geschaffen. Heutige Programme wie *JeKi* (Jedem Kind ein Instrument) oder *JeKits* (Jedem Kind Instrumente, Tanzen, Singen) docken unmittelbar an seine Visionen an.

Es bleibt jedoch heikel, den Stellenwert musikalischer Förderung über Transfereffekte herzuleiten. Der Musikpädagoge Wilfried Gruhn stellt klar, dass es in der immer wieder neu angestoßenen Debatte um die kognitiven Effekte der musikalischen Erziehung vor allem darum gehe, Kindern „Musik als ein elementares Ausdrucksmittel nahezubringen, dessen rhythmische und melodische Grundlagen vitalen menschlichen Grundbedürfnissen entspringen".[17] Auch der Neurowissenschaftler Daniel Levitin zweifelt nicht am Eigenwert musikalischer Bildung und sagt: „Häufig wird versucht, Musik aufgrund ihrer positiven Begleiterscheinungen zu rechtfertigen, anstatt ihre Daseinsberechtigung darin zu sehen, dass sie an sich ein Gewinn ist."[18] Welche irreführenden Züge die Debatte annehmen kann, zeigt die Reaktion des ehemaligen Innenministers Otto Schily, der nach dem Amoklauf eines jungen Schülers in Emsdetten im Jahr 2006 mit den Worten „Wer Musikschulen schließt, gefährdet die innere Sicherheit!" zitiert wird. In genau dieser argumentativen Umkehrung sah Hans Günther Bastian eine große Gefahr. Wohl auch deshalb stellte er bereits zum Zeitpunkt der Veröffentlichung seiner Forschungsergebnisse klar: „Wir möchten energisch dem Missverständnis eines naiven ethisch-moralischen Wirkmechanismus, einer banalen Monokausalität nach dem Motto: ‚Hier die Musik, dort der gute Mensch' begegnen."[19]

Ungeachtet dieser Erkenntnisse wird die Erforschung des Zusammenhangs zwischen musischer Bildung und Intelligenz weiter fortgesetzt. Der Musikpädagoge Jürgen Vogt sieht darin den Ausdruck der Unsicherheit zur Legitimation des Faches Musik in der allgemeinbildenden Schule.[20] Auch Andreas C. Lehmann, Vizepräsident der Hochschule für Musik in Würzburg und lange Zeit Vorstandsmitglied der Deutschen Gesellschaft für Musikpsychologie, kennt diese Not aus dem musikpädagogischen Alltag. Er warnt jedoch vor vorschnellen Urteilen, die in Folge aus dem Kontext gerissener Teilergebnisse der Forschung entstünden und dann medienwirksam instrumentalisiert würden.[21] Auch in der Kindermusik-Szene stößt man immer wieder auf Vertreter*innen, die darum bemüht sind, ihr künstlerisches Schaffen durch den Verweis auf außermusikalische Lerneffekte zu legitimieren. Wenn die Kinderliedermacher Matthias Meyer-Göllner und Helmut Meier während eines Vortrags im Rahmen des Kinderliederkongresses gleich zwölf Argumente für Kinderliedkonzerte in der Schule anführen, anstatt einfach auf die Qualität ihrer Werke zu pochen, dann verschiebt sich der Diskurs über gute Kindermusik in eine fragwürdige Richtung.[22] Regelrecht zynisch mutet es jedoch an, wenn ausgerechnet in der Schlussbetrachtung der vom BMBF veröffentlichten Expertise zur „Förderung kognitiver Kompetenzen durch Musik" auf den erheblichen Aufwand verwiesen wird, der mit dem regelmäßigen Besuch von Musikunterricht und dem täglichen Üben verbunden sei. Es sei „nicht angemessen, dieses Training als besonders schnellen und einfachen Weg zur Verbesserung kognitiver Fähigkeiten zu bezeichnen, (…) was ja für die Unmusikalischen unter uns gar keine schlechte Nachricht ist!", wird dort bilanziert.[23] Wenn das so ist, hätte man sich die aufwändige Forschungsarbeit ja von vornherein schenken können.

Forschungsergebnisse zur Perspektive von Kindern

Die bis hierher erwähnten Studien nehmen entweder die Wirkungen des aktiven Musizierens in den Blick oder setzen sich mit der passiven Wirkung von Musik, also dem Einfluss des Musikhörens auseinander, berücksichtigen jedoch nicht die musikalischen Vorlieben der Kinder selbst. Wenn es aber darum geht, belastbare Kriterien für gute Kindermusik zu entwickeln, dann sollte die kindliche Perspektive unbedingt mit einbezogen werden. Einen sehr eigenwilligen Ansatz hierfür wählte der österreichische Anthropologe und Sexualforscher Ernest Borneman. 1973 veröffentlichte er die Ergebnisse seiner umfangreichen Feldforschung im Werk „Unsere Kinder im Spiegel ihrer Lieder, Reime, Verse und Rätsel". Sein vornehmliches Interesse galt der Erforschung des sexuellen Weltbildes von Kindern und dabei insbesondere der Frage, inwieweit sich dieses aus altersgebundenen Liedern und Reimen erschließen lässt. Dafür zog Borneman zwölf Jahre lang über die Spielplätze verschiedener Städte und befragte die dort spielenden Kinder höchstpersönlich nach Liedern und Versen, die sie sich erzählen, wenn sie unter sich waren. Zwangsläufig führte dieses heute völlig undenkbare Setting zu Missverständnissen, wie Borneman selbst zugestand. Zahllose, nicht immer freundliche Gespräche mit Eltern und Polizist*innen zeigten, dass man es für höchst unwahrscheinlich hielt, dass sich ein grauhaariger Mann den Kindern ohne gesetzwidrige Absichten nähern wollte.[24] Da Borneman aber davon ausging, dass sich erst im „kindlichen Underground" eine alternative Ordnung finden ließe, war ihm der Zugang zu den schöpferischen Tätigkeiten des Kindes wichtig, die es systematisch vor den Erwachsenen zu verbergen versuchte. Zu eben diesen hoffte er auf den Spielplätzen vordringen zu können. „Nur dort hört das Kind auf, den Erwachsenen zufriedenzustellen oder ihn zu bekämpfen. Nur dort ist das Kind eigentlich ein Kind und nicht ein Miniaturerwachsener",[25] begründete er sein Vorgehen. Was Borneman im Ergebnis in insgesamt drei Bänden vorlegte, war „nicht weniger als ein Buch über die Vorstellungswelt deutschsprachiger Großstadtkinder der Gegenwart", wie der Ethnologe Lutz Röhrich im Vorwort des ersten Bandes lobend hervorhebt.[26] Tatsächlich gewähren Bornemans Beobachtungen einen Einblick in kindliche Fantasiewelten, die ihren Eltern vermutlich eher vorenthalten blieben. Häufig basierten die von ihm gesammelten Verse und Lieder auf bekannten Vorlagen und wurden von den Kindern zu Nonsensversen umgetextet:

» *O Tannenbaum O Tannenbaum*
   Du bist so grün, man glaubt es kaum.
   Wenn du erstmal erwachsen bist,
   wirst du tüchtig vollgepisst.
   (vgl. Borneman, S. 70)

Ebenso erfanden die Kinder eigene Abzählreime:

» *Heini Klausen lässt einen sausen*
   mit Getose in die Hose.
   Mit Gebraus – und du musst raus!
   (vgl. Borneman, S. 38)

   Siegfried war ein stolzer Ritter,
   Hat im Arsch nen Bombensplitter.
   Zieht ihn wieder naus - und du bist raus!
   (vgl. Borneman, S. 46)

Dass seine Feldstudie unter wissenschaftsmethodischen Gesichtspunkten erhebliche Mängel aufwies, war Borneman bewusst, schien ihm jedoch zweitrangig. Er hielt die Vers-Sammlung der Kinder vor allem aufgrund ihrer schöpferischen Kraft, des Humors und der oft erstaunlich ironischen Betrachtung der Erwachsenenwelt mindestens für originell. „Möge dieser erste Band nicht nur unter Volksliedforschern, Germanisten, Sexualwissenschaftlern und anderen Fachkollegen, sondern vor allem beim breiten Publikum Freunde finden. (...) Ich kann mich jedenfalls nicht erinnern, meine Freunde und Gäste jemals besser unterhalten zu haben als mit dem Vorlesen und Vorsingen mancher dieser Reime",[27] schwärmt er über die Ergebnisse seiner eigenen Arbeit. Besonders meint er damit vermutlich die Verse, die mit reichlich plumpen sexuellen Anspielungen gespickt sind:

> *Da droben auf dem Berge, da geht ein Karussell*
> *da reiten zwölf Schneider auf einer Mamsell.*
> *Die hat ein kleines Löchel grad zwischen die Bein,*
> *da stecken die zwölf Schneider ihre Schwänzel hinein.*
> (vgl. Borneman, S. 77)
>
> *Einen alten Mann, der nicht mehr kann, den stell ich in die Eck.*
> *Einen jungen Mann der's richtig kann, den nehm ich mit ins Bett.*
> *Erst drückt er mich, dann küsst er mich und nimmt mich auf den Schoß.*
> *Dann zieht er seinen Piephahn raus, dann geht die Sache los.*
> (vgl. Borneman S. 390f.)

Damals wie heute dürften derlei Reime weder als pädagogisch wertvoll noch als emanzipatorisch gelten. Von den meisten Eltern würden sie im alltäglichen Sprachgebrauch ihrer Kinder vermutlich nicht geduldet. Genau diesen Widerspruch zwischen erzieherischem Anspruch und kindlicher Realität hat Borneman mit seiner Arbeit aber offenzulegen versucht. „Der grundsätzliche Unterschied zwischen dem vorliegenden Buch und den meisten früheren Sammlungen von Kinderliedern liegt (...) darin, dass diese eine heile Welt vorgaukelten, indem sie die obszönen Kinderlieder fortließen, während meine Sammlung fast ausschließlich aus verbotenen Liedern besteht",[28] erklärt Borneman im Vorwort seiner Vers-Sammlung mit dem Untertitel „Studien zur Befreiung des Kindes". Natürlich sollten sich Kinderlieder deswegen weder vulgärer noch diskriminierender Sprache bedienen. Der grundlegende Wert von Bornemans Forschungsarbeit liegt aber eben auch nicht in der Darstellung des kindlichen Wortgebrauchs, sondern in der Sensibilisierung für die Perspektive von Kindern.

Als einer der wenigen Musikwissenschaftler*innen widmete sich Dr. Hubert Minkenberg in seiner 1990 veröffentlichten Doktorarbeit dem Musikerleben von Kindern im Alter von fünf bis zehn Jahren. In seiner Analyse unterschied er zwischen dem Singen von Liedern, der Bewegung zu Liedern und dem Hören von Liedern mit Kindern. Dabei zeigten sich erhebliche Abweichungen. Während die an der Studie beteiligten Kinder gerne Kinderlieder sangen (immerhin 42 Prozent der Acht- bis Zehnjährigen), wählte nur etwa ein Zehntel von ihnen sie als Tanzmusik aus. Noch deutlicher war das Ergebnis hinsichtlich des Hörens von Kinderliedern. Lag deren Anteil schon bei den Fünf- und Sechsjährigen bei lediglich 25 Prozent, betrug er in der Altersstufe der Acht- bis Zehnjährigen nur noch drei Prozent. Die großen Abweichungen zwischen dem Hören und Singen von bzw. Tanzen zu Kinderliedern dürfte vor allem darauf zurückzuführen sein, dass das gemeinsame Singen und Tanzen (im Gegensatz zum Hören) ein aktiver Prozess ist, der positive Gefühle von Gemeinschaft und Zusammengehörigkeit verstärkt. Wer gemeinsam mit anderen im Chor singt, macht unmittelbare Selbstwirksamkeitserfahrungen.

Wenn also besonders die beim Singen hervorgerufenen Gefühle die Wirkung von Kinderliedern positiv beeinflussen, sind es dann auch die emotionalen Erlebnisse beim Hören von Kindermusik, die aus kindlicher Perspektive über deren Qualität entscheiden? Minkenberg selbst war jedenfalls verblüfft von der Genauigkeit, mit der die an der Studie beteiligten Kinder innere seelische Prozesse im Musikerleben schildern konnten. Ihm fiel auf, dass insbesondere die acht- bis zehnjährigen Kinder in der Lage waren, Begriffe und Assoziationen zu nennen, die ein deutlich gereiftes moralisches Empfinden erkennen ließen. „Die Versuchsteilnehmer nannten Gefühle und Stimmungen, die wir bisher eher bei Erwachsenen vermutet hatten. Die genannten Assoziationen hatten zum Teil einen über das Individuelle hinausreichenden, fast weltanschaulichen oder visionären Charakter und lassen ein stetiges Wachsen des moralischen Empfindens und Urteilens erkennen",[29] schreibt Minkenberg in der Auswertung seiner Ergebnisse. Darüber hinaus beobachtete er eine große Diskrepanz zwischen den von Kindern bevorzugten Musikstilen und den Musikrichtungen, die ihnen im Kindergarten und in der Schule angeboten wurden. So formulierte er die Forderung, den Musikkatalog stärker auf den tatsächlichen Geschmack der Kinder umzustellen. Minkenbergs Forschungsergebnisse liefern in zweierlei Hinsicht wichtige Erkenntnisse. Zum einen belegen sie, dass Kinder recht früh das Interesse an Kinderliedern verlieren. Zum anderen lenken sie den Blick auf das Zusammenwirken von Musik und Gefühl – ein Thema, das im Rahmen wissenschaftlicher Analysen von Kindermusik bis dahin kaum eine Rolle spielte, möglicherweise aber das frühe Desinteresse von Kindern an Kinderliedern erklärt.

„Wem die Kindheit als Paradies erscheint, der kann sich meist nur nicht besser erinnern",[30] schreibt Roger Willemsen in seinem Buch über den „Knacks". Der Begriff dient ihm als anschauliche Metapher für „Momente, in denen das Leben die Richtung wechselt". Gerade die Kindheit ist voll von solchen Momenten. Willemsen erinnert uns daran, wie emotional die Kindheit durchlebt wird. Auch wenn sich die konkreten Anlässe für Freude, Kummer, Traurigkeit oder Angst im Nachhinein (und erst recht aus erwachsener Perspektive) oft als kindlich erweisen: Die Gefühle sind in solchen Situationen real und aus der Perspektive des betroffenen Kindes alles andere als nichtig – insbesondere, weil es erst noch lernt, nützliche Strategien zur Gefühlsregulation zu entwickeln.

Musik erfüllt in diesem Zusammenhang eine wichtige Funktion. Sie strukturiert unseren Tagesablauf, sie hilft uns bei der Gestaltung sozialer Situationen und sie regt uns in unserer eigenen Kreativität an. Sie schafft persönliche Bindung und vermittelt sozialen Zusammenhalt. Auch die Entwicklung eigener musikalischer Fähigkeiten motiviert uns zur Auseinandersetzung mit Musik.[31] Ihre wahrscheinlich bedeutendste Funktion besteht aber in der Unterstützung unseres Gefühlsmanagements. Oft hören wir Musik zur Regulierung unserer Emotionen. Sind wir traurig, greifen wir zu melancholischen Titeln, einen sonnigen Tag lassen wir uns dagegen gerne durch fröhliche Musik versüßen. So weit, so klischeehaft. In der Kindermusik scheint das anders zu sein. Meist ist sie entweder aufgesetzt fröhlich oder sie verfolgt einen eindeutig pädagogischen Anspruch. Viel zu selten stößt man dagegen auf Lieder, die Kinder in ihrem komplexen Seelenleben ernst nehmen. Die Obertöne der emotionalen Klaviatur von Kindern kommen nur in wenigen Kinderliedern zum Klingen.

Diese Beobachtung ist nicht nur ernüchternd, sondern wiederspricht auch musikwissenschaftlichen Erkenntnissen. Dass Musik und Gefühl untrennbar miteinander verbunden sind, ist unter vielen Expert*innen unstrittig. Barbara Stiller, die an der Hochschule für Künste Bremen das *Institut für musikalische Bildung in der Kindheit* leitet, nennt das Musikhören „eine Aktivität der inneren Bewegtheit".[32] Gunter Kreutz, Professor für systematische Musikwissenschaften an der Universität Oldenburg, spricht sogar von „milden Formen des Schocks", wenn Musik die Aufmerksamkeit von Kindern absorbiert.[33]

Im Jahr 2009 erschienen die Ergebnisse einer Untersuchung zur gefühlsbezogenen Aneignung von Musik im Kindes- und Jugendalter. Besonders berücksichtigt wurde dabei das populäre Musikangebot im Hörfunk, der sich „als stets lächelnder und froh gestimmter Tagesbegleiter im Ensemble der konkurrierenden Musikmedien zu behaupten versucht",[34] wie im Klappentext des Buches zu lesen ist. In einer aufwändigen Analyse erfassten die Autor*innen das „Mood-Management" von Kindern und arbeiteten verschiedene Dimensionen der emotionalen Funktion von Musik heraus:

- **Aufmunterung, Aktivierung** (das Bedürfnis nach Vitalität und Belebung)
- **Entspannung** (Schul-/ Alltagsbelastung, Einschlafritual, Kompensation von Unruhe)
- **Rückzug** (Verstärkung oder Ablenkung von Traurigkeit oder Melancholie)
- **Expression** (der Wunsch sich abreagieren zu können)
- **Distinktion** (das Bedürfnis nach Ausdruck der eigenen Identität)
- **Genuss** (Musikhören als ein Ausdruck von Wünschen und Sehnsüchten)
- **Eskapismus** (das Bedürfnis, sich äußerlich gesetzten Situationen zu entziehen)
- **Passung** (Gesetztes den eigenen Vorstellungen anpassen)
- **Gefühlsspeicher** (Reaktivierung vergangener Momente)
- **Zeitbrücke** (langsam voranschreitende Zeit füllen oder beschleunigen)
- **Atmosphäre** (Musik als Grundierung von Alltagshandlungen)[35]

Die individuelle Bedeutung der einzelnen Aspekte wurde von den an der Studie beteiligten Kindern unterschiedlich stark gewichtet. Das Musikhören zum Zweck der Entspannung war in den Äußerungen von Mädchen wie Jungen beispielsweise eine Globalkategorie und der mit Abstand am häufigsten verbalisierte Zusammenhang zwischen Musik und Gefühl. Gaben die Kinder aber zum Beispiel an, Musik zur Regulation von Traurigkeit zu nutzen, zeigten sich klare geschlechtsspezifische Unterschiede im Umgang mit den eigenen Emotionen. Jungen neigten eher zum Rückzug, während Mädchen häufig offener damit umgingen. Darüber hinaus wurden auch verschiedene Strategien zur Gefühlsregulierung durch Musik sichtbar. Während die einen Lieder mit stimmungskongruenten Merkmalen bevorzugten (ruhig, verhalten, leise), bevorzugten die anderen Musik mit kontrastierendem Klangbild (fröhlich, beschwingt, peppig). In Momenten, in denen Musik zur Beruhigung gehört wurde, bevorzugten Mädchen wie Jungen überwiegend Lieder, die sie bereits kannten. Auch Gewohnheit und Wiederholung scheinen also relevante Faktoren für das „Mood-Management" zu sein.[36] In der Summe kamen die Autor*innen zu dem Schluss, dass die Wirksamkeit von Musik und Musikmedien für das Gefühlsmanagement von Kindern insgesamt als sehr hoch einzuschätzen sei: „Musik hat ein außerordentliches emotionales Potential – jedoch nicht per se und aus sich allein. Es sind die gesamten Hörsituationen einschließlich personaler und sozialer Kontexte, die das Erleben der Kinder und Jugendlichen prägen",[37] so die Wissenschaftler*innen.

Diese Erkenntnis sollte in der Kindermusik eine bedeutsame Rolle spielen, tut es häufig aber zu wenig. Die facettenreiche Gefühlswelt eines Kindes mitsamt seinen Wünschen, Erwartungen, Gedanken und Sorgen findet in vielen Musikangeboten für Kinder keine Entsprechung. Die Tendenz, die emotionale Wirkung von Musik auf Kinder unberücksichtigt zu lassen, wird auch im Querschnitt der hier vorgestellten Studien sichtbar. Wenn sich die Musikwissenschaft darauf fokussiert, das Verhältnis von Kindern und Musik vornehmlich mit Hilfe von IQ-Tests nachzuweisen, darf uns das skeptisch stimmen. Emotionale Erfahrungen lassen sich ihrer Natur nach nur begrenzt in Skalen, Diagrammen und Prozenten abbilden. Will man gesicherte Erkenntnisse darüber erlangen, welche Ansprüche Kinder an gute Kindermusik formulieren, dann muss ihre Perspektive viel umfassender mitberücksichtigt werden. „Die wahre Kraft eines Kinderliedes zeigt sich erst darin, ob es die Kinder auch alleine singen, ob es für sie einen Gefühls- und Erlebniswert hat",[38] lautet das Ergebnis einer weiteren, über Jahrzehnte andauernden Feldforschung. Der Satz stammt aber nicht aus der Feder eines Wissenschaftlers oder einer Wissenschaftlerin, sondern – Sie ahnen es – von Rolf Zuckowski.

Wenn's nach mir ging ...
14 Musikvorlieben von Kindern

> „Wir brauchen Kinder nicht zu erziehen,
> sie machen uns sowieso alles nach."
> (Karl Valentin)

„Wer der Meinung ist, dass manche Fernsehsendungen langweilig sind, der sollte mal bei ihrer Aufzeichnung dabei sein – dann wüsste er, was langweilig ist."[1] Auf diese pointierte Medienkritik stieß ich bei der Lektüre der „Känguru-Apokryphen" von Marc-Uwe Kling. Wer eines der vier Bücher über das skurrile WG-Leben mit einem kommunistischen Beuteltier gelesen oder gehört hat, dürfte mit dem systemkritischen Humor des Autors bestens vertraut sein. Als ich den oben zitierten Satz las, erschien unweigerlich die Studiokulisse einer beliebigen Casting-Show vor meinem geistigen Auge. Persönlich war ich zwar noch nie bei der Aufzeichnung einer dieser Sendungen dabei, habe mir aber die eine oder andere Episode im Fernsehen angeschaut – zuletzt den Auftakt der inzwischen achten Staffel von *The Voice Kids*, die ab Februar 2020 bei *Sat.1* ausgestrahlt wurde. Wie in jeder Casting-Show geht es auch hier darum, jungen Gesangstalenten eine Bühne zu geben und sie im Wettstreit gegeneinander antreten zu lassen. Der wohl größte Unterschied zu vergleichbaren Formaten besteht jedoch darin, dass die Sänger*innen zwischen acht und fünfzehn Jahren jung sind. Gemessen an konkurrierenden Produktionen ist dieses Showformat vergleichsweise harmlos. Die Juroren Max Giesinger, Lena Meyer-Landrut, Sasha und *Deine Freunde* (zum ersten Mal war auch eine Kindermusik-Band in der Jury vertreten) gehen sehr respektvoll und ausgesprochen wertschätzend mit den Kindern um. Untereinander pflegen sie einen derart ironisch überhöhten Konkurrenzkampf, dass man verbale Entgleisungen nach dem Vorbild des Castingshow-Übervaters Dieter Bohlen nicht zu befürchten hat. Alles in allem liefert die Sendung also solide Familienunterhaltung – und tatsächlich präsentieren sich in den einzelnen Episoden auch erstaunlich talentierte Kinder.

Trotzdem löst *The Voice Kids* massives Unbehagen in mir aus. Es beginnt mit der völlig überdimensionierten Studiokulisse, die im harten Kontrast zum vergleichsweise bescheidenen Anliegen der Show steht. Auch die theatralisch anmutenden Gefühlsausbrüche – egal ob Backstage von Familie und Freunden, den Juror*innen oder den Kindern selbst – wirken maßlos übertrieben und aufgesetzt. Regelrecht dreist ist aber vor allem die künstlich erzeugte Dramaturgie der vermeintlichen Live-Show. Beim genauen Hinschauen entpuppt sich die euphorische Stimmung des Studiopublikums nämlich als das Ergebnis einer geschickten Bildmontage. Es ist ein offenes Geheimnis, dass die Aufzeichnungen solcher Formate mit teils langatmigen Aufnahmen des zum Jubeln angestifteten Publikums beginnen, während auf der Bühne überhaupt noch nichts passiert. Die so entstehenden Schnittbilder von Standing Ovations und kreischenden Fans werden dann später dort platziert, wo die gute Stimmung noch ein bisschen stimmungsvoller aussehen muss. Wenn das allein nicht reicht, werden die Bilder durch den Sound kreischender Teenager akustisch unterstrichen. Eine solche Aufzeichnung kann wahrlich lang werden und so manche Illusion zunichtemachen. Im Internet finden sich etliche Stimmen enttäuschter Zuschauer*innen, die entgegen ihrer Erwartungen zu Statisten eines durchgeskripteten Pseudo-Events wurden. Als Betrachter*innen dieses wenig authentischen Spektakels sollen Kinder vorm heimischen Fernseher dem Irrglauben erliegen, es gehe in dieser Show um Musik und echte Emotionen. Tatsächlich wird die größte Kreativleistung dieses Formats aber nachträglich im Schnitt erbracht. Mag sein, dass die jungen Sänger*innen auf der Bühne ein unvergessliches Erlebnis mit nach Hause nehmen – es ist ja auch aufregend mit den ganzen Stars und so vielen Kameras. Und bestimmt sind auch alle nett zu ihnen. Aber was ist mit den Kindern, die sich die Sendung zu Hause vorm Fernseher oder im Internet anschauen? Der *YouTube*-Kanal von *The Voice Kids* steht mit 5,7 Millionen Abonnent*innen und fast 3,2 Milliarden Videoaufrufen auf Platz zehn der meistabonnierten Kanäle in Deutschland.[2] Das sind sehr viele (mutmaßlich junge) Menschen, die sich im besten Fall einfach nur unterhalten lassen, im schlechtesten Fall aber dem Irrtum erliegen, dass *The Voice Kids* Realität abbilde. Die gesangliche Darbietung der Kinder verkommt dabei zum Erfüllungsgehilfen für gute Einschaltquoten und lukrative Werbedeals. Ist das der Zugang zu Musik, den wir unseren Kindern anbieten möchten?

Musikvorlieben im Grundschulalter

Vordergründig gibt eine Sendung wie *The Voice Kids* vor, den tatsächlichen Musikgeschmack von Kindern abzubilden. Schon mehrfach habe ich gezeigt, dass sich ihre musikalischen Vorlieben sehr früh am popkulturellen Mainstream orientieren – praktisch alle Studien zum Mediennutzungsverhalten von Kindern bestätigen das. Aber wird ihnen überhaupt eine andere Wahl gelassen? Die wirklich relevante Frage lautet für mich nicht, warum sich Kinder immer früher für Popmusik interessieren, sondern warum die Kindermusik-Szene dieser Tendenz offenbar nichts Wirksames entgegenzusetzen hat.

Kommen wir noch einmal auf die Offenohrigkeits-These zurück, nach der gerade bei jungen Kindern davon ausgegangen wird, dass sie eine überaus tolerante Einstellung gegenüber unbekannten Musikstilen haben. Damit liegt auf der Hand, dass in der

Phase der Kindheit ein riesiges Potenzial für die Ausbildung eines vielfältigen Musikgeschmacks schlummert. Das Interesse sechs- bis dreizehnjähriger Kinder an Musik ist nach aktuellen Erhebungen sogar deutlich ausgeprägter als an Büchern, Kinofilmen oder dem Fernsehprogramm.[3] Niemand wird aber erwarten, dass ein Kind von sich aus den Wunsch formulieren würde, Beethoven hören zu wollen, wenn es noch nie zuvor klassische Musik gehört hat. Genauso wenig wird es Eltern gelingen, ihrem Kind den eigenen Musikgeschmack anzutrainieren. Nur weil Papa oder Mama auf Miles Davis oder Jimi Hendrix stehen, muss das beim Kind nicht zwangsläufig auch der Fall sein – auch wenn ihm beides zweifellos angeboten werden darf. Wachsen Kinder jedoch ausschließlich mit Musikangeboten auf, die inhaltlich und musikalisch konsequent an der Oberfläche schwimmen, dann werden sie nur mühevoll Neugier für die Vielfalt entwickeln, die sich darunter abspielt. Wer Kinderlieder auf dem künstlerischen Niveau eines Après-Ski-Hits produziert und sich dabei auf das positive Feedback der Zielgruppe beruft, der übersieht, dass deren Fähigkeit, begründete Urteile über Musik zu fällen, noch sehr begrenzt ist. Diesen entwicklungspsychologischen Nachteil nutzen etliche Kindermusiker*innen, ob bewusst oder unbewusst, gnadenlos aus und vernachlässigen sowohl musikalische Sorgfalt als auch inhaltlichen Anspruch. Die Folge: Sobald sie mit ihrer künstlerischen Arbeit nicht mehr als Identifikationsfiguren taugen, suchen sich Kinder neue musikalische Idole – und finden sie meist in der Popmusik. Welche kindlichen Bedürfnisse artikulieren sich in diesem Verhalten?

Lassen Sie mich zur Beantwortung dieser Frage eine weitere Studie heranziehen. Mit ihrem Buch „Bushido oder Bunt sind schon die Wälder?!" veröffentlichte die Wissenschaftlerin Kerstin Wilke 2012 die Ergebnisse ihrer umfangreichen Untersuchungen zu Musikpräferenzen von Grundschulkindern in der dritten und vierten Klasse. Ihr Hauptanliegen bestand darin, herauszufinden, ob Kinder in diesem Alter bereits einen stabilen, elternunabhängigen Musikgeschmack entwickelt haben. Auch sie stellte dabei zunächst fest, dass Popmusik in dieser Altersgruppe bereits einen hohen Stellenwert einnimmt. Nahezu alles, was in der nationalen und internationalen Popmusik „in" ist, fand sich auch in den Fragebögen der an der Studie beteiligten Schüler*innen wieder. Kinderlieder spielten dagegen überhaupt keine Rolle mehr.[4] Darüber hinaus fand Wilke heraus, dass viele der von den Kindern bevorzugten Lieder mit bestimmten Variablen, wie beispielsweise ihrem Geschlecht, korrelierten. Jungen zeigten eine besondere Vorliebe für Gangsta-Rap, ein Genre, das ein von Stärke, Überlegenheit, Macht und Dominanz geprägtes Männlichkeitsbild vermittelt. Mädchen dagegen bevorzugten entweder „Kinder-Dancefloor" oder Künstlerinnen wie Sarah Connor und Yvonne Catterfeld – in der Interpretation von Wilke Repräsentantinnen eines Weiblichkeitsbildes, das von Schönheit, Anmut, Unabhängigkeit, perfekten Körpermaßen sowie einem extravaganten Kleidungsstil geprägt ist.[5] Deutlich werden hier die stereotypen Rollenvorbilder sichtbar, die von der Popindustrie produziert und durch die Medien kultiviert werden. Auf der Suche nach Kriterien für gute Kindermusik ist aber vor allem eine Beobachtungen spannend, die Wilke eher am

Rande ihrer Untersuchungen machte. Sie beschreibt nämlich nicht nur, dass die an der Studie beteiligten Kinder Popmusik und Kindermusik als Gegensatzpaar empfanden.[6] Sie stellt auch fest, dass die Kinder einen Anspruch auf Bedeutsamkeit formulierten. Sie forderten Authentizität und Ernsthaftigkeit ein und distanzierten sich gerade deshalb von der in ihren Augen „belanglosen Kindermusik".[7]

Wilkes Untersuchungen deuten darauf hin, dass die Musikpräferenzen von Kindern mit zunehmendem Alter also auch einer Funktion unterliegen. Sie nutzen Musik nicht mehr nur zur Unterhaltung, sondern insbesondere auch zur Bewältigung ihrer Entwicklungsaufgaben, wie etwa Autonomiebestrebungen gegenüber den Eltern oder der Entwicklung der Geschlechtsidentität. „Musikpräferenzen von Grundschulkindern sind also nicht völlig frei (…), sondern durchaus am Popmainstream orientiert und in ihrer Abhängigkeit von Geschlecht und Herkunftsmilieu gewissermaßen determiniert",[8] schreibt Wilke. Für umso wichtiger hält sie es, „Kinder mit vielfältiger Musik vertraut zu machen, ihnen eine tolerante und wertschätzende Haltung gegenüber Neuem, Fremdem und Unkonventionellem zu vermitteln und sie zu befähigen, Urteile auf der Sachebene zu fällen."[9] Ihre Forschungsergebnisse bestätigen die Annahme, dass Kindermusik diesen Ansprüchen zu wenig gerecht wird.

Ähnlicher Ansicht ist auch der Musikwissenschaftler Wilfried Gruhn. „Musik für Kinder heißt (…), Kinder so an Musik heranzuführen, dass sie die Chance haben, Musik so zu lernen, wie sie auch die Sprache sprechen lernen, also ein Vokabular zu erwerben, über das sie dann hörend und spielend verfügen können",[10] so Gruhn. Doch wie genau ist dieses Ziel zu erreichen? Ein wichtiger Schritt wäre beispielsweise, die Musikangebote an Grundschulen zeitgemäß zu reformieren. Die Musikpädagogin Bettina Küntzel, die sich seit vielen Jahren mit dem selbstbestimmten Lernen von Musik im Kontext schulischer Bildung beschäftigt, weist darauf hin, dass man es dort nicht mehr mit „musikalischem Kleinkindbewusstsein", sondern mit „echten Musikkompetenzen" zu tun habe. Mit Blick auf die Bildungspläne des Kultusministeriums in Baden-Württemberg, die für die ersten und zweiten Klassen Kinderlieder wie „Summ, summ summ" oder „Brüderchen komm tanz mit mir" als zwingendes Liedrepertoire vorsehen, stellt sie klar: „Was in diesen Bildungsplänen an musikalischer Pflichtbildung verlangt wird, ist zum größten Teil eine Zumutung für jeden musikalischen oder musikinteressierten 6- bis 10-Jährigen".[11] Immer mehr Kinderliedermacher*innen, die sich in ihrem künstlerischen Schaffen an populären Musikstilen orientieren, werden den hier dargestellten Erkenntnissen bereits gerecht. Als Protagonist*innen verbinden sie die von Bent Schönemann (*Sony*) als „harmlose Coolness" bezeichnete Ausstrahlung mit musikalischem Zeitgeist. Wenn es ihnen darüber hinaus auch noch glückt, die inhaltlichen Ansprüche der Kinder angemessen zu berücksichtigen, thematisch also ihre Lebenswelten und Entwicklungsbedürfnisse aufzugreifen, gelingt nach meinem Dafürhalten die Einbeziehung kindlicher Bedürfnisse ins Kinderlied.

Musikvorlieben im Kindergartenalter

Damit wären die musikalischen Ansprüche von Grundschulkindern benannt. Sie bilden aber nur das obere Spektrum der Zielgruppe von Kindermusik ab. Wie also sieht es mit den Bedürfnissen von Kindern im Kita- oder Kindergartenalter aus? Aufgrund der eingeschränkten Auskunftsfähigkeit der Zielgruppe ist es problematisch, sich auf die Ergebnisse von Befragungen zu verlassen. Auf der Basis von Beobachtungen lassen sich jedoch zumindest Annahmen über die Musikpräferenzen von Kleinkindern formulieren. Der erneute Blick in die *miniKIM-Studie*, die die Mediennutzung von zwei- bis fünfjährigen Kinder aus der Perspektive der Eltern widerspiegelt, zeigt zunächst, dass Musik bzw. das Musikhören für Kinder nicht zu ihren Lieblingsbeschäftigungen zählt. Aktivitäten wie draußen oder drinnen spielen, Bücher anschauen oder vorlesen lassen, Malen, Zeichnen oder Basteln und natürlich das Fernsehen rangieren weit vor dem Musikhören.[12] Aus dieser Beobachtung lassen sich jedoch kaum solide Rückschlüsse über die musikalischen Präferenzen von Kleinkindern ableiten. Sie gibt allenfalls Anlass zu dem vagen Verdacht, dass ihnen zu Hause zu wenig oder aber die „falschen" musikalischen Angebote unterbreitet werden. Anders verhält es sich laut der Studie im Kindergarten bzw. in der Krippe, denn dort gehören CDs und Kassetten zu den mit weitem Abstand meistgenutzten Medienangeboten.[13] Insgesamt führt Kindermusik gegenüber Büchern, Fernsehen und zunehmend auch Computer- und Konsolenspielen im Ranking der von Kindern bevorzugten Medienangebote aber auf jeden Fall ein randständiges Dasein. Das ist umso erstaunlicher, als dass Musik bei den für die Studie befragten Eltern immerhin im soliden Mittelfeld ihrer persönlichen Interessen liegt.[14] Wollen oder können sie ihren Kindern also keine altersgerechten musikalischen Angebote machen? Und wie müssten diese beschaffen sein, damit sie den Kindern gerecht werden?

Die Musikwissenschaft ist sich weitgehend darüber einig, dass sehr kleine Kinder zunächst einfache Lieder mögen, die ein eindeutig definiertes Thema und Akkordfolgen beinhalten, die sich auf direkte und leicht vorhersehbare Weise auflösen.[15] Evergreens wie „Alle meine Entchen", „Hänschen klein" oder „Fuchs du hast die Gans gestohlen" werden diesem Anspruch durchaus gerecht. Ihre Popularität beruht aber, wie Fredrik Vahle anführt, „nicht in erster Linie auf ihrer musikalischen und sprachlich-inhaltlichen Qualität, sondern auf ihrer Tradierung durch Erwachsene und die entsprechenden Erziehungssituationen für Kleinkinder".[16] Damit verweist er auf die Vorbildfunktion von Erwachsenen, die auch der Musikwissenschaftler Günter Kleinen hervorhebt, wenn er sagt: „Für die Entwicklung musikalischer Präferenzen über die Lebensspanne gilt die Einsicht der Tiefenpsychologie, dass der Anfang unsere Heimat ist. (...) Die singenden, tanzenden, musizierenden Erwachsenen geben Vorbilder für eigenes musikalisches Tun ab."[17] Auch sein Kollege Gunter Kreutz empfiehlt, Musik gemeinsam mit Kleinkindern zu hören und mit ihnen gemeinsam zu singen. Eine CD ersetze nie die Intimität, die das gemeinsame Musizieren zwischen Kindern und Erwachsenen schaffe. „Beim Sprechen müssen wir uns abwechseln, aber wir singen gemeinsam", so Kreutz.[18]

Für Kleinkinder scheint die konkrete Liedauswahl also weniger Bedeutung zu haben. Wichtiger ist für sie die Erfahrung des gemeinsamen Muszierens, die körperliche Erfahrung von Musik durch gemeinsames Singen oder Tanzen. In solchen Momenten steht nicht das Lied selbst im Mittelpunkt, sondern der unmittelbare Selbstausdruck. „Die sich wiederholende Form und die Wiederholung vom Liedsingen im Allgemeinen ist für Kinder wie ein Ritual, das Halt, Geländer und Zugehörigkeit vermittelt", schildern die Musikpädagogen Daniel Diestelkamp und Dorothe Marzinzik ihre Beobachtungen. Das Lied selbst sei dabei ein umfassendes Ganzes. „Das melodische Auf- und Ab und der Rhythmus, die Stimmungen, Charakterwechsel und Humor spiegeln das emotionale Spektrum des Kindes wider".[19] Erfahrene Kindermusiker*innen dürften von derlei Erkenntnissen wenig überrascht sein, denn schließlich bildet die aktive Einbeziehung von Kindern die Basis ihrer alltäglichen Arbeit. Manchmal wird daraus aber der ungerechtfertigte Umkehrschluss abgeleitet, dass sich die Kinder auch unabhängig vom gemeinsamen Singen für die dargebotene Musik begeistern müssten. Im Gegensatz zur unmittelbaren Live-Situation lenkt ein Tonträger den Fokus aber verstärkt auf die musikalische und inhaltliche Qualität eines Liedes – und die trägt, entkoppelt vom Konzert, leider nicht immer. Vielleicht wären manche Kindermusiker*innen also besser damit beraten, sich auf die Darbietung von Kinderkonzerten zu beschränken, anstatt ihre Lieder auch für den häuslichen Gebrauch anzubieten. Diesem Rat schließen sich Diestelkamp und Marzinsik an: „Die Tendenz zu neuen „kindgemäßen" Liedermacher-Songs sollten wir manchmal mit einer gewissen Skepsis begleiten. Zeitgemäße Sprache ist positiv. Infantilisierungen sind problematisch. Jeder Hinweis auf eine Verniedlichungstendenz sollte geprüft werden", raten die Musikpädagog*innen und kommen damit zu einem praktikablen Vorschlag für die Auswahl guter Musik für kleine Kinder: „Am besten suchen wir Lieder aus, die wir als Erwachsene gerne mitsingen oder auch alleine singen würden, die, wenn sie Witz haben, doch gleichzeitig mit einer gewissen Ernsthaftigkeit und künstlerischen Sinnfälligkeit ausgestattet sind".[20] Ergänzend betont Fredrik Vahle, dass der spielerische Umgang mit Sprache durch den Einsatz von Liedern als „rein didaktisches Lehrmaterial nachhaltig zerstört" werde. Ausgangspunkte für gute Kinderlieder seien die „Berücksichtigung lustvoller Lautproduktion, (…) Lautspielereien und spontane Reimversuche",[21] konkretisiert der erfahrene Kinderliedermacher und Sprachwissenschaftler.

Resonanz-Erfahrungen als Chance

So viel zur Theorie. Der Blick in die Praxis zeigt jedoch, dass sich die Begeisterung von Kindern nicht per Knopfdruck erzeugen lässt. Ein kurzes Beispiel: Vor einiger Zeit bat mich ein Freund, der für eine Hochzeit als DJ beauftragt wurde, ihm für die vom Brautpaar gewünschte Kinder-Disko einige Lied-Empfehlungen zu geben. Als Grundlage diente ihm die Playlist eines Streaming-Anbieters, die ihm von den Eltern empfohlen wurde. Angesichts der üblichen Kinderdisko-Schlager, die darin gelistet waren, beschlich ihn jedoch die Ahnung, dass er die Auswahl noch gehaltvoll anfüttern könnte. Ich empfahl ihm also einige Lieder und erkundigte mich später danach, wie die Kinder-Disko denn gelaufen sei. Zu meiner Enttäuschung waren meine Vorschläge nicht besonders gut angekommen. Kaum eines der Kinder kannte die Lieder – folglich äußerten sie andere musikalische Wünsche. Bei Lichte betrachtet ist die Reaktion wenig überraschend, denn warum sollten sich Kinder urplötzlich für Liedern begeistern (und auch noch zum Tanzen animieren lassen), die sie noch nie zuvor gehört haben? Wenn in einer solchen Situation selbst die Eltern eher befremdet als begeistert reagieren und lieber auf Bewährtes zurückzugreifen („Spiel doch einfach das Fliegerlied!"), eifern die Kinder ihnen selbstverständlich nach. Sie bei der Herausbildung stabiler Musikpräferenzen unterstützen zu wollen setzt voraus, sich selbst auf Neues einlassen zu können und bisweilen über den eigenen Schatten zu springen. Wenn aber schon Eltern, Erzieher*innen oder Lehrer*innen nicht in der Lage sind, Begeisterung für neue musikalische Einflüsse zu entwickeln und zu vermitteln, dürften Erfahrungen wie die bei der Kinder-Disko eher die Regel als die Ausnahme darstellen. Denn Kinder orientieren sich an Vorbildern, auch wenn dies nicht unbedingt immer die eigenen Eltern sind. 59 Prozent der Sechs- bis Dreizehnjährigen haben eine Person oder Gruppe, die ihnen besonders gut gefällt oder für die sie besonders schwärmen, doch erstaunlicherweise sind nur 15 Prozent der von ihnen benannten Idole Musiker*innen. Deutlich häufiger benennen Kinder Personen aus den Bereichen Film, Fernsehen oder Sport als Vorbilder.[22] Auch diese Zahlen korrelieren mit der schwachen Medienpräsenz von Kindermusik bzw. Kindermusik-Interpret*innen. Ich behaupte, dass Kindern zu wenig Chancen geboten werden, die Vielfalt der an sie gerichteten Musikangebote kennenzulernen. Eltern wissen zu wenig darüber und in den Medien werden die vielen guten Interpret*innen und Bands beharrlich ignoriert. In der Folge bleibt Kindern gar nichts anderes übrig, als sich an den Musikangeboten für Teenager oder Erwachsene zu orientieren. Daraus jedoch den Umkehrschluss abzuleiten, dass sie sich grundsätzlich nicht für Kindermusik interessieren würden, halte ich für eine fahrlässige Fehlinterpretation.

Der Soziologe Hartmut Rosa, dessen Überlegungen zur Beschleunigungs-Theorie ich bereits im 11. Kapitel dargestellt habe, empfiehlt nicht etwa Entschleunigung als geeignetes Gegenmittel, sondern verweist auf die Bedeutung von Resonanz. In der Physik beschreibt der Begriff die gemeinsame Schwingung zweier Körper. Übertragen auf die Soziologie spricht Rosa von „der Art und Weise, in der wir als Subjekte Welt erfahren und in der wir zur Welt Stellung nehmen", von der „Qualität unserer Weltaneignung".[23] Resonanz-Erfahrungen machen wir ihm zufolge in Momenten, in denen das Leben für uns als intensive Begegnung um seiner selbst Willen erfahrbar wird. Als ein konkretes Beispiel für musikkulturelle Resonanzerfahrungen benennt er die Revolte um 1968, die „vor allem anderen eine ästhetische und musikalische Revolution" gewesen sei und „ihre Kraft zu einem erheblichen Teil aus der Musikalisierung der Politik und der Politisierung der Musik" bezogen habe.[24] Offensichtlich sei diese wechselseitige Beziehung während des legendären Woodstock-Festivals geworden. Vermutlich werden Kinder niemals das

Wort „Resonanz" in den Mund nehmen, meinen aber möglicherweise genau das, wenn sie ihre Ansprüche an Kindermusik formulieren.

Auch uns als Erwachsenen sind solche Augenblicke bekannt, gerade in der Begegnung mit Musik. Wenn uns ein Lied Gänsehaut macht, in einem akuten Gefühl stärkt oder tröstet, wenn es uns während eines Konzerts vor Begeisterung laut jubeln und exzessiv tanzen lässt, dann erleben wir Zustände, die ich als Resonanz-Erfahrung bezeichnen möchte. Bei einem meiner zuletzt besuchten Kinderkonzerte durfte ich die Beobachtung machen, wie ein etwa fünfjähriges Mädchen gemeinsam mit ihrer Mutter, auf deren Armen sie saß, lauthals das von der Band gespielte Lied mitsang. Ganz offensichtlich mochten beide den Song und die Tatsache, ihn nun gemeinsam live erleben zu können, schien Mutter und Tochter für einen kurzen Moment gleichermaßen zu beflügeln. Authentische Momente wie diese sind einem Format wie *The Voice Kids* meiner Ansicht nach eindeutig vorzuziehen.

REFRAIN

Nicht gleich schreien
15 Der Musikmarkt im Wandel

> „Wer will, dass die Welt so bleibt wie sie ist,
> der will nicht, dass sie bleibt."
> (Erich Fried)

Nach Strophe und Bridge folgt nun also der Refrain. In einem Popsong markiert er den Höhepunkt, der in der Regel von einer besonders eingängigen Melodie oder einer sich wiederholenden Textzeile charakterisiert ist. Musiker*innen sprechen von einer „Hookline", einem Haken also, an den der Hörer oder die Hörerin genussvoll anbeißen soll. Übertragen auf die Zielformulierung dieses Buchs, möchte ich in den nachfolgenden Kapiteln konstruktive Perspektiven für die Kindermusik-Szene entwickeln, die zum Anbeißen einladen und bestenfalls nachhaltig Wirkung erzielen.

Das ist einerseits nicht ganz leicht, denn faktisch ist die Ausgangslage für Musiker*innen generell, erst recht aber für die, die ihrem künstlerischen Schaffen mit Anspruch und Haltung nachzugehen versuchen, gegenwärtig schwieriger denn je. Ende der 1990er Jahre setzte in der Musikindustrie ein ebenso rasanter wie fundamentaler technologischer Wandel ein, der den einst gut gesättigten Nährboden für die Musikindustrie praktisch ausgelaugt hat. Andererseits entstehen auf diesem neuen Grund zahlreiche zarte Pflänzchen, die uns durchaus hoffnungsvoll stimmen dürfen – nicht nur, aber zunehmend auch in der Kindermusik-Szene. Schon im 3. Kapitel habe ich gezeigt, mit welchen teils perfiden Ideen vor allem die Musikindustrie den Musikmarkt für die Zielgruppe Kinder zu besetzen versucht. Hier lautet das erklärte Ziel meist: mit möglichst wenig Aufwand möglichst üppige Gewinne einfahren. Im Schatten der Konzerne tummeln sich viele kleine Akteure (vgl. Kapitel 5), die es den großen Akteuren auf die eine oder andere Weise gleichtun – wenn auch bisweilen mit einem anderen künstlerischen Selbstverständnis. Das Problem aber ist: Hier wie dort basieren die Geschäftsmodelle auf eben jenen Grundlagen, die in den letzten 20 Jahren erschüttert wurden. Rein technisch ist die musikkulturelle Infrastruktur der Gegenwart längst von der Digitalisierung geprägt. Vordergründig haben sich damit erst einmal nur die Verbreitungswege für Musikinhalte verändert – ein Problem, das vergleichsweise schnell gelöst wurde und das, wie wir noch sehen werden, längst auch für die Zielgruppe Kinder attraktive Angebote hervorgebracht hat. Die tatsächliche Herausforderung besteht aber eben auch nicht in der Bewältigung eines technischen Problems, sondern hinsichtlich der kulturellen Aneignung dieser neuen Technologien. Es braucht – neben guten Liedern – neue Wege und neue Werkzeuge, um zeitgemäße Kindermusik stärker in den Fokus der öffentlichen Aufmerksamkeit zu rücken. Mit dieser Erkenntnis geht die Notwendigkeit einher, sich von alten Gewohnheiten zu verabschieden.

Dass Veränderungen zunächst Widerstände provozieren, wissen wir alle aus eigener Erfahrung. Es ist nicht immer einfach, Gewohnheiten hinter sich zu lassen und sich zugleich lustvoll auf das Neue einzulassen. Es macht aber auch keinen Sinn, die Augen vor der Realität zu verschließen und zu glauben, dass sich das Rad der Zeit irgendwann wieder zurückdrehen lassen würde. Der Rückblick auf die Ende der 1990er Jahre einsetzende Krise der Musikindustrie verdeutlicht das auf anschauliche Weise. Machen wir es wie die Kinder und lernen aus den Fehlern der „Großen".

Die Krise der Musikindustrie

Als Tim Renner 1986 seinen Job bei der Plattenfirma *Polydor* annahm, schien die Welt für die großen Musikkonzerne noch weitestgehend in Ordnung zu sein. Niemand hatte damals das Internet und die Digitalisierung auf dem Zettel, die Musikindustrie florierte und erzielte Jahr für Jahr Gewinne, von denen sie heute nur noch träumen kann. 1993 wurde der damals 29-jährige Renner zusammen mit elf weiteren Nachwuchskräften des Unternehmens zu einer Zukunftswerkstatt eingeladen. Gemeinsam sollten Überlegungen dazu angestellt werden, wie sich das Musikgeschäft in den nächsten zehn Jahren entwickeln würde und wie man sich als Konzern darauf einzustellen habe. Die jungen Visionäre taten wie ihnen geheißen, kreierten Wortungetüme wie „Data-Superhighway" und „Data-Distribution-Center" und mahnten, dass sich der Konzern zukünftig weniger als klassische Tonträgerfirma, sondern mehr als Entertainmentanbieter verstehen müsse, um in der Welt der Medienkonvergenz bestehen zu können. Entsprechend solle er sich das Unternehmen in kleine „Units" aufteilen, um sich stärker auf einzelne Szenen und Bedürfnisgruppen konzentrieren zu können. Radikale Transformation, Flexibilität und Transparenz forderten sie ein, als kommunistische Spinnerei wurde ihr Zukunftsszenario von der Konzernleitung verworfen.[1] Acht Jahre später wurde Tim Renner Geschäftsführer des in der Zwischenzeit fusionierten Konzerns *Universal Music*, drei Jahre darauf verließ er das Unternehmen und schrieb mit „Kinder, der Tod ist gar nicht so schlimm" seine Erfahrungen in der Musikindustrie in einem aufschlussreichen Bericht nieder.

Weitere 15 Jahre sind seitdem vergangen. Praktisch alle Prophezeiungen von Renner und seinen jungen Kolleg*innen von damals haben sich bewahrheitet. Und noch immer hat die Musikbranche an den Folgen der Digitalisierung zu knabbern. Der Jahresbericht des *Bundesverbandes Musikindustrie* (BVMI) liefert in poppig-buntem Design eine ernüchternde Bestandsaufnahme des Status Quo: Inzwischen sorgt das Musik-Streaming für 55 Prozent des Gesamtumsatzes. Neben den Plattformen von *Amazon*, *Apple Music* und *Spotify* gehören nur noch *Media Markt* und *Saturn* zu den Top 5-Musikhändlern in Deutschland. Nur 15,6 Prozent der Tonträger werden über den stationären Handel vertrieben, über 64 Prozent dagegen in digitalen Formaten. Immerhin: Nachdem das ‚Wachstum' 2018 noch bei minus 0,4 Prozent lag, freute sich die Branche 2019 zum ersten Mal seit den 90er Jahren wieder über einen Umsatzzuwachs von 8,9 Prozent.[2]

Für die vergleichsweise junge Popindustrie gehört die Veränderung seit jeher zum Tagesgeschäft, denn sie war immer eng gekoppelt an den technologischen Wandel. Was Mitte der 1950er Jahre mit dem flächendeckenden Vertrieb von Schallplatten begann, führte in den 1970er Jahren durch die Einführung der Musikkassette (MC), vor allem aber durch die Verbreitung der Compact Disc (CD) in den 1990er Jahren zu einer Entwicklung, die der Branche üppige Gewinne bescherte. Mit über 2,6 Milliarden Euro Umsatz (davon 2,3 Milliarden allein durch CDs) erreichte die Musikindustrie in Deutschland nach vielen Jahren stetigen Wachstums 1997 ihren bis heute unerreichten wirtschaftlichen Höhepunkt.[3]

Dann kam *Napster*. Grundlage für die Musiktauschbörse war das vom Fraunhofer-Institut in München entwickelte Dateiformat mp3, mit dem eine Musikdatei auf einen Bruchteil ihrer Ursprungsgröße reduziert werden konnte – und das fast ohne hörbaren Qualitätsverlust. Diese Erfindung leitete nicht nur den Zusammenbruch des Kerngeschäfts der Musikindustrie ein, sondern veränderte auch das Konsumverhalten von Musikliebhaber*innen. *Napster* glich einer „Revolution per Mausklick"[4], schreibt der Musikjournalist Thomas Groß. Wie sein US-amerikanischer Kollege Stephen Witt den Weg dieses radikalen Umbruchs in seinem Buch „How music got free" nachzeichnet, liest sich wie ein packender Thriller. „Für die späten 90er wurde das illegale Herunterladen zu dem, was das Experimentieren mit Drogen für die 60er gewesen war: ein kollektives Hinwegsetzen über soziale und gesetzliche Normen, bei dem an die Folgen nur wenig Gedanken verschwendet wurden",[5] so Witt. Nachdem die Musikindustrie über Jahrzehnte davon ausgegangen war, dass die physische Konservierung des perfekten Sounds, allen technologischen Neuerungen zum Trotz, ein lukratives Geschäftsmodell für die Ewigkeit sei, musste sie plötzlich feststellen, dass sie sich geirrt hatte. Witt ist überzeugt, dass die Wünsche der Kunden damals nicht verstanden wurden. „Für die Manager der Plattenfirmen mochten die CDs in einem Musikgeschäft wie ganz normale Verkaufsgüter aussehen, doch für einen Techniker waren sie nicht mehr als ineffiziente Datenspeicher",[6] hält er fest. Auch wenn *Napster* in Folge juristischer Auseinandersetzungen sein „Geschäftsmodell" nach nur zwei Jahren aufgeben musste, steht der Name bis heute für den größten Technisierungs- und Vermarktungsschub in der Popmusik: die Erschließung des Internets als „grenzenloses Distributionsmedium".[7]

Das reaktionäre Verhalten der Betroffenen

Natürlich blieb auch die Musikindustrie angesichts dieser Entwicklungen nicht untätig – zunächst vor allem rhetorisch. Sprecher von *Universal* verglichen die Software mit Hitler und sich selbst mit den Alliierten des Zweiten Weltkriegs. Bei *Time/Warner* sah man ähnliche Mächte des Bösen am Werk wie zu Zeiten des Kalten Kriegs. Und Peter Zombik vom *Bundesverband der phonographischen Wirtschaft* (später BVMI) fühlte sich durch das mp3-Format gar an die Atombombe erinnert.[8] Die Reaktionen der Großkonzerne verdeutlichen, welch ungeheurem Druck man sich dort ausgesetzt sah. Ein über Jahrzehnte erfolgreiches und stetig wachsendes Geschäftsmodell drohte komplett aus den Angeln gehoben zu werden. Im Bemühen, den sich rasend schnell ausbreitenden illegalen Tauschhandel von Musikdateien einzudämmen und zugleich legale Alternativen für den aufrichtigen Kunden zu schaffen, kam es zu einem ganzen Bündel unterschiedlichster Maßnahmen, die manchmal eher den Charakter einer Verzweiflungstat hatten. Während das Wort „mp3" noch vor „Sex" zum meistgesuchten Wort in den Internet-Suchmaschinen wurde, verklagte in Deutschland die *Bertelsmann Music Group* (BMG) das Unternehmen *Napster*, um es wenig später zur Einführung eines gemeinsamen, kostenpflichtigen Abo-Systems zu bewegen. In den Vereinigten Staaten schaufelten sich die *Universal Music Group* und *Sony Music Entertainment* mit dem Versuch, einen vergleichbaren Dienst aus der Taufe zu heben, innerhalb kürzester Zeit ein Millionengrab. Berühmtheit erlangte das Portal *Pressplay* lediglich dadurch, dass es in den Folgejahren verlässlich an der Spitze der Top Ten-Listen auftauchte, in denen die schlimmsten Pleiten der New Economy erfasst wurden.[9] Etwa zur gleichen Zeit wurde für CDs ein Kopierschutz eingeführt, der die Musikfans daran hindern sollte, ihre legal erworbenen Tonträger zu digitalisieren. Flankiert wurde die Maßnahme durch die Kampagne „Copy kills music". Nicht nur, weil diese „Lösung" das tatsächliche Nutzerverhalten konsequent ignorierte, sondern auch, weil viele CD-Player die mit dem Kopierschutz versehenen Original-CDs nicht mehr abspielen konnten, wurde diese Praxis alsbald wieder verworfen.

Auch der Einzelhandel litt unter den rasanten Entwicklungen. Anfang der 2000er Jahre setzte das große Sterben der kleinen Plattenläden ein. Von über 15.000 Geschäften, mit denen allein die *Polygram* (heute *Universal*) Mitte der siebziger Jahre zusammenarbeitete, verschwanden innerhalb von 25 Jahren fast 13.000 von der Kundenliste.[10] Im Zuge dieser Veränderungen brachen die Umsätze der Musikindustrie kolossal ein. Evaluiert wurde dieser Prozess in der so genannten „Brennerstudie", die das Brennen, Speichern und Downloaden von Medieninhalten statistisch erfasste und analysierte. Mit Blick auf die zunehmenden Rechtsverletzungen im Netz wurde dieser Lagebericht in den folgenden zehn Jahren auch zu einer Art Weckruf für die Politik, die mit der Anpassung des Urheberrechts ziemlich hinterherhinkte. Das „Brennen" hatte sich zu einem ernsten „Flächenbrand" ausgebreitet und setzte nicht nur die Musikindustrie unter Druck, sondern mit ihr auch tausende von Musiker*innen, die sich in ihrer künstlerischen Existenz bedroht sahen. Ungewollten Ruhm erlangte beispielsweise Lars Ulrich, Schlagzeuger der Band *Metallica*. Als einer der ersten international bekannten Stars beklagte er öffentlich das Geschäftsgebaren von *Napster* und Co. und ging mit seiner Band sogar so weit, das Unternehmen zu verklagen. Bei ihren Fans machte sich die Band damit allerdings nicht gerade beliebt. In Deutschland machte eine Wutrede von Sven Regener, Frontmann der Band *Element of Crime*, die Runde. In einem Radiointerview wetterte er gegen die Gratiskultur im Netz und redete sich dabei regelrecht in Rage. „Das Rumgetrampel darauf, dass wir irgendwie uncool seien, weil wir darauf beharren, dass wir diese Werte geschaffen haben, ist im Grunde genommen nichts anderes, als dass man uns ins Gesicht pinkelt und sagt: euer Kram ist eigentlich nichts wert. Die Gesellschaft, die so mit ihren Künstlern umgeht, ist nichts wert", so Regener damals.[11] Solche und ähnliche Aufschreie blieben zwar nicht ungehört, jedoch weitgehend folgenlos. Stattdessen schossen mit *Wrapster, Hackster, Napigator, Gnutella, Freenet, Morpheus, Oink, BitTorrent, Kazaa, eMule* oder *eDonkey* immer wieder neue File-Sharing-Dienste nach dem Vorbild von *Napster* aus dem Boden. Erst mit der Einführung von *iTunes* und vor allem mit dem *iPod*, dem ersten tragbaren Abspielgerät für mp3-Dateien, läutete das Unternehmen *Apple* im Jahr 2001 eine Kehrtwende ein. Es folgten weitere Download-Stores im Netz und mit der Gründung des schwedischen Start-Ups *Spotify* im Jahr 2006 der erste Musik-Streamingdienst. Heute, fast zehn Jahre nach seinen kritischen Einlassungen zu digitalen Plattformen, hat Sven Regener mit „Narzissen und Kakteen" einen eigenen Podcast, spricht von der „normativen Kraft des Faktischen" und gesteht ein: „Das hat sich so sehr durchgesetzt, dass es überhaupt keinen Sinn ergibt, dagegen anzustinken."[12]

Herausforderungen für die Kindermusik-Szene

Blickt man auf die Kindermusik-Szene in ihrer ganzen Vielfalt, dann gewinnt man bisweilen den Eindruck, als würde sich das oben beschriebene Szenario zeitversetzt wiederholen. Schon zu Beginn dieses Buchs habe ich jedoch festgehalten, dass die Gattung Kindermusik zwar in ihrer eigenen kleinen Welt spielt, sich aber an den Gesetzen der Großen orientiert. Das darf und sollte sie voller Selbstbewusstsein tun. Denn Kindermusik besetzt zwar nur eine kleine, ökonomisch jedoch durchaus bedeutsame Nische. Seit dem Jahr 2008 hat sich der Anteil von Kinderprodukten am Gesamtumsatz des Musikmarktes von 6,1 Prozent auf 9,8 Prozent gesteigert. Auch wenn ein erheblicher Teil davon nicht durch Musik-, sondern durch Hörspiel-Produktionen für Kinder generiert wird, macht allein diese Zahl das wirtschaftliche Potenzial der Gattung und das grundlegende Interesse von Kindern und Familien sichtbar. Das gilt umso mehr, wenn wir sie mit den Umsatzanteilen anderer Genres vergleichen: Schlager hat 4,0 Prozent, Klassik 2,2 Prozent, Jazz gerade mal 1,5 Prozent und Volksmusik nur 0,8 Prozent Anteil am Gesamtumsatz des Musikmarktes.[13] Vor diesem Hintergrund ist das randständige Dasein der Gattung Kindermusik kaum noch zu erklären. Die Kindermusiker*innen selbst machen ganz verschiedene Ursachen dafür aus. Tobias Weber und Richard Oehmann vom Münchener Ensemble *Café Unterzucker* verweisen darauf, dass sich das Kindermusik-Publikum seiner Natur nach ständig erneuert und dementsprechend immer wieder neu umgarnt und begeistert werden muss. Udo Schöbel (*Körperklaus*) merkt an, dass nicht die Kinder selbst die Alben kaufen, sondern deren Eltern. Michael Zachcial vom Bremer Duo *Zaches und Zinnober* fällt es schwer, deren grundverschiedene Erwartungshaltungen angemessen zu bedienen. Pädagog*innen bevorzugten Musik, die sie pädagogisch nutzen können, Kinder liebten aber eher unpädagogische Musik. Eltern und Großeltern suchten dagegen musikalische Angebote, die sie gemeinsam mit ihren (Enkel-) Kindern erleben können. „Im Prinzip haben wir zwei bis drei Märkte zu bedienen", resümiert Zachcial. Mit Blick auf qualitative Ansprüche stellt Juliane Wilde (*Julianes Wilde Bande*) den Vergleich zu den Strukturen des Kindermusikmarktes der ehemaligen DDR her. Dort habe man nicht nur viel Wert auf Arrangement, Komposition, Textdichtung und Umsetzung gelegt, sondern vor allem auch öffentliche Gelder für Kindermusik bereitgestellt. Gerd Grashaußer (*Geraldino*) sieht dagegen vor allem die Medien in der Verantwortung, die Vielfalt des Kindermusikmarktes abzubilden: „Wenn ich mich für Rockmusik interessiere, kaufe ich mir Zeitschriften und bekomme so mit, was es an interessanten Bands gibt. Wenn ich mich für Kindermusik interessiere, gibt es kaum Infos über diese Musik. Keiner berichtet darüber, es gibt keine Medien, die sich dafür interessieren, also muss man alles selber machen." Die Österreicherin Mai Cocopelli schließlich meint: „Eigentlich müsste für Kinder nur das Allerallerbeste zulässig sein, da die Kinderohren alles aufnehmen und noch nicht unterscheiden können zwischen guter und schlechter Musik."

In den Musikkonzernen sehen sich die Verantwortlichen mit vergleichbaren Herausforderungen konfrontiert. So betont auch Bent Schönemann (*Sony*), dass man in der musikalischen Umsetzung moderner Kindermusik heute der ganzen Familie gerecht werden müsse. „Unter Family Entertainment verstehen wir insbesondere Musik, die den Eltern nicht auf den Senkel geht. Ich spreche dann meist von Lebendigkeit, ohne albern oder überzogen zu wirken", so Schönemann. Und er fährt fort: „Die Eltern müssen schon eine Grundbedürftigkeit für Kindermusik entwickeln, sonst bekommt man sie gar nicht erst als Zielgruppe. Bestenfalls gelingt es, die Mutter gleich mit als Fan zu rekrutieren." Auf die Frage, wie dieser Spagat gelingen kann, ohne die Kinder immer früher an den Popmusik-Mainstream zu verlieren, antwortet sein Kollege Andreas Maaß (*Universal*) pragmatisch: „Unser Ziel ist es, Kinder an Musik heranzuführen, ihr Interesse zu wecken und sie im Idealfall auch bei der Stange zu halten. Aus Sicht unseres Unternehmens ist es dabei erstmal egal, ob sie Pop, Rock oder Hip-Hop hören. Da ist jemand, der sich für Musik interessiert – und damit ist er für uns ein wichtiger Endverbraucher", so Maaß. Und er ergänzt, dass der Coolness-Faktor dabei eine immer wichtigere Rolle spiele. „Mit sieben oder acht Jahren möchten sich Kinder in der Regel nicht mehr als Kinderlieder-Fans outen. Da werden dann eher Künstler wie *Peter Fox* gehört, oder auch internationale Titel – weil das einfach cooler ist. Insgeheim, zum Beispiel zu Hause, hören sie aber häufig immer noch Kindermusik".

Nicht weniger herausfordernd gestaltet sich für die Konzerne der Verkauf von Kindermusik-Tonträgern. Family Entertainment sei immer noch extrem physisch orientiert, erklärt Arndt Seelig, Senior Director Family & Home Entertainment bei *Sony Music*. „Ein physisches Produkt ist einfach immer schöner zu verschenken als zu sagen: ‚Guck mal, hier ist eine Playlist.' Insofern werden wir im Family-Bereich noch CDs und DVDs verkaufen, wenn andere Segmente gar keine Tonträger mehr anbieten." Trotzdem ist für ihn absehbar, dass auch in der Gattung Kindermusik die Bedeutung digitaler Angebote weiter zunehmen wird: „Die Kindermusik ist neuen Konfigurationen und Nutzungsformen schon immer einen Schritt voraus. Dies war beim Wechsel von MC zu CD, als auch nun vom Download zum Stream zu erkennen", so Seelig.[14] Um die Zielgruppe im Verlauf dieses strukturellen Wandels nicht aus dem Blick zu verlieren, entwickelten die Plattenfirmen während der letzten Jahre verschiedenste Strategien. Die einen hoben die Bedeutung der „Non-Traditional-Outlets" (also Discountern, Drogeriemärkten oder Buchhandlungen) für den Kindermusikmarkt hervor.[15] Wieder andere fokussierten sich darauf, den Online-Vertrieb in seiner Beschaffenheit zu optimieren und ihn an die Bedürfnisse der Zielgruppe anzupassen. „Smartphone-Plattformen" und „App-Steuerungssysteme" sollten entwickelt, „Pre-School-Konsument*innen" aktiviert und „Eltern zu Downloader*innen" gemacht werden.[16] So klingt es, wenn sich die Marketing-Abteilung eines Musikkonzerns Sorgen um die musikalische Grundversorgung von Kindern macht. Es ist ja auch richtig, sich technologisch auf den strukturellen Wandel einzustellen. Doch welche Konsequenzen lassen sich hinsichtlich der inhaltlichen Arbeit bei den Musikkonzernen beobachten? Einzelne Künstler*innen, wie die Rapperin *Sukini* oder die *Zuckerblitzband* (beide bei *Universal* erschienen), lassen durchaus Hoffnungen aufflammen. Dutzende Neuauflagen von Detlev Jöckers Erfolgsalben, neue Interpreten wie der Mallorca-Partystar Markus Becker (aka. *King of Kidsclub*) und Projekte wie die *Metalkinder* (traditionelle Kinderlieder im Heavy Metal-Sound) oder *Heavysaurus* (kostümierte Dinosaurier mit lauten E-Gitarren spielen Kinderlieder) erwecken dagegen nicht den Eindruck, dass mit Leidenschaft am Aufbau eines Kindermusikmarktes gearbeitet würde, der qualitative oder gar künstlerische Kriterien zum Maßstab macht. In kurzfristigen Jahresbilanzen mögen sich solche Projekte rechnen. Langfristig, so meine These, dürften sie die Probleme der Branche jedoch weiter verschärfen. Wie kann es angesichts dieses Zustands gelingen, optimistisch in die Zukunft zu schauen? Vielleicht, indem wir unseren Blick erneut auf die kleineren Akteure am Markt richten.

Vom Suchen und Finden der Nischen

„Der Durchschnitt ist tot!" schreibt der Soziologe Christoph Kucklick in seiner Analyse über die granulare Gesellschaft. Sein Buch trägt den Untertitel „Auf dem Weg in das Zeitalter der Ungleichheit", womit er nicht etwa soziale Ungleichheit meint, sondern die Auflösung der Masse zugunsten des Einzelnen. „Die bisherige Ausnahme, der präzise definierte Einzelne, wird zur neuen Norm und die bisherige Norm irrelevant",[17] postuliert er und beschreibt damit ein Phänomen, das sich am Beispiel des Musikmarktes recht gut veranschaulichen lässt. Da gibt es die großen Konzerne, die mit Abstand die größten

Umsätze der Branche erzielen und die vorderen Chart-Positionen scheinbar für sich gepachtet haben. Quantitativ dominieren sie den Musikmarkt, künstlerisch bereichert wird er aber durch andere. Diese Beobachtung spiegelt sich auch in wirtschaftlichen Kennzahlen wieder. International lag der Anteil der Independent-Labels am Gesamtumsatz zuletzt bei 38,4 Prozent[18,] und angesichts der oben beschriebenen Entwicklungen dürfen wir davon ausgehen, dass er sich weiter vergrößern wird. Je mehr das traditionelle Tonträgergeschäft einbricht, desto größer wird die Chance für kleine Labels und Verlage, konkurrenzfähig gegenüber den Majors zu agieren. Die Grenzen werden durchlässiger, die Kräfteverhältnisse neu justiert. „Wenn Plattenfirmen sich als Service-Dienstleister verstehen, die bestimmte Dinge wie die Veröffentlichung eines Albums auf einer Download-Plattform erledigen und dabei gute Arbeit zu einem fairen Preis abliefern, werden sie auch weiterhin gebraucht werden",[19] prognostiziert der Konzertveranstalter Berthold Seliger in seinem Insiderbericht über „Das Geschäft mit der Musik". Große Plattenfirmen, wie wir sie aus der Vergangenheit kennen, würden seiner Einschätzung nach durch kleinere Marketing- und Managementfirmen ersetzt.

Bekannte Beispiele dafür sind die Hamburger Labels *Tapete Records* und *Grand Hotel van Cleef*. Beide wurden von Musikern gegründet (*Die Liga der gewöhnlichen Gentlemen* bzw. *Tomte* und *Kettcar*) – und zwar zu genau der Zeit, als der Musikindustrie der Boden unter den Füßen weggezogen wurde. Beiden Labels gelingt es, ihre (zugegeben bescheidenen) Zielvorgaben zu erreichen: mehr selber machen, genau kalkulieren und am Ende mit einer schwarzen Null rauskommen. „Ich wollte das hier immer nur machen, weil ich Bock darauf hatte, weil wir alle hier gute Musik rausbringen wollen", beschreibt Gunther Buskies, Gründer von *Tapete Records*, seine Motivation. Strategisch habe man sich davon gelöst, nur noch Plattenfirma zu sein. Bereits seit Mitte der Nullerjahre sei man auch Musikverlag (also Rechteinhaber der Songs und somit auch an den GEMA-Einnahmen beteiligt), Booking-Agentur und Versandshop in einem. Rund 40 Prozent des Umsatzes erzielte *Tapete Records* im Jahr 2016 durch zusätzliche Einnahmequellen.[20] Leicht ist es sicher nicht, ein Label unter so prekären Bedingungen wirtschaftlich über Wasser zu halten und dabei auch noch künstlerisch relevant zu arbeiten. Das Engagement dieser und vieler vergleichbarer Indie-Labels zeugt aber von der Leidenschaft für die Sache. Von diesem Standpunkt aus wird nachvollziehbar, warum der Musikjournalist Torsten Groß die so genannte „Krise der Musikindustrie" als das beste bezeichnet, was dem Popstandort Deutschland passieren konnte. „Kleine und mittelgroße Zellen haben sich flexibel auf die Realitäten der veränderten Branche eingestellt, decken in 360-Grad-Manier alle Bereiche des Geschäfts ab und bilden je nach Bedarf Schnittstellen zum etablierten Major-System", so Groß. „Das führte in den letzten Jahren zu einer nie gekannten stilistischen Breite im deutschen Pop, mit einer enormen Spezialisierung und Verästelung im Untergrund", stellt er zufrieden fest.[21]

Diese Beobachtungen beziehen sich natürlich nicht unmittelbar auf den Kindermusik-Markt. Ich halte sie jedoch zumindest teilweise für übertragbar. Zwar profitieren die Rechteinhaber*innen von Kinderliedern nach Lage der Dinge kaum von GEMA-Einnahmen – die Gebühren werden schließlich nur dort abgeführt, wo Kindermusik öffentlich gespielt wird. Allein die fehlende Medienpräsenz für das mangelnde Interesse an Kindermusik verantwortlich zu machen, greift aber zu kurz. Dass Kindermusik in der Öffentlichkeit kaum stattfindet, hat, wie ich bereits dargestellt habe, auch damit zu tun, dass die Szene über lange Zeit von nur wenigen Interpret*innen dominiert wurde. Der nun stattfindende Generationenwechsel in der Kindermusik-Szene fällt mit den Umbrüchen in der Musikwirtschaft zusammen. Damit entstehen neue Räume, Möglichkeiten und Chancen. Wer als Kindermusiker*in für musikalisches Können und stilistische Authentizität einsteht und mit seinen Liedern einen Beitrag dazu leisten möchte, dass sich Kinder nicht nur zu musikinteressierten, sondern auch zu kritisch denkenden Menschen entwickeln, dem eröffnen sich gerade jetzt neue Wege.

Natürlich ist es nicht einfach, sich als Musiker*in auf dem Musikmarkt zu etablieren. Das war es noch nie. Wie sagte es Karl Valentin: „Kunst ist schön, macht aber viel Arbeit." Zugleich wurde aber noch nie so viel Musik konsumiert wie heute. Wahrscheinlich gab es auch noch nie so viele Möglichkeiten, abseits des Mainstreams eine Nische zu besetzen. Wenn es die Musikkonzerne angesichts dieser Entwicklungen nicht für nötig halten, die für sie so wichtige Zielgruppe Kinder angemessen ernst zu nehmen, dann müssen es die Musiker*innen eben selbst in die Hand nehmen. Qualitativ könnte die Gattung Kindermusik enorm von dieser Entwicklung profitieren. Natürlich müssen dabei auch Vorurteile und Klischees überwunden werden. Gerade darin steckt aber auch ein riesiges Potenzial. Denn in kaum einer anderen musikalischen Gattung wird es noch möglich sein, derart viele Menschen positiv zu überraschen und aufrichtig zu begeistern.

In Zukunft
16 Die Chancen des digitalen Musikmarketings

„Es ist Zeitverschwendung, etwas Mittelmäßiges zu machen."
(Madonna)

Lassen Sie mich zu Beginn dieses Kapitels eine steile These formulieren. Sie lautet: Die Möglichkeiten des Internets werden in der Kindermusik-Szene noch längst nicht ausgeschöpft. Das Netzwerk *Kindermusik.de* betreibt zwar eine eigene Website und mit dem *Kinderlieder-Magazin* sogar einen eigenen Blog. Dort bleibt man aber weitgehend unter sich. Im selben Dunstkreis entstand auch das *Kindermusik-Kaufhaus* (www.kimuk.de), eine Plattform, auf der ein Großteil aktueller Kindermusik-Tonträger käuflich zu erwerben ist. Der Versuch, der Dominanz der globalen Marktführer ein eigenes Angebot entgegenzustellen, ist zwar löblich, dürfte in Anbetracht der mächtigen Konkurrenz jedoch nicht die Wirkung entfalten, die man sich davon verspricht. Die Musiker Martin Hörster und Klaus Neuhaus machten sich mit *HörNeuMusik* sogar die Mühe, ein eigenes Download-Label für Kindermusik zu gründen. Der Blick auf ihre verwaiste Website legt jedoch den Verdacht nahe, dass auch dieser Versuch floppte. Im Netz scheint sich eine Dynamik fortzusetzen, die in der Kindermusik-Szene auch schon zu analogen Zeiten bestand: Aus einer Art Trotzreaktion heraus sind die kleinen Akteure eifrig bemüht, sich gegen die Übermacht der großen Plattformbetreiber zu stemmen, getreu dem Motto: „Wir schaffen das alleine!" Doch ist es wirklich zielführend, in Konkurrenz zu den um ein vielfaches professioneller aufgestellten Konzernen zu treten? Wie können sich Kindermusiker*innen im Wettstreit um Aufmerksamkeit im Netz sinnvoll positionieren?

Für und Wider von Streaming-Plattformen

Als der heutige Streaming-Marktführer *Spotify* im Jahr 2006 seinen Betrieb aufnahm, hielten es die meisten Menschen für eine utopische Spinnerei, dass dieses Angebot eines Tages den Musikkonsum revolutionieren würde. Das Konzept war nicht nur denkbar einfach, sondern vor allem sagenhaft günstig: Für rund 10 Euro im Monat (also deutlich weniger als der übliche Preis eines einzigen physischen Tonträgers) sollten die Nutzer*innen

Zugriff auf nahezu alle Musiktitel der Welt erhalten. Wen die regelmäßige Einspielung von Werbespots nicht störte, der sollte den Dienst sogar kostenlos nutzen dürfen. Alle, die Zweifel an diesem neuartigen Geschäftsmodell hatten, wurden innerhalb kürzester Zeit eines Besseren belehrt. Rund 60 Millionen Songs hat *Spotify* für seine inzwischen fast 350 Millionen Nutzer*innen im Angebot.[1] Zwar schreibt das Unternehmen noch immer hohe Verluste, doch *Spotify* steht wie kein anderer Streaming-Dienst für die Revolutionierung des Musikkonsums. Die Visionen des *Spotify*-Gründers Daniel Ek gehen aber noch deutlich weiter. Seiner Ansicht nach besteht die Zukunft des Musikhörens nicht nur darin, stets und überall auf eine große Musiksammlung zugreifen zu können. Noch mehr geht es ihm darum, dass sich die Musik an unsere individuelle Stimmung anpasst. „Ek liefert, wenn man so will, den Soundtrack zu einem Film, der unser Leben ist", schreibt der *Spiegel*-Journalist Philipp Oehmke und folgert: „Was er als Fortschritt betrachtet, ist in Wirklichkeit die Entmachtung des Hörers."[2] Wie genau wir uns diese Entwicklung vorzustellen haben, lässt sich schon heute anhand unzähliger Mood-Playlists ablesen, die der Streaming-Dienst anbietet. Sie heißen „Alone again" oder „Frühlingsgefühle", „Feel good dinner" oder „Walk like a badass". Die strategische Auswertung sämtlicher Nutzer*innen-Daten sowie die Verknüpfung mit anderen sozialen Netzwerken macht es möglich, uns passgenaue musikalische Angebote zu unterbreiten, noch ehe wir ein konkretes musikalisches Bedürfnis formuliert haben.

Mit diesem Geschäftsmodell steht *Spotify* längst nicht mehr allein da. Mit *Apple-Music*, *Deezer*, *Tidal*, *Amazon Music Unlimited*, *Napster*, *Music Unlimited*, *Juke* und *YouTube-Music* kamen zahlreiche Konkurrenten hinzu, die sich im Kern kaum von *Spotify* unterscheiden. Die Plattform *Moodagent* rückt stimmungsangepasste Playlists sogar offensiv ins Zentrum ihres Angebots. Mit Hilfe verschiedener Schieberegler können Nutzer*innen ihre aktuelle Gefühlslage offenlegen, im Gegenzug spuckt der Algorithmus eine passgenaue Playlist aus. „Hör, was du fühlst!"[3] lautet das Motto.

So praktisch und verführerisch diese Entwicklungen scheinen, sie bringen mindestens zwei Probleme mit sich. Zum einen folgt die Musikauswahl der Nutzer*innen immer weniger einem klar definierten musikalischen Anspruch, der sich an der künstlerischen Arbeit einzelner Interpret*innen orientiert. Playlists ersetzen das dramaturgische Konzept eines Albums, das Bedürfnis nach musikalischer Inspiration tritt zugunsten der Befriedigung akuter Befindlichkeiten in den Schatten. Es ist nicht übertrieben, diese Entwicklung als „das Ende von der Idee der Popmusik als Identitätsstiftung" zu bezeichnen, bilanziert Philipp Oehmke.[4]

Zum anderen gibt auch die Vergütung der Künstler*innen immer wieder Anlass zu kontroversen Diskussionen. Gewinn-Beteiligungen von unter einem Cent pro abgerufenem Titel machen es eigentlich nur für bekannte Musiker*innen attraktiv, ihre Tonträger über Streaming-Plattformen zugänglich zu machen. Angesichts stetig wachsender Nutzer*innen-Zahlen ist die Präsenz dort aber praktisch alternativlos. Dieses Dilemma verführt manche Künstler*innen zu ungewöhnlichen Ideen. So las ich auf der Website des Kindermusikers Klaus Foitzik den verzweifelten Aufruf, sein Kindermusical „Manchmal brauchst du einen Löwen" via Stream abzurufen. Erst in Folge der Corona-Krise hatte er sich dazu durchgerungen, überhaupt auf den Streaming-Plattformen präsent zu sein. In seiner Not verwies er nun auf die geringen Ausschüttungen pro gespieltem Lied, glaubte aber zugleich, eine schlaue Lösung für das Problem gefunden zu haben: „Lassen Sie es doch einfach nachts in Dauerschleife laufen, während Sie ihr Handy nicht brauchen – das würde mir helfen."[5] So groß mein Verständnis für die individuelle Notlage in diesem konkreten Fall auch ist, so wenig scheint Klaus Foitzik die Mechanismen digitaler Ausspielwege durchdrungen zu haben.

Grundsätzlich birgt der digitale Musikvertrieb nämlich große Chancen. Denn je mehr sich der Tonträgermarkt vom Verkauf physischer Produkte löst, desto mehr sind Musiker*innen dazu in der Lage, ihre Musik ohne die Unterstützung einer Plattenfirma zu veröffentlichen. Deutlich geringere finanzielle Vorleistungen, keine Lagerung, kein Verkaufszwang und weniger Angst vor ausbleibenden Zahlungen – das sind nur einige der positiven Auswirkungen dieses technologischen Wandels. Berthold Seeliger spricht von der „Entschleunigung des Verwertungszyklus". Musik werde nicht mehr nur für heute produziert, sondern auch und vor allem für morgen. Damit stehe der langfristige Erfolg wieder mehr im Fokus, womit sich das Augenmerk auch wieder auf die Qualität der Musik richten könne.[6] „Slow burner" werden solche Produktionen genannt. Kindermusiker*innen wissen, was damit gemeint ist, denn gerade ihre Tonträger sind meist erst über längere Zeiträume erfolgreich. Genau deshalb tauchen sie auch nie in den offiziellen Verkaufsstatistiken auf. Wer angesichts dieser neuen Rahmenbedingungen weiterhin die Neugier der Hörer*innen wecken möchte, der muss kreativ werden und die Bereitschaft mitbringen, neue Wege zu beschreiten, die jenseits der Streaming-Plattformen verlaufen. Ein Blick in die Popkultur zeigt: Viele Musiker*inner haben das längst getan – auf sehr unterschiedliche Weise und mit ebenso unterschiedlichem Erfolg.

Kreatives Direktmarketing

Manche Künstler*innen unternehmen beispielsweise den Versuch, ihre Neuerscheinungen zunächst ausschließlich als physische Tonträger zu veröffentlichen und sie erst mit zeitlicher Verzögerung auch auf den Streaming-Portalen verfügbar zu machen. Abgesehen davon, dass sich diese Methode weder bei den Fans noch bei den Streaming-Anbietern großer Beliebtheit erfreut, macht dieses Vorgehen aber ohnehin nur für die Musiker*innen Sinn, die unmittelbar nach dem Veröffentlichungstermin mit einem großen Absatz ihrer Alben rechnen können – und das sind nur die allerwenigsten. Das schien auch der kanadische Sänger *The Weeknd* zu wissen, der sein 2011 erschienenes Debüt „House of Balloons" in der Konsequenz gleich zum kostenlosen Download auf seiner Website anbot. Die US-amerikanische Sängerin *Lady Gaga* beschritt einen ähnlichen Weg, als sie ihr Album „Born this way" für 99 Cent verschleuderte und so innerhalb einer einzigen Woche 1 Million Exemplare des Albums absetzte.[7] Regelrecht dreist war die Idee der britischen Band *U2*, ihr 2014 erschienenes Album „Songs of Innocence" kostenlos (und ungefragt!) auf die Endgeräte aller *iTunes*-Nutzer*innen übertragen zu lassen. Erst folgte ein Shitstorm im Netz, dann eine offizielle Entschuldigung des Sängers Bono an seine Fans für diese, rückblickend auch in seinen Augen missglückte PR-Aktion.

Einen gemäßigten Mittelweg beschritt die englische Band *Radiohead* im Jahr 2007 mit ihrem siebten Studioalbum „In Rainbows". Für einige Wochen stand es den Fans ebenfalls zum kostenlosen Download zur Verfügung. Gleichzeitig wurde ihnen allerdings auch die Möglichkeit geboten, einen beliebigen Betrag dafür zu spenden. Die Fans sollten einfach das bezahlen, was ihnen das Album wert war. Die Band unternahm diesen ungewöhnlichen Schritt zu einer Zeit, in der illegale Downloads noch weit verbreitet waren. Eine ihrer Absichten bestand demzufolge auch darin, die moralische Frage nach dem Wert von Musik in den öffentlichen Diskurs zu überführen. Über den wirtschaftlichen Erfolg dieser Aktion schweigen sich *Radiohead* bis heute aus. Die MCPS, die sich in England um die Verwertungsrechte von Musik kümmert, teilte jedoch mit, dass das Album häufiger von illegalen Tauschbörsen geladen wurde als von der legalen Website der Band. Schätzungsweise 2,3 Millionen Raubkopien seien allein in den ersten drei Wochen nach Veröffentlichung über den Filesharing-Dienst *BitTorrent* verbreitet worden. „Selbst kostenlose Musik wird nur noch geklaut",[8] spottete die Presse. Dem gegenüber standen die Downloadzahlen der von *Radiohead* genutzten Plattform. Angeblich sei das Album dort rund 1,5 Millionen Mal heruntergeladen worden, zu einem durchschnittlichen Preis von 2,20 Dollar. Das klingt auf den ersten Blick nicht besonders üppig, erweist sich im direkten Vergleich zum Verkauf physischer Tonträger aber als durchaus lukrativ. Denn nach Abzug aller Kosten für Vertrieb, Marketing und Verwaltung blieben der Band im regulären Verkauf auch kaum mehr als 2,50 Dollar pro verkaufter Einheit.[9] Am Ende bleibt es schwer, den ökonomischen Erfolg von „In Rainbows" zweifelsfrei zu klären. Exemplarisch steht der von *Radiohead* gewählte Weg aber für einen Paradigmenwechsel im Musikgeschäft. Denn die Musiker traten in direkten Kontakt zu ihren Fans und nahmen sie in die Verantwortung, ihre Rolle als Musikkonsument*innen kritisch zu reflektieren. Dass das Konzept trotzdem nicht Schule machte, liegt wohl vor allem daran, dass es im Zeitalter von Musik-Streaming obsolet geworden ist. Wer schert sich noch um den illegalen Erwerb einzelner Alben, wenn die Musik fast aller Künstler*innen auf einer einzigen Plattform zum Spottpreis angeboten wird?

Der direkte Kontakt zum Fan ist indes ein wichtiger Schlüssel für kreatives Musik-Marketing geblieben. Zahlreiche Crowdfunding-Plattformen bieten hierfür Unterstützung an. Es gibt verschiedene Anbieter im Netz, die in ihren Grundprinzipien jedoch vergleichbar sind: Zunächst präsentiert man den Fans (und denen, die es noch werden sollen) sein Projekt inklusive der anvisierten „Spendensumme" und wirbt so möglichst anschaulich für sein Vorhaben. Als Gegenleistung für ihre finanzielle Unterstützung können die Spender*innen aus einer Vielzahl verschiedener Angebote wählen. Im Fall von Musik-Projekten sind das meist Tonträger, Konzerttickets, Merchandising-Artikel oder auch Privatkonzerte. Streng genommen handelt es sich bei den Zuschüssen der Fans also nicht um Spenden, sondern vielmehr um eine finanzielle Vorleistung, die allerdings nur dann ausgezahlt wird, wenn die zu Beginn anvisierte Spendensumme auch vollständig erreicht wird. Auf Seiten der Unterstützer*innen setzt das Crowdfunding-Prinzip großes Vertrauen in die künstlerische Arbeit einer Band voraus. Als Musiker*in verpflichtet man sich, zuverlässig und engagiert zu arbeiten. Es erfordert viel und regelmäßige kommunikative Arbeit, um den Prozess erfolgreich zu Ende zu bringen. Ich würde Crowdfunding daher nicht als Allheilmittel für die angeschlagene Musikbranche bezeichnen, wohl aber als ein nützliches Element, um gute Ideen in die Tat umzusetzen. In den Vereinigten Staaten, wo der Kulturbetrieb seit jeher deutlich mehr von privatem Engagement abhängig ist als bei uns in Deutschland, hat das Crowdfunding-Prinzip inzwischen einen festen Platz eingenommen. Über die Plattform *Patreon* haben Künstler*innen dort sogar die Möglichkeit, eine Art bedingungsloses Grundeinkommen einzuwerben. Doch wird sich diese Form der Musikförderung auch hierzulande durchsetzen? Ein Blick auf Portale wie *Startnext* oder *Kickstarter* zeigt zwar, dass sich dort längst auch zahlreiche Musiker*innen tummeln. Die Spendenbereitschaft scheint hierzulande jedoch (noch) nicht besonders ausgeprägt zu sein.

Trotzdem finden sich auch in Deutschland einige Beispiele für gelungenes Musik-Direktmarketing. Dass Video-Plattformen wie *YouTube* dabei ein wichtiger Katalysator sein können, ist hinlänglich bekannt. Exemplarisch zeigt das die Entwicklung der Kölner Band *AnnenMayKantereit*. Ihr Aufstieg begann mit Videos einzelner Street-Gigs oder von musikalischen Einlagen während einer Vorlesung im Hörsaal der Universität. Schnell verbreiteten sich die Clips viral, womit sich die Band auch über die Stadtgrenzen hinaus einen Namen machte. Künstlerisches Alleinstellungsmerkmal von *AnnenMayKantereit* ist die Ausnahmestimme des Frontmanns Henning May, „der aussieht wie ein halbes Hemd und dabei röhrt wie der uneheliche Sohn von Tom Waits und Rio Reiser",[10] wie die Lokalpresse schrieb – stolz, endlich mal wieder eine Band präsentieren zu können, die sich nicht durch karnevalistische Schunkellieder in kölscher Mundart hervortut. Noch bevor *AnnenMayKantereit* im Jahr 2016 ihr Debüt-Album „Alles nix Konkretes" veröffentlichten, füllte die Band deutschlandweit bereits große Hallen. Ihre Geschichte spricht auch für die Wirksamkeit eines bewährten Grundprinzips, das bis heute Gültigkeit für alle Musiker*innen hat: Wenn ihr bekannt werden wollt, dann spielt so oft ihr könnt!

Das tat auch der Erfurter Sänger Thomas Hübner – besser bekannt unter seinem Künstlernamen *Clueso*. Schon Mitte der 1990er Jahre begann er (zunächst als Rapper) Musik zu machen, inzwischen ist er längst zu einer festen Größe in der deutschen Popmusik geworden. Trotzdem sah auch er sich mit den Herausforderungen des Wandels auf dem Musikmarkt konfrontiert. Darum entschloss er sich für die Veröffentlichung seines 2011 erschienenen Albums „An und für sich" zu einem ungewöhnlichen Schritt: Er verschenkte es beim Kauf eines Konzerttickets. Mindestens 150.000 Abnehmer*innen fand diese Ticket-Album-Kombination. Ausschlaggebend für die Idee sei laut *Clueso* ein Erlebnis während eines seiner früheren Konzerte gewesen. Als er dort das Publikum fragte, wer sein neues Album besäße, gingen nahezu alle Arme nach oben. Als er nachhakte und wissen wollte, wer denn auch dafür bezahlt habe, gingen sie fast alle wieder herunter.[11] Aus dieser ernüchternden Erfahrung heraus entwickelte *Clueso* ein schlüssiges Konzept. In Anbetracht des kontinuierlich wachsenden Streaming-Marktes dürfte auch das inzwischen jedoch als überholt gelten.

Dass der Verkauf physischer Tonträger trotz Streaming weiterhin in relevanter Stückzahl gelingen kann, bewies zuletzt Fynn Kliemann. Bekannt wurde er als unkonventioneller Heimwerkerkönig. In ebenso unterhaltsamen wie kreativen Videobeiträgen zeigt er, wie er allerlei nützliche und unnütze Dinge erfindet und baut. Kontinuierlich wuchs die Fan-Gemeinde des kreativen Energiebündels, der in seinem „richtigen" Leben Webdesigner und Geschäftsführer einer Online-Agentur ist. Nebenbei macht er aber auch Musik. Und so entschloss er sich 2018 dazu, ein eigenes Album zu veröffentlichen. Bevor die Aufnahmen jedoch ins Presswerk gingen, gründete er sein eigenes Label, sammelte bei seinen Fans Vorbestellungen für den physischen Tonträger und ließ diesen dann exakt in der Anzahl produzieren, die von seinen Fans vorbestellt wurde. „Ich habe das Album nur ein einziges Mal physisch produziert, weil ich die verschwenderische Produktion von Musik nicht so geil finde und nicht möchte, dass die Platte wegen Überproduktion irgendwann bei 'nem Discounter in der Grabbelschütte liegt",[12] erklärt Kliemann in gewohnt lässigem Ton die Hintergründe zu seiner Idee. Und siehe da: Rund 80.000 Vorbestellungen gingen bei ihm ein – ein gigantischer Erfolg. Natürlich ist das Album auch als Download und auf allen Streaming-Plattformen verfügbar. Die Wertigkeit physischer Tonträger hat Kliemann mit diesem genialen Coup aber noch einmal deutlich unterstrichen – nicht zuletzt auch mit dem Titel des Albums. Es heißt „Nie" und ist nicht mehr erhältlich. Nie wieder.

Ich bin mir sicher, dass sich noch etliche weitere Erfolgsgeschichten dieser Art erzählen ließen. Sie alle machen deutlich, dass der vermeintlich tot geglaubte Musikmarkt sehr lebendig ist. Klar, es sind Einzelfälle. Und sicherlich sind die benannten Beispiele auch nicht uneingeschränkt auf den Markt für Kindermusik übertragbar. Sie zeigen aber, dass mit kreativen Ideen und der Bereitschaft, neue und ungewöhnliche Wege zu beschreiten, viel erreicht werden kann. Grundlage dafür sind eine relative Bekanntheit und eine engagierte Fan-Basis – zwei Faktoren, die in der Kindermusik-Szene nicht unbedingt vorausgesetzt werden können. Doch schon vor über zehn Jahren gab der ehemalige *Universal*-Chef Tim Renner während eines Vortrags im Rahmen des Kinderliederkongresses seinen Zuhörer*innen jede Menge guter Tipps an die Hand, um die öffentliche Wahrnehmung von Kindermusik zu stärken. Viele seiner Ratschläge finden sich auf den vorangegangenen Seiten wieder. Etwa, wenn Renner empfiehlt, Digitalität zur Reduktion von Produktionskosten zu nutzen, oder wenn er den Ausbau der direkten Kommunikation mit dem Konsumenten empfiehlt, was Renner als „Sozialisierung der Kundschaft" bezeichnet. Vor allem aber gelte der Grundsatz: „Das Geschäft in der Industrie heißt Musik und nicht Tonträger."[13] Allem voran steht also nach wie vor eine überzeugende musikalische Arbeit. Wenn beides zusammenkommt, gute Musik und begeisterte Fans, dann hören wir in Zukunft vielleicht auch in der Kindermusik-Szene von Ereignissen wie dem, das 2015 auf einer Wiese in der norditalienischen Stadt Cesena stattgefunden hat. Dort versammelten sich 1000 Schlagzeuger*innen, Gitarrist*innen, Bassist*innen und Sänger*innen, um gemeinsam den Song „Learn to fly" von den *Foo Fighters* zu spielen. Das beeindruckende Video dieser Kollektivperformance verbreitete sich wie ein Lauffeuer im Netz, wurde aber zu einem ganz anderen Zweck aufgezeichnet. Die „Rockin 1000" wollten nämlich die *Foo Fighters* für ein Konzert in ihre Stadt locken. Die Antwort der Band ließ nicht lange auf sich warten. „Ci vediamo a presto, Cesena", schrieb Leadsänger Dave Grohl nur einen Tag nach der Veröffentlichung des Videos auf Twitter – „Wir sehen uns bald, Cesena". Wenige Monate später löste er sein Versprechen ein. Den Auftakt ihrer Europa-Tour feierten die *Foo Fighters* in Cesena.

Kindermusik im digitalen Raum

Und wie blicken die Kindermusik-Profis auf die Chancen der digitalen Verbreitungswege? Alles in allem sei der Kindermusikmarkt zu 90 Prozent immer noch physisch geprägt, sagt Andreas Maaß von *Universal Music*. Doch Streaming-Angebote würden auch für Kindermusik zunehmend relevant. Bis heute gäbe es hierfür jedoch keine konsequente Umsetzung. „Was gut wäre, wäre ein in sich geschlossenes System innerhalb großer Plattformen. Man kann zwar versuchen, das über Playlists zu umgehen, aber es gibt da eben keinen geschlossenen Kinderbereich, in dem man Kinder alleine unterwegs sein lassen kann, ohne dass die Gefahr besteht, dass sie abdriften und Inhalte präsentiert bekommen, die gar nicht für sie geeignet sind", bilanzierte Maaß noch 2016 im Interview.
Inzwischen hat sich auch diese Situation grundlegend verändert. Denn mit der App *Spotify-Kids* steht zahlenden Nutzer*innen des Streaming-Dienstes genau so eine kindgerechte Nutzeroberfläche zur Verfügung. Auch *Napster* bietet längst einen vom Hauptkatalog entkoppelten Bereich für Kinder. Mit *Ooigo* hat *Sony* sogar ein eigenes Angebot realisiert. In Verbindung mit einem kostenpflichtigen *Spotify*-Abo stellt auch diese App einen geschützten Raum für Kinder bereit, in dem sie Hörspiele und Musikangebote eigenständig auswählen und hören können. Der Haken: Leider sind in der App vornehmlich die Veröffentlichungen aus dem Hause *Sony* zu finden. Anders als auf der Produkt-Website angegeben, deckt die App nicht ansatzweise „alle im Markt erhältlichen Streaming-Produkte im Segment Hörspiel und Kindermusik"[14] ab. Eltern werden hier also vollkommen unnötig in die Irre geführt. Die Beispiele machen aber bereits deutlich, wohin die Reise in Zukunft gehen wird: „Das Kinderzimmer wird mit dem ‚Internet der Dinge' zu einem virtuellen Spielplatz, in dem Musik genauso selbstverständlich gestreamt wird wie Video-Inhalte, Bilderbücher und Spiele", prognostiziert Bent Schönemann (*Sony*). Wer sich einen persönlichen Eindruck von diesem Szenario machen möchte, dem empfehle ich den Besuch des digitalen Kinderzimmers, einer Art Show-Room für so genannte „connected toys".[15] Ob es interaktive Spielteppiche, Smart-Watches mit Tracking-Funktion oder datenhungrige Kuscheltiere wie den *Freddy Bear* wirklich braucht, liegt im Auge

der Betrachter*innen. Für die Musiknutzung im Kinderzimmer sind in den letzten Jahren jedoch tatsächlich alltagstaugliche Endgeräte entwickelt worden. mp3-Player wie der *Hörbert*, die *Toniebox*, die *Tigerbox* oder auch *Jooki* haben genau die technologische Lücke gefüllt, die nach dem Ende der robusten Musikkassette entstanden ist. Die mobilen Sound-Boxen ermöglichen es bereits jüngsten Kindern, selbstbestimmt ihre Lieblingsmusik abzuspielen. Und sie zeigen, dass in digitalen Technologien Potenziale stecken, von denen auch die Gattung Kindermusik profitieren kann.

Fehlen also nur noch die Inhalte. Nachdem Kindermusiker*innen anfangs ausgesprochen zögerlich waren, ihre Songs auf den Streaming-Plattformen zu veröffentlichen, sind die allermeisten von ihnen dort inzwischen vertreten. Das ist eine erfreuliche Entwicklung. Doch wie wir gesehen haben, macht allein die Präsenz auf diesen Plattformen den Erfolg nicht zum Selbstläufer. Musiker*innen und Bands, die im Netz um das wertvolle Gut Aufmerksamkeit ringen, müssen sich weitaus mehr einfallen lassen, als „nur" gute Lieder zu veröffentlichen. Von mindestens ebenso großer Bedeutung sind der direkte und nahbare Kontakt zur eigenen Gefolgschaft. Das beginnt mit einer zeitgemäßen Website und eigenen Shop-Systemen, führt sich fort über kreative und professionell produzierte Musikvideos, regelmäßige Kommunikation über diverse Social Media-Kanäle und die aktive Einbeziehung der Fans in spezifische Aktionen oder Crowdfunding-Kampagnen. Auch diesen Herausforderungen wenden sich zahlreiche Kindermusiker*innen inzwischen lustvoll zu und überraschen dabei oft mit erstaunlicher Kreativität. Konzerte im Live-Stream gehören dabei, spätestens seit der Corona-Pandemie, längst zum Standard. Deutlich ambitionierter wirken dagegen Web-TV-Formate, wie sie beispielsweise von Mai Cocopelli oder *Donikkl* umgesetzt werden. *Deine Freunde* haben den Release ihres Weihnachtsalbums mit einer elfteiligen Mini-Serie flankiert. Für sein Video zum Lied „Lisa" initiierte Ove Thomsen einen Flashmob in einer Shopping-Mall. Unter dem Motto „Muss mal Groß" pflegen *Pelemele* die Tradition, ihre Kinderkonzerte exklusiv auch vor einem erwachsenen Publikum zu spielen. Einem nostalgischen Trend folgend wird die Kindermusik-Compilation „Unter meinem Bett" auch auf Vinyl veröffentlicht – und gekauft. Und mit vergleichsweise großem Aufwand bemühte sich das Netzwerk *Kindermusik.de* unter dem Hashtag „Paukenschlag" zum Weltkindertag 2020 redlich darum, das „mit Abstand (!) schönste bundesweite Open Air-Festival für Kinder" auf die Beine zu stellen. Genau solche Ideen und Initiativen weisen in die richtige Richtung.

Unbestritten werden Kindermusiker*innen bei alldem zu einem schwierigen Spagat herausgefordert. Denn noch mehr als in der Musik selbst gilt es hier vor allem auch die Eltern zu umgarnen. In der Regel sind es nun einmal nicht die Kinder, die sich auf den Social-Media-Kanälen, Video-Portalen und Websites tummeln. Doch längst nicht allen Kindermusiker*innen gelingt es, auch ein erwachsenes Publikum für sich zu begeistern, noch dazu im Internet. Es lohnt sich aber, seine Energie in die Professionalisierung solcher Aktivitäten zu stecken, anstatt in den Aufbau komplexer technischer Infrastrukturen, mit denen man den übermächtigen Plattform-Betreibern ohnehin nicht das Wasser reichen kann. Zudem gibt es berechtigte Hoffnung, dass sich der Musikstreaming-Markt zugunsten der Künstler*innen weiterentwickeln wird. Denn wie lange wird sich ein Unternehmen wie *Spotify* Verluste in Höhe von zuletzt 581 Millionen Euro noch leisten können?[16] „Wahrscheinlich wird heute mehr Musik gehört als je zuvor. Bisher hat allerdings keiner der neuen Dienste mit dem Streaming-Geschäft auch nur einen Cent Profit gemacht. Und niemand weiß, ob sich mit Streaming je Geld verdienen lässt", schreibt der Journalist Philipp Oehmke im *Spiegel* über die digitale Musikverwertungslogik.[17] Tatsache ist, dass die digitale Vermarktung von Musik sprichwörtlich noch in den Kinderschuhen steckt und der Status quo nicht in Stein gemeißelt ist. Darum bringen sich in diesem Segment auch fortlaufend neue Akteure in Stellung. Zu ihnen zählt der Streaming-Dienst *Resonate*, dem ein Bezahlmodell zugrunde liegt, das den Musiker*innen eine deutlich höhere Gewinnbeteiligung verspricht. Im direkten Vergleich zu *Spotify* hat die Plattform bislang eine kaum nennenswerte Reichweite und listet auch nicht ansatzweise so viele Künstler*innen. Eine mögliche Perspektive könnte sich aber, wie vom Musiker Wolfgang Müller skizziert, durch eine Symbiose der beiden Anbieter abzeichnen. Entscheidend wird die zukünftige Entwicklung des Musikmarkts aber auch von den Zugängen abhängen, die wir als Erwachsene den Kindern ermöglichen. Welchen Stellenwert soll Musik in ihrem Alltag einnehmen? Wie ich in Kapitel 13 dargestellt habe, kann Kindermusik hinsichtlich der Gefühlsregulierung von Kindern zwar tatsächlich eine gewichtige Rolle einnehmen. Doch wollen wir das so genannte „Mood-Management" wirklich in die Hände von Algorithmen legen? Welche Rolle spielt die Identifikation mit Künstlerpersönlichkeiten für Kinder? Wird Musik zur beliebig austauschbaren Ware, oder verstehen wir sie als einen wichtigen Begleiter, der sie für das gesamte Leben prägen kann? Solche Fragen sollten sich Eltern, Erzieher*innen und Pädagog*innen stellen. Eine mögliche Antwort darauf formuliert Wolfgang Müller wie folgt: „Was auch immer passiert, wenn es so weitergeht wie bisher, werden wir bald nur noch massentaugliche Musik hören können. Und das kann niemand ernsthaft wollen."[18]

Am liebsten laut
17 Konzertreihen und Festivals für Kinder

> *„Die Bühne ist das Experimentierfeld der Musiker,*
> *das Konzert ihr Augenblick der Wahrheit."*
> (Herbie Hancock)

Im Herbst 2013 hatte ich die Gelegenheit, als Vertreter des *KiRaKa*-Musikteams am *Kids-Music-Panel* teilzunehmen, das im Rahmen des *Reeperbahn-Festivals* in Hamburg stattfand. In intimer Runde (denn auf allzu großes Interesse stieß das Thema Kindermusik beim Festival-Publikum damals leider nicht) traf ich in diesem Rahmen auf Henrik Guemoes, damals A&R-Manager bei *Seven.One Starwatch* und dort unter anderem für die Entwicklung der Sampler-Reihe „Giraffenaffen" verantwortlich. Darüber hinaus nahmen auch Bent Schönemann (*Sony*) und Eduardo Garcia (Manager und Produzent der Kinder-Rockband *Radau!*) an dem Panel teil. Vier mittelalte, weiße Männer diskutierten also durchaus konsensfähig den Zustand der Kindermusik in Deutschland und wälzten dabei so manche frische Idee hin und her. Insbesondere an der Frage, warum Kindermusik so wenig Live-Präsenz hat, bissen wir uns zeitweilig fest. Dass für die Umsetzung guter Kinderkonzerte spezielle Hürden zu überwinden sind, habe ich im 7. Kapitel („Die Herausforderungen eines Live-Events") bereits ausführlich beschrieben. Es wäre jedoch falsch, daraus die vorschnelle Behauptung abzuleiten, dass es hierzulande überhaupt keine Kinderkonzert-Kultur gäbe. Natürlich gibt es die. Etliche Kindermusiker*innen bespielen Kindergärten, Schulen oder Stadtfeste, organisieren kleine Tourneen oder eigene Festivals. Dieses Engagement wird öffentlich jedoch kaum wahrgenommen. Beim Lamentieren über die schlechten Rahmenbedingungen sollte es aber nicht bleiben – darüber waren wir uns auch beim *Kids-Music-Panel* einig. Gute Kindermusik braucht eine Bühne, und es ist an der Zeit, dieses Vorhaben in die Tat umzusetzen. „Na dann ... Machen wir das?" lautete damals die berechtigte Rückfrage der Moderatorin in die Runde.

Heute, sieben Jahre später, ist ein guter Zeitpunkt für eine vorläufige Erfolgskontrolle. Was haben die einzelnen Panel-Teilnehmer für die Kinderkonzert-Kultur in Deutschland erreichen können? Eduardo Garcia war mit *Radau!* schon damals unterwegs – und ist es bis heute. Mit viel Engagement und großem persönlichen Einsatz bespielt die Band zahlreiche Bühnen in allen Teilen der Republik. Henrik Guemoes deutete an, dass bereits an einer Live-Umsetzung der „Giraffenaffen" gearbeitet werde. Und tatsächlich ging die „Giraffenaffen"-Band 2016 dann auch auf Tour. Bent Schönemann verwies auf die eigene Veranstaltungs-Sparte von *Sony* bzw. dem *Europa*-Label und verkündete, dass man aktiv an der Umsetzung eigener Live-Formate arbeite. Inzwischen hat sich auch dort einiges getan. Das Unternehmen hat mit dem *Mounds-Festival* in den Schweizer Alpen (Mounds = Mountains & Sounds) am Aufbau einer Veranstaltung mitgewirkt, die in dieser Form einzigartig im deutschsprachigen Raum ist. Im Sommer 2019 fand es bereits zum dritten Mal statt und bot jungen Familien die Chance, in atemberaubender Kulisse gemeinsame Konzert-Erinnerungen zu schaffen. Natürlich wurden die Kindermusik-Acts aus dem eigenen Hause dabei besonders hofiert, doch insgesamt bot das Line-up des Festivals einen angemessenen Querschnitt durch die aktuelle Kindermusik-Szene. Als Vertreter des *KiRaKa* wurde auch ich damals gefragt, wie es im WDR um die Umsetzung von Kinderkonzerten bestellt sei. Tatsächlich war der Sender schon damals an verschiedenen Live-Formaten für Kinder beteiligt, seien es Familienkonzerte in Zusammenarbeit mit den eigenen Klangkörpern (Big Band, Rundfunkchor, Funkhausorchester und Sinfonieorchester), oder Konzerte im Rahmen so genannter „Off Air"-Veranstaltungen. Daran hat sich bis heute praktisch nichts verändert, wenngleich der Auftrag einer Rundfunkanstalt naturgemäß ein anderer ist.

Mit anderen Worten: Wir alle haben unser Versprechen auf die eine oder andere Weise eingelöst. Also alles gut auf dem Livemusik-Markt für Kinder? Mitnichten! Die benannten Beispiele zeigen zwar, dass sich bei der Umsetzung neuer Konzert-Formate langsam etwas tut. Sie taugen aber kaum als Beleg für eine breitenwirksame Kinderkonzert-Kultur. Wo kein guter Nährboden vorhanden ist, wird jedes noch so zarte Pflänzchen früher oder später eingehen. Mit anderen Worten: Der Zugang zu Kinderkonzerten hängt fast überall vom Engagement lokaler Akteure und Initiativen ab.

Lokale Konzertreihen und Festivalformate

Häufig geht dieses Engagement von den Kindermusiker*innen selbst aus. Exemplarisch lässt sich das an meiner Wahlheimat Köln zeigen. In über 15 Jahren hat sich die Kinderrock-Band *Pelemele* dort einen festen Platz in der Kindermusik-Szene erspielt. Die vier Musiker sind ganzjährig und bundesweit unterwegs, teilen bei ihren Konzerten in Köln die Bühne aber oft auch mit Kindermusiker*innen aus anderen Städten. Die wiederum setzen in ihren Heimatregionen ähnliche Ideen um. So stellten die Musiker der Bielefelder Band *Randale* 2016 gemeinsam mit anderen Mitstreiter*innen erstmals ein eigenes Kindermusikfestival auf die Beine. 2018 folgte die Neuauflage, mit der gleich durch mehrere Städte getourt wurde. Die damit verbundene Arbeit erledigt sich natürlich nicht nebenbei. Frontmann Jochen Vahle ist Mitgründer von *Newtone*, einer Agentur für Kultur- und Veranstaltungsmanagement, die sich, weit über die Aktivitäten von *Randale* hinaus, als

"Dienstleister der Popkultur" versteht. Auch der Musiker Gerd Grashaußer (*Geraldino*) hat mit seinem 1999 gegründeten *Kindermusikfestival* eine feste Instanz in Nürnberg geschaffen. Einmal im Jahr pilgern Kindermusiker*innen aus allen Regionen des Landes zu seiner Veranstaltung und treten im kollegialen Wettstreit um den "Deutschen Kinderliederpreis" gegeneinander an. Ähnlich engagiert ist die Oldenburger Band *Die Blindfische*, die den Verein "Musik für Kinder Oldenburg e.V." gegründet hat und seit etlichen Jahren ebenfalls ein eigenes Kindermusikfestival veranstaltet. Der Kieler Musiker Matthias Meyer-Göllner hat mit *Kinderlieder auf der Krusenkoppel* ein Kindermusik-Event auf die Beine gestellt, das im Rahmen der *Kieler Woche* stattfindet. Und auch der Frankfurter Musiker Georg Feils (*Ferri*) veranstaltet seit vielen Jahren das *Frankfurter Kinderliedermacherfestival*. Regelrechten Kultstatus genießt das *Taschenlampenkonzert* der Berliner Band *Rumpelstil*, das einmal im Jahr in der beeindruckenden Kulisse der Berliner Waldbühne stattfindet und zum überregionalen Exportschlager wurde. In Hamburg schließlich hat der Verein "KinderKinder" mit dem bereits 1995 gegründeten Festival *laut und luise* ein Event ins Leben gerufen, das Kinder ganzheitlich mit Musik in Berührung bringt.

In der Summe zeugen diese Beispiele von einer durchaus lebendigen Konzert-Kultur für Kinder. Fast alle davon stehen auf die eine oder andere Weise mit dem Netzwerk *Kindermusik.de* in Verbindung. Es ist vor allem diesem Kollektiv zu verdanken, dass solche und ähnliche Kindermusik-Events existieren, denn die einzelnen Akteure helfen und unterstützten sich gegenseitig. Besonders schön beobachten lässt sich das bei den Netzwerktreffen, die in wechselnden Städten stattfinden und in deren Rahmen in der Regel auch ein kleines Festival auf die Beine gestellt wird. In gemeinsamen Proben erarbeiten die Musiker*innen dann vor Ort das Konzertprogramm – ein künstlerisch schöner Ansatz mit durchaus inspirierendem Charakter. Die Schwachstelle des Verbunds ist jedoch, dass qualitative Ansprüche an das eigene musikalische Schaffen hintangestellt werden. Zwar gibt es in dem Verbund zahlreiche erfahrene und talentierte Musiker*innen und Bands, im Zusammenschluss des gesamten Kollektivs verliert sich jedoch deren Qualität. Dass man sich angesichts gleicher Ziele und Interessen trotzdem aufeinander einlässt, zeugt von großer persönlicher Verbundenheit, dient im Ergebnis aber nicht immer der Sache.

Patricia Parisi und ihr *Milchsalon*

Umso schöner, dass längst auch jenseits des Netzwerks *Kindermusik.de* Bewegung in die Konzertkultur für Kinder gekommen ist. Zu den aktivsten Protagonist*innen zählt die Berlinerin Patricia Parisi, die mit dem *Milchsalon* eine eigene Konzertreihe für Kinder ins Leben gerufen hat. Schon seit vielen Jahren arbeitet sie als Konzertveranstalterin. Der Wunsch, ihren eigenen Kindern gute musikalische Angebote jenseits des eigenen Plattenschranks zu machen, führte auch sie irgendwann zur Kindermusik. Im Jahr 2012 begann Parisi also, auch Konzerte für Kinder auf die Beine zu stellen – zunächst im *Roten Salon* (daher der Name *Milchsalon*), inzwischen aber auch in anderen Locations. "Ich fand diese Idee toll: Kinder in einen Club reinzuholen, in den sie normalerweise gar

Live im „Milchsalon"

nicht dürfen", erklärt sie im Interview. „Schon meine Kinder fanden das immer klasse, beim Soundcheck von Erwachsenen zuzugucken und diese Atmosphäre mitzubekommen. Und das war einfach meine Grundintention: Kindermusik in einen Club zu holen, um Kindermusik für Kinder interessant zu machen – aber eben auch für Erwachsene. Quasi eine Win-Win-Situation zu schaffen." Das Netzwerk *Kindermusik.de* ist für Parisi eine wichtige Anlaufstelle, allerdings weniger als Kollektiv, sondern eher als ein Pool von Musiker*innen, aus denen sie diejenigen auswählt, die ihren Ansprüchen an ein gutes Kinderkonzert gerecht werden. Besonders überzogene Erwartungen hat sie dabei eigentlich nicht. Alleinunterhalter*innen lehnt sie in der Regel ab, denn Parisi legt sehr großen Wert auf eine anschauliche musikalische Umsetzung. Und natürlich müsse es auch inhaltlich passen. Es sei zum größten Teil schon ein verstaubtes Genre, gibt sie offen zu. Auch wenn vieler Künstler*innen von sich selbst glaubten, innovative Musik für Kinder zu machen. „Ich finde das nicht. Es ist mir oft zu moralinsauer", kritisiert Parisi das musikalische Schaffen zahlreicher Interpret*innen, fügt aber selbstkritisch hinzu: „Ich habe im Laufe der Jahre so vielen Musikern Absagen erteilt, dass ich oft gedacht habe: ‚Was maße ich mir hier eigentlich an?' Aber manche Künstler sind einfach mit Kinderthemen unterwegs, die definitiv antiquiert sind." Grundsätzlich sei der Anspruch an Kindermusik aber keinesfalls niedriger anzusetzen als der an Musik für Erwachsene. „Im Gegenteil! Ich denke, man müsste da eigentlich sogar noch einen draufsetzen und viel mehr in Gefühle und in Gedanken investieren. Denn Kinder sind natürlich auch leicht zu manipulieren. Du gibst denen mit deinen Texten echt was mit, man kann da viel bewirken. Also hat man auch einen Auftrag", so Parisi.

Legt man musikalische Umsetzung und inhaltlichen Anspruch als die zwei Hauptkriterien zugrunde, dann blieben anfangs vergleichsweise wenige Bands übrig, die für ein Konzert im Milchsalon in Frage kamen. Die Entwicklung verläuft aber zunehmend positiv. Denn immer mehr professionelle Musiker*innen entdecken die Gattung Kindermusik für sich und bereichern sie nicht nur mit erfrischenden musikalischen Ideen, sondern eben auch mit tollen Live-Umsetzungen. Für Parisi besteht die größte Herausforderung demzufolge immer weniger darin, neue Bands ausfindig zu machen, sondern die einzelnen Konzerte so zu planen, dass sie am Ende auch gewinnbringend oder zumindest kostendeckend verlaufen. Sie arbeitet größtenteils allein und auf eigenes Risiko. Ihr ständiges Bemühen um Förderer oder Sponsoren blieb bislang leider erfolglos. Tausend Müsli-Riegel habe sie einmal zugeschickt bekommen, erzählt Parisi. Das habe ihr jedoch nicht wirklich weitergeholfen. „Ich bräuchte theoretisch zwei Mitarbeiter, ein Büro und mindestens einen Sponsor, der das alles in entspanntere Gefilde lenkt und mir Planungssicherheit gibt."

Trotz dieser prekären Gesamtsituation lässt sich Parisi nicht von ihrem Weg abbringen. Ungefähr ein Konzert pro Monat veranstaltet sie inzwischen. Mehr gehe einfach nicht, auch, weil sie sich sonst ihr eigenes Publikum abgreife. „Einmal im Monat kann sich das eine Familie vielleicht leisten, aber zweimal ist dann schon wieder zu viel." Dabei sind die Eintrittspreise für den *Milchsalon* vergleichsweise moderat. Trotzdem sei es nicht einfach, eine Location wie das *Columbia-Theater* oder den *Heimathafen* zu füllen. Bis heute sei das kein Selbstläufer. „Ich stecke da jede Menge Zeit rein und ziehe die Leute zum Teil manchmal an der Nase zu mir rein", gibt Parisi unumwunden zu. Rund 800 Besucher*innen fassen die Hallen. Manchmal sind sie gut gefüllt, oft kommen aber auch nur 200 Gäste, was die jeweilige Veranstaltung für alle Beteiligten zu einem wirtschaftlichen Risiko macht. Trotzdem gibt sie nicht auf. Engagiert, motiviert und ausgesprochen energetisch widmet sich Patricia Parisi seit neun Jahren dem *Milchsalon* und hat damit eine in Deutschland einzigartige Konzertreihe ins Leben gerufen. Inzwischen hat sie ihr Angebot sogar noch erweitert und organisiert auch das bundesweite Booking für ausgewählte Kindermusik-Bands. Ihr Antrieb: „Ich will Kinder wirklich dazu motivieren, Musik zu hören, Musik zu fühlen, Musik zu leben und Spaß daran zu haben. Musik ist einfach eine schöne Sprache und alle Kinder sollten die Möglichkeit erhalten, diese Sprache zu verstehen." Der stetige und wachsende Erfolg der *Milchsalon*-Konzerte gibt ihr Recht und beschert ihr mitunter heitere Erfahrungen. Etwa wenn sich einzelne Eltern verstört zeigten über die clubbige Atmosphäre der Konzert-Location. Gerade die hält Parisi jedoch für einen elementaren Erfolgsfaktor des *Milchsalons*. „Meine Konzerte sollen ein Erlebnis für Groß und Klein sein – und dafür müssen eben auch räumlich die Grenzen ein bisschen verschwimmen. Klar könnte man dafür auch ein Theater nutzen. Aber ich will zum Beispiel auch, dass die Kinder rumrennen können. Die sollen nicht in irgendeinem bestuhlten Saal sitzen müssen. Und auch für die Clubbetreiber ist es eine gute Sache, schließlich wird der Club dadurch auch tagsüber genutzt", erklärt sie. Falsche Erwartungen machten sich dagegen die Eltern, die bereits mit Kleinkind, Wickelset und Krabbeldecke zum Konzert kämen. Für so kleine Kinder seien die Konzerte eher ein Stressfaktor, stellt Parisi klar. „Wenn mich Eltern fragen, wie alt ihr Kind für den *Milchsalon* sein sollte, dann sage ich immer: ‚Es sollte auf jeden Fall tanzen können.' Krabbelkinder haben bei dieser Art von Konzerten noch nichts verloren."

Sebastian Tim und die „Unter meinem Bett"-Konzerte

Vergleichbare Erfahrungen macht auch der Hamburger Konzert-Veranstalter Sebastian Tim. Vor einigen Jahren gründete er die Agentur *Koralle Blau* und übernahm von seinem früheren Arbeitgeber *Tapete Records* den Auftrag, die Konzerte zu der Kindermusik-Compilation „Unter meinem Bett" zu planen. Diese Aufgabe stellte ihn vor völlig neue Herausforderungen. „Kindermusik auf Augenhöhe, die auch die Eltern anspricht, kannte ich vorher so nicht. Ich habe dann aber schnell gemerkt, dass ich mich da total drin wiederfinde", erklärt Tim. „Die Arbeit an ‚Unter meinem Bett' gibt mir und mittlerweile auch meinen Kindern wahnsinnig viel. Das ist einfach eine andere Art von Arbeit, als wenn du da den tausendsten schwedischen Indie-Rocker auf die Bühne stellst."

Doch nicht nur die besondere Zielgruppe, sondern vor allem das Konzept der Compilation machen die Aufgabe für Tim speziell. Auf den inzwischen sechs Veröffentlichungen sind nämlich viele verschiedene Künstler*innen aus der deutschen Indie-Szene vertreten – und alle von ihnen steuern ein eigenes Kinderlied bei. Für die Konzert-Umsetzung bedeute das, Musiker*innen aus allen Himmelsrichtungen zusammentrommeln zu müssen und ihnen zuvor auch gemeinsame Proben zu ermöglichen. Da die Konzerte als Tournee durch verschiedene Städte geplant werden, sind organisatorischer Aufwand und finanzielles Risiko immens. Sebastian Tim löste das Problem, indem er eine feste Backing-Band zusammenstellte, die das musikalische Fundament eines jeden Konzerts bildet. Ergänzend kommen unterschiedliche Sänger*innen hinzu, die dann „ihr" Kinderlied singen – in der Regel ergänzt um einen weiteren Titel aus ihrem Repertoire für Erwachsene. Gerade diese Durchmischung machen manche Kritiker*innen der Konzertreihe zum Vorwurf und behaupten, dass die musikalischen Interessen der Kinder nicht ernst genug genommen würden. Tim sieht das anders. „Man kann den Kindern eben auch bewusst machen: Der Künstler da oben macht auch noch andere Sachen und jetzt spielt der nochmal ein unbekanntes Lied für euch. Und ganz ehrlich: Wenn *Das Bo* ‚Türlich türlich' spielt, dann ist das schon ein besonderer Moment – für Eltern und Kinder."

In der Hamburger *Fabrik*, einer atmosphärisch einzigartigen Konzert-Location, fing alles an. Wenig später fand das erste Konzert in Berlin statt, inzwischen tourte die „Unter meinem Bett-Band" durch etliche weitere deutsche Städte. „Du brauchst einen Laden mit einer Mindestkapazität von 1.000 Leuten", so Tim. Und das Interesse lokaler Veranstalter sei da. „Es gibt natürlich viel mehr Veranstalter, die das machen wollen und viel weniger, die dann auch die Finanzkraft haben, um die Show zu bezahlen", erklärt er.

„Darüber hinaus muss es aber auch die richtige Location sein. Du kannst da jetzt nicht in jeden Laden gehen – das Publikum besteht ja nun mal aus Kindern." Die Wahl eines geeigneten Ortes für ein Kinderkonzert dieser Größe sei nicht immer einfach. Denn wenn Mama und Papa mit ihren Kindern zu einem Konzert gehen, dann erwarten sie, dass alles stimmt. „Da werden Eltern auch schon mal knatschig, wenn es eine Schlange gibt oder so. Auf solche Sachen musst du reagieren. Schön ist es auch, wenn der Club einen Außenbereich hat, wo man im Sommer vielleicht Grillen oder Kinderbespaßung machen kann. Das sind so Sachen, die du bei einer Rock-Show nicht unbedingt bedenkst. Da muss die Show auf der Bühne funktionieren, du brauchst einen Backstage-Raum und das Bier muss kalt sein. Da habe ich anfangs auch Fehler gemacht, aber daraus habe ich gelernt", schildert Tim seine Erfahrungen. Zu hohe Bühne und dadurch schlechte Sicht für die Kinder in der vorderen Reihe? Noch verraucht von der Party am Vorabend? Beides sei schon einmal vorgekommen. „Auch eine ganz schlechte Idee: Aus einer euphorischen Stimmung heraus die Kids aus dem Publikum auf die Bühne bitten. Über Gitarrenkabel stolpernde Kinderbeine, alarmierte Eltern an der Bühnenkante – und ich mit einem halben Herzinfarkt mittendrin", erinnert sich Tim. Das seien aber zum Glück seltene Ausnahmen gewesen.

Gemessen an einer Live-Show für Erwachsene sind die Ticketpreise mit 12 Euro für Kinder und 18 Euro für Erwachsene vergleichsweise moderat. Trotzdem kann der Besuch

Die „Unter meinem Bett"-Band auf der Konzertbühne

eines „Unter meinem Bett"-Konzerts für eine ganze Familie zum teuren Vergnügen werden. Das gelte für andere Freizeit-Aktivitäten aber ganz genauso, rechtfertigt sich Tim: „Was macht man nicht alles mit seinen Kindern? Du tobst sie aus. Du gehst Kanu fahren und Fußball spielen. Du gehst in den Park, ins Theater, ins Kino, du machst Spiele... alles Mögliche. Warum soll man nicht auch mal mit ihnen ins Konzert gehen? Es ist ja nicht so, dass man das jetzt jedes Wochenende machen muss. Aber es ist doch ein total schönes Erlebnis, das ein Kind in der Art nicht so oft hat."

Gerade weil bei den „Unter meinem Bett"-Konzerten viel Neues ausprobiert wird, scheinen sie zu polarisieren. Das Konzept der Alben wie das der Konzerte habe die Kinder verloren, sagen manche. Die Lieder seien eigentlich nur für die Eltern gemacht, die sich freuen, ihre eigenen musikalischen Idole auf der Bühne zu sehen und ihre Kinder dabei einfach mitschleppten. Sebastian Tim sieht das anders: „Natürlich hast du bei der Umsetzung des Konzerts auch im Hinterkopf, dass da 200 bis 300 Eltern dabei sind. Dann wird es vielleicht Momente geben, die einem Kind nicht direkt einleuchten, aber trotzdem halte ich die Veranstaltung für absolut kindgerecht", stellt er klar. Der Erfolg scheint ihm Recht zu geben. Unter jungen Eltern sind die Konzerte längst zum Geheimtipp avanciert. Und auch das Feedback der beteiligten Musiker*innen sei überaus positiv. „Alle freuen sich über das, was da passiert. Die Eltern freuen sich, ihre Lieblings-Acts mal in einem anderen Rahmen zu sehen. Die Kinder freuen sich über die coolen Songs von ‚Unter meinem Bett'. Es gibt da einfach eine Verbindung, es schließt sich ein Kreis. Und das merken natürlich auch die Künstlerinnen und Künstler", schwärmt Tim. Ohne Zweifel spiele ihm die Beteiligung prominenter Musiker*innen dabei in die Karten. Gerade vor dem Hintergrund erscheint es ihm vermessen, anderen Kindermusiker*innen Tipps oder Ratschläge für die Umsetzung eigener Konzerte zu geben. Stattdessen fokussiert er sich darauf, seine eigene Vision voranzubringen. „Konzerte sind ein einmaliges Erlebnis, gerade in Zeiten von kostenloser und stets verfügbarer Musik, die im Internet kursiert. Damit wachsen Kinder heute auf: Musik hat man einfach", gibt er zu bedenken. Und er ergänzt: „Ich finde es schön, einem jungen Menschen die Erfahrung mitzugeben, dass es etwas gibt, was einmalig und unwiederholbar ist: Nämlich den Moment auf der Bühne, wenn ein Musiker oder einen Musikerin seinen bzw. ihren Song singt."

Kindermusik im Rahmen großer Festivals

Inzwischen kümmert sich Sebastian Tim nicht nur um die Organisation der „Unter meinem Bett"-Konzerte, sondern auch um das Booking weiterer Kindermusik-Acts. „Die Nachfrage wächst seit Jahren, immer mehr Künstlerinnen und Künstler produzieren Songs für Kinder und gehen mit ihrem Programm auf Tour. Und die Clubs ziehen nach: In vielen Läden gibt es bereits konstante Kindermusikreihen, in denen dann zum Beispiel auch meine Acts *Deniz & Ove* oder *Gorilla Club* auftreten", so Tim. Das Qualitätssiegel „Unter meinem Bett" helfe bei der Vermarktung ungemein. „Das ist wie bei den Avengers: es gibt die große Show mit allen Superstars – aber jeder bekommt auch seinen eigenen Film". In diesem Kontext gelingt ihm, was vor wenigen Jahren noch unmöglich war: Er bringt einzelne Bands auch im Line-up großer Musikfestivals für Erwachsene unter. Über genau diese Lücke haben wir beim *Kids Music-Panel* vor einigen Jahren noch hitzig debattiert. Es war uns ein Rätsel, warum gerade dort, trotz deutlich zunehmenden Zulaufs von Familien, offenbar niemand über Musikangebote für die jüngsten Gäste nachzudenken schien. Sofern im Rahmen großer Musikfestivals überhaupt Angebote für Kinder gemacht werden, gehen sie nur selten über das Kinderschminken oder die Hüpfburg hinaus. Da muss doch mehr möglich sein?!

Das haben sich offenbar auch die Veranstalter des *Lollapalooza* in Berlin gedacht – eigentlich ein Festival für Erwachsene, mit Headlinern wie zuletzt den *Beatsteaks, Mumford & Sons, The National, K.I.Z., The Weeknd, Kings of Leon* oder *Kraftklub*. Mit dem *Kidzapalooza* wurde aber auch ein Festival-Bereich mit Programmangeboten für Kinder geschaffen. Dazu gehört unter anderem eine Bühne für Kindermusik. „Wenn sich also eine Familie entscheidet, auf das Festival zu gehen, dann kann sich Mama die *Stone Roses* angucken, während Papa mit den Kindern zum *Kidzapalooza* geht. Das finde ich total genial", sagt Sebastian Tim.

Ähnlich geht es beim Festival *A Summer's Tale* zu, das in idyllischer Lage in der Nähe von Lüneburg stattfindet. Offenkundig dockt das Festival-Konzept am Lifestyle urbaner Hipster an. Bei einem hochkarätigen Musikprogramm, für das die musikalische Sozialisation in den 1990er Jahren von Vorteil ist, sollen hier vor allem junge Familien auf ihre Kosten kommen. Für besonderes Flair sorgt dabei das Drumherum. Von Lesungen, Comedy-Programmen und Kino über Yoga, Massagen und Meditation bis hin zu Tanz-Workshops, Weinproben und sogar persönlichen Coachings kann dort jeder „seine ganz eigene Sommergeschichte inmitten von gleichgesinnten Festivalfreund*innen aller Generationen" finden, wie die Veranstalter vollmundig versprechen.[1] Logisch, dass es auch hier ein Musikprogramm für Kinder gibt. Mit *Bummelkasten, D!E GÄNG* sowie *Rabauken und Trompeten* waren 2019 gleich drei verschiedene Bands im Line-Up vertreten.

Die genannten Beispiele zeigen, dass Kindermusik inzwischen auch im Rahmen großer Festivals ernster genommen wird. „Es gibt offenbar einen Zusammenhang zwischen der Abwertung des Produktes Musik als ‚copy' und der Aufwertung der Erfahrung von Musik an einem bestimmten Ort, zu einer bestimmten Zeit und gemeinsam mit anderen",[2] schreibt der Musikjournalist Holger Noltze mit Blick auf den Wandel unseres Musikkonsums. Schön, dass von dieser Entwicklung zunehmend auch die Kindermusik profitiert. Bei genauerer Betrachtung gibt sie allerdings auch Anlass zur Sorge. Denn es wäre fatal, wenn nun ausgerechnet die großen Festivals zu den alleinigen Profiteuren der wachsenden Popularität von Kindermusik würden. Hinter dem *Lollapalooza* wie auch hinter *A Summers Tale* stehen zwei der größten Konzerne des Livemusik-Geschäfts – und die Förderung von Kindermusik zählt sicher nicht zu ihren Herzensanliegen. Doch selbst wenn man ihnen nur die allerbesten Absichten unterstellen wollte: Horrende Ticketpreise, die sich für eine Familie schnell auf mehrere hundert Euro summieren, machen derlei Events zu einem ausgesprochen exklusiven Erlebnis.

Zahlreichen Kindern bleibt die Teilhabe an solchen Veranstaltungen also verwehrt. Immerhin: Zunehmend springen auch kleinere Festivals auf den Zug auf und präsentieren Live-Shows für Kinder. Dennoch besteht die Gefahr, dass die Gattung Kindermusik zum Erfüllungsgehilfen für die vornehmlich kommerziellen Interessen einzelner Großveranstalter verkommt.

Es bleibt aber festzuhalten: Es tut sich was! Legen Sie Ihre Vorbehalte bei nächster Gelegenheit also einfach mal beiseite und lassen Sie sich auf ein Kinderkonzert ein. Die positiven Effekte sind inzwischen sogar wissenschaftlich belegt. Verhaltensforscher*innen der Goldsmith-Universität in London wollen herausgefunden haben, dass es kein besseres Wellnessprogramm gibt als Live-Musik. Wer regelmäßig Konzerte besucht, soll laut ihren Forschungsergebnissen sogar bis zu zehn Jahre länger leben.[3] Derlei Aussichten sollten uns allen ruhig ein paar Euro wert sein!

Wir heben ab
18 Erfolgsgeschichten aus der Kindermusik-Szene

> „Was bedeutet schon Geld? Ein Mensch ist erfolgreich,
> wenn er zwischen Aufstehen und Schlafengehen
> das tut, was ihm gefällt."
> (Bob Dylan)

Viel habe ich nun über schlechte Beispiele, strukturelle Defizite, Probleme und Herausforderungen in der Kindermusik-Szene geschrieben. Fast könnte der Eindruck entstehen, sie sei ein „Problemkind", für das jede Hilfe zu spät kommt. Tatsächlich ist aber das Gegenteil der Fall. Allen Herausforderungen zum Trotz, tummeln sich immer mehr Musiker*innen und Bands in der Gattung Kindermusik. In den letzten fünf Jahren ist vermutlich mehr Bewegung in die Szene gekommen als in den 30 Jahren davor – und längst haben sich manche Acts in diesem Feld überzeugend professionalisiert. Auch um ihr Engagement zu würdigen und zu stärken, habe ich dieses Buch geschrieben. Und einige davon möchte ich Ihnen in diesem Kapitel vorstellen. Doch über erfolgreiche Interpret*innen aus der Kindermusik-Szene zu schreiben, ist ein schwieriges Unterfangen, denn das Wort „Erfolg" definiert sich, je nach Sichtweise, anhand sehr verschiedener Zuschreibungen. Ein objektiv gutes Album verstaubt trotzdem häufig in den CD-Regalen, Archiven oder auf den Servern. Im Umkehrschluss sind hohe Verkaufszahlen jedoch kein automatischer Garant für eine auch im künstlerischen Sinne erfolgreiche Produktion. Und selbst wenn eine Kindermusik-Band bundesweit Konzerte spielt, heißt das noch lange nicht, dass sie auch bundesweit wahrgenommen würde – dafür ist die Kindermusik-Szene nach wie vor zu klein und leider (noch) zu unbedeutend. Die folgende Übersicht wird also Lücken aufweisen. Deshalb sei vorausgeschickt: Mir geht es an dieser Stelle weniger um konkrete Musik-Empfehlungen (die finden Sie im „Hidden Track", dem letzten Kapitel dieses Buchs), sondern um die Darstellung verschiedener Wege, die einzelne, nach meiner Definition „erfolgreiche" Kindermusiker*innen, bereits zurückgelegt haben. In den meisten Fällen handelt es sich dabei nicht um Künstler*innen, die bei den großen Musikkonzernen unter Vertrag stehen, sondern um Enthusiast*innen und Idealist*innen, die sich aus eigenem Antrieb dem Anspruch verpflichtet fühlen, gute Kin-

„Café Unterzucker" aus München

dermusik zu veröffentlichen. Manche von ihnen machen sich die Vertriebsstrukturen der Musikindustrie zu Nutze, andere operieren nach wie vor bewusst jenseits dieses Umfelds. Schauen wir uns einige Beispiele an.

Die verschiedenen Dimensionen von „Erfolg"

Das Münchener Kollektiv *Café Unterzucker* kann guten Gewissens in die Schublade „von der Kritik gefeiert, von der Öffentlichkeit verkannt" gesteckt werden. Hinter dem Projekt stehen die Musiker und Theatermacher Tobias Weber und Richard Oehmann, die in Süddeutschland bereits seit vielen Jahren mit *Doctor Döblingers geschmackvollem Kasperltheater* aktiv sind, mit inzwischen drei Alben aber auch die Kindermusik-Szene bereichert haben. Erschienen sind sie beim Münchener Indie-Label *Trikont*, das auch mit Musiker*innen wie Hans Söllner, *Bernadette La Hengst* oder *Funny Van Dannen* zusammenarbeitet. Dieses künstlerische Umfeld legt den Verdacht nahe, dass es sich bei *Café Unterzucker* um eine „etwas andere" Kindermusik-Band handelt – und so ist es auch. Als einen „Parforce-Ritt des anspruchsvollen (Kinder-) Humors voll geistreicher Bonmots, zu denen auch Erwachsene schmunzeln, selbstverständlich unpeinlicher und anspruchsvoller als alle Silbermond- und Annett Louisan-Platten zusammen",[1] umschrieb ein Rezensent des Online-Magazins *laut.de* (das Kindermusik für gewöhnlich konsequent ignoriert) das Album „Bitte Mammi, hol mich ab!". Tatsächlich überzeugen die Produktionen von *Café Unterzucker* nicht nur durch eine musikalisch anspruchsvolle und facettenreiche Umsetzung, sondern vor allem auch durch geistreiche und ironisch zugespitzte Texte, an denen auch viele Erwachsene ihre Freude haben dürften. Im künstlerischen Sinne zählt das Ensemble für mich eindeutig zu den erfolgreichen Kindermusik-Bands. Mit eigenwilligem Selbstverständnis („Institut für ungesüßte Kinderkultur und unversäuerten Erwachsenenschmarrn") und stilistischer Nähe zu bajuwarischer Musikkultur nimmt die Band jedoch billigend in Kauf, überregional kaum wahrgenommen zu werden. Doch genau hier, „in der Nische, außerhalb der großen Gaudihallen," fühlen sich die Musiker wohl.

Ähnlich verhält es sich mit den Veröffentlichungen des Kölner Musikers Johannes Stankowski, der vor seiner Zeit als Kindermusiker zusammen mit dem Musiker Simon Werle das Indie-Pop Duo *Werle & Stankowski* bildete. Vier gelungene Kindermusik-Alben hat er inzwischen veröffentlicht, tat sich zu Beginn aber schwer damit, seine Lieder auch live zu präsentieren. Es sei etwas völlig anderes, erzählt er in einem Interview, Musik und Texte für Kinder zu schreiben und im Studio zu produzieren, als auf einer Bühne zu stehen und Kinder mit einem packenden Bühnenprogramm zu fesseln. „Ich habe großen Respekt vor Künstlern, die das draufhaben", gesteht er offen.[2] Inzwischen scheint er diese Scheu aber überwunden zu haben, denn gemeinsam mit seiner Band tritt er immer häufiger live auf – zuletzt sogar in der Kölner Philharmonie.

Johannes Stankowski mit Band

Das Berliner Duo *Muckemacher*, hinter dem namentlich Florian Erlbeck und Verena Roth stecken, beschritt einen ähnlichen Weg. Als bühnenerfahrene Musiker*innen haben sie im Jahr 2014 mit „Diggidiggi BamBam" ihr erstes Kindermusik-Album veröffentlicht (unterstützt übrigens durch eine erfolgreiche Crowdfunding-Kampagne), zwei weitere Veröffentlichungen folgten bislang. Die beiden Multitalente haben dabei nicht nur alle Songs selbst geschrieben und eingespielt, sondern auch die Produktion ihrer Alben selbst in die Hand genommen. Das hört man dem Ergebnis an. Im Bemühen, Kinder konsequent an ihnen unbekannte Musikstile heranzuführen, gehen bei den *Muckemachern* authentische Instrumentierung und analoger Sound eine faszinierende Symbiose ein. „Wir möchten Kindern ein möglichst breites Musikspektrum aufzeigen. Und das anhand einer Reise durch die verschiedenen Stile und Epochen der Musikgeschichte, aber eben auf unsere Art und Weise, analog und ein bisschen oldschool", erklären Erlbeck und Roth ihre Herangehensweise.[3] Inspiriert von Stilrichtungen wie Jazz, Calypso oder Balkan-Beats, angelehnt an Künstler wie Jimmy Cliff oder Desmond Decker, entwickelt das Duo mit seinen Produktionen nicht nur kindgerechte Inhalte, sondern vermittelt zugleich auch Musik- und Kulturgeschichte. Auch die *Muckemacher* taten sich anfangs schwer, ihre Musik live zu präsentieren. Im Zuge der Veröffentlichung ihres letzten Albums „Biri Bababai" fand jedoch erstmals eine zehn Konzerte umfassende Release-Tour statt.

Die „Muckemacher" aus Berlin

Die Band *Fidibus* hat auf wieder andere Weise Maßstäbe gesetzt. Hinter dem Musikprojekt stecken der Musiklehrer Horst Großnick und der Produzent Dieter Krauthausen, die bereits Mitte der 2000er Jahre zwei gelungene Alben mit Kindern von der Rheinischen Schule für Blinde in Düren (heute Louis-Braille-Schule) aufgenommen haben. Unter Kenner*innen der Kindermusik-Szene gelten die Lieder von „Ab auf die Reise" und „Wenn's nach mir ging" bis heute zu den schönsten von Kindern selbst interpretierten Kinderliedern. So wie sie über die Jahre immer älter wurden, veränderte sich auch das Band-Projekt. Aus *Fidibus* wurde die *Tonbande*, die 2013 das Album „Dieses Lied" nachlegte und damit den frühen Beweis antrat, dass Kindermusik auch *für* ältere Kinder und *mit* älteren Kindern funktionieren kann. Im selben Atemzug wurde unter dem Projektnamen *Mondbande* auch ein Album mit Schlafliedern für Kleinkinder produziert. Im Sinne einer gelungenen Umsetzung waren auch diese Alben ausgesprochen erfolgreich. Trotzdem wurden sie medial mehr oder weniger ignoriert.

Wie also definiert sich nun der wahre „Erfolg" einer Kindermusik-Band? Ich persönlich würde ihn als eine ausgewogene Mischung aus musikalisch-künstlerischem Anspruch, Kontinuität, öffentlicher Sichtbarkeit und nicht zuletzt natürlich Verkaufszahlen von Tonträgern (bzw. Streaming-Abrufen) bezeichnen. Gemessen an diesen Kriterien fallen viele Kindermusik-Bands direkt aus dem Raster, obwohl sie das Etikett „Gute Musik für Kinder" zweifellos verdient hätten. Umso mehr schärft sich aber der Blick auf die Künstler*innen, die nach meiner Einschätzung würdige Repräsentant*innen eines zeitgemäßen Kindermusik-Marktes sind. Für alle, die zukünftig gute Musik für Kinder machen wollen, kann es anregend und aufschlussreich sein, sich mit ihrem Werdegang zu befassen. Denjenigen, die auf der Suche nach guter Kindermusik sind, bietet diese Aufzählung erste Anknüpfungspunkte.

Ergebnis einer „Laune": Die Hamburger Band *Radau!*

Blicken wir zunächst auf die Entstehung und das musikalische Wirken der in diesem Buch bereits schon häufig erwähnten Band *Radau!* aus Hamburg. Angefangen hat alles 1997 mit einem Hoffest, für das der Frontmann Arne Gedigk ein paar seiner Freunde um sich scharte, um gemeinsam ein Konzert für die Gäste zu spielen. Da sich unter ihnen auch viele Kinder befanden, entstand die Idee, in diesem Rahmen auch einige Kinderlieder zum Besten zu geben. „Wir haben ‚Der Kuckuck und der Esel' gespielt oder ‚Anne Kaffeekanne' – aber immer voll auf die Zwölf, mit durchgehender Bassdrum und so…" erinnert sich Gedigk an dieses initiierende Ereignis. Und er ergänzt: „Wir haben das damals gar nicht bewusst so gemacht, sondern einfach, weil wir es gar nicht anders wussten bzw. konnten. Wir hatten ja eine Rockband." Ermutigt von der positiven Resonanz des Publikums entstand aus dieser einmaligen Aktion die Idee, eine Rockband für Kinder zu gründen. Schnell folgten weitere Auftritte, und nachdem auch die ersten eigenen Songs komponiert waren, suchte die Band gezielt den Kontakt zu einem erfahrenen Produzenten. Den fand sie schließlich in Eduardo Garcia, der sich sofort begeistert

„Radau!" aus Hamburg

zeigte und das erste Album „Am liebsten laut" (2005) produzierte, das, wie es der Zufall wollte, beim gerade neu gegründeten Label *Oetinger Audio* erschien.

Seitdem sind *Radau!* zu einer festen Instanz in der Kindermusik-Szene geworden, haben über 300 Konzerte in ganz Deutschland gespielt und mehr als 40.000 Tonträger verkauft. Es war allerdings nie das erklärte Ziel der Band, den Kindermusikmarkt zu revolutionieren. Sie schmückt sich zwar mit dem Label „garantiert blockflötenfrei!", will damit aber lediglich charmant auf den Punkt bringen, dass hier etwas anders gemacht wird, als man es aus der Kindermusik gewohnt ist. Die bis heute andauernde Zusammenarbeit mit Eduardo Garcia hat für die Band sicherlich maßgeblich zum Erfolg beigetragen, denn als erfahrener Musikproduzent bringt er genau die Expertise ein, die vielen Kindermusiker*innen fehlt. Trotzdem leben die vier Musiker nicht allein von den Aktivitäten rund um *Radau!*, sondern gehen allesamt noch anderen beruflichen Tätigkeiten nach. Das Leben als Kindermusiker ist für sie eine berufliche Mischkalkulation. „Wir haben aber immer darauf hingearbeitet, uns die Räume zu schaffen, damit das größer werden kann", erklärt Arne Gedigk. Damit wird deutlich, dass das Dasein als Kindermusik-Band auch für *Radau!* nur wenig mit den gängigen Klischees erfolgreicher Musiker*innen zu tun hat. Nicht der kommerzielle Erfolg, sondern der Spaß an der Sache motiviert die Band seit über 20 Jahren, Musik für Kinder zu spielen. „Wir würden das ja nicht so lange machen, wenn nicht ein krankhafter Idealismus dabei wäre. Was ich mit meiner Familie und meinen Bandkollegen, mit der Produktion und mit Verlagen schon für schlimme Diskussionen hatte... Und trotzdem gibt es diese Band noch. Das kommt von innen heraus, das ist schon fast ein Zwang. Ich könnte das nicht mehr bleiben lassen", schwärmt Frontmann Arne Gedigk vom gemeinsamen Spirit und Antrieb.

Authentisch und professionell: Mai Cocopelli

Ähnlich lang ist auch die österreichische Musikerin Mai Cocopelli als Kindermusikerin unterwegs. Nur wenigen Frauen in der Gattung gelingt der Spagat zwischen authentischer, kindgerechter Ansprache und professionellem Anspruch ähnlich überzeugend wie ihr. Schon während ihrer Ausbildung zur Erzieherin, im Alter von gerade mal 15 Jahren, schrieb sie ihr erstes Kinderlied. Ausschlaggebend war eine missglückte Liedeinführung, bei der sie den Kindern ein Nikolauslied beibringen sollte, das ihr selbst überhaupt nicht zusagte. „Nachdem die Kinder die Stunde sabotierten, weil sich mein Unmut über dieses ungeeignete Kinderlied ungefiltert auf die Kinder übertrug, lehrten sie mich eine meiner wichtigsten Lektionen: Begeisterung überträgt sich in Sekundenschnelle und sollte in jeder Liedvermittlung das ‚Grundgewürz' sein", erinnert sich Cocopelli. Der Ausbildung folgte ein Studium zur musikalischen Elementarerziehung sowie an der klassischen Gitarre. Nach zwei Berufsjahren als Musikpädagogin machte sie sich 2001 schließlich als Kinderliedermacherin selbstständig und nahm ihr erstes Album „Floh und SO" auf.

Mai Cocopelli aus Attersee (Österreich)

Inzwischen hat Mai Cocopelli fast ein Dutzend Alben veröffentlicht, auf denen sie sich nicht nur musikalisch konsequent weiterentwickelt hat, sondern auch inhaltlich immer wieder neue Wege beschritt. So hat sie mit „Mai Cocopelli und der kleine Yogi" (2010) und „Sing, kleiner Yogi" (2015) zwei Alben produziert, die Kinder (und ihre Eltern) an Yoga-Praxis heranführen und zum Bewegen und Entspannen einladen. Mit „Today's your day" (2017) veröffentlichte sie ein Album mit englischen Interpretationen ihrer eigenen Songs und mit den drei Tonträgern „Im Musikzimmer" (2017 bis 2019) belebt sie gekonnt den musikalischen Alltag in Kindergarten bzw. Grundschule. „Ganz allgemein versuche ich, mich nicht zu sehr mit dem Tonträgermarkt und den Trends zu befassen. Denn manchmal verlässt einen da schon der Mut, wenn man hört, was sich ‚gut verkauft' und man fragt sich, wo da die Qualität geblieben ist. Darum gehe ich lieber meinen eigenen Weg", stellt Cocopelli klar.

Mit dieser Haltung fährt sie offenbar recht gut. Die Liste ihrer offiziellen Erfolge ist ebenso lang wie beeindruckend und reicht vom *Deutschen Kinderliederpreis* bis hin zum *International Songwriting Competition* im US-amerikanischen Nashville. Im Verlauf der Jahre hat Mai Cocopelli viele versierte Musiker*innen um sich geschart, die jede Produktion wie auch viele ihrer Live-Konzerte bereichern und so entscheidend dazu beitragen, dass ihre Fangemeinde kontinuierlich wächst. Gemeinsam mit dem *OÖ Mozartensemble* hat sie jüngst ihre Lieblingslieder für ein Konzertprogramm mit Orchester umgesetzt. Diese musikalische Vielfalt und die Gabe, sich auf die Lebenswelten von Kindern ganz unterschiedlichen Alters einlassen zu können, kennzeichnen die Arbeit von Mai Cocopelli. „Ich möchte nicht nur die Zielgruppe bis fünf Jahre bedienen, sondern Kindern so lange es geht im Kindsein zur Seite stehen", beschreibt sie ihre Motivation.

Geheimtipp aus dem Rheinland: *Pelemele*

Ähnlich beeindruckend ist die Entwicklung der Kölner Band *Pelemele*, die seit 20 Jahren Musik für Kinder macht. Frontmann und Bassist Picco Fröhlich stellt jedoch klar: „Eigentlich machen wir die Musik, die *wir* gut finden, an der *wir* Spaß haben. Und dann schreiben wir Texte für Kinder, die eben nicht nur um eine Ecke gedacht sind, sondern die vielleicht um zwei Ecken gedacht sind."[4] Am Anfang stand eine Erfahrung, die die Band bei einem Konzert machte, das sie eigentlich für ein erwachsenes Publikum spielte. Dabei stellten die Musiker überrascht fest, dass die anwesenden Kinder viel aufmerksamer und enthusiastischer waren als ihre Eltern. In der Konsequenz beschlossen sie, sich mit ihrer musikalischen Arbeit fortan direkt an Kinder zu wenden. „Wir haben gemerkt: Die Kinder gehen total ab. Die haben richtig Spaß, wenn es kracht und richtig rockt. Rockmusik hat eine totale Energie und Kinder haben eine totale Energie – und das passt einfach zusammen,"[5] erinnert sich Gründungsmitglied und früherer Frontmann Paulus Müller. Neun Studioalben und ein Hörspiel hat die Band seitdem produziert und damit in Sachen musikalischer Vielfalt und Stilsicherheit Maßstäbe gesetzt. Denn auch wenn man sich das Label „Rock für Kinder" auf die Fahnen geschrieben hat, ist das musikalische

„Pelemele" aus Köln

Spektrum der Band weitaus facettenreicher. Gekonnt jonglieren *Pelemele* mit Einflüssen aus Ska, Pop, Rock, Funk und Jazz und fügen diesen Stilmix auf ihren Studioalben, häufig mit der Unterstützung weiterer Musiker*innen, zu einem stimmigen Ganzen zusammen. „Das ist eindeutig ein Privileg, das wir uns da rausnehmen", gesteht Keyboarder Florian Bergmann. „Wenn man das mit Erwachsenen-Musik vergleicht, würde das ja keine Band machen dürfen. Wir nehmen uns einfach raus, von vornherein durch verschiedene Stile zu gehen – und das ist schon sehr schön." Und Schlagzeuger Andreas Niemann ergänzt: „Früher haben wir dazu geneigt, immer wieder was abzuschmirgeln, weil es eben für Kinder ist – also nicht zu viele Instrumente, nicht zu laut. Heute trauen wir uns da mehr, auch weil wir wissen, dass es funktioniert."

In 20 Jahren Bandgeschichte hat sich die Gruppe aber nicht nur musikalisch weiterentwickelt. Auch konzeptionell hat sich einiges verändert. „Wir hatten mal das Konzept, als Trio mit akustischen Instrumenten aufzutreten", erinnert sich Niemann. „Das bieten wir inzwischen nicht mehr an, denn es ist völlig inkonsequent, als Rockband mit akustischen Instrumenten aufzutreten. Das macht man doch nur, damit man noch einfacher im Kindergarten spielen kann – was für eine Band wie uns sowieso sehr selten vorkommt, weil es für die meisten Kindergärten viel zu teuer ist, uns zu buchen." Heute besteht *Pelemele* aus vier Musikern, die in der Regel in klassischer Rock-Besetzung auftreten, sich zu besonderen Anlässen aber auch einen Bläsersatz oder gleich eine ganze Big-Band mit auf die Bühne holen. Im Rheinland hat sich die Band längst einen Namen gemacht. In der breiten Öffentlichkeit werden *Pelemele* aber nach wie vor als Geheimtipp gehandelt. „In der Kindermusik-Szene selbst sind wir schon bekannt und haben da den Ruf, die eher Kreativeren zu sein", sagt Andreas Niemann. „Aber wenn man jetzt in die Außenwirkung geht, dann ist *Pelemele* leider nicht so bekannt."

Dieses Schicksal teilen die Kölner mit vielen anderen Kindermusik-Bands. Natürlich stand daher auch mal die Frage im Raum, ob man nicht zu einem Major-Label wechseln sollte. Entsprechende Versuche wurden unternommen, jedoch nicht weiterverfolgt. „Die waren zwar gut informiert und vorbereitet, haben aber auch gesagt: ‚Wir haben keine Leute, kein Geld, keine Mittel.'", erinnert sich Andreas Niemann und fügt hinzu: „Eigentlich können die Major-Label auch nur zwei Dinge tun: Entweder nehmen sie deine CDs mit in ihren Vertrieb auf, ohne dabei aber wesentlich größere Absätze garantieren zu können. Das heißt sie nehmen nur jemanden, der schon groß und bekannt ist, weil sie dann die Aufbauarbeit, für die sie kein Personal und kein Geld haben, nicht leisten müssen. Oder es läuft alles nur noch rückwärts: ‚Ah, der ist bekannt, der kann kommen. Und dann können wir da vielleicht irgendwas im Fernsehgarten organisieren.' Aber der Anspruch, erstmal Strukturen zu etablieren, damit das auch jemand mitkriegt, der ist scheinbar nicht vorhanden. Wir alle, die wir das machen, passen in diese Konzern-Logik nicht rein."

In der Folge organisieren sich *Pelemele*, unterstützt von einem Manager sowie einer Booking-Agentur, nach wie vor selbst und arbeiten damit wahrscheinlich kaum weniger erfolgreich, als sie es in der Zusammenarbeit mit einem Major-Label tun würden. Mehrfach sind ihre Alben mit dem *Leopold*-Gütesiegel (vgl. Kapitel 20, S. 222 f.) ausgezeichnet worden und Jahr für Jahr spielen sie Konzerte in ganz Deutschland. Für die 2016 entstandene Kinofassung der Kult-Kinderserie „Robbi, Tobbi und das Fliwatüüt" lieferte die Band mit „Wir lassen's krachen!" den Titelsong. Und 2018 brach sie in Zusammenarbeit mit dem *Goethe-Institut* zur „Tour de France" auf, um Kindern in Frankreich mit ihrer Musik eine etwas andere Deutsch-Stunde zu bescheren. Diese Erfolge und Auszeichnungen sprechen für sich und zeigen, dass man auch als Kindermusik-Band durch Eigeninitiative viel bewirken kann.

Spektakulär erfolgreich: *Deine Freunde*

Eine Band, die den deutschen Kindermusikmarkt in den letzten Jahren regelrecht aufgemischt hat, ist das Hamburger Hip-Hop-Trio *Deine Freunde*. Obwohl Ihnen als Leser*in inzwischen klar geworden sein dürfte, dass Kindermusik nicht erst gestern erfunden wurde, gelten *Deine Freunde* in der öffentlichen und vor allem medialen Wahrnehmung als die unangefochtenen Pioniere dieser Gattung. Endlich klinge Musik für Kinder „fett produziert und vor allem professionell, dabei kindgerecht, aber nie infantil", schrieb die *Zeit*.[6] Von einem „Kindergarten-Sound ohne Gitarre und Flöte"[7] schwärmte die *FAZ*, „Schluss mit Ringelpiez"[8] rief die *Süddeutsche Zeitung* begeistert aus. Herrlich anarchisch verteidige die Band „das Chaos im Kinderzimmer gegen die von den Großen oktroyierte Ordnung" und stütze sich dabei auf eine einfache Erkenntnis: „Kinder lieben Hip-Hop.

Ohne Scheiß – sie stehen auf die Beats. Je knackiger, desto besser,"⁹ so das Online-Magazin *laut.de* in seiner Rezension über das erste Album von *Deine Freunde*. Bei einem derart euphorischen Presse-Echo ließ auch das Fernsehen nicht lange auf sich warten. Unter anderem saß die Band in der *NDR-Talkshow* und bei Stefan Raab in der Sendung *TV Total*, trat im *Neo Magazin Royale* von Jan Böhmermann auf und wurde sogar vom *ZDF Heute-Journal* mit einem Beitrag geadelt. Eine ganze Nation atmet erleichtert auf, weil Musik für Kinder endlich wieder hörbar und cool ist. Angesichts dieses spektakulären medialen Echos zogen *Deine Freunde* anfangs nicht unbedingt den Respekt der Kolleg*innen aus der Kindermusik-Szene auf sich. Schnell haftete den drei jungen Männern das Etikett eines reinen Marketing-Produkts an, das von der Musikindustrie ebenso schnell gepusht wie verheizt würde. Warum sonst sollte dem Trio urplötzlich das gelingen, was so vielen anderen Kindermusiker*innen bislang versagt blieb? So richtig ernst nehmen wollte man das musikalische Schaffen von *Deine Freunde* in der Szene offenbar nicht. Umso ernster nahmen aber Kinder und Eltern ihre Musik. „Wir hören oft, wie toll es ist, dass wir diese Marktlücke entdeckt haben", sagt Rapper Florian Sump. „Dabei haben wir gar keine Lücke gesucht. Wir haben erst mal gemacht."¹⁰

Wie es wirklich war, haben er und seine Bandkollegen Lukas Nimscheck und Markus Pauli bereits in etliche Mikrofone und Kameras erzählt. Darum an dieser Stelle die Kurzfassung: Am Anfang (2012) stand das eher aus Spaß entstandene Lied „Schokolade", das innerhalb kürzester Zeit zum viralen Hit wurde. Selbst Rolf Zuckowski gefiel der Song

„Deine Freunde" aus Hamburg

so gut, dass er kurzerhand das Label *noch mal!!!* gründete, auf dem *Deine Freunde* wenig später ihr Debüt-Album „Aus'm Häuschen" veröffentlichten. Das Konzept, Hip-Hop-Beats mit kindgerechten Texten zu kombinieren, die auch Erwachsene zum Schmunzeln bringen, ging sofort auf. Im Handumdrehen eroberte das Trio die Kinderzimmer, spielte unzählige Konzerte und Festivals und veröffentlichte in den Folgejahren fünf weitere Studio-Alben. Dieser Erfolg ist jedoch weniger dem Engagement des Musik-Konzerns *Universal* zu verdanken – denn der ist vornehmlich für den Vertrieb der Alben zuständig. „Wir haben zwar eine Plattenfirma, aber die gibt uns eher ein Gerüst. Kontakte mit Medien und Redakteuren haben wir alle selbst hergestellt. Da steckt kein großes Geld dahinter. Alles, was wir machen, bezahlen wir aus eigener Tasche"[11] erklärt Manager Danny Engel. Ganz offensichtlich haben es *Deine Freunde* also geschafft, mit einem künstlerischen Konzept, das die Band selbst als „beobachtende Satire"[12] bezeichnet, gleichermaßen die Herzen von Kindern wie von Eltern zu erobern. Der Weg zum Erfolg war allerdings kein Spaziergang. „Uns wollte eigentlich keiner", erinnert sich Lukas Nimscheck an die beschwerlichen Anfänge. „Die Kindermusikszene hat gesagt: ‚Das ist zu progressiv. Was soll das? Das verstehen die Kinder nicht!' Und die Erwachsenenveranstalter, mit denen wir inzwischen zusammenarbeiten, haben gefragt: ‚Was soll das? Ist das ironische Musik für Erwachsene, die lustig sein soll? (...)' Es hat ewig gedauert, bevor wir ernst genommen wurden. Das war viel Kommunikationsarbeit."[13] Die persönlichen Erfahrungen aus dem professionellen Musik-Business waren für die Band dabei sicherlich ebenso hilfreich wie der Support von Rolf Zuckowski. Beides ersetzt am Ende aber nicht musikalische Qualität. Ist die jedoch vorhanden, ergibt sich alles andere fast wie von selbst. Denn Qualität spricht sich rum. „Wir haben das krasseste Promo-Tool überhaupt", stellt Frontmann Florian Sump klar. „Wir haben Mundpropaganda unter Eltern."[14]

Neben den Studio-Produktionen haben aber vor allem auch die Shows von *Deine Freunde* eine für Kindermusik-Konzerte herausragende Qualität – und das, obwohl nicht ein einziges Instrument auf der Bühne zu sehen ist. Nach meinen persönlichen Kriterien ist das eigentlich ein No-Go, stellt für das Genre Hip-Hop jedoch keine Seltenheit dar und kommt somit durchaus authentisch daher. Musikalität wird hier nicht durch Instrumente erzeugt, sondern durch Stilsicherheit. Während *DJ Pauli* die meiste Zeit an seinen Plattentellern arbeitet, fegen Florian Sump und Lukas Nimscheck ununterbrochen über die Bühne und schießen sich gegenseitig die textlichen Bälle zu. Zwischen den einzelnen Songs werden für die Kinder (und mit den Kindern) Spiele auf der Bühne gemacht, während für die Eltern augenzwinkernd der eine oder andere *Facebook*-Kommentar rückständiger Kritiker*innen rezitiert wird. Hinzu kommt, dass das ganze Spektakel in ein angenehm reduziertes, aber durchaus effektvolles Bühnenbild eingebettet ist. Und natürlich stimmt auch der Sound. Das alles mag für Menschen, die noch nie auf einem Kinderkonzert waren, vollkommen selbstverständlich klingen. Das ist es aber leider nicht. „Wir kommen alle aus einem Band-Umfeld, wo das einfach dazu gehört", macht Manager Danny Engel klar. „Genauso wichtig wie die Songs ist, wie du nach außen klingst und aussiehst. Dafür wird leider auf den meisten Festivals im Familien- und Kinderbereich kein Geld ausgegeben. Da haben wir irgendwann die Konsequenzen gezogen und gesagt: Sorry, da spielen wir nicht."[15] Stattdessen hat die Band ihre Live-Produktionen selbst in die Hand genommen. „Unser Versprechen ist ja: Ihr kommt zu uns als Familie und es ist ein richtiges Konzert, wie es die Eltern kennen. Dazu gehört eben auch eine gute Technik. Wir verdienen ja nur live Geld, denn von CD-Verkäufen kann kein Mensch leben. Deshalb haben wir alle Energie und alles Geld in eine möglichst gute Liveproduktion gesteckt",[16] erklärt Lukas Nimscheck. Neben den drei Musikern gehen immer auch ihr Manager sowie zwei Helfer für Licht und Tontechnik mit auf Tour. *Deine Freunde* liefern alles aus einer Hand und behalten so die Kontrolle. „Es gibt keinen Teil unserer Tour, der in irgendeiner Form fremdbestimmt ist. Wir bestimmen genau, wie es auf der Bühne aussieht, wir bestimmen, was wir sagen und welche Songs wir spielen. Und die Songs haben wir sowieso zu dritt gemacht. Dadurch müssen wir uns nie verstellen. Das ist eine Qualität, die es nicht so oft gibt im Musikbusiness", so Nimscheck weiter. Diesen Status haben sie mit einem wichtigen Karriere-Schritt weiter gefestigt: Ihr 2019 erschienenes Album „Helikopter" haben *Deine Freunde* auf ihrem eigenen Label *Sturmfreie Bude* veröffentlicht.

Compilations und Musikhörspiele

Dass eine Band wie *Deine Freunde* so erfolgreich werden konnte, hat sicher auch mit den veränderten Hörgewohnheiten der heutigen Elterngeneration zu tun. Führt man sich vor Augen, dass Hip-Hop bis weit in die 1990er Jahre hinein für den deutschen Musikmarkt kaum eine Rolle spielte, dann wird klar, dass natürlich auch in der Kindermusik kein Raum für derlei Experimente vorhanden war. „Vor wenigen Jahren wäre das noch eine Todsünde gewesen im Kinderbereich", erklärt Andreas Maaß (*Universal*). Nun nehmen *Deine Freunde* eine Vorreiter-Rolle ein, in dessen Fahrwasser sich auch andere Projekte entwickeln können. Dazu zählt das Musikhörspiel „Eule findet den Beat" (2014), das ebenfalls auf Rolf Zuckowskis Label *noch mal!!!* veröffentlicht und von *Universal* vertrieben wird. Auch diese Idee entstand im Privaten, genauer gesagt unter den drei Freundinnen Nina Grätz, Christina Raack und Charlotte Simon. Im Zusammenwirken ihrer Professionen als Autorin, Grafikerin und Angestellte bei einem Musikkonzern entwickelten die drei jungen Frauen ein Musikhörspiel, in dem eine kleine Eule verschiedene Musikstile von Jazz über Reggae und Hip-Hop bis hin zu Punk und Pop kennenlernt. Auch diese Produktion entwickelte sich zum Geheimtipp unter musikinteressierten Eltern, denn bei der Produktion der Lieder wurde penibel darauf geachtet, dass die verschiedenen Genres auch stilecht interpretiert wurden. Das gelang insbesondere durch die Beteiligung vieler Musiker*innen, die den spezifischen Ansprüchen der einzelnen Genres angemessen gerecht wurden. Der große Erfolg führte zu bislang zwei Fortsetzungen des Hörspiels. „Auf Europareise" (2016) lernt die Eule Musikstile aus verschiedenen europäischen Ländern kennen. „Mit Gefühl!" (2020) befasst sich mit Musik als Ausdruck verschiedener Emotionen. Rolf Zuckowski freut sich, neue Musikprojekte wie „Eule findet den Beat" oder

Rolf Zuckowski und das Team von „Eule findet den Beat"

auch *Deine Freunde* fördern und begleiten zu können. Die Gründung des Labels *noch mal!!!* sieht er dabei als hilfreich an, misst ihm aber nicht die größte Bedeutung für den Erfolg der beiden Projekte bei. Das Geheimnis dahinter umschreibt er mit einer denkbar einfachen Formel: „Beide Gruppen orientieren sich nicht an anderen Künstlern der Kindermusikszene, sondern gehen ganz eigene Wege."

Einen ebenso eigenwilligen Weg beschritt Henrik Guemos mit der Compilation-Reihe „Giraffenaffen". Nachdem er selbst Vater geworden war, wuchs auch sein Interesse an Kindermusik. Schnell fiel ihm jedoch auf, dass der Musikmarkt nur wenig Ansprechendes für Kinder zu bieten hatte. „Ich empfand die Suche nach guter Kindermusik sehr schnell als extrem frustrierend. Die Musik war entweder schlecht produziert, oder ich fand die Texte albern und hatte das Gefühl, dass das nicht dem entspricht, was ich meinen Kindern zeigen will", so Guemos. Als gebürtiger Däne hörte er mit seinen Kindern bevorzugt die bereits in den 1990er Jahren in Dänemark entstandene Compilation-Reihe „Åh Abe", für die eine feste Gruppe etablierter Künstler*innen traditionelle Kinderlieder modern interpretiert hatte. Zugleich hatte er als A&R (Artist und Repertoire)-Manager des *Pro7/Sat.1*-Labels *Seven.One Starwatch* nicht nur viele Kontakte zu deutschen Musiker*innen, sondern auch die Aufgabe, neue musikalische Ideen für das Label zu entwickeln. „Irgendwann war ich dann im Sommerurlaub mit meinen Kindern im Auto unterwegs. Und da war ein Song auf dem Album von einem Sänger gesungen, der ein bisschen so klang wie Roger Cicero. Und da fiel dann plötzlich der Groschen bei mir: Mensch, das könnten wir doch eigentlich auch machen. Dass Künstler wie Roger Cicero, *Lena*, *Thomas D* und all die Künstler, mit denen ich zu der Zeit zu tun hatte, alte Kinderlieder neu interpretieren." Offene Türen rannte Guemos mit dieser Idee bei *Seven.One Starwatch* anfangs nicht ein. „Es gab schon ein bisschen Zweifel, ob man mit dieser Idee wirklich viele Tonträger verkaufen kann – der Kindermarkt ist ja eher klein. Das hieß also, dass wir dann wahrscheinlich auch eher klein verkaufen können. Das war also schon ein Risiko. Am Ende waren wir uns aber alle einig, dass dieses Projekt auf jeden Fall einen Versuch wert ist", so Guemos.

Die konzeptionelle Idee der „Giraffenaffen" ist schnell erklärt: Bekannte Musiker*innen interpretieren die Kinderlieder, mit denen sie selbst aufgewachsen sind – und zwar in ihrem eigenen musikalischen Stil. Diese Idee kam offenbar gut an. Künstler*innen und Bands, wie sie unterschiedlicher kaum sein könnten, folgten dem Aufruf von Henrik Guemos. Angefangen bei *Dendemann*, *Blumentopf* und *Thomas D*, über *The BossHoss*, *Prag*, *Luxuslärm*, *Lena* und *Revolverheld* bis hin zu *Slime*, *La BrassBanda*, *Mono & Nikitaman*, *In Extremo* und *Götz Alsmann*. Alle leisteten ihren musikalischen Beitrag zu der Compilation-Reihe. „Es stellte sich heraus, dass viele Künstler*innen schon immer mal was für Kinder machen wollten. Einige hatten sogar bereits damit begonnen, ein Kinderalbum zu produzieren, sind dann aber nicht fertig geworden", erinnert sich Guemos. Schwieriger als die Künstler*innen von der Idee zu überzeugen gestaltete sich dagegen der Produktionsprozess. „Am Anfang musste ich das schon ein bisschen erklären. Denn wir wollten ja kein Kinderalbum machen, für das die Künstler jetzt irgendwie anders produzieren sollten – ganz im Gegenteil. Ich wollte, dass sie das so produzieren, als würden sie den Song für ihr eigenes Album machen", erklärt er.

2012 wurde der erste Ausgabe der „Giraffenaffen" veröffentlicht, fünf weitere Produktionen folgten, über 400.000 Exemplare wurden inzwischen verkauft. Natürlich standen Guemos und seinem Team mit ihren persönlichen Kontakten, vergleichsweise üppigen Budgets sowie den professionellen Marketing- und Vertriebsstrukturen des Labels ganz andere Möglichkeiten zur Verfügung als einer kleinen Band, die komplett selbstständig und auf eigenes Risiko handelt. Auch in diesem Fall ist aber anzunehmen, dass sich die Compilation nicht so gut verkauft hätte, wenn sie in ihrer Konzeption nicht auch den Nerv von Eltern und Kindern getroffen hätte. Obwohl der künstlerische Ansatz nach inzwischen sechs Veröffentlichungen immer mehr an künstlerischer Überzeugungskraft verliert: Die „Giraffenaffen"-Reihe hat ohne Zweifel dazu beigetragen, dass die Relevanz guter Kinderlieder auch jenseits der Kindermusik-Szene stärker wahrgenommen wurde.

Eine ähnliche Entwicklung nahm auch der Entstehungsprozess der von mir bereits zuvor erwähnten Compilation-Reihe **„Unter meinem Bett"**. Am Anfang stand die CD „Es War Einmal und Wenn Sie Nicht" (2013). Für diesen Tonträger hatte der Musiker Wolfgang Müller verschiedene Indie-Musiker*innen zusammengetrommelt, die bekannte Märchen der Gebrüder Grimm vorlasen. Als Markus Langer, damals Geschäftsführer bei der *Oetinger Media GmbH*, diese Produktion hörte, traf seine Leidenschaft für deutsche Indie-Musik auf den richtigen Kontakt. „Ich rief Wolfgang an, wir trafen uns, stellten fest, dass wir sehr ähnliche Vorstellungen und Vorlieben haben und erarbeiteten ein Konzept." So entstand schließlich die Idee zu „Unter meinem Bett", einer Compilation, auf der die Crème de la Crème der deutschen Indie-Szene regelmäßig neue Kinderlieder zum Besten gibt.

Bis zum Frühjahr 2020 war Markus Langer beim Hamburger *Oetinger-Verlag* für das Programm von *Oetinger Media* und damit auch für die Musikveröffentlichungen des Hauses verantwortlich. Der Verlag ist schon lange im Kindermusik-Geschäft aktiv, konzentrierte sich aber vornehmlich auf charakterbasierte Kinderlieder, etwa zu *Pettersson und Findus*, den Figuren von Astrid Lindgren, dem *Sams* oder den *Olchis*. Über die Jahre machte Langer dabei eine wichtige Beobachtung: Nachdem Kindermusik bei vielen Eltern lange Zeit den Stempel „notwendiges Übel" getragen habe, sah er sie plötzlich wieder viel stärker im Fokus der Wahrnehmung junger, musikinteressierter Eltern. „Es gibt eine viel größere Bandbreite der musikalischen Präferenzen und auch gewachsene Ansprüche, was die textliche Qualität und die der musikalischen Umsetzung anbelangt", so Langer. „Natürlich ist das noch nicht der Mainstream, aber diese Gruppe ist signifikant wachsend." Vor diesem Hintergrund entwickelte Langer gemeinsam mit Wolfgang Müller das Konzept für „Unter meinem Bett". „Wir hatten zunächst überlegt, dem Album einen inhaltlichen Rahmen im Sinne einer fortlaufenden Geschichte zu geben, diesen Ansatz jedoch schnell wieder verworfen. Wir waren beide der Überzeugung, dass es reizvoller wäre, den Songwritern völlig freie Hand zu lassen", erinnert er sich an die Anfänge. Im direkten Vergleich zu den „Giraffenaffen" unterscheidet sich die Reihe aber nicht nur durch die Auswahl der beteiligten Künstler*innen, sondern insbesondere durch die musikalische Herausforderung, neue Kinderlieder zu komponieren – angelehnt an den originären Stil der jeweiligen Bands. „So ergab sich eine wunderbare stilistische Vielfalt, die uns unheimlich gefreut und immer wieder auch überrascht hat. Das Album wurde genau die musikalische Wundertüte, die wir uns erhofft hatten", erklärt Langer rückblickend.

Im ersten Anlauf entstanden Kinderlieder von Künstlern wie Gisbert zu Knyphausen, Olli Schulz, *PeterLicht*, Francesco Wilking, *Käptn Peng*, Nils Koppruch oder Jan Plewka. Und wieder einmal war das mediale Echo geradezu überschwänglich. „Die Resonanz der Kinder, der Eltern und auch der Presse war sensationell! So etwas hatten wir vorher noch nicht erlebt. Wir waren in nahezu allen relevanten Printmedien vertreten und haben hymnische Rezensionen erhalten", erinnert sich Langer. „Viele Blogger haben in sehr kreativer Weise über ‚Unter meinem Bett' berichtet, wir hatten drei Videos zur Verfügung, die über *Facebook* und *YouTube* große Verbreitung gefunden haben. Die Eltern und Großeltern genießen es, Musik auch mal gemeinsam mit ihren Kindern hören zu können. Viele haben uns mitgeteilt, dass das bei ‚Unter meinem Bett' zum ersten Mal möglich war."

Inzwischen sind sechs Ausgaben der Compilation erschienen, viele weitere Musiker*innen haben sich der Idee angeschlossen und sind sogar weit darüber hinaus aktiv geworden. So hat der Berliner Musiker *Sven van Thom* mit „Tanz den Spatz" inzwischen ein ganzes Album mit Kinderliedern herausgebracht. Ähnlich inspiriert fühlte sich offenbar auch die Kölner Band *Locas in Love*, die unter dem Namen *Gorilla Club* ebenfalls ein eigenes Kindermusik-Album veröffentlichte. Die Musiker*innen Lisa Bassenge und Boris Meinhold produzierten als *Eule und Lerche* das Album „Zacki Zacki", und jüngst haben auch Deniz Jaspersen und Ove Thomsen als *Deniz & Ove* mit „Bällebad" den Kindermusik-Markt überzeugend bereichert. In kürzester Zeit entstand auf dem Nährboden der „Unter meinem Bett"-Compilations ein lebendiges Biotop für neue Kindermusik. Der Musiker Francesco Wilking berichtet davon, dass seine „Unter meinem Bett"-Songs sogar bei den Konzerten seiner Band *Die Höchste Eisenbann* vom Publikum eingefordert werden.[17] Einen besseren Beleg dafür, dass die Musik auch bei Erwachsenen ankommt, kann es wohl kaum geben.

Gut trainiert in den Startlöchern: *Herr Jan*

Sie sehen: Auf dem Kindermusik-Markt existiert inzwischen eine bunte Vielfalt. Diese Entwicklung ermutigt immer wieder auch neue Interpret*innen, sich in der Gattung auszuprobieren. Einer von ihnen ist Jan Sedgwik, der als *Herr Jan* die Kindermusik-Szene aufzumischen versucht. 2019 veröffentlichte er sein Debüt-Album „Herr Jan", Musik macht er allerdings schon deutlich länger. „Ich habe die ganze musikalische Früherziehung mit Blockflöte und Xylophon durchgemacht und danach klassisches Klavier gelernt. Zum Ende hin hatte ich aber überhaupt keine Lust mehr auf Musik. Weil mir die Klassik zu starr war, meine Lehrerin zu viel vorschrieb und ich teilweise heulend Klavier üben musste", erinnert sich Sedgwik. Mit 15 Jahren entdeckte er jedoch Jazz und Improvisation und damit einen Zugang zu Musik, der viel freier war und auch ohne Noten funktionierte. Fortan spielte er Bass in einer Funk-Band, bastelte Hip-Hop-Beats am Computer, setzte sich im Theater ans Keyboard und tourte mit der Band *Benevolent* (später *Honig*) durch die Lande.

Mit dem Wunsch, professioneller Musikproduzent zu werden, begann er schließlich ein Studium an der Robert Schumann Musikhochschule in Düsseldorf, hängte es jedoch alsbald wieder an den Nagel. „Ich habe gemerkt, dass ich nicht den ganzen Tag im Keller sitzen und nur Auftragsmusik machen möchte. Also bin ich Erlebnispädagoge geworden und habe mir fest vorgenommen nur noch Musik zu machen, die ich liebe." Mit der Geburt seiner Tochter entdeckte Sedgwik das Talent als Kindermusiker und profitiert in dieser neuen Rolle von seinen Erfahrungen als Multiinstrumentalist, Komponist und Produzent. Nach seiner Motivation befragt, erklärt er: „Zur Geburt meiner Tochter haben wir viele Kindermusik-CDs geschenkt bekommen. Aus musikalischer Sicht konnte ich das meiste davon leider kaum aushalten. Ich kenne einige Eltern, die die Musik im Kinderzimmer nicht ausstehen können. Weshalb gibt man das den Kinder dann zu hören?" Sein eigener Anspruch war es, nicht nur Musik für Kinder zu schreiben, sondern Lieder, die die ganze Familie zusammen hören möchte. „Texte über die man sich freut, die einen berühren und Melodien die man gerne hört und mitsingt, mit Themen die alle irgendwie nachvollziehen können." Und so wurde die Gattung Kindermusik um einen weiteren talentierten Künstler bereichert. Das Debüt-Album von *Herr Jan* zeugt von einer fundierten Auseinandersetzung mit den Ansprüchen an gute Kindermusik: Musikalische Qualität, thematische Originalität, stilistische Vielfalt, technisches Können und nicht zuletzt der gute Sound ergeben eine überzeugende Mischung, die einfach Spaß macht. Erfolgreich im kommerziellen Sinne ist Jan Sedgwik mit diesem Konzept bislang trotzdem noch nicht. Sein erstes Album konnte er dank einer Crowdfunding-Kampagne finanzieren, für den Nachfolger wünscht er sich „ein junges begeistertes Team, das auch mal querdenken und was ausprobieren möchte." Toll wäre auch ein „engagiertes Label". Angesichts dieser unklaren strukturellen Rahmenbedingungen bleibt abzuwarten, wie es um die musikalische Zukunft von *Herr Jan* bestellt sein wird. Sein Beispiel zeigt, dass eine gezielte Künstler*innen-Förderung in der Gattung Kindermusik durchaus Früchte tragen würde. Mit der Zuschreibung „Kindermusiker" will sich Jan Sedgwik allerdings nicht so recht anfreunden. „In dem Begriff ‚Kindermusik' liegt meiner Meinung nach auch etwas abschätziges. Ist Kindermusik noch Kindermusik wenn sie auch Erwachsenen gefällt?", fragt er und stellt im selben Atemzug klar: „Familienmusik ist die Kindermusik von morgen."

Herr Jan aus Bad Iburg

Einmal mehr zeigt sich: Eltern, die das Potenzial guter Kindermusik erkennen, sind der entscheidende Motor für die Szene. „Man kann natürlich fragen, was Kinder davon haben, wenn die Eltern sich heimlich von ihnen CDs ausleihen. Aber vielleicht müsste man zuerst fragen, ob es wirklich ein Naturgesetz ist, dass Kinder und Erwachsene getrennte CD-Regale haben?"[18], fragt der Journalist Marc Deckert in der *Süadeutschen Zeitung*. Was ist schlecht daran, wenn Eltern gemeinsam mit ihren Kindern die Leidenschaft für gute Musik teilen? Gerade weil es so vielen Kindermusiker*innen gelingt, ihr kindliches Image abzulegen und über alle Generationen hinweg ernst genommen zu werden, steht uns eine außerordentlich spannende Entwicklung bevor. Mitnichten ist das „Problemkind" Kindermusik also in den Brunnen gefallen. Ganz im Gegenteil Es entwickelt sich prächtig. Inspiriert von den hier benannten (sowie den im Kapitel „Hidden Track" vorgestellten) Musiker*innen werden weitere Künstler*innen folgen, die selbstbewusst den Anspruch formulieren, die Szene zu bereichern. Die „alten Hasen" im Geschäft sollten diese Entwicklung nicht vorschnell kritisieren und torpedieren, sondern mit offenen Armen willkommen heißen. Wer die Aufgabe, gute Musik für Kinder (und ihre Eltern) zu machen, schon immer ernst genommen hat, der muss die bevorstehenden Veränderungen nicht fürchten, sondern wird von ihnen profitieren können. Denn im Vergleich zum popkulturellen Mainstream ist in der Gattung Kindermusik noch reichlich Platz für engagierte Mitstreiter*innen.

Spielverderber
19 Popstars entdecken das Kinderlied

> „In Deutschland ist die höchste Form
> der Anerkennung der Neid."
> (Arthur Schopenhauer)

Greifen wir nun noch einmal eine Frage auf, die ich schon zu Beginn dieses Buches formuliert habe: Brauchen Kinder überhaupt Kindermusik? Schließlich machen sich viele Kinder auch die Musik ihrer Eltern zu eigen – und das oft mit großer Leidenschaft. Dagegen ist auch überhaupt nichts einzuwenden, denn jenseits des Liedinhalts definieren sich musikalische Vorlieben von Groß wie Klein hauptsächlich entlang musikalischer Kriterien, die sich, im direkten Vergleich zum Text, erheblich schwieriger der einen oder der anderen Zielgruppe zuordnen lassen. Zudem eröffnet die Musikwelt der Erwachsenen den Kindern den Zugang zu einer weitaus größeren stilistischen Vielfalt, als sie Kindermusik bislang bietet. In manchen Fällen verlaufen die Grenzen zwischen Musik für Kinder und Musik für Erwachsene sogar fließend.

Als die Hamburger Band *Blumfeld* 2006 ihr sechstes Studioalbum „Verbotene Früchte" veröffentlichte, zeigte sich manch eingefleischter Fan irritiert über die künstlerische Ausrichtung der Platte. Die Band um Sänger und Texter Jochen Distelmeyer, eigentlich bekannt für ihren intellektuellen Diskurspop, sinnierte auf dem Album plötzlich über rauschende Wälder, schneebedeckte Landschaften und Schmetterlinge. Das Werk habe damit „einen solchen Grad kindlicher Naivität und sonniger Weltsicht erreicht, wie man ihn nur von frischgebackenen Vätern oder Irren kennt",[1] urteilte das Magazin *Musikexpress*. Besonders durch das Lied „Der Apfelmann" fühlten sich die Kritiker*innen damals regelrecht provoziert – ein kurzer Textauszug erklärt vielleicht, warum:

» *Der Apfelmann in seinem Garten hat keine Zeit sich auszuruh´n*
Er sieht die Apfelbäume warten und weiß, es gibt noch viel zu tun
Bevor die ersten Knospen sprießen umsorgt er Beete, Busch und Strauch
und wenn sie in die Höhe schießen dann kümmert er sich darum auch

> *Er will für jeden Baum das Beste, so tut er, was er kann*
> *Er hegt den Stamm und pflegt die Äste*
> *Er ist ... Er ist der Apfelmann*
> (aus: „Der Apfelmann"; Sony, 2006)

„Alle sind sauer, weil Jochen Distelmeyer [...] über Igel singt",[2] fasste die *FAZ* den empörten Diskurs der Fachwelt über „Verbotene Früchte" zusammen. Besonders aufhorchen ließ mich seinerzeit eine Besprechung des Albums, in der der Autor schilderte, wie er die CD zu Hause einlegte und erstaunt feststellte, dass sogar seine kleine Tochter Interesse an der Musik zeigte. Neugierig erkundigte sie sich danach, ob denn neben dem Lied vom „Apfelmann" noch weitere Kinderlieder auf dem Album zu finden seien. Nun mochten Kinder also die Musik von *Blumfeld* – für die einen eine erschütternde Bankrott-Erklärung der Band, für andere die höchste Weihe eines guten Popsongs.

Musik aus Mamas und Papas CD-Regal

Vermutlich war es nicht die Absicht von Jochen Distelmeyer, ein Kinderlied zu schreiben. Umso mehr macht dieses Beispiel deutlich, dass die Definitionshoheit über Kindermusik nicht bei uns Erwachsenen liegt. Was Kindern gefällt und warum es ihnen gefällt, lässt sich meistens nur schwer ergründen. Fakt ist aber, dass es eine ganze Reihe von Popsongs gibt, die sich bei ihnen großer Beliebtheit erfreuen – obwohl das nur in den seltensten Fällen in der Absicht der Komponist*innen liegen dürfte. „Get lucky" von *Daft Punk* war seinerzeit so ein Song, „Happy" von Pharell Williams oder auch „Haus am See" von *Peter Fox* waren zwei weitere. Auch Lena Meyer-Landrut dürfte zu Beginn ihrer Karriere nicht im Traum daran gedacht haben, dass ausgerechnet Kinder zu ihren größten Fans werden könnten. Beim *KiRaKa* haben wir diese Beobachtung irgendwann zum Konzept erkoren und die Rubrik „Musik aus Papas (bzw. Mamas) CD-Regal" eingeführt. Darin fanden sich jede Menge Klassiker der Rock- und Pop-Musik, angefangen bei den *Beatles* über die *Rolling Stones* bis hin zu Janis Joplin, *AC/DC*, Johnny Cash, Michael Jackson oder auch *Take That*. Viele Kinder wünschten sich diese Musik, so dass ausgewählte Songs der benannten Künstler*innen regelmäßig über den Sender gingen und sich, angekündigt durch einen kurzen Jingle, fast organisch in das Musikprogramm einfügten. Unvergessen ist für mich in diesem Kontext die Produktion eines Radiobeitrags anlässlich des 70. Geburtstags von Bob Dylan. Zusammen mit fünf Grundschulkindern hörte ich mir dafür einige seiner Songs an und zeigte ihnen auch Ausschnitte aus seinen frühen Konzerten. Die Kinder amüsierten sich dabei nicht nur köstlich über Dylans „explodierte Haare", sondern interessierten sich durchaus auch für seine Musik – obwohl sie sie nicht für besonders zeitgemäß hielten. „Heute wird ja so abgerockt, aber früher gab es das ja gar nicht. Da gab es nur so ruhige Sänger", legte eines der beteiligten Mädchen ihr musikhistorisches Fundament offen. Die intensive Auseinandersetzung mit Dylan als Künstlerfigur war für sie wie auch für die anderen Kinder ebenso spannend wie anregend.

Wenn also schon Kinder keine formale Trennung zwischen Kindermusik und Popmusik vornehmen, warum tun es dann Erwachsene? Wie dicht beides beieinanderliegen kann, haben spätestens die im letzten Kapitel vorgestellten Compilations „Unter meinem Bett" und „Giraffenaffen" gezeigt. „Bei einigen Songs, die wir bei den Giraffenaffen dabei hatten, habe ich mich anfangs auch gefragt: Boah, können wir das jetzt machen? Geht das nicht zu weit?", erinnert sich Henrik Guemos und verweist beispielhaft auf die von *Mono & Nikitaman* produzierte Neuinterpretation des Kinderlied-Klassikers „Doof geboren ist keiner", oder auf das von der Punkband *Slime* gesungene „Trau dich". Häufig seien aber gerade diese Titel die Lieblingsglieder der Kinder gewesen, stellt Guemos fest.

Die Idee, sich als Popmusiker*in auf das Terrain des Kinderlieds zu wagen, ist vor diesem Hintergrund recht naheliegend und scheint erfolgversprechend zu sein. Doch längst nicht alle sind glücklich über diese Entwicklung. Insbesondere unter etablierten Kindermusiker*innen machen sich oft Unmut und Ärger darüber breit, dass ihnen ihre ureigene Domäne streitig gemacht wird. „Man kann nicht einfach sein cooles, lakonisches Zeug machen und dann macht man das Gleiche mal für Kinder", gibt Arne Gedigk von *Radau!* zu bedenken und bringt damit die Sorge seiner Zunft auf den Punkt. Zwar gesteht er zu, dass die Gattung durch den popkulturellen Einfluss insgesamt durchaus profitiere. Zugleich warnt er aber davor, die Herausforderungen, die mit der Komposition eines Kinderlieds verbunden seien, zu unterschätzen. „Nur mal kurz diesen Ausflug zu machen, das wird den Kindern nicht gerecht. Es geht nicht darum, das aus einer Art Egoismus heraus zu machen. Man muss da schon eintauchen und genau gucken, was die brauchen", so Gedigk.

Gezielte Ausflüge in die Kindermusik

Tauchen wir also tiefer in die Materie ein. Dabei stellt sich zunächst heraus, dass es schon sehr lange sehr viele Popstars gibt, die einen kurzen oder auch längeren Ausflug in die Kindermusik gewagt haben. Eines der bekanntesten Beispiele ist Peter Maffay, der mit dem Rockmärchen „Tabaluga" seit Jahrzehnten große Erfolge feiert. Rolf Zuckowski, der bei der ersten Produktion „Tabaluga oder die Reise zur Vernunft" (1983) mitwirkte, erzählt in seiner Biografie, dass Peter Maffay anfangs eigentlich ein Weihnachtsalbum mit ihm erarbeiten wollte, dann aber die Idee zu „Tabaluga" hatte. „In dem Lederjacken-Rocker steckte ein weicher Kern, ein Kind, das nicht wirklich erwachsen werden wollte", erinnert sich Zuckowski an die Zusammenarbeit und resümiert fast schwärmerisch: „Das Album wurde ein unerwartet großer Erfolg, es eröffnete Peter völlig neue Dimensionen und eine vorher nicht zu ahnende Nähe zu Kindern".[3] Angeblich verfolgte Peter Maffay mit dieser Veröffentlichung aber gar keine ernsthaften Absichten. Das zumindest behaupten Tim Renner und Sarah Wächter in ihrem Enthüllungsbuch über die Popindustrie, in dem sie schreiben, dass Maffay damals primär das Ziel verfolgt habe, seinen Plattenvertrag aufzukündigen. Da das aber nicht ohne weiteres möglich gewesen sei, habe er auf seine ganz eigene Weise reagiert. „Er nahm zum Schrecken des neuen

Managements eine reine Konzeptplatte auf, noch dazu für Kinder. Reines Kassengift", schreiben die zwei Autor*innen. „Doch statt ihn, wie von Maffay erhofft, aus dem Vertrag zu entlassen, veröffentlichte *Polygram* ‚Tabaluga oder die Reise zur Vernunft'. Das Rockmärchen wurde seine bis dato erfolgreichste Veröffentlichung".[4] Doch wie auch immer Maffays ursprüngliche Motivation tatsächlich aussah: Dass er im Verlauf der folgenden Jahre noch sechs weitere „Tabaluga"-Alben produzierte und aufwändig inszenierte, zeigt, dass er die musikalische Arbeit für Kinder längst mit großer Ernsthaftigkeit und viel Engagement betreibt. Gerne präsentieren sich inzwischen auch andere Stars im Glanz dieser guten Sache. An der zuletzt veröffentlichten Produktion „Tabaluga – Es lebe die Freundschaft" (2015) waren unter anderem auch Jan Delay, Helene Fischer, *Samy DeLuxe*, Johannes Oerding, *La BrassBanda* und Udo Lindenberg beteiligt. Von „Kassengift" kann hier also keine Rede mehr sein – wohl eher von der Einsicht, dass gute Musik für Kinder tatsächlich Spaß machen und zugleich kommerziell erfolgreich sein kann.

Weitere Popmusiker*innen, die sich an die Komposition von Kinderliedern gewagt haben, wurden in diesem Buch bereits erwähnt – so zum Beispiel *Nena*, die sich schon weit vor ihrem missglückten „1x1-Album" (vgl. Kapitel 4) durch sämtliche Kinderlieder-Klassiker gesungen hat. Auch der Kölner Musiker Johannes Stankowski hat bereits eine Karriere als Popmusiker hinter sich. Peter Plate, musikalisches Mastermind hinter der Band *Rosenstolz*, war verantwortlich für den Soundtrack zu der Film-Reihe „Bibi & Tina". Und wie wir gesehen haben, blickt auch ein Teil des Personals von *Deine Freunde* auf ein Leben als Popstar zurück. Hinzu kommen Musiker*innen wie Bernadette La Hengst mit ihrem Album „Tonangeberei" (2008), Diane Weigmann (ehemals *Lemonbabies*) mit ihrer Kindermusik-Band *3Berlin*, das Duo *Eddi & Dän* von den *Wise Guys*, das gemeinsam drei A-cappella-Alben für Kinder veröffentlicht hat, Maite Kelly von der *Kelly Family* mit ihrem Album „Die schönsten Kinderlieder" (2015), die Mittelalter-Folk-Rock-Band *Schandmaul* mit der Platte „Schandmäulchens Abenteuer" (2014), das Akustik-Ensemble *17 Hippies* mit der Produktion „Titus träumt" (2013), das Jazz-Quartett *Quadro Nuevo* mit dem Album „Schöne Kinderlieder" (2011), Tom Lugo, Frontmann der Band *Jamaram* mit dem Album „Tom Lugos Abenteuer Musik" (2015) oder die Ska-Band *Yellow Umbrella*, die gemeinsam mit der Szenegröße *Dr. Ring-Ding* inzwischen vier Bände des Musikhörspiels „Der Reggaehase Boooo" veröffentlicht hat. Ben Pavlidis von der Berliner Band *Ohrbooten* macht mit seiner Tochter als *D!E GÄNG* Musik für Kinder, und mit der EP „Dinge wollen fliegen" bewies auch die Indie-Band *Tulp* ihr Talent auf dem Gebiet. Selbst aus dem Dunstkreis des Indie-Labels *Staatsakt* haben einige Musiker unter dem Namen *Baked Beans* ein Album mit Kinderliedern veröffentlicht. Gemeinsam mit dem Musiker Max Schröder (*Der Hund Marie*) hat auch die Schauspielerin Heike Makatsch gleich mehrere Kinderlieder-Alben produziert. Und jüngst hat auch der Produzent Pit Baumgartner mit seinem Future Jazz-Projekt *DePhazz* ein Kindermusik-Album herausgebracht.

Kurzum: Auf unterschiedlichste Weise wurden und werden mehr oder weniger bekannte „Popstars" als Kindermusiker*innen aktiv. Und wer genau hinsieht, erkennt dabei mindestens drei grundverschiedene Motive:

1. Auf Erfolg programmiert

Längst haben viele Musiker*innen und Produzent*innen das wirtschaftliche Potenzial gut gemachter Kindermusik erkannt. Angesichts stetig sinkender Einnahmen durch physische Tonträger verspricht diese Gattung als eine der letzten nennenswerte Gewinne durch CD-Verkäufe. Und dort, wo sich der Wunsch nach Erfolg mit hinreichend musikalischer Expertise und professioneller Erfahrung trifft, ist ein guter Nährboden für Kindermusik geschaffen, die sich kaum noch vom weichgespülten Pop aus den Charts unterscheidet. Beispielhaft dafür steht das Projekt *Kid Clio*, hinter dem die Popsängerin Leslie Clio steckt. Mit ihrer EP „Heute bin ich faul" (2020) adressiert sie eine Zielgruppe, die längst mit einem Bein in der Pubertät steht. Eine vergleichbare Strategie lässt sich auch bei Anton Nachtwey beobachten, der unter dem Künstlernamen *Serk* nicht nur als Rapper aktiv ist, sondern darüber hinaus auch als Produzent für zahlreiche namhafte Popstars tätig wurde. Als *Anton* veröffentlichte er mit „ertappt" (2021) sein Erstlingswerk für die Kinder, die sich selbst vermutlich gar nicht mehr als solche verstehen. Inhaltlich gelingt ihm die Gratwanderung zwischen sanfter Coolness und kindlicher Naivität erstaunlich gut, doch rein musikalisch biedert sich das Album dem Zeitgeist allzu offensichtlich an.

Weder der genaue Entstehungshintergrund noch die persönliche Motivation der hier genannten Künstler*innen sind mir bekannt. Insofern bin ich weit davon entfernt, ihnen ihre künstlerischen Ambitionen pauschal absprechen zu wollen. Objektiv betrachtet ist aber festzuhalten, dass sie die musikalischen Konzepte für ihre Kernzielgruppe schablonenartig auf Kindermusik übertragen haben und das Innovationspotenzial von Kindermusik damit etwas einseitig ausschöpfen.

2. Die Überzeugungstäterin

Einen ähnlichen Vorwurf könnte man prinzipiell auch der Rapperin *Sookee* machen – hätte sie ihre persönliche Motivation, nun auch Kinderlieder zu schreiben, nicht so entwaffnend ehrlich offengelegt. Die Berliner Musikerin blickt bereits auf 15 Jahre im Musikbusiness zurück, gab Ende 2019 aber das vorläufige Ende ihrer Karriere bekannt. Mehr oder weniger zeitgleich veröffentlichte sie ihr erstes Rap-Album für Kinder. Bis dahin war sie als politisch motivierte Künstlerin bekannt, die sich für die Queer-Szene stark machte, Sexismus und Rassismus den Kampf ansagte und Partei ergriff gegen Homophobie. Via Instagram teilte sie ihren Fans dann aber mit: „Ich hab in so vielen Formaten gewirbelt, geschrien[5], geflüstert, verhandelt, geträumt, gemutmaßt, skandalisiert, konzipiert, diskutiert und mich verausgabt, dass mir eines unterm Strich klar wird: Ich brauche Abstand. Denn ich kann nicht behaupten, dass bei allen diskursiven Fortshritten und konkret messbaren Erfolgen diese ganzen Fights für mein Seelenheil besonders gesund seien." Die Gründe für ihren Rückzug scheinen eng an den Quantifizierungswahn der Kulturindustrie gekoppelt zu sein, in der sich „der gute Wille mit seiner eigenen Kapitalisierbarkeit" vermische. Entsprechend ernüchtert fährt *Sookee* fort: „Meine Utopie von einer emanzipatorishen Kultur ist drauf und dran davon verschlungen zu werden, noch bevor sie es überhaupt vom Kokon zum Shmetterling geschafft hat." Angesichts dieser Metapher dürfte sie den Titel ihrer Kindermusik-Produktion kaum zufällig gewählt haben. Mit „Schmetterlingskacke" zeigt *Sookee* als *Sukini*, dass sich politischer Anspruch und eine kindgerechte Ansprache keineswegs ausschließen. Dabei ist ihr durchaus bewusst, dass auch die Kindermusik auf dem besten Weg ist, sich als Ware in die Verwertungslogik der Musikindustrie einzufügen. Doch für's Erste gibt sie sich verhalten optimistisch: „Ich merke, dass das ein Feld ist, in dem ich mich nicht so fertig mache. Vielleicht werde ich da auch eines Tages eines Besseren belehrt, aber für den Moment warten dort Freude und Hoffnung auf mich. Die Arbeit an der ‚Schmetterlingskacke' war der wohltuendste kreative Prozess in Jahren!"[6]

3. Cool durch Zufall

Jenseits dieser benannten Beispiele sorgt manchmal auch das Schicksal für den entscheidenden Impuls, aus dem heraus etwas wirklich Neues entsteht. Exemplarisch dafür steht die Geschichte der *Zuckerblitz Band*, die 2020 das Album „Achtung Kokosnuss" veröffentlichte. Die kreativen Köpfe hinter diesem Projekt heißen Sebastian Dürre und Mario Wesser – doch unter diesen Namen dürften die zwei nur den wenigsten Menschen bekannt sein. Als *Porky und Malo* aber möglicherweise schon. Der eine steht seit vielen Jahren mit der Elektropunk-Formation *Deichkind* auf der Bühne, der andere ist erfolgreicher Songwriter für diverse deutsche Popstars. Gemeinsam mit ihren Familien gönnten sie die beiden Musiker eine Auszeit auf Hawaii. Dort kamen ihren Kindern die Textideen zu den Liedern, die mit Unterstützung der Väter schließlich zur Produktion des Albums führten. Die *Zuckerblitz Band* ist also eher ein Zufallsprodukt, das dank guter Kontakte in die Branche keinen besonders steinigen Weg zurückgelegt haben dürfte. Stilistisch ist dem Album die künstlerische Einflussnahme der Erwachsenen eindeutig anzuhören. Bewusst hält „Achtung Kokosnuss" das traditionelle Kinderlied auf Abstand und hat auf diese Weise ein neues Sub-Genre erschaffen, das sich in einem für Kindermusik eher ungewöhnlichen Kosmos zwischen Punk, New Wave und Elektro bewegt. So wurde das Album auch für die professionell arbeitenden Väter zu einer ungewöhnlich kreativen Spielwiese: „Das ist ein großer Unterschied zu meiner Arbeit als Autor für Popmusiker. Da muss man viel mehr kämpfen, hat viel mehr Vorgaben", beschreibt Mario Wesser im Interview mit dem *Musikexpress* den Entstehungsprozess der Platte und verweist damit auf eine Feststellung, die die Musiker der Kinder-Rockband *Pelemele* ähnlich formuliert haben. Sein Freund und Kollege Sebastian Dürre spricht von der „Freiheit der Leichtigkeit" und ergänzt selbstbewusst: „Vielleicht sind wir gerade die Band, mit der die Kinder das erste Mal gegen die Eltern rebellieren können."[7] Das ist tatsächlich ein inhaltlicher Anspruch, der bislang kaum mit Kindermusik verknüpft wird.

Bei allen Unterschieden, die die benannten Beispiele im Detail aufweisen, verbindet sie mindestens eine Gemeinsamkeit: Alle genannten Produktionen sind beim Major-Label *Universal Music* erschienen. Nach Jahren des Stillstands hat man in dem Konzern offenbar die Zeichen der Zeit erkannt und ist endlich dazu bereit, neue Wagnisse in der Gattung Kindermusik einzugehen. Mit diesem Pioniergeist grenzt sich das Haus deutlich von den Aktivitäten des Konkurrenten *Sony Music* ab, wo man sich nach wie vor wenig um den Aufbau von Kindermusik-Interpret*innen schert, denen man guten Gewissens das Etikett „Künstler*in" anheften könnte. Die Urteile über das individuelle künstlerische Schaffen mögen dabei verschieden ausfallen, doch wie ich schon zu Beginn dieses Buches angemerkt habe, differenziert sich ja auch die Kindheit in ganz unterschiedliche Phasen, mit denen auf Seiten der Kinder vielfältige Vorlieben und Interessen einhergehen. Endlich findet diese Vielfalt auch in der Kindermusik eine Entsprechung. Festzuhalten bleibt also: Seit sich vermehrt auch erfahrene und professionell arbeitende Musiker*innen auf dem Kindermusikmarkt tummeln, gewinnt er deutlich an Dynamik und wird auch in der Öffentlichkeit viel stärker wahrgenommen. Dass sich diejenigen, die diesen Markt bereits seit Jahren und teilweise sogar seit Jahrzehnten engagiert bespielen, in diesem plötzlich aufkommenden Rummel nicht gesehen oder übergangen fühlen, ist nachvollziehbar. Unweigerlich stellt sich damit aber auch die Frage nach der Anschlussfähigkeit ihrer eigenen künstlerischen Haltung. Nun bockig die Arme zu verschränken und in die Rolle des verkannten Genies zu fallen, wirkt im schlechtesten Sinne kindisch und lässt überdies die kollegiale Wertschätzung unter Musiker*innen vermissen.

„Die Geschichte der Popmusik war immer schon die Geschichte eines Aufstands", schreibt Tim Renner. „Man bekämpfte den Schrecken des Krieges mit Swing, die Bürgerlichkeit der fünfziger Jahre samt angrenzendem Rassismus mit (…) Rock'n'Roll, die elterliche Tätergeneration, deren bestenfalls harmlose Schlager das Vergessen befördern sollten, mit ernsthaften Singer-Songwritern, die Hippies und ihr ewiges Sinn- und Geborgenheitsstreben mit dem groben Punk und die 68er, an der kritischen Theorie geschult, mit minimalistischem, kaltem Techno."[8] Ist nun also die Zeit gekommen, in der die Popmusik den Kindermusikmarkt revolutioniert? In jedem Fall ist es das vielleicht letzte musikkulturelle Spielfeld, das nach Bereicherung, Irritation und Entwicklung geradezu schreit. Nur wenig kann in der Kindermusik noch falsch gemacht werden, vieles jedoch deutlich besser. Es sei „durchaus sinnvoll, die Elemente von Kreativität, Lebendigkeit und Innovation im Pop auch in der Kindermusik zu berücksichtigen", gibt sogar Fredrik Vahle zu bedenken. Und er fährt fort: „Im Pop wurde vieles aus archaischen und exotischen Musikkulturen ‚verwurstet', was im Bereich der neuen Kinderlieder viel besser aufgehoben wäre".[9] 2019 wurde der Sampler „Zugabe" veröffentlicht, auf dem Musiker wie Heinz Rudolf Kunze, Max Mutzke, *Stoppok*, Max Prosa und das verbliebene Personal von *Ton Steine Scherben* die bekanntesten Songs von Fredrik Vahle neu interpretieren – ein konsequenter und längst überfälliger Schritt. Ich persönlich freue mich auf mehr solcher musikalischen Experimente. Und ich behaupte, dass es viele Kinder und Eltern ebenso tun.

Übrigens: Die Band *Blumfeld* arbeitete schon auf ihrem 1999 erschienenen Album „Old Nobody" mit einem Kinderchor zusammen. Der brüllte laut und unmissverständlich nur eine einzige Zeile ins Mikrofon: „Mein System kennt keine Grenzen."

Scheiße sagt man nicht
20 Ausgezeichnete Kindermusik

> *„Es gibt Augenblicke, in denen eine Rose wichtiger ist als ein Stück Brot."*
> (Rainer Maria Rilke)

Gute Arbeit verdient Anerkennung. So wichtig es ist, kritisch auf das Schaffen der vielen Kindermusik-Interpret*innen zu schauen, so wichtig ist es, die guten Akteure angemessen zu würdigen. Ich spreche dabei nicht allein von Preisen und Auszeichnungen. Ein großer Schritt wäre bereits getan, wenn Kindermusik überhaupt mehr wahr- und ernstgenommen würde. In diesem Sinne ist die von mir gewählte Kapitelüberschrift unbedingt zweideutig zu verstehen. Das Wort „ausgezeichnet" deutet ein qualitatives Urteil an, fordert aber vor allem formale Anerkennung ein. Es gibt hinreichend Formate, die sich hervorragend dafür eignen würden – seien es entsprechende Rubriken in Zeitschriften und Zeitungen, unabhängige Empfehlungen auf Blogs und Websites, oder eben Auszeichnungen, Preise und Gütesiegel für besonders herausragende Leistungen. Doch wie ich in diesem Kapitel zeigen werde, existieren bislang kaum Foren für objektive Kindermusik-Kritik.

Wenig hilfreich: Zeitschriften und Blogs

Nehmen wir die einzelnen Formate genauer unter die Lupe und werfen zunächst einen Blick in die zahlreichen Zeitschriften, die sich explizit an junge Eltern richten und vielfältige Themen rund um den familiären Alltag abdecken. Sie heißen *Eltern*, *Eltern Family*, *Familie und Co.* oder *Family*. Beliebt sind auch verniedlichende Eigennamen wie *Kiddies*, *Luna* oder *Nido* (inzwischen eingestellt). Mit Titeln wie *Luna Mum*, *Brigitte Mum* oder einfach nur *Mum* werden dagegen junge Frauen direkt in ihrer Rolle als Mutter angesprochen. Mit *Dad* hatte der Verlag der *Men's Health* zeitweise sogar ein Pendant für *Kerle mit Kids* im Programm. Mit anderen Worten: Der Zeitschriften-Markt für junge Eltern ist überfrachtet und mit dieser Auflistung ganz sicher nicht vollständig erfasst. Es liegt mir fern, den genannten Titeln pauschal ihre inhaltliche Relevanz abzusprechen. Zumindest in Bezug auf aktuelle Kindermusik-Empfehlungen zeigt sich aber das immer gleiche Schema: Nur vereinzelt (vermutlich dann, wenn einem Redaktionsmitglied zufällig eine neue Kindermusik-Veröffentlichung in die Hände gefallen ist) wird in den Randspalten eine Rezension abgedruckt, die sich in der Regel jedoch nicht durch besondere musikalische Expertise auszeichnet.

Ähnliche Beobachtungen können wir bei Eltern-Blogs im Internet machen. Etwa 2.000 gibt es davon inzwischen im deutschsprachigen Raum und ihre Namen lassen eindeutig auf die anvisierte Leserschaft schließen. Sie heißen *Mamas Kind*, *Regenbogenmutti*, *Mama Notes*, *Mama arbeitet*, *Stadt–Land–Mama*, *Mutti so yeah* oder *Hauptstadtmutti*. Exemplarisch möchte ich hier die vollständige Selbstdarstellung des letztgenannten Blogs zitieren, in der es heißt:

> *Hauptstadtmuttis sind cool, sexy, stylish und anders als andere. Mit ihren Outfits, Geschäftsideen und Lebenskonzepten überraschen sie uns jeden Tag aufs Neue. Berlin, deine Muttis sind was ganz Besonderes – und genau das halten wir tagtäglich in unseren Street Styles und Karriere-Interviews fest. Vergesst den Berliner Mama-Macchiato-Mythos: Unsere Hauptstadtmuttis stehen für eine moderne Muttergeneration, die Familie, Beruf und Stil unter einen (stylischen) Hut bekommt.*[1]

Die Vielzahl der in aller Regel von jungen Müttern geführten Blogs macht unzweifelhaft deutlich, dass sie Kommunikationsbedarf haben. Kein Wunder, denn die strukturellen Rahmenbedingungen junger Familien sind oft schwierig. Dass man sich darüber austauschen und andere an seinen Erfahrungen teilhaben lassen möchte, ist verständlich und steht jeder Mutter (wie auch jedem Vater!) zu. Warum sie ihre Themen jedoch so anbiedernd lässig zum hippen Lifestyle hochstilisieren, erschließt sich mir nicht. Zum Glück gibt es auch deutlich sachlicher ausgerichtete Elternblogs, wie *Gewünschtestes Wunschkind*, *Große Köpfe* oder *Einer schreit immer*. Mit *Familienbetrieb*, *Ich bin dein Vater* oder *DADDYlicious* existieren sogar bloggende Väter. Ganz offensichtlich haben wir es hier mit einer ausgesprochen vielfältigen und lebendigen Szene zu tun, die mit der *Blogfamilia* sogar ihre eigene Konferenz veranstaltet, bei der sich diese virtuelle Gemeinschaft „weiterbilden, inspirieren und entertainen" lassen kann.[2] Doch wie steht es in diesem eigentümlichen Kosmos um unabhängige Kindermusik-Empfehlungen? Nun ja, von Unabhängigkeit kann bei Blogs per Definition nicht die Rede sein – gerade das zeichnet sie ja aus. Auf Blogs rücken individuelle Ansichten und Erfahrungen in den Mittelpunkt, Objektivität sollte hier niemand erwarten. Trotzdem wäre gerade die Blogger*innen-Szene ein geeigneter Raum, um gute Kindermusik mitten in den Diskurs der Zielgruppe zu bringen. Doch auch hier: Fehlanzeige. Mir ist kein Blog bekannt, der das Thema Kindermusik zum inhaltlichen Schwerpunkt erkoren hätte. Die drängenden Themen junger Eltern scheinen anderer Natur zu sein.

Aber halt! Ein Beispiel habe ich doch noch ausfindig machen können. Zumindest bei *Mama macht Spaß* wird regelmäßig über Kindermusik berichtet. Neben einzelnen Musikempfehlungen gibt es dort sogar eine *Spotify*-Playlist mit aktueller Kindermusik. Welcher ambitionierte Geist steckt wohl hinter diesem Angebot? Im Impressum der Seite finden wir die Antwort: Es ist die *Sony Music Germany Entertainment GmbH*. Folglich werden auf dem Blog auch fast nur Künstler*innen aus dem Hause *Sony* empfohlen. Ich gebe zu: Besonders investigativ war meine Recherche in diesem Fall gar nicht. Seit der Gründung im Jahr 2014 weiß ich von *Mama macht Spaß* und habe die Entwicklung der Website regelmäßig verfolgt. Denn wenn sich ein Musikkonzern vornimmt, in Sachen Kindermusik-Marketing in Zukunft „mehr über die Blogger-Szene" gehen zu wollen, um damit den Einfluss auf das „Word of Mouth", also die Mundpropaganda unter Eltern zu erhöhen, dann ist es aufschlussreich zu beobachten, wie genau diese Strategie umgesetzt wird. Die desillusionierende Erkenntnis lautet: Man macht sich offenbar erst gar nicht die Mühe, mit der Blogger-Szene in Kontakt zu kommen, sondern gründet einfach ein eigenes Forum. Anfangs glich es in seiner Ansprache den üblichen Eltern-Blogs, denn das Redaktionsteam bestand (zumindest dem vordergründigen Anschein nach) aus den zwei Autorinnen Nina und Petra. Sie taten zu Beginn genau das, was zig andere Blogger*innen auch tun: Sie schrieben aus ihrem Leben. Hier ein kurzer Auszug aus ihrer damaligen Selbstdarstellung:

» *Wir heißen Nina und Petra, haben die 30 schon hinter uns gelassen und sind ganz normale Mamas, die ihre Kinder lieben und ihren Beruf ebenso (meistens jedenfalls). Was also machen wir hier genau? Mama macht Spaß ist eine Plattform mit vielen einfachen Ideen und kleinen Tipps für die Bespaßung von Kindern – vom Säuglingsalter bis zum Ende der Kindergartenzeit. Wir liefern dir die heißesten Tipps aus der Bastelecke, lustige Spiele für zwischendurch und kleine Ideen, die den Alltag mit Kindern leichter, entspannter, bunter und lustiger machen. Es wird hier auch viel um Musik gehen, denn Lieder, ihr wisst es ja selbst, können einfach so viel ausdrücken und die Kids liiiiiieben Musik.*[3]

Diese Art des Direktmarketings ist zwar nicht verboten, in ihrer Intransparenz aber trotzdem perfide. Warum wird die Sorgfalt, die man bei *Sony* offenbar in die Bewerbung der Produkte steckt, nicht auch in die künstlerische Arbeit investiert? Ich weiß nicht, ob die Strategie am Ende tatsächlich erfolgreich war. Nina und Petra scheinen ihren Dienst jedenfalls recht schnell wieder quittiert zu haben. Die Fan-Page des Blogs bei *Facebook* zählt aber noch immer rund 20.000, der dazugehörige *YouTube*-Kanal sogar 110.000 Abonnent*innen.

Der vertiefende Blick auf das ganze formale Spektrum im Internet würde den ohnehin schon konfusen Eindruck nur noch verstärken. Natürlich gibt es unzählige Websites, auf denen immer wieder auch Kindermusik-Empfehlungen zu finden sind. Und natürlich haben auch Labels und Musik-Verlage eigene Web-Präsenzen, um dort über die

Veröffentlichungen ihrer jeweiligen Häuser zu informieren. Auch die bereits erwähnten Familien-Zeitschriften sowie die in diesem Kapitel noch folgenden Beispiele sind selbstverständlich im Netz zu finden. In der Summe haben wir es hier aber mit dem immer gleichen Problem zu tun: Eine Website, auf der regelmäßig, sachlich, fundiert und vor allem unabhängig über neue Kindermusik-Veröffentlichungen informiert wird, gibt es hierzulande noch nicht.

Gemischte Bilanz: Wettbewerbe und Gütesiegel

Lassen wir das Internet also hinter uns und widmen uns stattdessen den verschiedenen Wettbewerben und Gütesiegeln für Kindermusik. Eine Frage vorab: Kennen Sie eines? Ich unterstelle mal, dass die Antwort in den allermeisten Fällen „Nein!" lautet. Sie müssen sich deswegen keineswegs uninformiert fühlen, denn es liegt nicht an Ihnen, dass Sie noch nie von einer Auszeichnung für gute Kindermusik gehört haben. Dieser Missstand hat zweierlei Ursachen: Entweder überdauern gute Ansätze und Initiativen einfach keine längeren Zeiträume oder aber sie werden so schlecht kommuniziert, dass sie öffentlich wie medial kaum wahrgenommen werden. Lassen Sie mich am Beispiel meiner persönlichen Erfahrungen konkret werden. Im Jahr 2010 hatte ich das Vergnügen, an der Vorauswahl für den *WDR-Kinderliederwettbewerb* beteiligt zu sein. Nach der ersten Zeit im Musikteam des Kinderhörfunks war die Arbeit in der Vorjury eine interessante Lernerfahrung für mich. Mehrere hundert Einreichungen landeten in der Redaktion und wollten kritisch geprüft werden. Ich kam aus dem Staunen kaum heraus, als ich feststellte, wie viele maximal mittelmäßig begabte Menschen sich dazu berufen fühlten, Musik für Kinder zu machen. Mehr noch als in der täglichen Arbeit offenbarte sich hier das ganze Elend im Kinderlied. Unsere Aufgabe bestand nun darin, den verstörenden Anteil der Einreichungen auszusieben, um der Hauptjury eine Auswahl guter Songs vorlegen zu können, von denen schließlich 15 Beiträge ausgewählt und auf einem Sampler veröffentlicht wurden. So wurde die Kindermusikwelt mit neuen Kinderliedern bereichert und auch wenn die Künstler*innen kein Preisgeld erhielten, wurde ihnen doch zumindest ein wenig mediale Aufmerksamkeit zuteil. Dank des Samplers (der großzügig verschenkt wurde) fanden einzelne von ihnen vielleicht auch neue Fans. Bei Lichte betrachtet ist der Nutzen für die beteiligten Musiker*innen jedoch vergleichsweise gering. Sie investieren viel Zeit (und mitunter auch Geld), um an so einem Wettbewerb teilzunehmen. Sofern sie am Ende überhaupt mit ihrem Lied auf dem Sampler vertreten sind, hat dies bestenfalls einen kurzen positiven PR-Effekt. Nachhaltige Künstler*innen-Förderung braucht jedoch mehr Engagement und vor allem Kontinuität. Der Kinderlieder-Wettbewerb des WDR ist inzwischen aber leider Geschichte.

Einen ähnlichen Versuch unternahm im Jahr 2011 die prominente Speerspitze der musikalischen Kinderunterhaltung. Das Dreigestirn Rolf Zuckowski, Detlev Jöcker und Volker Rosin rief zur Teilnahme am ersten *Deutschen Kita-Musikpreis* auf: „Singende, sich bewegende und musizierende Kinder sind unser Herzensanliegen. Klingende Kindergärten gehören zu den Grundbausteinen des Kinderglücks und sind unverzichtbar für eine gesunde Entwicklung der Kinder in ihrer Gemeinschaft", verkündeten die drei Musiker.[4] Dementsprechend waren alle Kitas und Kindergärten mit aktivem Musikleben aufgefordert, am Wettbewerb teilzunehmen. Streng genommen handelte es sich dabei aber gar nicht um einen Kindermusik-Wettbewerb, sondern eher um ein Programm zur Förderung musikalischer Praxis in der Früherziehung. Denn zum einen war es zulässig, Neuinterpretationen bekannter Kinderlieder einzureichen. Zum anderen wurde das Preisgeld im Gesamtwert von 8.000 Euro auf acht verschiedene Einrichtungen verteilt, die ganz bewusst nicht in einem vergleichenden Ranking ausgezeichnet wurden. Insgesamt 225 Einsendungen erreichten den Wettbewerb schließlich. In Zusammenarbeit mit der von Rolf Zuckowski ins Leben gerufenen Stiftung „Kinder brauchen Musik" wurde am 30. Oktober 2011 zum ersten Mal der *Deutsche Kita-Musikpreis* verliehen. Leider zugleich auch zum letzten Mal. Warum er direkt wieder eingestellt wurde, bleibt ein gut behütetes Geheimnis.

Doch es gibt auch Kindermusik-Auszeichnungen, die sich schon deutlich länger auf den Beinen halten. Wie zum Beispiel der *Deutsche Kinderliederpreis*, der bereits seit 2001 existiert und jährlich verliehen wird. Maßgeblich verantwortlich für diese Kontinuität ist der Musiker Gerd Grashaußer (*Geraldino*), der den Preis initiiert hat. Mit Unterstützung zahlreicher lokaler Partner gelingt es ihm, in seiner fränkischen Heimatstadt Nürnberg jedes Jahr ein Kindermusik-Festival auf die Beine zu stellen, in dessen Rahmen auch die Verleihung des *Kinderliederpreises* stattfindet. Der Wettbewerb ist offen für alle Kindermusiker*innen und wird zu wechselnden Jahresthemen ausgeschrieben. Voraussetzung für die Teilnahme ist unter anderem, dass das eingereichte Lied zum vorgegebenen Thema passt und keine bekannten Melodien darin zitiert werden. Man ist also bemüht, die Rahmenbedingungen so auszugestalten, dass am Ende tatsächlich auch etwas Neues entsteht. Die besten Einreichungen werden im Anschluss an den Wettbewerb auf einem Sampler veröffentlicht, der Erlös jedes verkauften Tonträgers wird für einen guten Zweck gespendet.

Na bitte, damit haben wir doch endlich ein ehrbares Beispiel für eine rundherum gute Kindermusik-Auszeichnung entdeckt, oder? Prinzipiell ja. Was sollte an einer so gewachsenen Instanz und einem derart engagierten Bemühen auszusetzen sein? Es dürfte Sie nicht überraschen, dass ich auch hier ein Haar in der Suppe finde. Sie kennen es sogar bereits, denn mit dem Netzwerk *Kindermusik.de* trägt es einen in diesem Buch schon oft zitierten Namen. Gerd Grashaußer ist eines der engagiertesten Mitglieder des Kollektivs und hat mit dem *Kinderliederpreis* eine Auszeichnung ins Leben gerufen, die dessen selbstreferenzielles Wirken weiter zementiert. Auf den Preisträgerlisten der vergangenen Jahre sind fast ausnahmslos nur Künstler*innen aus dem Netzwerk zu finden. Man kennt sich, man hilft sich – und man bleibt unter sich. Immerhin gewann mit Natalie Rohrer 2019 eine Sängerin, die nicht zum Netzwerk gehört. Ihr Song „Kinder dieser Welt" wäre im *Eurovision Song Contest* allerdings deutlich besser aufgehoben und lässt Zweifel am künstlerischen Anspruch des Wettbewerbs aufkommen. Überregionale Strahlkraft erzeugt er auf diese Weise leider nicht.

Kaum anders verhält es sich mit dem *Weberlein*, einem noch sehr jungen Kindermusikpreis. Initiiert wurde er von der *Christiane Weber-Stiftung*, erstmals verliehen wurde er 2018. Der Stiftungszweck besteht unter anderem darin, herausragende Produktionen und Kinderlieder zu prämieren und sie der Öffentlichkeit bekannt zu machen. Dies geschieht ganz im Sinne der sehr jung verstorbenen Christiane Weber, die selbst als Kindermusikerin aktiv war. Nach nur einem Durchlauf (die Preisverleihung 2020 musste aufgrund der Corona-Pandemie leider abgesagt werden) lässt sich allenfalls ein vorläufiges Urteil über diese Auszeichnung fällen, aber das ist, zumindest hinsichtlich seiner inhaltlichen Gewichtung, durchaus positiv. Denn mit *Sven van Thom* und seinem Album „Tanz den Spatz" wurde tatsächlich ein Musiker prämiert, der zu einem der neuen Hoffnungsträger der Kindermusik-Szene werden könnte. Der Musiker *Herr Jan* (vgl. Kapitel 18, S. 201f.) wurde für sein Debütalbum mit dem Publikumspreis ausgezeichnet. Angesichts überschaubarer Stiftungsmittel und ehrenamtlicher Strukturen ist jedoch zu befürchten, dass der Preis nicht die Resonanz erzeugen wird, die er verdient hätte. Es ist eine Mammutaufgabe, sich in Konkurrenz zu zahlreichen Musikpreisen mit deutlich besseren Rahmenbedingungen zu positionieren und langfristig zu etablieren. Ob das dem *Weberlein* tatsächlich gelingen wird, bleibt abzuwarten.

Erheblich leichter dürfte es da einer der größten Musiker*innen-Dachverbände Deutschlands haben. Der 1983 gegründete *Deutsche Rock & Pop Musikverband* repräsentiert nach eigener Aussage 20.000 Kulturschaffende aus dem gesamten Spektrum der Popularmusik. Dazu gehören Bands und einzelne Musiker*innen ebenso wie Musik-Labels, -Verlage, -Agenturen und -Vereine. Jahr für Jahr zeichnet der Verband „herausragende Nachwuchs-Musikgruppen" mit dem *Deutschen Rock & Pop Preis* aus – und zwar in mehr als 100 verschiedenen Kategorien. Zumindest eine davon berücksichtigt explizit auch die Gattung Kindermusik. „In ihrer kulturellen und künstlerischen Ausrichtung steht die Kulturveranstaltung damit im bewussten Gegensatz zu bisherigen Veranstaltungszeremonien von Industriepreisen und TV-Anstalten", ist auf der Website von „Deutschlands ältestem und größtem Nachwuchsfestival" zu lesen.[5] Doch die Preisentscheidungen in der Kategorie „Bestes Kindermusikalbum" werfen Fragen auf. Gleich zweimal nacheinander (2018 und 2019) wurde Ingrid Hofer für ihre „Teddy Eddy"-Alben mit einer Auszeichnung bedacht. Auch die Musiker Heiner Rusche und Christian Hüser, *Rodscha & Tom* sowie das Mutti-Duo *Großstadtengel* gingen 2018 mit einem Preis nach Hause. 2017 wurde die Produktion „Familie sind wir!" von Reinhard Horn sogar gleich viermal prämiert – nicht nur in der Kategorie „Bestes Kinderlieder-Album", sondern auch in den Kategorien „Bestes Rock- und Pop Tonstudio", „Beste Studioaufnahme" und „Bestes Arrangement". Und 2011 sowie 2012 wurden die „sympathischen Gutelaune-Brüder" von den *Jojos* für ihre Alben „Total verrückt" bzw. „Werd fit mach mit" geehrt. Auch Olli Ehmsen, der 2020 mit einer Auszeichnung bedacht wurde, gehört nicht unbedingt zu den Kindermusiker*innen mit Vorbildcharakter. Wie kommt es nur, dass sich beim *Deutschen Rock & Pop Preis* ein Großteil ausgerechnet der Musiker*innen wiederfindet, die ich zu Beginn dieses Buches so leidenschaftlich kritisiert habe? Einzelne Ausreißer wären ja zu verkraften und mit dem Verweis auf unterschiedliche Geschmäcker hinzunehmen. Angesichts dieser Dichte überzeugt mich das Qualitätsverständnis des Verbandes aber keinesfalls.

Deutlich objektivere Kriterien dürfen wir vom *Preis der deutschen Schallplattenkritik* erwarten. Die schon 1963 ins Leben gerufene Auszeichnung wird durch einen unabhängigen Zusammenschluss von rund 160 Musikkritiker*innen und Journalist*innen vergeben. Organisiert in 32 Fachjurys, prüfen die Juror*innen Quartal für Quartal das Angebot neuer Tonträger in 32 Kategorien – „von der Symphonik über die Oper bis zum Hörbuch, vom Kabarett über Popmusik bis zum Jazz". Dazu zählt auch die Sparte „Kinder- und Jugendaufnahmen", die bezeichnenderweise als letzte der 32 Kategorien gelistet wird. Einmal pro Quartal veröffentlichen die Jurys so genannte Bestenlisten, darüber hinaus verleihen sie aber auch Jahres- und Ehrenpreise. Anders gesagt: Der *Preis der deutschen Schallplattenkritik* verbindet gewachsene Erfahrung mit reichlich fachlicher Expertise. Leider profitiert die Gattung Kindermusik kaum davon, denn in der Sparte „Kinder- und Jugendaufnahmen" werden fast ausschließlich Hörspiele oder Hörbücher für Kinder ausgezeichnet. Nur vier Musikproduktionen landeten in den letzten fünf Jahren auf der Bestenliste, einen Jahrespreis erhielt keine von ihnen. Auf der so genannten „Longlists", der Nominierungsliste für die einzelnen Kategorien, verirren sich zwar deutlich mehr Kindermusik-Tonträger. Offenbar gelingt es ihnen aber nicht, sich gegen die zahlreichen Wort-Produktionen durchzusetzen. Es stellt sich die Frage, warum Wort- und Musik-Produktionen hier überhaupt in Konkurrenz zueinander stehen? In allen anderen Sparten finden deutlich differenzierte Einordnungen statt (z.B. „Alte Musik", „Historische Aufnahmen" und „traditionelle ethnische Musik"). Anstatt sich in diesem auf Qualität eingenordeten Kontext also der Aufgabe zu verpflichten, dezidiert auch Kinder*musik* zu fördern, wird die Gattung auch hier eher fahrlässig übergangen.[6]

Kaum besser sieht es bei der *Gesellschaft für musikalische Aufführungs- und mechanische Vervielfältigungsrechte* (GEMA) aus. Ihr Kerngeschäft ist die Verwaltung der Nutzungsrechte von über 80.000 Mitgliedern sowie fast zwei Millionen Rechteinhaber*innen aus aller Welt.[7] Mit dem *Deutschen Musikautorenpreis* ehrt sie aber bereits seit 2009 auch herausragende Texter*innen und Komponist*innen. Im Jahr 2019 erhielt beispielsweise die Berliner Kindermusikerin Suli Puschban einen Preis in der Kategorie „Text Kinderlied". Erstaunlich ist nur, dass diese Kategorie in fast allen vorangegangenen Wettbewerbs-Jahrgängen gar nicht existierte. Lediglich im Jahr 2012 wurde auch der Musiker Gerhard Schöne mit einer Auszeichnung bedacht. „Nach der Preisverleihung sprach mich eines der GEMA-Aufsichtsratsmitglieder an und sagte, er hätte gar nicht gewusst, dass es Kindermusik in dieser Form gäbe", schildert Puschban ihre Erfahrungen. Für eine musikkulturell derart relevante Institution stellt diese Äußerung ein echtes Armutszeugnis dar.

Je weiter wir uns aus dem Untergrund an die schillernde Oberfläche der Medienwelt bewegen, desto fataler wird es. Wie viel muss ich Ihnen über den *Echo* noch erzählen? Eigentlich kann ich mir jede Erklärung darüber sparen, denn der einst „bedeutendste Preis der deutschen Musikbranche" hat sich in mehreren filmreifen Episoden inzwischen selbst demontiert. Im April 2018 gab der Vorstand des *Bundesverbandes Musikindustrie* (BVMI) bekannt, dass der *Echo* nicht länger vergeben würde. Hintergrund für diese Entscheidung war die Debatte über die Rapper *Kollegah* und *Farid Bang*, die kurz zuvor, trotz antisemitischer Passagen in ihren Texten, mit dem Musikpreis ausgezeichnet wurden. Es war *Campino*, Sänger der *Toten Hosen*, der als einziger während der Preisverleihung den Mut besaß, sich gegen die Auszeichnung der beiden Musiker auszusprechen und damit den ganzen Preis in Frage stellte. Die Diskussion um diesen konkreten Fall war richtig und wichtig, letztlich aber nur der Todesstoß einer schon lange strauchelnden Veranstaltung.

Seit 1992 wurde der *Echo* verliehen und von Beginn an krankte er an einem strukturellen Defizit. Denn ausschlaggebend für die Preisvergabe war nicht etwa die künstlerische Qualität oder Originalität eines Werkes, sondern dessen Chart-Platzierung. Der Musikpreis zeichnete also vor allem den kommerziellen Erfolg von Musiker*innen aus. Schon 2012 schrieb Berthold Seliger über die Verleihung, dass dort „alte bis mittelalte Funktionäre der Musikindustrie ihr ewig gestriges Geschäftsmodell" feierten – gemeinsam mit Künstler*innen, die nicht im Mittelpunkt der kulturellen Diskussion stünden und wenig Neues brächten.[8] Auf seine eigene Art und Weise schloss sich Jan Böhmermann 2017 mit dem Song „Menschen, Leben, Tanzen, Welt" dieser Kritik an. Mit dieser satirischen Intervention gelang es ihm, das Image des Preises einmal mehr zu beschädigen.

Ähnlich ging es beim kleinen Bruder, dem *Echo Jazz* zu, mit dem Künstler*innen aus der Jazz-Szene geehrt wurden. 2017 erhielt die Saxophonistin Anna Schnabel für ihr Debüt-Album „Books, Bottles & Bamboo" die Auszeichnung als beste Newcomerin. Der NDR, der für die Übertragung der Preisverleihung verantwortlich war, untersagte der Musikerin jedoch, während der Show eines ihrer eigenen Stücke zu spielen. Die Musik sei nicht gefällig genug, da würden die Leute wegschalten, hieß es. Bis zuletzt haderte Schnabel damit, ob sie den Preis unter diesen Umständen überhaupt annehmen sollte. Letztlich tat sie es, da sie sich von der Auszeichnung eine Wirkung versprach, die über den Abend der Preisverleihung hinausreichen könnte. Es sei ihr zu wünschen, besonders realistisch scheint diese Hoffnung jedoch nicht zu sein. „Der einzige Lohn der Akteure ist der Auftritt in einer sülzigen Fernsehsendung und der ‚Echo-2017'-Sticker, den sie auf ihre Platten kleben können, um sie besser zu verkaufen, weil das Publikum vielleicht denkt, die Auszeichnung sei etwas Besonderes", urteilte die *Zeit* über diese Farce.[9]

Konsequenterweise wurden mit dem *Echo* auch der *Echo Jazz* sowie der *Echo Klassik* im April 2018 eingestellt. Die Marke sei so stark beschädigt worden, dass ein Neuanfang nötig sei, hieß es in der Stellungnahme des BVMI. Noch im selben Jahr wurde mit dem *Opus Klassik* ein neuer Klassik-Preis ins Leben gerufen. Ausrichter ist der neu gegründete *Verein zur Förderung der Klassischen Musik e. V.*, in dem Label, Veranstalter,

Verlage und Personen der Klassik-Welt vertreten sind. Worin genau sich dieser Preis von seinem Vorgänger unterscheidet, ist hier weniger von Belang, denn interessanter ist für mich eine ganz andere Beobachtung. Wie schon beim *Echo Klassik* gibt es nämlich auch beim *Opus Klassik* die Rubrik „Klassik für Kinder". In diesem Genre wird also schon immer praktiziert, was in der Popmusik unmöglich zu sein scheint: eine Auszeichnung für gute (klassische) Kindermusik.

Zugegeben: Bei primär an Verkaufszahlen orientierten Preisentscheidungen hätte jede Kindermusik-Produktion beim *Echo* ohnehin den Kürzeren gezogen. Doch warum funktioniert im Pop nicht, was in der Klassik ohne weiteres möglich zu sein scheint? Vorbild für die zu erwartende Neuaufstellung eines Musikpreises der deutschen Musikindustrie könnte der amerikanische *Grammy Award* sein. Zum einen, weil hinter diesem Musikpreis eine Jury aus mehreren tausend Mitgliedern steht, die aus ganz unterschiedlichen Bereichen der Branche kommen, was eine an Qualität und Originalität ausgerichtete Preisentscheidung deutlich wahrscheinlicher macht. Vor allem aber, weil bereits seit 2012 auch das beste Kindermusik-Album mit einem *Grammy* ausgezeichnet wird. Andreas Maaß (*Universal*) ist diesbezüglich jedoch skeptisch. „Preisauszeichnungen bringen nach meiner Erfahrung für die Popularität letztlich nicht so viel. Kaufmännisch ist das eher irrelevant", antwortet er auf die Frage, warum es in Deutschland keine formale Anerkennung für gute Kindermusik gibt. Aus kaufmännischer Perspektive betrachtet, mag diese Einschätzung stimmen. Aber ist es richtig davon auszugehen, dass Preisauszeichnungen allein der Steigerung des Umsatzes dienen?

Während sich das Alte also neu zu finden versucht, formieren sich im Hintergrund bereits andere Akteure und treiben voran, was der Musikindustrie über Jahre nicht gelingen wollte. Mit dem *Verein zur Förderung der Popkultur e. V.* gründete sich bereits 2016 ein Kollektiv, das diesmal alles anders machen will. Der von dem Verein neu ins Leben gerufene *Preis für Popkultur* will als eine Art „Anti-Echo" verstanden werden, der das Werk des Künstlers in den Vordergrund stellt und nicht den kommerziellen Erfolg oder eine Abstimmung unter Fans.[10] Natürlich hat auch hier die Musikindustrie längst ihre Finger mit im Spiel – aber eben nicht nur sie. Neue Preiskategorien wie „spannendste Idee", „gelebte Popkultur" oder „schönste Geschichte" klingen jedenfalls durchaus vielversprechend und lassen vielleicht sogar Raum für eine gute Kindermusik-Produktion. Eine konkrete Kindermusik-Sparte sucht man allerdings auch hier bislang vergeblich. Ähnliches gilt für den *International Music Award* (IMA), der Ende 2019 zum ersten Mal verliehen wurde. Selbstbewusst sprechen die Veranstalter (der *Axel Springer Verlag* in Kooperation mit seinem Musikmagazin *Rolling Stone*) vom ersten deutschen Musikpreis, „dessen wichtigste Kriterien Leidenschaft, Haltung und Innovation sind".[11]

Auszeichnung mit Entwicklungspotenzial: der *Leopold-Preis*

So bleibt mir zum Ende ein letzter Trumpf, den ich auf der Suche nach qualitativ ausgerichteten Anerkennungsformaten für gute Kindermusik aus dem Ärmel ziehen kann. Unerwähnt blieb bislang nämlich noch der *Medienpreis LEOPOLD – Gute Musik für Kinder*, kurz: *Leopold-Preis*, der seit 1997 alle zwei Jahre vom *Verband deutscher Musikschulen* (VdM) vergeben wird. 2019 ging er in seine 12. Ausschreibungsrunde und rief zur Einreichung fantasievoller Produktionen im Sektor der audiovisuellen Kindermedien auf. „Von Musik-CDs und -DVDs über Computeranwendungen auf CD- und DVD-ROM bis hin zu Apps und Onlineformaten, die in unterschiedlichster Weise Musik für Kinder zum Thema haben, sind auch diesmal wieder Produzenten, Anbieter und Entwickler eingeladen, sich der kompetenten Expertenjury des *Leopold* ebenso wie der hoch engagierten Kinderjury zu stellen", hieß es im offiziellen Ausschreibungstext. Die Bandbreite der Medienformate ist also groß, genauso wie die stilistische Ausrichtung des Preises. Traditionelle und neue Kinderlieder machen nur einen Teil der zugelassenen Einreichungen aus. Ebenso sind Rock-, Pop- und Weltmusik, Musiktheater, Klassik, musikorientierte Hörbücher oder interaktive Klanggeschichten im Wettbewerb willkommen. Gefördert wird der *Leopold-Preis* vom Bundesministerium für Familie, Senioren, Frauen und Jugend (BMFSFJ), weitere Partner sind das *Kulturradio WDR3*, die *Initiative Hören* sowie seit neuestem auch die *Forschungsstelle Appmusik* der Universität der Künste Berlin.

Mit dem *Leopold-Preis* scheint es also eine Auszeichnung zu geben, die dem Anspruch, gute Musik für Kinder fördern zu wollen, tatsächlich gerecht wird. Das findet auch Theo Geißler, Herausgeber der *Neuen Musikzeitung* (nmz), der den *Leopold-Preis* als ein anfangs „zartes Pflänzchen im Wildwuchs-Dschungel existierender Auszeichnungen aller Provenienz" bezeichnet, ihm inzwischen jedoch einen maßgeblichen Einfluss bescheinigt, wenn es darum geht, „gute Musik für Kinder zu stärken und zu befördern."[12] Unter den aktuellen Auszeichnungen finden wir eine Vielzahl gelungener Produktionen. Insgesamt fünf Kindermusik-Alben wurden im Jahrgang 2019/2020 ausgezeichnet, eines davon sogar von einer Kinderjury. Zu ihnen gehört das Musikhörspiel „Die Pecorinos – Käse in New York", in dem die spannende und witzig erzählte Geschichte ihre musikalische Entsprechung „in grooviger und swingender Musik von Jazz bis Rap" findet, wie es auf der Website des *Leopold-Preises* heißt. Auch das Musikhörspiel „Milofi und die verzauberte Klarinette" wurde mit einer Auszeichnung bedacht. Die Produktion verflechte „die melancholische, verzaubernde und auch immer wieder mitreißende Klezmermusik eng mit dem Text". Mit „Sonne, Mond und Abendstern" gehört auch ein Tonträger mit Wiegenliedern zu den ausgezeichneten Produktionen. Und als einer der wenigen Interpreten „gut gemachter Kinderlieder in zeitgemäßem Klanggewand" darf sich auch hier der Musiker *Sven van Thom* über eine Auszeichnung freuen.[13] Zehn weitere Tonträger wurden in die offizielle Empfehlungsliste übernommen, auf der neben weiteren Musikhörspielen auch die aktuellen Alben von Mai Cocopelli, *Pelemele* und *Radau!* sowie die Sampler-Reihe „Unter meinem Bett" zu finden sind.

Zusammenfassend lässt sich sagen: Gegenwärtig ist der *Leopold-Preis* die einzige ernst zu nehmende Auszeichnung für gute Kindermusik-Produktionen im deutschsprachigen Raum. Und doch kann Gutes noch besser gemacht werden. Denn auch dieser Preis hat ein Problem: Kaum einer kennt ihn. „Es kam praktisch noch nie vor, dass uns irgendjemand auf diesen Preis anspricht, ohne dass wir das ansprechen", sagt Florian Bergmann, dessen Band *Pelemele* schon vor zehn Jahren für die Produktion „Rockwürste" ausgezeichnet wurde und auch mit den darauffolgenden Alben oft auf der offiziellen Empfehlungsliste landete. Viel gebracht habe all das der Band jedoch nicht. Schlagzeuger Andreas Niemann bringt das Dilemma auf den Punkt: „Die zeichnen Leute aus, die keiner kennt mit einem Preis, den keiner kennt." Und er ergänzt kritisch: „Die Veranstalter und Initiatoren hätten ja eigentlich alle Werkzeuge, um das bekannt zu machen. Da ist der WDR, der hat ein Kinderradio. Und da ist der *Verband deutscher Musikschulen* – noch näher kommt man an Kinder eigentlich nicht ran. Aber was machen die? Die drucken eine halbe Million Prospekte, in denen die CDs vorgestellt werden, die wir dann auch noch selber irgendwo auslegen sollen." Ganz von der Hand zu weisen sind diese Kritikpunkte nicht. Trotz eines großen Medienpartners ist der *Leopold-Preis* medial kaum präsent. Auf der Website erhalten interessierte Käufer*innen den Hinweis, dass die prämierten Produktionen im Buchhandel bestellt werden können. In Zeiten von Musikstreaming-Diensten wirkt das ziemlich antiquiert. Auch der zweijährige Ausschreibungsrhythmus ist der Sichtbarkeit des Preises nicht unbedingt zuträglich und lässt überdies die Chance ungenutzt, regelmäßig über neue Kindermusik-Produktionen zu informieren. Zudem tendiert die Jury dazu, bevorzugt Klassik-Produktionen für Kinder auszuzeichnen. „Ungefähr ein Viertel der Preise bekommen immer große orchestrale Klangkörper, die irgendein Hörspiel vertont haben, das es schon seit 100 Jahren gibt", schimpft *Pelemele*-Keyboarder Florian Bergmann. „Dabei wird der Klassik-Bereich doch ohnehin schon auf allen möglichen Ebenen mit Fördergeldern gefeatured." Sein Bandkollege Andreas Niemann pflichtet ihm bei und ergänzt: „Im Erwachsenen-Bereich ist Popularmusik das, was sowieso von allein funktioniert, weil es eben Popularmusik ist. Und die Randbereiche, die so genannte ‚Hochkultur', wird gefördert. Die Leute verstehen aber nicht, dass das bei der Kindermusik um eine Stufe verschoben ist. Da ist nämlich dieser ganze Schlager-Quatsch im Prinzip die Popmusik – aber in Sachen Förderung kümmert man sich trotzdem nur um die Klassik."

Wie Recht Niemann mit dieser Einschätzung hat, zeigen nicht nur die Preise und Auszeichnungen für Kindermusik, sondern insbesondere die zahlreichen Förderprogramme für klassische Musik. Grund genug, sich diesem Thema in einem eigenen Kapitel zuzuwenden. Für den *Leopold-Preis* bleibt indes festzuhalten, dass er unangefochten die Pole-Position der Auszeichnungen für gute Kindermusik besetzt. Es wäre schön, wenn sich die Verantwortlichen darauf nicht ausruhen würden, sondern zum Durchstarten ansetzten, um ihre bereits solide Arbeit zukunftsfähig aufzustellen und nachhaltig zu verbessern. Die Zeiten sind günstig, denn noch nie gab es so viel Kindermusik wie heute. Und das konkurrierende Umfeld, soweit nach dieser Analyse überhaupt davon gesprochen werden kann, wird einem auf diesem Gebiet wahrscheinlich nicht allzu schnell gefährlich.

Träum was Schönes
21 Förderprogramme für gute Kindermusik

> „Musik ist ein Instrument.
> Sie kann neue Gedankengänge anstoßen
> und das Denken der Menschen verändern."
> (John Coltrane)

Wie wir gesehen haben, gibt es nur sehr wenige ernst zu nehmende Initiativen, die die Förderung guter Kindermusik aktiv vorantreiben. Den Musikkonzernen gelingt es zwar vergleichsweise gut, den Musikmarkt für Kinder zu besetzen, doch viel zu oft haben sich dort qualitative Kriterien den wirtschaftlichen Anforderungen unterzuordnen. In der unabhängigen Kindermusik-Szene bemühen sich einzelne Akteure zwar um gemeinsame Ziele, doch verglichen mit dem Indie-Musikmarkt für Erwachsene fehlen ihr bislang noch die übergeordneten Strukturen, die öffentliche Aufmerksamkeit und bisweilen auch die Professionalität. Oder anders gesagt: eine ernst zu nehmende Lobby. Was also tun? Angesichts dieser ernüchternden Bestandsaufnahme liegt der Gedanke nahe, öffentliche Subventionen für eine langfristige und damit nachhaltige Förderung der freien Kindermusik-Szene einzufordern. Derartige Hilferufe sind schnell zu Papier gebracht, doch leider haftet ihnen ein fahler Beigeschmack an. Denn Kultursparten, die öffentliche Förderung einfordern, setzen sich zwangsläufig unter Legitimationsdruck. Warum gelingt es der Kindermusik-Szene nicht, sich an den eigenen Haaren aus dem Sumpf zu ziehen? Wäre es wirklich zielführend, sich in die finanzielle Abhängigkeit Dritter zu begeben? Und selbst wenn man es täte: Welche Kriterien sollten einer solchen Förderung zugrunde liegen? Welche Argumente rechtfertigen die Subvention von Kindermusik?

Um Antworten auf diese Fragen zu finden, hilft der Blick über den Tellerrand, in den Bereich der klassischen Musik. Anders als im popkulturell geprägten Musikmarkt für Kinder existieren dort längst zahlreiche Förderprogramme für Musikprojekte mit Kindern und für Kinder. Konfrontiert mit einer überalterten Zuhörerschaft und auf dem besten Weg, sich zu einer Kultur der Bildungs- und Wirtschaftseliten zu entwickeln, wächst unter den Verfechter*innen der so genannten „Hochkultur" die Sorge, dass ihr früher oder später das Publikum abhanden kommt. „Die Klassik steht mit dem Rücken zur Wand",[1] bilanziert Berthold Seliger in seinem Buch „Klassik-Kampf". Doch so schnell gibt sie sich nicht geschlagen. Die neue Strategie heißt „Education", was deutlich zeitgemäßer klingt als die verstaubte Umschreibung „Musikvermittlungsangebote", im Prinzip aber nichts anderes meint. Vielerorts können wir beobachten, wie sich Orchester und Konzerthäuser darum bemühen, auch vom jungen Publikum wieder als interessant wahrgenommen zu werden. Das Klagelied, dass dem Genre der Nachwuchs ausbliebe, ist jedoch kein exklusives Phänomen der Gegenwart. Bereits 1858 wurde das erste dokumentierte Konzert für Kinder von der *Philharmonic Society* in Cincinnati veranstaltet, mit dem Ziel, „dem nachlassenden Interesse junger Hörer an konzertant dargebotener Musik entgegenzuwirken".[2] Auch der Musikwissenschaftler Alfred Friedl machte sich bereits in den 1970er Jahren Sorgen über das Ausbleiben des jungen Publikums in den Konzertsälen. Nach seinen Beobachtungen sei mit einem quantitativ bedeutenden Konzertpublikum in bundesdeutschen, „von Beat- und Popmusik weitgehend beherrschten Klassenzimmern" kaum zu rechnen. Und er führte fort: „Den Ländern und Gemeinden fällt es immer schwerer, die kostspieligen Musiktheater und Orchester zu subventionieren – doch die Jugend, das ‚Publikum von morgen', für das allein diese Opfer als lohnend bezeichnet werden können, meidet diese Stätten etablierter ‚Bildungsmusik' und wirft sich hemmungslos der von der Musikindustrie hervorgebrachten ‚Popkultur' in die Arme."[3] Ähnlich alt wie die Sorge um den an klassischer Musik interessierten Nachwuchs ist also auch das Bemühen, sich seiner anzunehmen.

Die Unterscheidung zwischen E- und U-Musik

Doch was ist überhaupt gemeint, wenn von „klassischer Musik" die Rede ist? Im eigentlichen Wortsinn bezeichnet der Begriff die Musik aus der Epoche der Klassik und damit Kompositionen, die etwa zwischen 1730 (Beginn der „Vorklassik") und 1827, dem Todesjahr Beethovens, entstand.[4] Heutzutage ist jedoch etwas anderes damit gemeint. „Klassik" steht als Sammelbegriff für die Gesamtheit der „abendländischen Kunstmusik" und umfasst damit alles, was wir als „ernste Musik" oder eben „musikalische Hochkultur" bezeichnen – unabhängig vom Zeitpunkt ihrer Entstehung. Ebenso gut ließe sich der Begriff aber auch über einen Umkehrschluss definieren, der hierzulande sogar begrifflich festgeschrieben ist. So wie klassische Musik nämlich als „ernste Musik" gilt, wird jede andere Musikform in Abgrenzung dazu als „unterhaltende Musik" bezeichnet. Ursprünglich als Synonym für „Tanzmusik" verwendet, umfasst der Begriff heute so ziemlich alle Genres, die nicht eindeutig als „Klassik" einzuordnen sind. Neben Pop-, Rock-, Schlager- und Volksmusik, gehört beispielsweise auch der Jazz dazu.

Die Unterscheidung zwischen E- und U-Musik ist weitaus mehr als begriffliche Haarspalterei. 1903 vom Komponisten Richard Strauss in den Sprachgebrauch eingeführt, wurde sie elementarer Bestandteil der Rechtsgrundlage der *Anstalt für musikalisches Aufführungsrecht* (AFMA), der ersten deutschen Verwertungsgesellschaft.[5] Die Aufgabe dieser Institution bestand im Wesentlichen darin, geistiges Eigentum zu schützen und ein System zu etablieren, das die finanzielle Vergütung der Urheber*innen sicherstellte. Hintergrund war die Entstehung des kommerziellen Musikmarktes durch die Möglichkeit, Musik technisch reproduzieren und auf Tonträgern vertreiben zu können. Auch der Nachfolger der AFMA, die *Gesellschaft für musikalische Aufführungs- und mechanische Vervielfältigungsrechte* (GEMA) hat sie zur Grundlage ihrer Geschäftspraxis gemacht und verwendet, je nach Einordnung einer Komposition in die eine oder andere Kategorie, entsprechend unterschiedliche Verrechnungsschüssel für die Ausschüttung ihrer Einnahmen an Komponist*innen, Texter*innen und Musiker*innen. Und nicht zuletzt leitet sich aus dieser begrifflichen Abgrenzung eben auch die Legitimation für teils üppige Förderprogramme ab, die in der Klassik unter anderem die so genannten Education-Programme für Kinder möglich machen. Zwar sind die Zeiten, in denen pop- und subkulturellen Kunstformen der Zugang zu öffentlichen Subventionen konsequent verwehrt blieb, inzwischen längst Geschichte. Doch Kindermusik scheint weder in der einen noch in der anderen Schublade Platz zu finden.

Angesichts einer wachsenden Genrevielfalt und unzähliger musikalischer Mischformen wird jedoch klar, dass die eindeutige Unterscheidung zwischen E- und U-Musik problematisch geworden ist. Entsprechend deutlich artikuliert sich Kritik an diesem als überholt geltenden System, denn es stellt den künstlerischen Anspruch aller als U-Musik gebrandmarkten Kompositionen grundlegend in Frage. „Nach wie vor fällt unter Unterhaltung, was nicht kanonisiertes Kulturgut ist, kurzum alles, was sich mit Begriffen wie berieseln, beschallen oder auch zudröhnen in Verbindung bringen lässt",[6] kritisiert der Medienjournalist Kai-Hinrich Renner den Status-Quo. Auch der Musikwissenschaftler Holger Noltze hält „Grenzverlaufsgefechte um die Zugehörigkeit zu high oder low" für überflüssig. „Sie müssen nur da geführt werden, wo Hochkultur eine Wagenburg meint, die von den Besitzern des Wahren-Schönen-Guten gegen die Anfechtung einer sie frech leugnenden Popkultur verteidigt werden soll. Das brauchen wir nicht, also dürfen wir es uns schenken", so Noltze.[7] Dieser Haltung schließen sich auch die Popkultur-Forscher*innen Barbara Hornberger und Stefan Krankenhagen an und stellen ihrerseits klar: „Eine Auffassung von Kultureller Bildung, die das Populäre ignoriert, generell abwertet oder als Durchgangsstadium zur ernsten Kultur missversteht, wird der postmodernen Kultur ebenso wenig gerecht wie den Bildungsanforderungen der Gegenwart."[8] Der Kulturwissenschaftler Dietrich Diederichsen schließlich glaubt ohnehin nur noch eine einzige zuverlässige Methode zu kennen, um E- und U-Musik voneinander zu unterscheiden. Sie bestehe im „Vergleich der sprachlichen Verarbeitung des Musikerlebnisses", also der Musikkritik. In der E-Musikkritik komme „musikologisches Wissen" und ein entsprechendes Vokabular zum Einsatz, wogegen im U-Bereich eher „subjektive Hörerlebnisse" beschrieben würden.[9]

Wenn die Unterscheidung zwischen U- und E-Musik also als weitgehend überholt gilt, warum wird sie dann nicht einfach abgeschafft? Diese auf den ersten Blick naheliegende Forderung erweist sich bei näherer Betrachtung als unbedachte Affekthandlung, denn in der Unterscheidung zwischen „ernster" und „unterhaltender" Musik steckt grundsätzlich Potenzial. Entscheidend ist dabei allerdings nicht, *dass* unterschieden wird, sondern vielmehr *was* voneinander unterschieden wird. Ließe sich also eine Neudefinition der Begriffe „ernst" und „unterhaltend" in Betracht ziehen? Berthold Seliger hält das nicht nur für möglich, sondern sogar für geboten. Er schlägt vor, zukünftig die Musik als „ernste Musik" zu bezeichnen, die uns nicht unterhalten, zerstreuen und ablenken soll, sondern die uns aufrütteln, sammeln und hinlenken soll auf die Dinge, die uns angehen. „Es geht um Musik, die die zentralen Probleme und Fragestellungen der menschlichen Existenz zu berühren sucht. Musik, die uns ins Herz (oder wie man sagt, ‚ins Mark') zu treffen geeignet ist", so Seliger.[10] Ich kann mich mit dieser Definition gut anfreunden, denn sie lässt Raum für Interpretation und umfasst mehr als rein musikalische Bezugspunkte. Zur konkreten Einordnung schlägt Seliger drei Kategorien vor, die ich Ihnen (verkürzt) und inklusive einer kreativen Lese-Aufgabe vorstellen möchte:

1. Wahrhaftigkeit: *Der Begriff meint nicht, dass man Wahrheit zu vermitteln hätte, sondern dass man sie bedingungslos sucht. Ernste Musik will kein Bestseller werden. Vielmehr ist ihr die Widerständigkeit und das Utopische eingebrannt, also das, was die Menschen suchen (mitunter auch, ohne es zu wissen), was ihnen die Produkte der Kulturindustrie aber niemals geben können.*

2. Anspruch: *Die Musik muss so geartet sein, dass sie vom hörenden wie vom ausübenden Menschen größte geistige Aktivität verlangt. Ernste Musik hat einen Anspruch an uns, wir können diesen Werken nur begegnen, wenn wir uns mit ihnen auseinandersetzen, statt sie einfach passiv zu rezipieren.*

3. Allgemeinverständlichkeit: *Die Werke der ernsten Musik sind allgemeinverständlich in dem Sinne, dass sie uns fordern, zur Begegnung einladen und nach unseren Antworten verlangen. Um Mozart zu zitieren: „Um beyfall zu erhalten muss man sachen schreiben die so verständlich sind, daß es eine fiacre nachsingen könnte, oder so unverständlich – daß es ihnen, eben weil es kein vernünftiger mensch verstehen kann, gerade deswegen gefällt."*[11]

Kommen wir zur Kreativaufgabe: Lesen Sie die drei Kategorien bitte noch einmal, doch ersetzen Sie dabei den Begriff „ernste Musik" durch „Kindermusik" und das Wort „Mensch" durch „Kind". Und? Fällt Ihnen das gleiche auf wie mir? Wenn E-Musik diesen Kriterien folgend die Musik meint, die uns zu etwas hinlenkt, die uns beansprucht und trotzdem begeistert, dann könnte auch gute Kindermusik darunterfallen. Verstehen Sie mich bitte nicht falsch: Ich bin weit davon entfernt, Kindermusik mit klassischer Musik in einen Topf werfen zu wollen. Ich bin allerdings davon überzeugt, dass gute Kinderlieder eine ernsthafte Grundhaltung voraussetzen und genau deshalb auch eine wichtige Brücke zu „ernster" Musik schlagen können.

Kinder – nur „das Publikum von morgen"?

Doch zurück auf den Boden der Tatsachen. Noch sind wir weit entfernt von der Neuausrichtung des bestehenden Systems. Schauen wir uns darum genauer an, wie die Musikvermittlungsangebote in der klassischen Musik organisiert und strukturiert sind. Mit insgesamt 129 öffentlich finanzierten Symphonie- und Kammerorchestern verfügt Deutschland über eine im internationalen Vergleich außergewöhnlich hohe Dichte an professionellen Klangkörpern.[12] Viele davon haben eigene Konzepte entwickelt, mit denen sie den Nachwuchs an ihre Konzertprogramme heranzuführen versuchen. Als inspirierender Vorreiter gilt das 2003 von den *Berliner Philharmonikern* unter der Leitung ihres Dirigenten Sir Simon Rattle sowie des Choreographen Royston Maldoom mit 250 Kindern und Jugendlichen aufgeführte Ballett „Le sacre du printemps", das dank des Dokumentarfilms „Rhythm is it!" große Aufmerksamkeit erhielt. Inzwischen gibt es fast überall klingende Klassenzimmer, Musik-Kindergärten, musikalische und singende Grundschulen oder Baby- und Familienkonzerte. Es wird zu moderierten Proben eingeladen, Popstars spielen mit Sinfonie-Orchestern, Live-Streams werden aus dem Konzertsaal gesendet und Profi-Ensembles führen gemeinsame Konzerte mit Schulorchestern oder -chören auf. Überregionale Projekte wie *Theater und Schule* (TUSCH), der *Kulturrucksack* oder das zuvor bereits erwähnte *JeKits* (Jedem Kind Instrumente, Tanzen, Singen) ergänzen die Angebote bzw. knüpfen bisweilen direkt daran an. Und im Netz geht es weiter: Websites wie die *WDR-Klangkiste* oder der interaktive Audioguide *Explore the Score* vom Klavier-Festival Ruhr sorgen dafür, dass sich Kinder und Jugendliche ganz selbstbestimmt mit den Angeboten der Konzerthäuser und Orchester befassen können. Längst existieren auch Strukturen, die die Professionalisierung der Education-Programme sicherstellen. Hochschulen bieten Studiengänge an, um auf das Berufsfeld vorzubereiten. Symposien, Tagungen und wissenschaftliche Veröffentlichungen schärfen den Blick für die feinen Unterschiede der Herangehensweise, und Wettbewerbe beleben die Konkurrenz sowie die öffentliche Wahrnehmung der Musikvermittlung.[13] „Die Vermittlungsfrage" schreibt Holger Noltze, sei zur „Existenzfrage aller Systeme" geworden, die sich „mit der Pflege, der Produktion und der Distribution des guten Inhalts beschäftigen".[14] Genau darin liegt die Kritik, der sich viele dieser Projekte ausgesetzt sehen. Auch wenn die internationale *Stiftung Mozarteum Salzburg* die Qualität in der Musikvermittlung bereits 2010 evaluierte und dabei unter anderem zu dem Ergebnis kam, dass beinahe alle befragten Akteure pädagogische *vor* ökonomischen Zielen formulierten,[15] werden sie den Verdacht nicht los, letztlich doch nur aus reinem Selbsterhaltungstrieb zu handeln. Die Frage, ob Kinder als eigenständige Zielgruppe mit eigenen Bedürfnissen oder doch nur als das viel zitierte „Publikum von morgen" umgarnt werden, dominiert die Debatte.

Doch worauf genau fußt diese Kritik? Wie muss ein Musikvermittlungsangebot beschaffen sein, damit es Kindern auch gerecht wird? Die Star-Geigerin Anne Sophie Mutter bringt es auf den Punkt, wenn sie sagt: „Wir schaffen es auf dem Gebiet der Musik nicht, altersspezifisch auf die Kinder einzugehen. Mit acht Jahren lassen wir sie einen Joghurtbecher mit Steinen füllen und kräftig schütteln. Danach sagen wir: ‚So, das ist jetzt Musik.' Das Dumme ist nur: Es ist keine Musik. Es ist Krach."[16] Ähnlich bewertet die Pädagogin und Musikwissenschaftlerin Donata Elschenbroich den gegenwärtigen Zustand. Das Gerassel und die Vorliebe für Geräuschmacher, sagt sie, sei einfach nur peinlich. „Ich habe das Gefühl, dass sich da die Erwachsenen ducken und kleiner machen, als sie sind – und die Kinder mitspielen müssen. Und Kinder sind ja gutmütig. Die hopsen dann nach irgendwelchen Fahrradklingeln herum. Aber im Grunde werden sie unter ihrem Wert angesprochen", so Elschenbroich.[17] Von einer „Verblödungsspirale" spricht Holger Noltze, Vermittlung werde mit der Vermeidung von Fachlichkeit verwechselt. Es bestehe die Gefahr, dass die Kinder durch misslungene Veranstaltungen für ihr weiteres Leben aus den Konzertsälen vertrieben würden und damit weitere Chancen ungenutzt blieben, ihr Hörvermögen zu trainieren. Musik sei aber nicht nur lustig und müsse auch nicht ausschließlich als Entertainment erlebt werden. „Als Kind liebt man doch das Tragische! Moll ist doch viel interessanter als immer nur dieses penetrant diatonische Dur. Und Dissonanzen sind spannend, im Leben und in der Musik", so die Musikwissenschaftlerin Elschenbroich.[18] Damit schüttet sie Wasser auf die Mühlen von Holger Noltze. Aus gutem Grund hat er sein Buch über ästhetische Erfahrungen „Die Leichtigkeitslüge" genannt und stellt ebenso unmissverständlich wie seine Kollegin fest, dass fast alle dieser Aktivitäten auf eine Vereinfachung der Inhalte hinausliefen, auf die „Ermäßigung der intellektuellen Eintrittspreise". Prinzipiell sei dagegen nichts einzuwenden. Man müsse sich aber klarmachen, dass man einem Großteil der aus guten Gründen ernst zu nehmenden Musik auf diese Weise nicht gerecht würde. „Das eine große Tabu im musikmedialen Betrieb ist Komplexität. Das andere ist Anstrengung",[19] so Noltze.

Gewiss, nicht alle „Education-Programme" müssen sich durch die hier formulierte Kritik angesprochen fühlen. Wie heißt es so schön: Wem der Schuh passt, der zieht ihn sich an! Wo musikalische Expertise und ein professionelles Umfeld zusammenkommen, entstehen oft sehr überzeugende Angebote. Wenn sich die Education-Programme jedoch einen Vorwurf gefallen lassen müssen, dann den, dass sie gerade die bildungsfernen Schichten, die am meisten von derlei Angeboten profitieren würden, kaum erreichen. Das war schon immer ein Problem kultureller Bildung und gehört mit zu ihren größten Herausforderungen. Umso mehr Bedeutung könnte an dieser Stelle der Gattung Kindermusik zufallen.

Ästhetische Erfahrungen in der kulturellen Bildung

Machen wir uns klar, worum es in der kulturellen Bildung im Kern geht. Welche Ziele verfolgen wir, wenn wir Kinder an Kultur heranzuführen versuchen? Wer auf diese Frage eine konkrete Antwort erwartet, der hat das Wirken von kultureller Bildung noch nicht durchdrungen. Sie kennen die berühmte Szene aus „Per Anhalter durch die Galaxis" von Douglas Adams? In dem Roman wird ein Super-Computer namens *Deep Thought* gebaut, um die Antwort auf die Frage aller Fragen, nämlich die „nach dem Leben, dem Universum und dem ganzen Rest" zu errechnen. Nach 7,5 Millionen Jahren Rechenzeit ist es endlich so weit, und der Computer verkündet das lang erwartete Ergebnis. Es lautet: Zweiundvierzig.[20] Ähnlich unergründlich ist die Wirkung kultureller Bildung. Sie erzielt Effekte, die kaum konkret messbar und somit nicht eindeutig zu evaluieren sind. Wie wollte man das anstellen? Sollen wir Kinder nach dem Besuch eines Konzertes fragen, um welchen Faktor sie sich auf einer numerischen Skala nun kulturell bereichert fühlen? Wohl kaum! Korreliert der kulturelle Wert einer Musikproduktion mit den Zuschauer- oder Verkaufszahlen? Ganz sicher nicht! Ist es möglich, den Prozess eines Kulturprojektes von vornherein festzuschreiben und damit den „Erfolg" quasi planbar zu machen? Es wäre geradezu absurd, denn das widerspräche auf ganzer Linie der Logik künstlerischer Arbeit. Ihre Wirkung bleibt abstrakt und entfaltet sich im Verlauf von Zeiträumen, die länger andauern als Projektbewilligungen, Geschäftsjahre oder Legislaturperioden. Kurz gesagt: Die Effekte kultureller Bildung lassen sich nicht kognitiv erfassen, sondern nur emotional. „Im Bereich der ästhetischen Erfahrung kommt man mit dem Erklären an Grenzen", stellt Donata Elschenbroich klar."[21]

Von „ästhetischer Erfahrung" also spricht die Musikpädagogin. Wer die noch nicht gemacht hat, dem kann man sie nur schwerlich erläutern. Wer dagegen aber einmal durchschaut hat, wie einfach ein Publikum mit billigen Effekten zu beeindrucken ist, der verliert den bewundernden Laienblick auf die zahlreichen eher mittelprächtigen Darbietungen. Erst das Wissen um Musik, meint Berthold Seliger, trage zur Emanzipation der Hörer*innen bei, befreie sie aus der Rolle als willenlose Konsument*innen und ermögliche ihnen das Entwickeln eines wirklich eigenen Geschmacks.[22] Ästhetische Erfahrungen haben ihm zufolge also eine emanzipatorische Dimension. Betrachtet man sie darüber hinaus als eine besondere Form der Begegnung mit Komplexität, dann lässt sich ästhetische Erfahrung auch als „Trainingsprogramm für einen offenen, gegenüber Widerständen und Widersprüchen toleranten, kreativen Umgang mit Komplexität" verstehen, wie Holger Noltze meint.[23] Anders ausgedrückt: Ästhetische Erfahrungen schulen uns in der Fähigkeit, Schwieriges auszuhalten und Unerklärbares anzunehmen. Darin liegt eine wichtige Schlüsselkompetenz, um sich in einer komplexen und immer schneller verändernden Welt zurechtzufinden. Darüber hinaus reichen ästhetische Erfahrungen auch weit in unser Seelenleben hinein und ermöglichen es uns, eine sinnliche Dimension des Lebens zu erfassen. „Wenn Musik gut gespielt und gut gehört wird, kann sie die momentweise Aufhebung der Schwerkraft bewirken",[24] so Noltze weiter. Je bedrückender wir die Bindung an die Normen des Alltags wahrnehmen, desto nötiger hätten wir die Erfahrung von etwas anderem – und desto befreiender könne Musik wirken. „Die einmal gemachte Erfahrung, dass es diesen anderen Ort gibt, verändert den Blick. Sie kann sogar jenes ‚neue Sehen' auslösen, das alles verändert. Sie kann dein Leben ändern",[25] versucht Noltze die Wirkung ästhetischer Erfahrungen in Worte zu fassen. Mit Blick auf die Kleinsten ergänzt die Musikpädagogin Donata Elschenbroich: „Man traut den Kindern zu Unrecht nicht zu, dass sie etwas suchen, das größer ist als sie selbst.

Wenn man Kinder genau beobachtet, sieht man, wie sie sich anstrengen wollen, wie das Nichtwissen, Nichtkönnen ihnen fast weh tut und wie sie ihre Sinneseindrücke immer steigern wollen."[25] Gute Musikangebote unterstützen Kinder in diesem Bemühen – und zwar unabhängig von ihrer Zugehörigkeit zu E- oder U-Musik.

Zwischen Klassik und Popmusik scheint jedoch eine Art Barriere zu bestehen, die viele Menschen aus eigener Kraft heraus nicht überwinden können oder wollen. „Dass sie es nicht tun, hat mit fehlender Bildung und Erfahrung zu tun. Damit, dass eine künstlerische Sprache nicht verstanden werden kann, weil ihr spezifisches Vokabular und ihre Syntax nicht oder nicht mehr verfügbar sind",[27] meint Holger Noltze. Genau deshalb gibt es die Education-Programme. Doch klassische Musik ist, wie fast die gesamte „Hochkultur", an Institutionen gebunden, die, insbesondere in den so genannten „bildungsfernen Milieus", meist als dubiose Räume mit unsichtbaren Schranken wahrgenommen werden. Was ist angesichts dieser Erkenntnis zu tun? Ganz einfach: Wenn der Berg nicht zum Propheten kommt, muss der Prophet eben zum Berg gehen. Wer die Menschen erreichen möchte, die sich von Kunst und Kultur fernhalten, der muss gezielt in deren Lebenswelten eindringen.

Das ist zugegeben keine ganz neue Erkenntnis. In vielen Education-Programmen findet sie längst eine praktische Entsprechung, indem Schulen oder Kindergärten direkt aufgesucht werden. Aber genügt es, allein räumliche Distanzen zu überwinden? Wenn ich von „unsichtbaren Schranken" spreche, dann meine ich damit nicht die gefühlten Barrieren vor Opernhäusern, Theatern oder Konzertsälen, sondern vielmehr inhaltliche Hürden, die es zu überwinden gilt. Salopp formuliert könnte man sagen: Mozart, Bach und Beethoven gelten bei jungen Leuten schlichtweg als uncool! Mir ist natürlich völlig klar, dass „Coolness" keine gültige Kategorie darstellt, wenn wir über die Vermittlung von klassischer Musik sprechen. Wenn aber bei Kindern genau diese Erkenntnis noch nicht gereift ist, dann scheint es mir fast zwecklos, ein aufrichtiges Interesse an klassischer Musik vorauszusetzen. Eine sinnvolle Zielformulierung könnte demzufolge lauten, Brücken zwischen Kinder- und Kunstmusik zu errichten. Wo der pädagogische Zugang zu klassischer Musik als unterkomplex kritisiert wird, könnten gute Kindermusik-Angebote den Einstieg erheblich vereinfachen.

Neue Förderstrukturen für Kindermusik

Schauen wir in diesem Sinne konstruktiv nach vorn. Wie müssten Förderstrukturen beschaffen sein, die den Ansprüchen an ein umfassenderes Konzept von „Education" für Kinder gerecht werden? In seinem Buch „Klassik-Kampf" formuliert Berthold Seliger elf konkrete Forderungen, die sich seiner Ansicht nach als Sofortmaßnahmen umsetzen ließen. Manche davon sind bereits Realität, wenn auch noch längst nicht flächendeckend etabliert. Dazu zählen die Vorschläge, Kindern aller Schulformen mit Beginn der ersten Klasse Instrumentalunterricht zu geben (vgl. *JeKits*), alle Musiker*innen aus öffentlich subventionierten Orchestern zu verpflichten, einmal in der Woche in Schulen zu gehen und dort ihre Instrumente vorzustellen (vgl. *Jazz@School*) oder auch die Öffnung der Konzerthäuser jenseits der etablierten Abendveranstaltungen (vgl. *Mittagskonzerte*). Auch Seligers Forderung, neben ernsten auch popkulturelle Musikformen in den schulischen Lehrplan zu integrieren, gehören für viele Musiklehrer*innen längst zur alltäglichen Praxis. Darüber hinaus formuliert er aber auch recht unkonventionelle Vorschläge, wie zum Beispiel die Einführung von Musik-Schecks für alle jungen Menschen (ein festes Guthaben für ein stilistisch breites Konzertangebot), eine neue Ticket-Struktur für den allgemeinen Konzertbetrieb (vergleichbar einer Konzert-Flatrate), kürzere konzertante Darbietungen, kostenlose Downloads von Mitschnitten öffentlich geförderter Ensembles im Netz, die Abschaffung von Eintrittspreisen für den Zutritt in öffentliche Kulturinstitutionen, regelmäßige Konzertangebote öffentlich geförderter Orchester mit Musiker*innen aus anderen Kulturen (nicht zur Integration der „Anderen", sondern zur Integration der Deutschen in andere Kulturen) sowie eine deutlich bessere finanzielle Ausstattung der Musikschulen als wesentlichen Trägern musischer Bildung.[28] Stellen Sie sich nur einmal kurz vor, wie grundlegend sich das kulturelle Leben verändern würde, wenn all diese Vorschläge in die Tat umgesetzt würden? Es wäre zu schön um wahr zu sein!

Ob realistisch oder nicht: Ich schließe mich diesen Forderungen uneingeschränkt an, möchte aber noch eine paar weitere ergänzen. Denn selbstverständlich will ich Kindermusik in diesem Zusammenhang besonders berücksichtigt wissen. Es stellt sich also die Frage, wie auch sie zukünftig besser gefördert werden könnte.

Zunächst einmal ist festzuhalten, dass Förderung nicht immer gleich finanzielle Unterstützung meint, sondern bereits mit der Neujustierung der grundlegenden Haltung gegenüber einem bestimmten Gegenstand beginnt. Viel wäre also schon erreicht, wenn Kindermusik als eigene Kunstform anerkannt und ihre Förderung nicht als Subvention, sondern als Investition verstanden würde. In der Filmbranche ist diese Erkenntnis nach langer Durststrecke inzwischen gereift und mit der Initiative „Der besondere Kinderfilm" auch formal manifestiert. Weit über 20 Akteure aus der Filmförderung, der Filmwirtschaft und der Filmkultur haben sich darin zusammengeschlossen, um den deutschen Kinderfilm aus dem Schatten ins Rampenlicht zu führen. Anstatt fortlaufend bekannte Kinderliteratur-Vorlagen filmisch zu adaptieren, wurden Rahmenbedingungen geschaffen, um zukünftig vermehrt originäre Stoffe für zeitgemäße Kinderfilme zu entwickeln und umzusetzen.[29] Ein System nach diesem Vorbild schiene mir auch für Kindermusik reizvoll und umsetzbar.

Aus den grob skizzierten Education-Programmen im Bereich der klassischen Musik lässt sich ebenfalls einiges lernen und mehr oder weniger direkt auf die Kindermusik übertragen. Warum zum Beispiel öffnen die großen Konzerthäuser ihre Pforten nicht auch regelmäßig für Kindermusiker*innen? Johannes Stankowski hatte zum Weltkindertag 2020 das Vergnügen, mit seiner Band in der Kölner Philharmonie zu spielen – ein Ort, der in der Regel den großen Orchestern und Ensembles vorbehalten ist. Den Kindern, die bei diesem Konzert dabei waren, dürfte die Erfahrungen nachhaltig in Erinnerung bleiben – und ganz nebenbei unterstützt sie auch deren räumliche Aneignung von Hochkultur. Denn atmosphärisch macht es einen elementaren Unterschied, ob ein Kinderkonzert auf einer wackeligen, mit zehn Luftballons geschmückten Bühne beim Stadtfest stattfindet oder in einem Konzertsaal, der schon allein durch seine Architektur und seinen Raumklang beeindruckt. Mühelos lässt sich diese Idee zu dem Gedanken fortspinnen, Kindermusiker*innen zusammen mit großen Orchestern aufspielen zu lassen. Wenn dieses Land schon über 129 öffentlich finanzierte Symphonie- und Kammerorchester verfügt, warum stellen sie ihr Können nicht auch in den Dienst des guten Kinderlieds? Es ist ohne Zweifel schön, wenn sich Kinder durch ein „normales" Kinderkonzert zum Mitsingen und Tanzen angeregt fühlen. Wirklich kunstvoll ist es allerdings erst dann, wenn es sie auch innerlich in Bewegung versetzt. Ein gutes Kinderkonzert vermittelt seinem jungen Publikum das Gefühl, Teil von etwas Großem zu sein. Durch die musikalische Begleitung von Kindermusik-Bands könnten professionelle Orchester hier wertvolle Unterstützung leisten. Im besten Fall erleben Kinder so ein Event als ein musikkulturelles Highlights, das sie für ihr weiteres Leben prägen wird.

Auch die Verantwortlichen in Rundfunkanstalten und Fernsehsendern könnten einen gewichtigen Beitrag zur Förderung von Kindermusik leisten. Im Fernsehen gibt es zahlreiche Formate, die sich explizit an Familien richten. Und die meisten Radiosender haben sich ohnehin längst von dem Anspruch verabschiedet, spezifische Zielgruppen bedienen zu wollen. Warum also findet Kindermusik in diesen Kontexten nicht statt? Ich nehme an, dass die ernsthafte Auseinandersetzung mit Musikangeboten für Kinder in den zuständigen Redaktionen den üblichen Klischees und Vorurteilen über die Gattung Kindermusik zum Opfer gefallen ist. Doch es ist nie zu spät, die eigene Haltung kritisch zu prüfen und an die realen Umstände anzupassen.

Im Bereich der musikalischen Ausbildung sind die Potenziale zur Stärkung von Kindermusik ebenfalls noch lange nicht ausgeschöpft. Warum zum Beispiel gibt es an den Musikhochschulen zwar unzählige Studiengänge zur Musikvermittlung, jedoch keine qualifizierenden Angebote für die Komposition von Kinderliedern? Fast alle Konzepte beziehen sich auf die musikalische Arbeit *mit* Kindern, jedoch nicht auf die musikalische Arbeit *für* sie. Dabei schlummert gerade dort, bei den vielen jungen und gut ausgebildeten Musiker*innen, ein riesiges Potenzial für professionell umgesetzte Kindermusik. Und wenn wir schon über die Ausbildung von Musiklehrer*innen sprechen: Warum finden weiterhin fast nur traditionelle, nicht aber auch zeitgemäße Kinderlieder Einzug in den Musikunterricht an Grundschulen? Wo bemüht man sich um einen Kinderlieder-Kanon, der der längst vorhandenen Vielfalt von Kindermusik gerecht wird? Auch hier sollte dringend nachjustiert werden.

Blicken wir auch auf die Distributionswege von Kindermusik. Noch mögen sich Kinderlieder auf physischen Tonträgern halbwegs gut verkaufen. Doch wie wir gesehen haben, verlagert sich auch der Musikkonsum von Kindern immer weiter ins Digitale. Die großen Streaming-Anbieter reagieren bereits darauf und bieten spezifische Nutzeroberflächen für Kinder an. Diese Entwicklung geht prinzipiell in die richtige Richtung, aber inhaltliche Ansprüche sollten dem Wunsch nach kindgerechter Bedienbarkeit vorangestellt werden. *Spotify Kids* dürfte vor allem das Ziel haben, seine zahlenden Nutzer*innen bei Laune zu halten. Doch schert man sich in dem Konzern wirklich um die musikalischen Interessen von Kindern? Ein eigenes Musikstreaming-Angebot für Kinder könnte hier Abhilfe leisten. Noch vor wenigen Jahren hätte ich diese Idee für eine utopische Spinnerei gehalten, denn dafür gab es viel zu wenig relevanten Content. Inzwischen hat sich diese Situation aber geändert. Ein sorgsam kuratiertes Musikstreaming-Angebot für Kinder, das sich nicht nur musikalischer Qualität verpflichtet fühlt, sondern auch eine faire und transparente Vergütung sicherstellt, würde Familien den Zugang zu guter Kindermusik erleichtern und die Künstler*innen aus der Misere befreien, ihre Musik bei den großen Anbietern verramschen zu müssen. Sie meinen, das sei unrealistisch? Dann hilft auch hier der Blick in die Klassik. Mit *IDAGIO* gründete sich 2015 ein Musikstreaming-Dienst, der ausschließlich klassische Musik anbietet und die Musikinhalte gemäß den spezifischen Anforderungen des Genres organisiert. So etwas ließe sich doch auch für Kindermusik umsetzen. Sie fragen sich, warum Sie für einen zweiten Anbieter zahlen sollten, wenn Sie doch woanders alles aus einer Hand kriegen? Dann stelle ich Ihnen zwei Gegenfragen: Wie viele kostenpflichtige Video-Streamingdienste nutzen Sie? Und: Wie viel ist Ihnen die musikkulturelle Sozialisation ihres Kindes wert?

So stellt sich abschließend also natürlich auch die Frage nach Geld. Denn was nützen die schönsten Ideen, wenn sie nicht finanziert werden können? Wie schön wäre es, wenn die Kulturpolitik einfach einen riesigen Fördertopf bereitstellen würde, aus dem ausschließlich Kindermusiker*innen schöpfen dürften! Ganz so einfach wird es vermutlich nicht kommen. Das muss es aber auch nicht, denn es gibt bereits gute Förderstrukturen, in denen Kindermusik bislang jedoch nicht mitgedacht wird. Mit der bundesweiten *Initiative Musik* sowie vergleichbaren regionalen Programmen wie *Musicboard Berlin* oder *create music NRW* wurden längst wirksame Programme zur Förderung von Popmusik etabliert. Per Satzung schließen sie Kindermusik zwar nicht explizit aus, haben sie aber noch nicht als relevante Spielart von Popkultur auf dem Radar. Doch auch das ließe sich ändern.

Es ist Zeit, dass sich alle Akteure, denen etwas an guter Kindermusik liegt, an einem großen runden Tisch zusammenfinden, um gemeinsam Kriterien für gute Kindermusik zu entwickeln und sich für nachhaltige Förderstrukturen stark zu machen. Die Kinderliederkongresse, die 1998, 2001, 2009 und 2013 in Hamburg stattfanden, verfolgten bereits ein ähnliches Ziel. Vielleicht waren sie ihrer Zeit voraus? Vielleicht standen sich die Veranstalter mit ihrem Selbstverständnis als ideologischer Gegenentwurf zum kommerziellen Musikmarkt aber auch selbst im Weg? Was auch immer dazu geführt hat, dass der Kongress nicht mehr stattgefunden hat: Jetzt wäre ein guter Zeitpunkt, um dieses Forum wiederzubeleben. Doch diesmal gehören wirklich alle mit an den Tisch – auch die Vertreter*innen der Musikkonzerne.

Glaubwürdiges Bekenntnis aller Akteure

Bitte was? Gemeinsame Sachen machen mit den Schergen der Musikindustrie? Aber sicher doch! Ich weiß, ich selbst habe das durchkommerzialisierte Kindermusikgeschäft bis hierher mitunter scharf kritisiert. Ich habe aber auch mit Vertreter*innen der Branche sprechen können und sie als durchaus selbstkritische, kluge und nicht zuletzt kulturinteressierte Menschen kennengelernt. Täglich treffen sie konkrete und bisweilen auch weitreichende Entscheidungen für den Kindermusikmarkt. Wenn wir es also ernst meinen mit der musikkulturellen Verantwortung gegenüber Kindern, dann sollten wir in ihrem Sinne den gezielten Dialog zwischen allen relevanten Akteuren suchen. Dazu zählt das Personal aus der Musikwirtschaft ebenso wie die Expert*innen aus der Szene selbst. Kulturschaffende, die die strikte Trennung von Kunst und Kommerz propagieren und sich so gegenseitig dazu anstiften, sich für die eine oder andere Seite entscheiden zu müssen, tun sich selbst keinen Gefallen. Denn so driftet der kommerzielle Kindermusikmarkt weiter in die künstlerische Belanglosigkeit ab, während zugleich viele ambitionierte Kindermusiker*innen um ihre Existenz kämpfen. Diese Trennung ist für keine Seite befriedigend und beraubt sie der Möglichkeit, voneinander zu lernen. Die Wirtschaftswissenschaftlerin und Kulturmanagerin Doris Rothauer rät Kultur und Wirtschaft dazu, sich vorurteilsfrei aufeinander zuzubewegen. „Künstlerische Manifestationen, die immer nur auf den gleichen autarken Zirkel gerichtet sind, um sich dort ihre Legitimation zu holen, haben keine reale gesellschaftspolitische Bedeutung. Kunst muss dorthin gehen, wo Mitgestaltung gesellschaftlich relevant ist. Das kann in der Politik, in der Wirtschaft oder in der Wissenschaft sein",[30] so Rothauer. Entsprechend plädiert auch sie für die Aufhebung der Grenzen zwischen Hoch- und Subkultur, zwischen elitär und massenkompatibel, zwischen kommerziell und förderwürdig. All das seien „Grenzziehungen, die die Kunst in eine (...) Außenseiterrolle der Gesellschaft gedrängt haben".[31]

Bestimmt wäre eine solche Annäherung nicht unproblematisch, auf beiden Seiten mit Vorbehalten und Vorurteilen belastet und somit nicht zwangsläufig auf Erfolg gepolt. Gerade unter den Bedingungen eines digitalisierten Musikmarktes ist es für die Musikkonzerne schwieriger denn je, Zeit und Geld in den Aufbau neuer Künstler*innen zu investieren. Vielleicht ist das aber auch gar nicht nötig. Würden sie sich von der eingespielten Praxis verabschieden, mehr oder weniger erfolgreiche Konzepte aus der Popkultur schablonenartig auf den Kindermusikmarkt zu übertragen und ihre Ressourcen stattdessen in strukturfördernde Programme und eine zielgerichtete Künstler*innenförderung investieren, wäre womöglich beiden Seiten mehr geholfen. Warum nicht eine „Akademie für Kindermusik" gründen, die sich im Schulterschluss von Industrie und Kulturpolitik der gezielten Förderung der Gattung verpflichtet fühlt? Talentierte Künstler*innen hätten dort die Möglichkeit sich auszutauschen, voneinander zu lernen, gemeinsam Ideen zu entwickeln und am Ende eben auch Musik zu produzieren und zu veröffentlichen. So könnte eine nachhaltige Künstler*innen-Förderung aussehen, die allen Beteiligten neue Perspektiven eröffnet. Doch egal, wie genau die Strukturen am Ende beschaffen sind:

Ein zielführender Dialog kann nur dann gelingen, wenn er mit einem glaubwürdigen Bekenntnis aller Beteiligten für die Sache einhergeht. Kindermusiker*innen dürfen sich dabei durchaus selbstbewusst in Stellung bringen, denn den Verantwortlichen in den Musikkonzernen dürfte nicht entgangen sein, dass die meisten der zuletzt wegweisenden Kindermusik-Veröffentlichungen nicht unter ihrem Dach entstanden sind, sondern aus engagierten Eigeninitiativen mit überzeugter Grundhaltung. Die Kindermusiker*innen wiederum könnten erheblich von den professionell eingespielten Strukturen der Musikkonzerne profitieren und sich damit stärker auf ihre künstlerische Arbeit konzentrieren. Wann, wenn nicht jetzt, wo die Kindermusik nach Jahrzehnten des gefühlten Stillstands endlich Fahrt aufnimmt und ein dynamisches Eigenleben entwickelt, könnte ein solcher Versuch besser unternommen werden? Rolf Zuckowski hat es vorgemacht und gemeinsam mit Universal das Kindermusik-Label *noch mal!!!* gegründet. Das muss ja kein Einzelfall bleiben!

„Wir müssen uns Bildung und Kultur neu erkämpfen, und zwar eben als gemeinschaftliche Aufgabe, als ein hohes Gut, das allein der Gesellschaft verpflichtet ist und unser gemeinsames Interesse ausdrückt",[32] mahnt selbst Berthold Seliger. Wer seine Bücher kennt, der weiß, dass er ein ausgewiesener Kritiker der Musikindustrie ist. Demzufolge wäre er vermutlich nicht einverstanden, dass ich ihn ausgerechnet in diesem Kontext zitiere. Aber wen bitte meint er, wenn er von „wir" spricht? Ist das Wort etwa mit „alle Menschen, ausschließlich derer, die in Musikkonzernen arbeiten" zu übersetzen? Es ergibt keinen Sinn, die Konzerne als ein abstraktes Konstrukt zu betrachten, das ein unkontrolliertes Eigenleben führt. Auch dort arbeiten engagierte Menschen mit einem ausgeprägten Interesse an Musik. Und vermutlich würden sich viele von ihnen freuen, mehr Sinnhaftigkeit in ihrem Tun erfahren zu können. Die Konzerne selbst lassen sich in der Tat nur schwer verändern, aber Entscheidungsträger*innen lassen sich überzeugen, begeistern und mitreißen. „Wir" sollten uns also nicht zu kräftezehrenden Grabenkämpfen hinreißen lassen, sondern uns im Sinne guter Musik für Kinder um gemeinsame Positionen und Ziele bemühen. Das alles mag ausgesprochen ideologisch, naiv und verklärt klingen. Aber jeder Veränderung geht eine Vision voraus.

Im Großen und Ganzen
22 Perspektiven für das gute Kinderlied

> „Writing about music
> is like dancing about architecture."

Das diesem letzten Kapitel vorangestellte Zitat gilt als eine der populärsten kritischen Äußerungen über den Musikjournalismus. Die Urheberschaft wird wahlweise Frank Zappa, Thelonious Monk oder Elvis Costello zugesprochen, letztlich ist sie jedoch bis heute ungeklärt. Sinngemäß deutet der Satz an, dass der Versuch, die Wirkung von Musik sprachlich erfassen oder gar vermitteln zu wollen, prinzipiell zum Scheitern verurteilt ist. Und doch habe ich genau diesen Versuch unternommen. Somit stellt sich nun, am Ende dieses Buches, die Frage nach der finalen Erkenntnis. Lässt sich eine Essenz aus dem hier geführten Diskurs formulieren?

Während ich mich mit dieser Frage auseinandersetzte, stieß ich auf eine dpa-Meldung mit der Überschrift „Was Eltern von ihren Kindern lernen können".[1] In dem Text werden Kindern Eigenschaften wie Neugier, Unbefangenheit, Ehrlichkeit, die Freude am Spiel, Kreativität, digitale Affinität, der Blick fürs Kleine und die Fähigkeit zum Zuhören bescheinigt. Und auch über das Lachen wird darin gesprochen. So wollen Wissenschaftler*innen herausgefunden haben, dass ein Erwachsener im Durchschnitt nur 15 bis 20 Mal am Tag lacht – ein Kind dagegen bis zu 400 Mal. Dieser drastische Unterschied brachte mich ins Grübeln. Habe ich dem Spaß an der musikalischen Arbeit für Kinder in diesem Buch zu wenig Beachtung geschenkt? In der Kunst generell, gerade aber im Kinderlied, sollte die interesselose Freude am kreativen Prozess doch reichlich Platz finden, anstatt sich dem Wettstreit um Aufmerksamkeit und Reichweite unterzuordnen. Zunächst muss also noch eine wichtige Klarstellung erfolgen: Die ernsthafte Auseinandersetzung mit Kindermusik schließt keineswegs aus, sich in der konkreten künstlerischen Arbeit lustvoll, spaßgetrieben und humorbegabt auszutoben – ganz im Gegenteil! Um mit Wilhelm Busch zu sprechen: „Was man ernst meint, sagt man am besten im Spaß." Ein gutes Kinderlied sollte Kinder in ihrer unbekümmerten Weltsicht stärken und darf dabei natürlich Freude, gute Laune und Vergnügen bereiten, inhaltlich wie musikalisch.

Die Sache mit der Augenhöhe

Doch die oben zitierte Meldung wirft noch eine andere, viel grundsätzlichere Frage auf: Lachen wir als Erwachsene so wenig, weil wir den unbekümmerten kindlichen Blick auf die Welt verlernt haben? „Die Tragödie des Alters ist die radikale Verurteilung eines ganzen Systems (...), das der bei weitem überwiegenden Mehrheit der Menschen keinen Daseinsgrund gibt", zitiert Susan Neiman die Philosophin Simone de Beauvoir am Ende ihres Buches „Warum erwachsen werden?" und kommt ihrerseits zu dem Schluss: „Wir haben keine Welt geschaffen, in der vernünftige Menschen aufwachsen oder alt werden wollen".[2] Das ist ohne Zweifel ein hartes Urteil, deckt sich aber, wenn wir nur einen kurzen Augenblick ehrlich auf das Weltgeschehen schauen, mit vielen unserer Alltagserfahrungen. Dass uns als Erwachsenen dabei manchmal im wahrsten Sinne des Wortes das Lachen vergeht, ist zwar plausibel, zugleich aber wenig erbaulich. Wenn wir die nächsten Generationen dazu ermutigen wollen, sich selbstbewusst und konstruktiv den Herausforderungen der Zukunft zu stellen, dann ist es ratsam, die Weichen dafür bereits in der Kindheit zu stellen. Gute Kindermusik, als Bestandteil eines breiteren Verständnisses von kultureller Bildung, kann einen bescheidenen Beitrag dazu leisten. Indem sie Kinder in ihren kindlichen Anliegen ernst nimmt, anstatt sich moralisch über sie zu erheben. Indem sie Kindern Werte vermittelt, anstatt Ideologien. Indem sie Neugier weckt und Begeisterungsfähigkeit fördert. Dieser Anspruch steckt für mich in der oft bemühten Metapher, Kindern „auf Augenhöhe" zu begegnen – und der hat natürlich auch im Kinderlied Gültigkeit.

Gleichwohl bin ich hinreichend an der Realität geschult, um zu wissen, dass gute Musikproduktionen für Kinder nicht die Welt retten werden. Genauso wenig wird dieses Buch die Musikwelt für Kinder revolutionieren. Das muss es aber auch gar nicht, denn die Schlusspointe lautet: Es ist bereits alles da. Es gibt reichlich gute Musikangebote, Bands und Interpret*innen für Kinder, nur leider werden sie noch viel zu wenig wahrgenommen und wertgeschätzt. Laut der aktuellsten *FIM-Studie* (Familie, Interaktion, Medien) aus dem Jahr 2016, gehört das Musikhören bei Eltern wie bei Kindern, noch vor der Nutzung der so genannten „neuen Medien", zu den beliebtesten Medientätigkeiten in Familien.[3] Wenn dem gemeinsamen Musikhören tatsächlich ein so großer Stellenwert zugesprochen wird, dann stellt sich unweigerlich die Frage, warum Kindermusik noch immer ein so randständiges Dasein fristet? Sie wird belächelt, unterschätzt, ignoriert und karikiert, doch ernst genommen wird sie nur selten.

Kindheitsmusik statt Kindermusik

Um diesen Zustand zu verändern, habe ich dieses Buch geschrieben. Vermutlich werde ich mir mit meinen Ausführungen nicht nur Freund*innen machen – zu hart und ungnädig fällt mein Urteil dafür in einigen Fällen aus. Es geht mir jedoch nie um persönliche Beleidigungen, sondern um eine möglichst sachliche Analyse der Werke sowie um die kritische Reflexion der Haltungen von Musiker*innen wie von Hörer*innen. Vielleicht hat der eine oder die andere trotzdem mehr Objektivität von mir erwartet, mehr Anerkennung für eine ihrem Wesen nach zutiefst gute Sache? In meiner Rolle als unabhängiger Beobachter entspricht es aber weder meinem Ziel noch meiner Aufgabe, mich bei irgendjemandem beliebt zu machen. Ich erwarte nicht, dass jeder meine Meinung teilt. Umgekehrt sollte aber auch niemand erwarten, dass ein Buch über gute Kindermusik darauf verzichten kann, fragwürdige Akteure und Entwicklungen beim Namen zu nennen. Natürlich unterliegen meine Einschätzungen subjektiven Prägungen. Ich war jedoch darum bemüht, meinen persönlichen Geschmack nicht zum Maßstab zu erheben, sondern habe Kriterien zu entwickeln versucht, denen Sie als Leser*in im besten Fall auch jenseits Ihrer individuellen musikalischen Vorlieben Gültigkeit zusprechen. Gerade weil Kindermusik kaum Anerkennung erfährt, ist der Grundton dieses Buchs ernst und kritisch. Auf diese Weise bringe ich meine Wertschätzung gegenüber der Gattung zum Ausdruck.

Auch wenn ich für mich in Anspruch nehme, den deutschsprachigen Kindermusikmarkt gut zu kennen, kann ich nicht ausschließen, die eine oder andere Band übersehen zu haben. Ganz bewusst habe ich diesem Buch daher nicht den Untertitel „Die beste Musik für Kinder" gegeben. Einem solchen Titel läge die Haltung zugrunde, dass es jenseits der von mir benannten Beispiele nichts mehr zu entdecken gäbe. Das ist natürlich Unfug, denn dafür ist selbst der vergleichsweise kleine Musikmarkt für Kinder zu groß, zu dynamisch und – wie wir gesehen haben – auch zu innovativ. Es wird sich, dessen bin ich mir sicher, auch weiterhin viel tun in der Gattung Kindermusik. Der Markt wird größer und relevanter, und immer mehr Musiker*innen haben verstanden, dass sich gute Kindermusik der musikalisch hochwertigen und inhaltlich reflektierten Begleitung im kindlichen Aufwachsen verpflichtet fühlen sollte. Entlang dieses Gedankens wäre zu überlegen, zukünftig nicht von „Kindermusik", sondern von „Kindheitsmusik" zu sprechen. Dieser Begriff schließt das Interesse von Erwachsenen ausdrücklich mit ein. Sie haben es ja mehrfach gelesen: Gute Musik für Kinder ist eben nie nur für Kinder gemacht.

Ihre Perspektive als Leser*in

Am Ende hängt die Frage nach der Perspektive für das gute Kinderlied maßgeblich von der Perspektive ab, aus der wir darauf schauen. Je nachdem, in welcher Rolle Sie dieses Buch gelesen haben, liegt es auch an Ihnen, wie sich die Gattung Kindermusik in Zukunft weiterentwickeln wird. Als **Eltern** können Sie einen Anspruch an Musikproduktionen für Kinder formulieren und diesen beim nächsten Kauf oder Download eines Albums zum Maßstab machen. Ich hoffe, dass Ihnen die Empfehlungsliste am Ende dieses Buches dabei als Orientierung und Entscheidungshilfe dienen wird. Natürlich wissen Sie, dass Sie mit dem Kauf eines physischen Tonträgers die jeweiligen Künstler*innen deutlich besser unterstützen als durch das Streaming oder gar die Kopie eines Albums. Auch Ihren Kindern vermittelt sich die Wertigkeit künstlerischer Arbeit so deutlich besser. Letztlich ist aber vor allem Ihre konkrete Musikauswahl entscheidend. Ich verspreche Ihnen: Gute Kindermusik wird auch Ihnen als Eltern Freude bereiten – erst Recht, wenn Sie sie gemeinsam mit Ihren Kindern genießen!

Haben Sie dieses Buch als **Erzieher*in** gelesen, dann unterstelle ich Ihnen, dass Sie genug haben von der Gleichförmigkeit der üblichen Kindermusikproduktionen und auf der Suche nach Neuem sind. Ich muss Ihnen nicht sagen, dass Sie bei der Vermittlung von Musikangeboten für Kinder eine tragende Rolle spielen! Jeden Tag haben Sie die Möglichkeit, Kinder an gute Kindermusik heranzuführen – dafür müssen Sie sich noch nicht einmal selbst musikalisch begabt fühlen. Viel entscheidender ist, dass Sie sich ernsthaft mit dem Thema befassen und Ihr Wissen darüber in Ihre tägliche Arbeit einfließen lassen. Mit der Lektüre dieses Buches haben Sie bereits einen Schritt in diese Richtung unternommen und hoffentlich anregende Impulse für Ihre berufliche Praxis mitnehmen können. Um es mit den Worten von Florian Sump (*Deine Freunde*) zu sagen: Kitas und Kindergärten sind das „krasseste Promotool" überhaupt. Nehmen Sie diese Rolle selbstbewusst an! Sowohl die sich in ihrer Obhut befindenden Kinder, als auch deren Eltern werden es Ihnen ganz sicher danken.

Vielleicht gehören Sie aber auch zur Berufsgruppe der **Musikpädagog*innen** oder spielen mit dem Gedanken, in diesem Arbeitsfeld tätig zu werden? Dann fällt auch Ihnen eine bedeutsame Rolle zu. Denn in Ihrer Fachdisziplin werden praktische und wissenschaftliche Erkenntnisse aus der Musikpädagogik zusammengeführt. Einfacher ausgedrückt: Sie stellen Verbindungen zwischen Mensch und Musik her. Egal ob in der musikalischen Früherziehung, im schulischen Musikunterricht, beim Instrumentalunterricht oder bei der Konzeption von Education-Programmen: Wer Kinder an Musik heranführt, sollte mehr als eine vage Idee von zeitgemäßer Kindermusik haben. Häufig hängen selbst die Schulen und Hochschulen, die mit der Ausbildung von Musikpädagog*innen betraut sind, den aktuellen Entwicklungen in der Gattung meilenweit hinterher. Fühlen Sie sich also ermutigt, mit Nachdruck eigene Impulse zu setzen und betrachten Sie die Vermittlung von guter Kindermusik als einen wichtigen Bestandteil ihres musikpädagogischen Auftrags.

Womöglich sind Sie aber auch selbst als **Musiker*in** aktiv, komponieren und produzieren bereits Kindermusik oder tragen sich mit dem Gedanken, es zukünftig zu tun? Dann lautet meine Bitte an Sie: Reflektieren Sie ihre Haltung zur Zielgruppe, bevor Sie sich an die Arbeit machen. Was motiviert Sie dazu, Musik für Kinder zu machen? Welche Botschaften möchten Sie Kindern vermitteln? Sind Sie vom finanziellen Erfolg der Veröffentlichung abhängig oder genießen Sie den Luxus künstlerischer Freiheit? Schon oft war in diesem Buch von Verantwortung die Rede. Ihnen als Musiker*in kommt dabei die größte Bedeutung zu. Wer Musik für Kinder macht, der sollte sie als ein ernstes Feld musikalischer Betätigung wahrnehmen und ausfüllen. Besonders ermutigen möchte ich in diesem Zusammenhang die professionell ausgebildeten Musiker*innen. Gerade weil der Anspruch an gute Kindermusik so hoch ist, können Sie in dieser Gattung eine wichtige Rolle spielen. Zugleich gewährt Ihnen Kindermusik künstlerische Freiheiten wie kaum eine andere Gattung. Glauben Sie mir: Hier ist viel Platz für Sie! Das gilt insbesondere für die Frauen unter Ihnen. Erstaunlicherweise ist die Kindermusik-Szene nach wie vor überproportional männlich dominiert. Es ist höchste Zeit, dass sich mehr Musikerinnen in diesem Feld engagieren und ihre Perspektiven einbringen.

Vielleicht gehören Sie aber auch längst zur Szene aktiver Kindermusiker*innen? Dann würde mich interessieren, als was genau Sie sich in dieser Rolle verstehen. Manche von Ihnen scheinen sich unklar darüber zu sein, ob sie Musikpädagogik oder eben Musik für Kinder machen. Viele Akteure versuchen beide Felder zu bedienen, übersehen dabei jedoch, dass es sich um zwei grundverschiedene Ansätze handelt. Wer sein Einkommen als Musiker*in maßgeblich durch Fortbildungen für Erzieher*innen und Konzerte im Kindergarten bestreitet, der leistet zweifellos wichtige Basisarbeit, tut letztlich aber etwas vollkommen anderes als eine Band, die professionelle Musikproduktionen für Kinder veröffentlicht. Bei *Kindermusik.de* tummeln sich Vertreter*innen beider Lager. Gerade deshalb gelingt es dem Netzwerk noch zu wenig, wegweisende Akzente zu setzen, die über die eigene Szene hinaus Wirkung entfalten. Natürlich braucht Kindermusik eine Lobby. Die darf sich durch persönliche Interessen aber nicht selbst im Weg stehen. Es gibt viele Akteure, die Ihre ideellen Ziele teilen, die zugleich aber auch neue Impulse einbringen. Heißen Sie die Veränderungen auf dem Kindermusikmarkt willkommen, sie müssen nicht zwangsläufig zu Ihrem Schaden sein!

Vielleicht sind Sie aber auch Konzert- oder Festivalveranstalter? Dann lautet meine Forderung an Sie: Nehmen Sie gute Kindermusik als ein relevantes kulturelles Betätigungsfeld wahr und stellen Sie den entsprechenden Künstler*innen Ihre Ressourcen zur Verfügung. Öffnen Sie Ihre Türen und Bühnen für engagierte Kindermusiker*innen und nehmen Sie sie dabei ebenso ernst wie Interpret*innen für Erwachsene. Im Backstage-Raum eines kleinen Live-Clubs irgendwo in Deutschland stieß ich einmal auf ein Schild mit dem nachfolgenden Zitat von Henry Rollings (*Black Flag*): „Listen to the stage-manager and get on when they tell you to. No one has time for the rockstar-bullshit. None of the techs backstage care if you're David Bowie or the milkman. When you act like a jerk, they are completely unimpressed with the infantile display that you might think comes with your dubious status. They were here hours before you, building the stage, and they will be here hours after you leave, tearing it down again. They should get your salary and you should get theirs. So please be calm and friendly!" Eines scheint sicher: Derartige Star-Allüren werden Sie bei Kindermusiker*innen vorerst nicht befürchten müssen. Das ist doch eine verlockende Perspektive, oder etwa nicht? Und mal im Ernst: Ihnen ist doch klar, dass die Kinder von heute ihr Publikum von morgen sein werden. Es wäre grob fahrlässig, dieser Erkenntnis nicht Rechnung zu tragen!

Sollten Sie für einen Musikkonzern arbeiten und sich fragen, wie Sie vom wachsenden Interesse an guter Kindermusik profitieren können, dann neige ich zu dem Hinweis: Überdenken Sie ihre Strategien! Gute Kindermusik verfolgt nicht primär den Anspruch, sich gut zu verkaufen, sondern versteht sich als musikkulturelle Basisarbeit. Sie wissen besser als ich, dass in Ihrem Business die weniger erfolgreichen Künstler*innen schon immer von den erfolgreicheren Acts mit durchgefüttert wurden. Zugleich hat die zurückliegende Auseinandersetzung gezeigt, dass ein Großteil der wegweisenden Impulse für gute Kindermusik nicht aus Ihren Reihen kam. Anstatt die wachsende Nachfrage mit lieblos kuratierten Compilations, fragwürdigen Künstlerpersönlichkeiten oder der musikalischen Auswertung populärer Kindermarken zu bedienen, könnten Sie wertvolle Unterstützung beim langfristigen Aufbau von Werten leisten. In der Gattung Kindermusik ist Ihre Expertise vor allem in Fragen des Marketings und Ihre Unterstützung beim Aufbau nachhaltiger Förderstrukturen gefragt, weniger in der künstlerischen Arbeit. Überlassen Sie dieses Feld den Profis!

Unbedingt angesprochen fühlen sollten sich auch Journalist*innen, Redakteur*innen und alle, die in den **Medien** Verantwortung für die Beurteilung und die Verbreitung von Musikangeboten für Kinder tragen. Hören Sie auf, den Kindermusikmarkt pauschal schlechtzureden und ihn mit Missachtung zu strafen. Wie ich hoffentlich zeigen konnte, deckt sich die weit verbreitete Annahme, dass Musik für Kinder nervt, anspruchslos und infantil sei, längst nicht mehr mit den Tatsachen. Darum bitte ich Sie: Widmen Sie sich dem Thema in der Tiefe und Professionalität, die von Ihrem Berufsstand erwartet wird. Und nutzen Sie Ihre Möglichkeiten, um guter Kindermusik einen angemessenen Platz in den Medien einzuräumen. Ich freue mich schon auf den Tag, an dem sich im Formatradio ein Kinderlied zwischen die besten Hits der 80er und 90er Jahre verirrt. Sie können davon ausgehen, dass weite Teile Ihrer Hörerschaft dadurch in verzückte Erregung geraten werden!

Mein letzter Wunsch richtet sich an die Verantwortlichen in der **Kulturpolitik**. Sie verteilen das Geld, das die Kindermusik-Szene substanziell stützen kann. „Wenn wir uns wünschen, dass Menschen über eine möglichst große kulturelle Offenheit verfügen, wenn wir wollen, dass Menschen neugierig auf vielfältige kulturelle Angebote bleiben, statt den ‚formatierten' und hochmanipulativen Produkten von Formatradio und Musikindustrie auf den Leim zu gehen, dann müssen wir zuallererst in die musische Bildung der Kinder und Jugendlichen investieren"[4], schreibt Berthold Seliger in seinem Buch „Das Geschäft mit der Musik". Ich habe mich bemüht, die Relevanz guter Kindermusik in diesem Kontext herauszustellen. Nun hoffe ich, dass diese Erkenntnis bis in Ihre Entscheidungsebenen vordringt und die Unterstützung guter Kindermusikangebote auch eine kulturpolitische Entsprechung findet. Viele gute Ansätze gibt es bereits. Sie fokussieren sich jedoch meistens auf musikpädagogische Formate *mit* Kindern, nicht jedoch auf Musikproduktionen *für* Kinder. Es ist wichtig, diesen Unterschied zukünftig stärker zu berücksichtigen.

Und welchen Beitrag werde ich persönlich leisten? Papier ist ja bekanntermaßen geduldig, und so schön es sich auch anfühlt, dieses Buch abgeschlossen zu haben: Mit den dynamischen Entwicklungen in der Gattung Kindermusik wird es nur für begrenzte Zeit Schritt halten können. Darum findet „Mama lauter!" eine Fortsetzung im Internet. Im Kern widme ich mich dort der Aufgabe, aktuelle Musikproduktionen für Kinder sachlich und vor allem unabhängig zu rezensieren. Neue Produktionen werden anhand fundierter musikalischer und inhaltlicher Kriterien bewertet und hinsichtlich ihrer künstlerischen Haltung eingeordnet. Damit stehen Ihnen unabhängige Informationen zur Verfügung, die Sie bei der gezielten Recherche nach guten Musikangeboten für Kinder verlässlich unterstützen. Sie alle sind herzlich eingeladen, diesen Diskurs konstruktiv mitzugestalten. Und damit sich auch Männer und Väter dabei angesprochen fühlen, ist die Website sowohl unter der Domain *www.mama-lauter.de* als auch unter *www.papa-lauter.de* zu erreichen.

Einer der wenigen Autoren, der lange vor mir über Kindermusik geschrieben hat, ist Fredrik Vahle. Da er neben seiner musikalischen Arbeit für Kinder auch als Sprach- und Literaturforscher tätig ist, trägt sein bereits 1992 veröffentlichtes Fachbuch den Titel „Kinderlied – Erkundungen zu einer frühen Form der Poesie im Menschenleben". Darin schließt Vahle mit der Erkenntnis, „kein Aufsehen erregendes Ergebnis, keine neue Hypothese, keine generative Formel für das Kinderlied, keine Grammatik dieser Gattung, keine neue musikorientierte sprachdidaktische Methodik" entwickelt zu haben. So formuliert er abschließend die rhetorische Frage: „Wozu habe ich mich dann auf den Weg gemacht?".[5] Seine Antwort lautet: „Wenn ich (...) zeigen konnte, dass es sich beim Kinderlied trotz seiner aus erwachsener Sicht literarischen Unscheinbarkeit doch um einen merk- und denkwürdigen Gegenstand im Menschenleben handelt, so hat die vorliegende Arbeit ihren Zweck erfüllt."[6] Diesem bescheidenen Anspruch möchte ich mich gerne anschließen, ihn im Sinne meiner popkulturellen Prägung aber etwas anders ausformulieren.

Es gibt da nämlich einen schönen Moment in der Verfilmung von Nick Hornbys Roman „High Fidelity", in der die Hauptfigur Rob von seinem Freund Dick spontan zu Hause besucht wird. Rob, ein absoluter Musik-Nerd, wurde gerade von seiner Freundin Laura verlassen. Infolgedessen versucht er, den Gründen für das Scheitern seiner bisherigen Beziehungen auf den Grund zu gehen. Das Sortieren seiner umfangreichen Plattensammlung scheint für ihn dabei ein hilfreicher Zeitvertreib zu sein. So trifft Dick seinen Freund inmitten hoher Stapel von Schallplatten an und erkundigt sich neugierig nach dessen Ordnungssystem – und das ist, so stellt sich heraus, weder chronologisch noch alphabetisch, sondern autobiografisch. „Ich kann dir erklären, wie ich von *Deep Purple* zu *Howlin Wolf* kam – in nur 25 Schritten. Und wenn ich den Song „Landslide" von *Fleetwood Mac* suche, dann muss ich mich daran erinnern, dass ich die Platte im Herbst 1983 für jemanden gekauft hatte, sie ihm dann aber aus persönlichen Gründen nicht gegeben habe", erklärt Rob seinem verblüfften Freund. So artikuliert sich die Leidenschaft für gute Musik! Der Tag, an dem Kinderlieder ähnlich organisch in die biografische Rückbesinnung Erwachsener einfließen, dürfte den Zeitpunkt markieren, an dem Kindermusik ihr verstaubtes Image ein für alle Mal hinter sich gelassen hat. „Das klingt ...", stammelt Dick, „... beruhigend?", vervollständigt Rob die Frage seines Freundes und ergänzt: „Ja, das ist es!"

HIDDEN TRACK

Ich mach Musik
23 Kurzporträts ausgewählter Kindermusikinterpret*innen

Die nachfolgende Liste umfasst eine Auswahl von über 40 Künstler*innen und Bands, die – teilweise schon seit vielen Jahren, teilweise erst seit kurzer Zeit – Kindermusik veröffentlichen. Einige der Namen dürften Ihnen aus diesem Buch bereits bekannt sein, viele sind Ihnen vermutlich neu. In jedem Fall kann ich Ihnen und Ihren Kindern die Lieder dieser Künstler*innen aber wärmstens ans Herz legen.

Spätestens nach der Lektüre dieses Buches wissen Sie, dass auch Kindermusik sehr vielfältig ist. Die Kurzporträts der jeweiligen Interpret*innen sollen Ihnen helfen, deren musikalische Arbeit stilistisch einzuordnen. In der Diskografie sind immer nur die jüngsten Veröffentlichungen der jeweiligen Bands gelistet. Die Auslassungspunkte weisen ggf. darauf hin, dass darüber hinaus noch mehr Alben existieren. Für weiterführende Informationen folgen Sie einfach den angegebenen Links.

Eindeutige Altersempfehlungen sind in der Kindermusik schwierig. Manche Künstler*innen richten sich gezielt an jüngere Kinder, andere verstehen sich dagegen als musikalische Begleiter in die Pubertät. Die meisten Kindermusiker*innen verfolgen aber einen universellen Anspruch. Ob der verstanden oder gemocht wird, hängt stark vom Entwicklungsstand sowie von den Vorlieben des jeweiligen Kindes ab. Ich habe mich daher für eine sehr grobe Einteilung in nur zwei Altersgruppen (nämlich „0 bis 4 Jahre" und „4 bis 99 Jahre") entschieden. Die eindeutige Zuordnung in die eine oder andere Gruppe ist manchmal schwierig, denn die Grenzen verlaufen in der Regel fließend. Verstehen Sie die von mir vorgenommene Einteilung also bitte als groben Orientierungsrahmen. Grundsätzlich können Sie bei Ihrer individuellen Auswahl wenig falsch machen.

Die vollständigen Diskografien, ausführliche Rezensionen zu den aktuellsten Veröffentlichungen der hier gelisteten Künstler*innen sowie viele weitere Interpret*innen finden Sie auf der Website zu diesem Buch unter: *www.mama-lauter.de* bzw. *www.papa-lauter.de*.

Ihnen und Ihren Kindern wünsche ich viel Freude beim Stöbern und gemeinsamen Musik hören!

FÜR KLEINE (0 bis 4 JAHRE)

Diskografie
- *Krümelmucke 2 (2012)*
- *Krümelmucke (2009)*

www.kruemelmucke.de

Christiane Weber

Es ist eine große Kunst, die jüngsten Hörer*innen musikalisch ernst zu nehmen, zugleich aber auch für Erwachsene interessant zu klingen. Mit ihrer „Krümelmucke" gelingt das Christiane Weber auf wundervolle Weise. Sie war der Meinung, dass kleine Ohren Musik bräuchten, die noch nicht zu überladen und kompliziert ist, an der es aber trotzdem viel zu entdecken gibt. So komponierte sie kleine Geschichten auf Ohrwurmniveau, Lieder zum Mitsingen, Zuhören und durchs Kinderzimmer Tanzen – musikalisch nicht überfrachtet, jedoch immer sorgsam auskomponiert. Als erfahrene Musik-Kabarettistin hatte Christiane Weber bereits viel Bühnenerfahrung, bevor sie sich schließlich der Kindermusik zuwandte. Leider verstarb sie 2012 im Alter von gerade einmal 36 Jahren. Ihre zwei Alben haben jedoch das Potenzial, als zeitlose Meisterwerke in die Kindermusik-Geschichte einzugehen.

Diskografie
- *Singen für Zwei – Kinderlieder* (2016)
- *Singen für Zwei – Wiegenlieder 2* (2014)
- *Singen für Zwei – Wiegenlieder* (2011)

www.singenfuerzwei.de

Corinna Bilke

Diese Musikerin tritt den Beweis an, dass es möglich ist, Kinder früh an Jazzmusik heranzuführen. Unter dem Motto „Singen für zwei" möchte Corinna Bilke das Singen für Kinder und das gemeinsame Singen mit Kindern in der Familie wieder kultivieren. Auf der Suche nach geeigneten Titeln stellte sie jedoch fest, dass es kaum Lieder ohne erzieherischen oder religiösen Anspruch gibt. Zudem schien ihr die Sprache in vielen traditionellen Kinderliedern veraltet. Beide Aspekte veranlassten Corinna Bilke dazu, neue Wiegenlieder zu schreiben, die zum Zuhören und Abtauchen, vor allem aber zum Mitsingen einladen. Wohltuend halten ihre Kompositionen die üblichen Klischees traditioneller Kinderlieder auf Abstand, werden gerade kleinen Kindern dabei aber trotzdem gerecht. Jazzige Harmonien und eine klassische Besetzung aus Piano, Bass und Schlagzeug bilden das musikalische Fundament, in das sich die geschulte Stimme von Corinna Bilke unaufdringlich, aber gekonnt einfügt. So klingt gute Kindermusik, wenn sie von gut ausgebildeten Musiker*innen gemacht wird.

Heike Makatsch

Nicht immer kommt etwas Gutes dabei heraus, wenn sich Schauspieler*innen dazu entschließen, neben ihrem eigentlichen Beruf auch eine Karriere als Sänger*in zu verfolgen. Besonders heikel kann es werden, wenn sie sich dann auch noch dafür entscheiden, Kinderlieder zu singen. Im Fall von Heike Makatsch und ihrem musikalischen Mitstreiter Max Schröder ist dieses Experiment jedoch gelungen. Vermutlich hatten sie die zahlreichen, eher uninspirierten Neuinterpretationen von klassischen Kinderliedern satt und entschlossen sich deshalb dazu, ihnen eine musikalische Frischzellenkur zu verpassen. Natürlich sind sie nicht die ersten, die sich an diese Herausforderung gewagt haben – inhaltlich ist das Ergebnis damit nicht unbedingt innovativ. Gesanglich weiß Heike Makatsch jedoch durchaus mit Talent zu überraschen. Hinzu kommt, dass die Lieder durch die gefühlvolle und experimentierfreudige Instrumentierung von Max Schröder an musikalischer Tiefe gewinnen. Dass sich das Duo trotz des Debüt-Erfolges für den Nachfolger ganze sieben Jahre Zeit ließ, zeugt einmal mehr von ihrem ernsthaften Anliegen für die Sache.

Diskografie

· *Die schönsten Weihnachtslieder (2018)*

· *Noch mehr schönste Kinderlieder (2016)*

· *Die schönsten Kinderlieder (2009)*

www.diogenes.ch

Mondbande

Im engeren Sinne handelt es sich bei der *Mondbande* eigentlich nicht um eine Band, sondern um ein Side-Projekt der *Tonbande* bzw. der Formation *Fidibus* (s.u.). Hinter diesen musikalischen Projekten stecken der Musiklehrer Horst Großnick und der Musikproduzent Dieter Krauthausen, die gemeinsam mit Schüler*innen einer Dürener Blindenschule mehrere Kindermusik-Alben veröffentlichten. In diesem Rahmen entstand auch die Produktion „Abendstille überall", für die klassische Schlaflieder in ein zeitgemäßes Soundgewand gehüllt wurden. Zweifellos wurde das Rad damit nicht neu erfunden. Vergleichbar liebevoll umgesetzte Produktionen – noch dazu gesungen von Kindern – sind jedoch eine echte Seltenheit.

Diskografie

· *Abendstille überall (2013)*

www.paenzverlag.de

Robert Metcalf

Als einer der wenigen Vertreter der „alten Hasen" aus der Kindermusik-Szene gehört Robert Metcalf unbedingt auf diese Liste von Kindermusik-Empfehlungen. Denn im Gegensatz zu vielen seiner Kolleg*innen gelingt ihm bis heute der Spagat, musikalisch ausgereifte Kinderlieder für Kleine zu komponieren und sie als Künstlerpersönlichkeit zugleich glaubhaft zu vermitteln. Angesichts seines fortgeschrittenen Alters ist dies umso erstaunlicher. Der 1947 geborene Brite lebt seit vielen Jahren in Berlin, verleugnet aber nie seine britische Herkunft, was sich insbesondere in seinem britischen Akzent, vereinzelt aber auch in englischsprachigen Produktionen widerspiegelt. Robert Metcalf spielt jedoch nicht nur Konzerte für Kinder, sondern tritt als „Englishman in Berlin" auch vor Erwachsenen auf. Vielleicht liegt in genau dieser Doppelrolle das Geheimnis, mit über 70 Jahren auch für die Jüngsten noch authentisch zu wirken?

Diskografie

- Sommer, Samba, Sonnenschein (2015)
- One, two – how do you do? (2015)
- Ich bin 1 – das ist meins! (2014)
- Ich bin 3 – kann allerlei (2011)
- (…)

www.robert-metcalf.de

Tom Lugo

In der Regel tritt Tom Lugo nicht als Kinderliedermacher auf, sondern gemeinsam mit seiner Band *Jamaram*, mit der er seit über 20 Jahren eine wilde musikalische Mischung aus Reggae, Dancehall, Ska, Latin, Afro- und Balkanbeats auf alle Bühnen des Landes bringt. Nebenberuflich arbeitet er aber auch als Musikpädagoge mit Kindern – und aus eben dieser Arbeit ist das Album „Tom Lugos Abenteuer Musik" entstanden. Was an dieser Produktion – neben ihrer für diese junge Zielgruppe angemessen experimentellen Umsetzung – besonders überzeugt, sind die Liedtexte, die Tom Lugo gemeinsam mit Kindern entwickelt hat. Deutlich hörbar fließen kindliche Perspektive und Fantasie in die Songs mit ein, bisweilen auch die Stimmen von Kindern. Damit setzt das Album im Vergleich zu vielen anderen musikpädagogischen Produktionen besondere Maßstäbe. Nicht zuletzt macht es aber auch musikalisch viel Spaß, denn hier und da schimmert der Stil von *Jamaram* deutlich durch.

Diskografie

- Tom Lugos Abenteuer Musik (2015)

www.abenteuermusik.de

Wir Kinder vom Kleistpark

Was die Musikpädagogin Elena Marx und der Musiker Jens Tröndle mit den *Kindern vom Kleistpark* auf die Beine stellen, ist nicht nur musikalisch interessant, sondern auch konzeptionell vorbildlich. Mit Berliner Kita- und Grundschulkindern, sowie Jugendlichen und erwachsenen Profis haben sie bereits 2007 ein generationen- und nationenübergreifendes Musikprojekt ins Leben gerufen. Stilistisch trifft das Kinderlied dabei auf Klassik, Weltmusik und Pop. Lieder, Verse und Tänze aus allen Teilen der Welt werden liebevoll und abwechslungsreich instrumentiert und zeugen auf eindrucksvolle Weise von der verbindenden Kraft der Musik. Für das musikpädagogische Fundament sorgt ganzheitlicher und regelmäßiger Musik- und Tanzunterricht. Hier wird kulturelle Vielfalt unmittelbar in musikalische Bereicherung umgemünzt – und das bereitet großen wie kleinen Hörer*innen Freude.

Diskografie
- *Backstage (2018)*
- *Wir Kinder vom Kleistpark – 10 Jahre (2017)*
- (...)

www.wirkindervom
kleistpark.de

FÜR GROSSE KLEINE (4 BIS 99 JAHRE)

Baked Beans

Das Berliner Indie-Label *Staatsakt* ist für Bands wie *Ja, Panik*, *Die Heiterkeit* oder *Die Sterne* bekannt. Kindermusik gehörte bislang allerdings nicht zu dessen künstlerischem Betätigungsfeld. Mit den *Baked Beans* hat sich das geändert. Zusammen mit zwei Musikerkollegen war sich Label-Gründer Maurice Summen offenbar einig, dass der Kindermusik-Szene eine spezifische Klangfarbe fehlt. So entstand die Idee, eigene Kinderlieder zu komponieren. Einflüsse aus Punk und Krautrock kennzeichnen den Stil der *Baked Beans*, als „wildgeworden, hochsympathisch, vollverschmitzt und mit konsequent abgeschaltetem Zeigefinger" beschreibt sich die Band in ihrem Pressetext selbst. Sie hat das Kinderlied weder neu erfunden, noch besticht sie durch besondere musikalische Virtuosität. Beides sollte man von einer Punkpop-Band aber auch nicht erwarten. Zugutehalten muss man den *Baked Beans* aber den Mut, den Sprung aus der anerkannten Indie-Szene in die oft belächelte Kindermusik-Szene gewagt zu haben. Mit diesem Schritt erfüllt die Band nicht nur eine wichtige Vorbildfunktion, sondern weckt im besten Fall auch die Neugier bislang skeptischer Eltern auf Kindermusik.

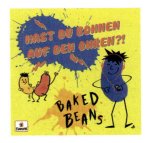

Diskografie
- *Hast du Bohnen auf den Ohren?! (2019)*

www.bakedbeans.de

Diskografie

· Irgendwas Bestimmtes (2017)

www.bummelkasten.de

Bummelkasten

Hier ist ein Mann mit einem sehr eigenwilligen Zugang zur Gattung Kindermusik am Werk. Ist das nun A-cappella, doch eher Beatboxing, einfach Hip-Hop oder irgendwas dazwischen? Egal. Tatsache ist: Der Berliner Bernhard Lütke weiß seine Stimme kreativ in Szene zu setzen. Deswegen kann er es sich auch erlauben, praktisch vollständig auf Instrumente zu verzichten. Umso mehr Raum nimmt sein intelligenter Sprachwitz ein, der Kindern in seiner inhaltlichen Dichte und Doppeldeutigkeit einiges abverlangt, zugleich aber auch großen Spaß garantiert. Nur ein Album ist bislang von *Bummelkasten* erschienen, doch schon jetzt gelten seine Auftritte als legendär. Kein Wunder, dass der Klangkünstler viel unterwegs und sogar ein gern gesehener Gast bei Musikfestivals für Erwachsene ist.

Diskografie

· Nenn mich nicht mehr Häselein! (2019)
· Bitte Mammi, hol mich ab (2015)
· Leiser! (2013)

www.cafeunterzucker.de

Café Unterzucker

Wer sich selbst den Claim „Musik für die humorbegabte Familie" verpasst und das „Institut für ungesüßte Kinderkultur und unversäuerten Erwachsenenschmarrn" gegründet hat, der lässt bereits einen feinen Sinn für Ironie durchblicken. Tobias Weber und Richard Oehmann heißen die beiden kreativen Köpfe hinter *Café Unterzucker* – der eine Musiker und Multi-Instrumentalist, der andere mit dem Ensemble *Doctor Döblingers Kasperltheater* erfahrener Theatermacher für Kinder. Dieses kreativ-künstlerische Fundament hört man der Musik des Duos an. Sind die Lieder von *Café Unterzucker* nun gesungene Geschichten oder doch gesprochene Lieder? In jedem Fall schöpft man, unterstützt von vielen versierten Musiker*innen und Sprecher*innen musikalisch wie inhaltlich aus dem Vollen. Bislang entstanden drei Alben mit Kinderliedern, die durch ihre vielfältige Instrumentierung sowie das Talent bestechen, kindgerecht zum zivilen Ungehorsam aufzurufen. Da verzeiht man der Band sogar großzügig ihren deutlich hörbaren Hang zu bajuwarischer Folklore.

Deine Freunde

Viel muss über dieses Trio eigentlich nicht mehr gesagt werden, denn sofern heutige Eltern überhaupt eine Kindermusikband kennen, handelt es sich in aller Regel um *Deine Freunde*. Mit ihrer Mischung aus absolut genretauglichen Hip-Hop-Beats, Texten, die die Grenzen zwischen kindgerechter Zuwendung und erwachsener Ironie immer wieder neu ausloten, sowie Themen, die kindliche Lebenswelten genau so vielfältig abbilden, wie sie sind, haben sie sich innerhalb weniger Jahre an die Spitze der Kindermusik-Szene gesetzt. Wer Hip-Hop nicht mag, wird mit der Musik von *Deine Freunde* nicht viel anfangen können, denn die drei Hamburger machen in musikalischer Hinsicht keine Kompromisse. Das beweisen sie nicht nur auf ihren inzwischen sechs Studioalben, sondern auch auf ihren ausverkauften Tourneen, bei denen Eltern und Kinder während der Konzerte gleichermaßen in Verzückung geraten. Das Prädikat „pädagogisch wertvoll" erfüllen *Deine Freunde* mit all dem nicht unbedingt – doch gerade für diese konsequent stilistischen Kriterien folgende Haltung gebührt ihnen besondere Anerkennung.

Diskografie

· *Das Weihnachtsalbum (2020)*
· *Helikopter (2019)*
· *Keine Märchen (2017)*
· *Kindsköpfe (2015)*
· *Heile Welt (2014)*
 (…)

www.deinefreunde.info

Deniz & Ove

Deniz Jaspersen und Ove Thomsen – das sind zwei Musiker aus dem hohen Norden der Republik, deren Wege sich durch die gemeinsame Leidenschaft für Musik gekreuzt haben. Während der eine mit seiner Band *Herrenmagazin* durch die Lande tourte, tat der andere das gleiche mit seiner Band Ove. Über die Kindermusik-Compilation „Unter meinem Bett" machten sie Bekanntschaft mit Kinderliedern und steuerten zuerst solo eigene Lieder für das Projekt bei, taten sich dann aber schließlich als *Deniz & Ove* zusammen. Gemeinsam machen sie nun „Musik für Eltern und Kinder". So weit, so unspezifisch. Denn das Etikett Familienmusik heftet sich heutzutage so ziemlich jede Band an, die Musik für Kinder macht. Mit ihrem Debutalbum „Bällebad" haben die zwei sympathischen Nordlichter aber tatsächlich eine tolle Platte für Kinder abgeliefert. *Deniz & Ove* verzichten auf Kostüme, Klamauk und Animationslyrik, denn sie überzeugen vollends durch ihre Musikalität und einen sensiblen Blick auf die Lebensrealität von Kindern. Mit diesem Ansatz dürften sie ganz sicher auch viele Eltern überzeugen.

Diskografie

· *Bällebad (2021)*

www.oetinger.de

Dominik Merscheid

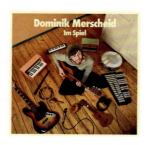

Diskografie

· *Im Spiel* (2021)

www.dominik
merscheid.de

Der musikalische Werdegang von Dominik Merscheid steht exemplarisch für den vieler anderer Kindermusiker*innen, die abseits der Vertriebsstrukturen großer Musikkonzerne einen eigenen Platz in der Szene suchen. Aufgewachsen in einer musikalischen Familie, bringt er sich selbst Gitarre-, Schlagzeug-, Bass- und Klavierspielen bei und sammelt bereits während der Schulzeit erste Erfahrungen in verschiedenen Bands. Einem Lehramtsstudium folgt das aufbauende Pädagogikstudium, das Merscheid vorzeitig abbricht, um sich fortan ausschließlich der künstlerischen Arbeit widmen zu können. Gemeinsam mit dem Comiczeichner Ferdinand Lutz entwickelt er eine multimediale „BildKlangLesung" für Grundschulkinder und beginnt parallel dazu, erste Kinderlieder zu schreiben. Die pandemiebedingte Veranstaltungspause nutzt er schließlich zur Realisierung seines komplett selbst produzierten Debüt-Albums „Im Spiel". Darauf überzeugt der Multi-Instrumentalist nicht nur mit viel musikalischem Einfallsreichtum, sondern auch mit fröhlich verspielten Textideen. Keine Frage: Wer seinen Weg als Kindermusiker derart zielstrebig und konsequent verfolgt, der wird früher oder später einen festen Platz in der Szene besetzen.

Donikkl

Diskografie

· *Disco* (2020)

· *Einmal Party zum Mitnehmen, bitte!* (2017)

· *Lass die Sonne rein* (2013)

(...)

www.donikkl.de

„Der Mann mit dem 1000-Watt-Lächeln" wurde er einmal genannt – und das beschreibt den Musiker aus Süddeutschland ganz gut. Wer *Donikkl* schon einmal live erlebt hat, der kann sich nur fragen, woher Andreas Donauer diese überbordende Energie nimmt. Genau die zeichnet ihn als Künstler aber aus und sorgt dafür, dass er sich deutlich von anderen Kindermusiker*innen unterscheidet. Früher noch mit der Band *Die Weißwürschtl* unterwegs, tourt er inzwischen unter eigener Flagge, legt auf der Bühne aber nach wie vor Wert auf eine zündende Umsetzung. Besinnlichkeit, Melancholie oder Tiefgang darf man bei ihm nicht unbedingt erwarten. Im Wesentlichen lautet sein künstlerisches Motto schlichtweg „Party" – aber das darf ab und an ja auch seinen Platz finden. *Donikkls* Mischung aus Rock, Reggae und Disco-Pop hat zwar eindeutig das Potenzial einem auf die Nerven zu gehen, wenn es zu lang aus dem Kinderzimmer schallt. Neben vielen fragwürdigen Partymacher*innen für Kinder hebt sich sein musikalisches Engagement aber vergleichsweise wohltuend ab.

Eddi & Dän / Dän

Wer *Eddi & Dän* nicht kennt, der kennt wahrscheinlich trotzdem die *Wise Guys*. Das Kölner A-cappella-Quintett sang sich über viele Jahre in die Ohren und Herzen unzähliger Fans, bevor es sich 2017 auflöste. Als *Eddi & Dän* haben zwei der Bandmitglieder, Edzard Hüneke und Daniel Dickkopf, den stilistischen Markenkern der *Wise Guys* auf das Kinderlied übertragen. Anfangs fokussierten sie sich dabei auf die Neuinterpretation traditioneller Kinderlieder, doch der Anteil eigener Songs wurde mit jedem Album größer. Dank ihrer jahrelangen Erfahrung wissen die beiden Sänger das „Vokal-Pop"-Genre absolut professionell zu bedienen. Kinder zeigen sich von dieser Art des Vortrags oft begeistert. Denn zu hören, wie viel Musikalität sich allein mit der Stimme erzeugen lässt, steigert in der Regel auch ihre Lust am Selbersingen. Nach drei gemeinsamen Kindermusik-Alben geht das Duo inzwischen getrennte Wege. Als *Dän* hat Daniel Dickkopf aber bereits eine Solo-Produktion für Kinder nachgelegt.

Diskografie

- *Dän singt ganz neue Kinderlieder* (2020)
- *Eddi & Dän singen noch mehr Kinderlieder a cappella* (2016)
- *Eddi & Dän singen neue Kinderlieder a cappella* (2013)

(...)

www.kindermusikwelt.de

„Eule findet den Beat"

Streng genommen handelt es sich bei „Eule findet den Beat" nicht um eine Band, sondern um eine musikalische Hörbuchreihe für Kinder. Der erzählerische Rahmen ist dabei denkbar einfach: Eine musiktheoretisch eher unterbelichtete Eule geht auf Entdeckungsreise und begegnet dabei Musik in seiner ganzen stilistischen Vielfalt. Eingebettet in unterhaltsame Geschichten, lernt sie im ersten Teil verschiedene musikalische Genres kennen. Im zweiten Teil weitet sich ihr Blick auf die verschiedenen Musikkulturen Europas. In der jüngsten Geschichte unternimmt die Eule eine Reise ins Seelische und erforscht den Zusammenhang zwischen Musik und Gefühl. Dass dieses erzählerische Konzept aufgeht, liegt insbesondere daran, dass für die musikalische Umsetzung der Hörbuchreihe ausschließlich Musiker*innen ins Studio geholt wurden, die hinreichend Erfahrungen aus den jeweiligen Genres mitbringen. So gelingt es „Eule findet den Beat", Kinder für regionale wie auch stilistische Merkmale von Musik zu sensibilisieren und ihr Hörspektrum gezielt zu erweitern.

Diskografie

- *Eule findet den Beat – Mit Gefühl* (2020)
- *Eule findet den Beat – Auf Europatour* (2016)
- *Eule findet den Beat* (2014)

www.eule-findet-den-beat.de

Diskografie

Tonbande:
· *Dieses Lied (2013)*

Fidibus:
· *Wenn's nach mir ging (2008)*
· *Ab auf die Reise (2006)*

www.fi-di-bus.de
www.tonbande.info

Fidibus / Tonbande

Das Projekt *Fidibus* ist inzwischen zwar Geschichte, verdient an dieser Stelle aber trotzdem Erwähnung. Denn was der Musiklehrer Horst Großnick und der Produzent Dieter Krauthausen vor über zehn Jahren gemeinsam mit Kindern einer Blindenschule in Düren musikalisch auf die Beine gestellt haben, ist zeitlos schön. Dass Kinder an Kindermusik-Produktionen beteiligt sind, ist zwar keine Seltenheit. Dass dabei so gelungene Lieder entstehen jedoch schon. Die Alben von *Fidibus* sind von ansteckender Fröhlichkeit und musikalisch professionell umgesetzt. Stilistisch oszillieren sie zwischen Pop, Jazz und Blues, thematisch greifen sie ein breites Spektrum kindlicher Lebensrealitäten auf. Kurzum: Hier wurde wirklich alles richtig gemacht. Doch nicht nur die an dem Projekt beteiligten Kinder, sondern auch die Musik wurde reifer. So wurde aus *Fidibus* die *Tonbande*. In leicht variierter Besetzung produzierte das Ensemble ein weiteres Album, das inhaltlich zwar etwas ältere Kinder adressiert, rein musikalisch seinen Vorgängern aber in Nichts nachsteht.

Diskografie

· *D!E GÄNG 2 (2019)*
· *D!E GÄNG (2017)*

www.diegaeng.de

D!E GÄNG

Musik für Familien, gemacht von einer Familie. Zusammen mit seiner Tochter schreibt Ben Pavlidis schon seit einigen Jahren verschiedenste Kinderlieder. Ihrer kindlichen Fantasie sind viele der Figuren, Themen und Geschichten zu verdanken, die vom Vater direkt in eingängige Songs verwandelt wurden – und zwar, ganz im Stile seiner Berliner Band *Ohrbooten*, in einem Mix aus Ska, Rocksteady, Reggae und Rap. Unterstützt wurde er von vielen namhaften Musikerkolleg*innen. Zusammen mit zahlreichen weiteren Kindern gibt aber vor allem seine Tochter auf den Platten den Ton an. Zwei Studioalben sind inzwischen entstanden, und auch als Live-Act hat sich *D!E GÄNG* innerhalb kürzester Zeit einen Namen gemacht. In den letzten Jahren war die Band bei vielen größeren Festivals zu Gast und trägt so auch dazu bei, dass moderne Kindermusik stärker ins Rampenlicht gerückt wird.

Herr Jan

Jan Sedgwick gehört zu den neuen Hoffnungsträgern in der Gattung Kindermusik. Lange Zeit auf eine Karriere als professioneller Musiker und Produzent gepolt, entschied er sich letztlich doch für den Beruf des Erlebnispädagogen und beschloss zugleich, nur noch die Musik zu machen, die er liebt. Mit der Geburt seiner Tochter entdeckte er schließlich die Leidenschaft und das Talent für gute Kinderlieder. Auf seinem Debüt-Album kombiniert *Herr Jan* leichtfüßige Musikalität mit geistreichen Ideen, die in den einzelnen Songs zu lebensfrohen, humorvollen und im besten Sinne des Wortes kindlichen Geschichten reifen. In der Tradition großer Liedermacher überführt er das klassische Kinderlied ins Hier und Jetzt und kreiert dabei so manchen Ohrwurm, der sich ohne Skrupel für ein paar Tage in die Gehörgänge einnisten darf. Gegenwärtig wird *Herr Jan* noch als Geheimtipp der Kindermusik-Szene gehandelt. Wenn er sein Niveau auf dem bereits angekündigten zweiten Album hält, dürfte das aber nicht mehr lange so bleiben.

Diskografie
· Herr Jan (2019)

www.herrjan.de

Ich & Herr Meyer

Anfang der 2000er Jahre war Christoph Clemens ein richtiger Star. Seiner Indie-Rockband *Myballoon* wurde eine große Zukunft vorausgesagt – aber dann kam doch alles anders. Er lernte den Filmmusik-Komponisten Jens Meyer kennen, und gemeinsam gründeten die zwei in Berlin ein Tonstudio. Dort produzieren sie unter dem Namen *Team de la Cream* Musik jeder Art und gründeten eine Band mit dem Namen *Me & Meyer*. Von dort war der Weg zum Kindermusik-Projekt *Ich & Herr Meyer* ganz offensichtlich nicht mehr weit. Herr Meyer hieß zwar irgendwann *Brix*, aber sonst änderte sich nix! 2015 veröffentlichte das Duo sein erstes Kindermusik-Album. Seitdem standen die beiden Musiker für über 200 Konzerte auf der Bühne. Unter anderem durften *Ich & Herr Meyer* beim Bürgerfest des Bundespräsidenten aufspielen. Sie tourten aber auch durchs europäische Ausland und haben an der Seite von Rolf Zuckowski musiziert. Zusammen mit *Mieze Katz* (MIA) veröffentlichen sie zuletzt den Song „Hände unter Wasser". Mit anderen Worten: Längst haben *Ich & Herr Meyer* ihren Platz in der Kindermusik-Szene besetzt. Und sie scheinen motiviert, ihn so schnell auch nicht mehr zu verlassen.

Diskografie
· Alles ist drin (2019)
· A Huga Haga Huga (2015)

www.ichundherrmeyer.de

Diskografie

- Tausend schöne Dinge (2019)
- Alles wird weiß (2017)
- Alles wird bunt (2016)
- Alles wird grün (2014)

www.johannes
stankowski.com

Johannes Stankowski

Was für ein Segen, wenn sich ein erfahrener Musiker wie Johannes Stankowski dazu entschließt, Musik für Kinder zu machen. Mit dem Duo *Werle & Stankowski* tummelte er sich Anfang der 2000er Jahre noch im Genre „Indietronic". Als junger Vater wandte er sich aber der Gattung Kindermusik zu. Inhaltlich verzichtet Stankowski auf komplizierte Meta-Ebenen und ironische Doppeldeutigkeiten. Stattdessen stecken seine Lieder voller Wärme und zeugen von der nostalgisch-romantischen Sehnsucht nach einer heilen Welt. Es sind zeitlose Songs, in denen die Insignien der Moderne keinen Platz finden. Und auch musikalisch fühlt sich Stankowski in einer Vintage-Welt zu Hause. Handwerkliches Können, gute Arrangements und stilistische Geschmackssicherheit kennzeichnen seine Handschrift. Auf vier Alben hat er inzwischen bewiesen, wie Kindermusik klingen kann, die sich nicht anbiedern, sondern einfach mitten ins Herz treffen möchte.

Diskografie

- Ich mache Musik an! (EP, 2018)
- Für Größer (2013)
- Die Grüne (2010)
- Julianes Wilde Bande (2006)

www.julianeswilde
bande.de

Julianes Wilde Bande

Juliane Wilde und ihre Band machen Jazzmusik für Kinder – und das auf sehr überzeugendem Niveau. Denn hier sind ausschließlich Vollprofis am Werk, die sich an ihren Instrumenten kreativ und gekonnt austoben. Wer mit Jazz nichts anfangen kann, der wird sich mit der Musik von *Julianes Wilde Bande* anfangs vielleicht schwertun. Im großen Ozean der kindermusikalischen Belanglosigkeiten sind die Eigenkompositionen und Neuinterpretationen der Band aber eine echte Wohltat. Was zu Beginn ihres gemeinsamen Schaffens mit eher ruhigen und besonnenen Liedern für jüngere Kinder begann, wurde im Laufe der Zeit immer „erwachsener" und facettenreicher. Mit ihrer EP „Ich mache Musik an!" hat die Leipziger Band zuletzt bewiesen, dass sie sich von Genregrenzen nicht einschränken lässt. Zugleich hat sie damit aber auch das Ende ihrer musikalischen Arbeit für Kinder bekanntgegeben. Schade, denn gerade diese jüngste künstlerische Entwicklung hat überaus neugierig gemacht. Zum Glück bleiben uns die bereits veröffentlichten Alben von *Julianes Wilde Bande* aber für die Ewigkeit erhalten!

Mai Cocopelli

Die Österreicherin Mai Cocopelli ist Kindermusikerin mit Leib und Seele, die Entwicklung ihrer inzwischen 20-jährigen Karriere beeindruckend. Sehr früh hat sich die gelernte Erzieherin dazu entschlossen, sich ganz und gar der Kindermusik zu verschreiben – und über die Jahre hat sie sich in dieser Gattung absolut überzeugend professionalisiert. Mai Cocopelli versteht es, Kleinkinder ebenso angemessen anzusprechen wie ältere Kinder im Grundschulalter. Entsprechend vielfältig ist das musikalische Spektrum ihre Tonträger, die inhaltlich ganz verschiedene Schwerpunkte setzen – von Liedern für den Kindergarten über Konzeptalben für Kinder-Yoga bis hin zu musikalisch aufwändig arrangierten Popsongs in deutscher und englischer Sprache. Selten gelingt es Kindermusiker*innen, eine derart große Bandbreite inhaltlich und musikalisch überzeugend abzudecken. Die Liebe zu ihrem Publikum ist Mai Cocopelli dabei immer anzumerken. Sie selbst hat ihre Musik mit dem Prädikat „herzvoll" ausgezeichnet. Dieser Einordnung kann ich mich guten Gewissens anschließen.

Diskografie

· *Floh im Ohr – Orchestermusik für kleine und große Ohren (2020)*
· *Im Musikzimmer Nr. 3 – Kindergarten und Grundschule (2019)*
· *Im Musikzimmer Nr. 2 – Grundschule (2018)*
· *Im Musikzimmer Nr. 1 – Kindergarten (2017)*
(...)

www.cocopelli.at

Markus Reyhani

Hauptberuflich arbeitet Markus Reyhani als Komponist für Tanz, Theater, Film und Fernsehen. Für mehr als hundert Bühnenwerke hat er nach seinem Musikstudium in Köln die Musik komponiert und Liedtexte geschrieben. Irgendwann entdeckte er dabei offenbar auch sein Talent als Songschreiber für Kinderlieder. Stilistisch garniert der Multi-Instrumentalist seine eingängigen Popsongs mit jazzigen Versatzstücken und wagt bisweilen auch behutsame Experimente mit elektronischen Klängen. Das Ohrwurm-Potenzial seiner Lieder verliert er dabei jedoch nie aus dem Blick. Sprachlich gelingt es Reyhani, sich beinahe philosophischen Fragen aus kindlicher Perspektive zu nähern. Realität und Fantasie bilden dabei keine Gegensätze, sondern spielen sich fortlaufend gegenseitig zu. So erschafft er einen ganz eigenen musikalischen Kosmos, der sich zwischen beschwingter Euphorie und seichter Melancholie verorten lässt.

Diskografie

· *Der dickste Brummer der Welt (2020)*
· *Supermonster Boogie (2016)*
· *Ein guter Tag (2013)*
(...)

www.markusreyhani.de

Diskografie

· Zucker (2018)

· Nicht für Kinder (EP, 2017)

· Stromgitarre, Schlagzeug, Bass (2015)

· ... singt seine großen Kinderlieder (2013)

www.kinderhits.at

Matthäus Bär

Er gilt als der Posterboy der unter Zehnjährigen, Liebling musikalisch aufgeklärter Eltern und Fixstern am Firmament heimischer Kinderzimmerdiscos. Längst hat sich Matthäus Bär eine solide Fanbase erspielt – und zwar nicht nur in seinem Heimatland Österreich. Musikalisch ist er ein echter Verwandlungskünstler. Nachdem er auf seinen ersten Alben vor allem mit Rock und Chanson experimentierte, versüßt er uns die Zeit auf seinem aktuellsten Longplayer „Zucker" mit Synthie-Pop. Die Produktion ist ein selbstbewusstes Statement und eine gekonnt umgesetzte Liebeserklärung an die Popkultur der 1980er Jahre. Den Bruch mit der Kindermusik-Tradition erklärt Matthias Bär zum Konzept und denkt die Eltern in jedem Takt als Hörer*innen mit, ohne seine eigentliche Zielgruppe dabei aus dem Blick zu verlieren. Damit dürfte er polarisieren, vermittelt aber umso mehr stilistische Eigenständigkeit und präsentiert sich so als ernstzunehmender Künstler für Kinder.

Diskografie

· Glücksritter (2014)

· Wer das nicht glaubt hat selber Schuld (2009)

www.mitkroneund hund.de

Mit Krone und Hund

Christian Ruffert kommt als ein vergleichsweise schüchterner Charakter daher. Das Rampenlicht scheint der junge Musiker nicht unbedingt zu suchen. Ob er sich deshalb dazu entschieden hat, seinen Lebensunterhalt hauptberuflich als Musiklehrer anstatt als Kindermusiker zu verdienen? Eigentlich schade, denn in dieser Rolle beweist der aus dem Hamburger Umland stammende Musiker besonderes Talent und einen einzigartigen Stil. Christian Ruffert vermeidet es, sich seiner jungen Hörerschaft an den Hals zu werfen. Stattdessen gießt er verträumte Gedanken und kluge Lebensweisheiten in Texte mit poetischem Tiefgang, von denen sich Kinder wie Eltern angesprochen fühlen dürften. Musikalisch kommen seine in Eigenregie produzierten Alben so leicht, entspannt und verspielt daher, dass man Christian Ruffert getrost als den *PeterLicht* der Kindermusik bezeichnen könnte.

Muckemacher

Diese Band setzt auf ihre ganz eigene Weise neue Maßstäbe in Sachen moderner Kindermusik. Was die beiden Vollblutmusiker Florian Erlbeck und Verena Roth als ehemalige Mitglieder der Münchener Band *Les Babacools* begonnen haben, setzen sie als *Muckemacher* konsequent fort und bereichern die Gattung Kindermusik so um eine hierzulande völlig neue Klangfarbe. Absolut stilsicher bedienen sie verschiedenste musikalische Genres wie Salsa, Rocksteady, Cumbia, Balkan-Beats, Hip-Hop oder Calypso und stellen dabei den Groove ins Zentrum jedes einzelnen Songs, ohne die inhaltlichen Ansprüche der Kinder zu vernachlässigen. Hinzu kommt, dass jedes ihrer bislang drei Studioalben die detailverliebte Klangästhetik von musikalischen Vorbildern aus längst vergangener Zeit aufweist. Dass die *Muckemacher* all das in Eigenregie umsetzen, rundet das Gesamtprofil der Band überzeugend ab. Das Zusammenspiel aus langjähriger Erfahrung, konsequentem Stilwillen und Professionalität dürfte nicht nur Genre-Liebhaber*innen faszinieren.

Diskografie
· *Biri Bababei (2019)*
· *Kurukuku (2016)*
· *Diggidiggi Bambam (2014)*

www.muckemacher.de

Pelemele

Diese Kölner Formation hat mehr als 15 Jahre Kindermusik-Erfahrung auf dem Buckel – und trotzdem gehen *Pelemele* offenbar nicht die Ideen aus. In gesunder Regelmäßigkeit veröffentlichen die vier Musiker neue Alben und haben sich dabei beständig weiterentwickelt. War die Band stilistisch ursprünglich relativ breit aufgestellt, steht *Pelemele* heute vor allem für eines: gute Rockmusik für Kinder. Als Live-Act ist die Band ein Garant für absolut familientaugliches Entertainment – meistens in klassischer Rock-Besetzung, manchmal aber auch mit der Unterstützung von Bläsern oder gleich einer ganzen Big-Band. Auch auf ihren Studioalben spielen die Musiker ihr ganzes Können aus. Mit ausgefeilten Arrangements und sattem Sound haben *Pelemele* schon vor Jahren die Messlatte für zeitgemäße Kindermusik-Produktionen hoch gehängt. Und bis heute tragen sie maßgeblich dazu bei, dass Kindermusik ihr altbackenes Image selbstbewusst ablegen kann.

Diskografie
· *Der Wecker (2021)*
· *Ausrasten (2018)*
· *Et Eeste op Kölsch! (2016)*
· *Nimm uns mit! (2014)*
· *Rockcircus (2011)*
 (…)

www.pelemele.de

Radau!

Auch die Hamburger Band *Radau!* blickt auf eine lange Geschichte zurück. 1998 gegründet, lautete das Motto der vier Musiker von Anfang an: „Rockmusik für Kinder – garantiert blockflötenfrei!" Diesem Anspruch sind sie bis heute treu geblieben. Gekonnt bringen *Radau!* in ihren Liedern verzerrte Gitarren und eingängige Melodien mit der Lebenswelt von Kindern zusammen. Bei der Produktion ihrer Studioalben hat die Band von Beginn an großen Wert auf Professionalität gelegt und stellt mit jeder neuen Veröffentlichung aufs Neue klar, dass es bei guter Musik für Kinder nicht zwangsläufig betulich zugehen muss, sondern ruhig auch mal laut werden darf. Dass diese Mischung funktioniert, haben *Radau!* auf inzwischen mehr als 400 Konzerten im ganzen Land bewiesen.

Diskografie
- *Streng geheim! (2017)*
- *Weihnachten mit Radau! (2016)*
- *Das Blaue vom Himmel (2011)*
- *Es geht los (2008)*
- *Voll aufgedreht (2005)*
- (…)

www.radau-online.de

Raketen Erna

Bei manchen Kindermusik-Interpret*innen drängt sich unweigerlich der Vergleich zu musikalischen Vorbildern auf – so auch in diesem Fall. Denn *Raketen Erna* klingt nicht nur nach *Ton Steine Scherben*, sondern scheint sich gleich der Attitüde der Band bemächtigt zu haben. Was der Berliner Musiker Marceese Trabus seinen jungen Hörer*innen mitzuteilen hat, hat nur wenig mit kleinkindlicher Poesie zu tun, dafür aber umso mehr mit Haltung, Charakter und der Aufforderung zur Selbstermächtigung. „Sei lieber Pippi und nicht Annika, mach was dir gefällt", heißt es im Opener des Debüt-Albums. Andere Lieder wie „Tu was du liebst" oder „Reiche Eltern für alle" setzen diesen inhaltlichen Anspruch konsequent fort. Nicht der perfekte Sound steht bei *Raketen Erna* im Vordergrund, sondern ein eindringlicher Appell: „Keine Macht für Niemand, aber gute Kindermusik für Alle!" Wie schön, dass dem überzeugenden Debüt Anfang 2020 bereits ein zweites Album folgte.

Diskografie
- *Mir doch egal, ich lass das jetzt so (2020)*
- *Bouletten-Beats (2017)*

www.raketenerna.de

Randale

Eine Band, die sich bei der Gestaltung ihres Bandlogos von den *Ramones* inspirieren lässt, scheint musikalisch ein klares Ziel zu verfolgen. Ruhige Töne darf man bei *Randale* nicht erwarten. Vornehmlich inspiriert von Punk, Metal und Rock, bekennt sich die Bielefelder Formation deutlich zu ihren musikalischen Idolen und überträgt deren Stil auf ihre junge Zielgruppe. Dass dieser künstlerische Ansatz kindliche Themen keineswegs ausschließt, beweist die Band seit über 15 Jahren. Mit etlichen Tonträgern und unzähligen Konzerten hat sie sich längst überregional eine treue Fangemeinde erspielt. Musikalisch ist all das nicht unbedingt virtuos, aber auch damit legen *Randale* ein klares Stilbekenntnis ab. Denn wer sich selbst nicht allzu ernst nimmt, der nimmt das Leben oftmals umso leichter.

Diskografie

- *Kinderkrachkiste (2019)*
- *Der Reggaebär (2018)*
- *Randale Rock'n' Roll (2014)*
- *Punkpanda Peter (2012)*
- *Hasentotenkopfpiraten (2010)*
- (…)

www.randale-musik.de

RatzFatz

Bevor die Österreicher Hermann Riffeser und Frajo Köhle begannen, Musik für Kinder zu machen, studierten sie Gitarre sowie Musik- und Bewegungserziehung am *Mozarteum* in Salzburg. Diese Wurzeln hört und sieht man ihnen deutlich an, denn gerade auf der Bühne verknüpfen sie ihre vornehmlich von Akustikinstrumenten geprägten Lieder gekonnt mit Clownerie, Theater und jeder Menge Wortwitz. Doch auch auf seinen Tonträgern weiß das erfahrene Duo zu überzeugen. Mit der Unterstützung vieler versierter Instrumentalist*innen werden die Kompositionen detailverliebt und im positivsten Sinne unaufdringlich ausgeschmückt. Ihre Lieder sind kleine musikalische Skulpturen, die eher zum andächtigen Zuhören als zum lauten Mitgrölen einladen. Inmitten einer wachsenden Kindermusik-Szene, die sich immer stärker an popkulturellen Trends orientiert, setzen *RatzFatz* auf diese Weise einen ebenso gezielten wie gekonnten Kontrapunkt.

Diskografie

- *Im Großen und Ganzen (2015)*
- *Schrammeljatz (2010)*
- *G'sang und G'schwätz (2006)*
- *Schwarze Katz (2004)*

www.ratzfatz.at

Diskografie

· *Auf Zack!* (2020)

· *Muxmäuschenlaut* (2018)

· *Richards Kindermusikladen* (2015)

www.kimula.de

Richards Kindermusikladen

Richard Haus ist Musiker, Musikproduzent, Moderator, Sprecher, Darsteller, Geräuschemacher und hatte als *P. R. Kantate* auch mal einen richtigen Sommerhit („Görli Görli"). Kaum verwunderlich, dass er sich angesichts dieser zahlreichen Talente auch noch der Herausforderung als Kindermusiker stellt. Während seines inzwischen fünfjährigen Schaffens in diesem Feld hat er sich musikalisch deutlich weiterentwickelt. War sein erstes Album noch vergleichsweise einfach gestrickt, folgte mit „Muxmäuschenlaut" eine Veröffentlichung, die deutlich an Einfallsreichtum hinzugewonnen hatte. Mit seiner jüngsten Produktion „Auf Zack!" stellt der Berliner Musiker sein ganzes Können unter Beweis. In diesem Album stecken so viel Sorgfalt, Spielfreude und Detailverliebtheit, dass selbst nach dem zehnten Durchlauf keine Langeweile aufkommt. Die konstante Entwicklung über mehrere Jahre lässt keinen Zweifel daran aufkommen, dass wir es hier mit einem Überzeugungstäter zu tun haben, der glaubwürdig ein eigenes künstlerisches Profil entwickelt hat.

Diskografie

· *Ritter Rost und das magische Buch* (2020)

· *Ritter Rost und das Einhorn* (2019)

 (…)

www.ueberreuter.de

Ritter Rost

Die musikalischen Geschichten um den aus Schrott zusammengebauten und so gar nicht mutigen Ritter und seine engsten Freund*innen, den Drachen Koks und das Burgfräulein Bö, gehören zweifellos zu den bekanntesten musikalischen Hörspielproduktionen für Kinder. Rund 20 Bücher wurden inzwischen über ihn veröffentlicht, hinzu kommen zahlreiche Musiktheater-Aufführungen, eine 3D-Animationsserie und sogar zwei Kinofilme. Dieses komplexe Universum der Kinderunterhaltung geht auf die gemeinschaftliche Idee von Jörg Hilbert und Felix Janosa zurück. Als Autor beweist der eine ein geschicktes Händchen für erzählerische Doppeldeutigkeiten und unverdächtige Anspielungen, als erfahrener Musiker überzeugt der andere durch verspielte Kompositionen und eine große stilistische Bandbreite. Das Duo als Musik-Act für Kinder zu bezeichnen, ist jedoch nicht ganz zutreffend. Vielmehr erfüllt *Ritter Rost* die Kriterien einer klassischen Kinderbuch-Reihe, formuliert dabei aber bis heute musikalischen Anspruch. Völlig zu Recht genießt der rostige Held deshalb längst Kultstatus.

Rotz'n'Roll Radio

Der studierte Sozialpädagoge Kai Lüftner arbeitete bereits als Streetworker, Kabarettist, Sozialarbeiter, Bauhelfer, Pizza-Fahrer, Türsteher, Werbetexter, Konzertveranstalter und Radioredakteur, bezeichnet sich selbst also zu Recht als „Kreativtäter". Inzwischen verdient er sein Geld aber hauptsächlich als Musiker sowie als Kinder- und Jugendbuchbuchautor. Angesichts seiner vielfältigen Erfahrungen verwundert es nicht, dass die Rotz'n'Roll-Alben eine besondere Formatvielfalt aufweisen. Sie gleichen musikalischen Hörspielen, in denen sich Comedy-Elemente, teils sinnloser Quatsch und nicht zuletzt viel Musik die Klinke in die Hand geben. Hier herrscht weder der Anspruch, politisch korrekt noch pädagogisch wertvoll sein zu wollen, dafür aber umso eigenwilliger. Kai Lüftner selbst beschreibt seinen künstlerischen Ansatz so: „Nicht mit dem Strom, nicht gegen den Strom – Welle machen!"

Diskografie

· *Jubel, Trubel, Heiserkeit* (2018)
· *Partypiepel* (2015)
· *Rotz'n'Roll Radio* (2014)

www.kailueftner.de

Sebó

Sebastian Bosum aka. *Sebó* gehört zu den klassischen Quereinsteigern der Kindermusik-Szene, bringt als Rapper, Sänger, Breakdancer und Schauspieler aber reichlich Bühnenerfahrung und zweifellos auch jede Menge Talent mit. 2015 veröffentlichte er sein Debüt-Album „Alles was noch kommt", richtete sich damit allerdings ausschließlich an erwachsene Hörer*innen. Fünf Jahre später wechselt er die Zielgruppe und zeigt mit „Schokkoli und Brokolade", dass er auch als Kindermusiker einiges zu sagen hat. Seine Themenwahl fällt zwar weitgehend klassisch aus, doch musikalisch gelingt es ihm dafür, ein umso breiteres Spektrum abzubilden. Vergeblich sucht man in der Gattung Kindermusik nach Vorbildern oder Vergleichen. Sein mutig unbefangener Umgang mit verschiedensten Genres zwischen Hip-Hop und Soul ist bemerkenswert, seine Stimme einzigartig. Hoffen wir, dass Sebó die Lust an Kindermusik nicht so schnell verliert und dem Debüt-Album weitere Produktionen folgen werden.

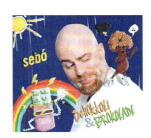

Diskografie

· *Schokkoli und Brokolade* (2020)

www.sebomusik.de

Diskografie

· *Schmetterlingskacke* (2019)

www.sookee.de

Sukini

Mit *Sukini* wird die Kindermusik-Szene um den ersten weiblichen Hip-Hop-Act bereichert. Als *Sookee* hat sie schon 15 Jahre Bühnenerfahrung angesammelt und dabei stets durch Charakter und Haltung überzeugt. Sie macht sich stark für die Queer-Szene, ergreift Partei gegen Homophobie und hat Sexismus wie Rassismus den Kampf angesagt. All diese Themen schimmern auch auf ihrem ersten Album für Kinder durch – etwa wenn sie gegen stereotype Prinzessinnen-Vorbilder aufbegehrt oder vom Aufwachsen mit zwei Müttern schwärmt. Konsequent nimmt *Sukini* dabei die Perspektive von Kindern ein, spart aber trotzdem nicht an anspruchsvollen sprachlichen Bildern. Erschöpft von der Verwertungslogik des Kapitalismus, hat sie sich Ende 2019 als *Sookee* aus dem Musikbusiness für Erwachsene verabschiedet, fortan will sie sich ganz der Kindermusik widmen.

Diskografie

· *Rette mich!!!* (2019)

· *Ich hab die Schnauze voll von Rosa* (2015)

· *Geheimagenten* (2008)

· *Ich sehe aus wie Elvis* (2004)

www.sulipuschban.de

Suli Puschban

Schon 1994 hat die Wienerin Suli Puschban Berlin zu ihrer Heimat gemacht – und da scheint sie ohne Zweifel auch hinzugehören. Ihre Texte sind wie der Problemkiez, in dem sie lebt: frech, selbstironisch und tiefgründiger, als man auf den ersten Blick vermuten würde. Bewusst durchbricht sie die gängigen Klischees von Weiblichkeit, versucht Kinder zum Nachdenken anzuregen und sie zum politischen Denken zu befähigen. Entsprechend propagiert sie in ihren Liedern nicht nur Spaß und gute Laune, sondern greift behutsam auch ernste Themen wie Rassismus, Feminismus und Gleichberechtigung auf. Zeitgleich mit dem Erscheinen ihres vierten Albums „Rette mich!!!" wurde Suli Puschban mit dem Musikautorenpreis der GEMA ausgezeichnet. Gemeinsam mit ihrer Band „Kapelle der guten Hoffnung" ist sie regelmäßig und bundesweit unterwegs. „Alter, ich weiß wo dein Haus wohnt!", singt sie in einem ihrer Lieder. Vielleicht steht sie also bald auch bei Ihnen vor der Tür?!

Sven van Thom

Schon seit Ende der 1990er Jahre steht der Berliner Musiker Sven Rathke auf der Bühne. Nachdem er mit dem Lied „Mein neuer Bruder" auf der dritten Ausgabe der Kindermusik-Reihe „Unter meinem Bett" vertreten war, kam er offenbar auf den Geschmack, nahm ein komplettes Album für Kinder auf und landete damit gleich einen Volltreffer. Als Entertainer für Erwachsene eilt *Sven van Thom* der Ruf voraus, das Spannungsfeld zwischen unterhaltsamer Albernheit und berührender Melancholie auszuloten. Auf dem Album „Tanz den Spatz" überträgt er diese Mischung überzeugend auf das jüngste Publikum. Fast im Alleingang und mit viel musikalischem Sachverstand hat er die Produktion eingespielt. Seinen Anspruch, elternfreundliche Kinderlieder komponieren zu wollen, „bei denen einem nicht die Ohren bluten", erfüllt dieses Album ohne Zweifel. Zu Recht wurde „Tanz den Spatz" infolgedessen mit gleich zwei Kindermusik-Preisen bedacht.

Diskografie

· *Tanz den Spatz (2018)*

www.svenvanthom.de

Toni Geiling

Dieser aus Sachsen-Anhalt stammende Musiker ist eine Ausnahmeerscheinung in der Kindermusik-Szene, denn stilistisch füllt Toni Geiling eine klaffende Lücke in der Gattung. Als Geiger lebte er vier Jahre lang in Irland, tourte darüber hinaus aber auch durch Australien, Neuseeland sowie das gesamte europäische Ausland. Es ist also nur konsequent, dass er die Geige schließlich auch in den Mittelpunkt seiner musikalischen Arbeit für Kinder stellte. Toni Geiling ist aber nicht etwa der David Garrett der Kindermusik-Szene. Seine musikalische Heimat ist die Folk-Musik. Er bekennt sich deutlich zu den leisen und bedachten Tönen, spart auf seinen Alben aber nicht an instrumentaler Vielfalt und Verspieltheit. Im Zusammenspiel mit seinen fantasievollen Texten und seiner sanften Stimme entstehen im Gesamtergebnis Kompositionen, die einen derart wohlklingenden Kosmos erschaffen, dass man sich nur allzu gerne hineinfallen lässt.

Diskografie

· *Gedanken wollen fliegen – remastered (2020)*

· *In der Wolkenfabrik (2014)*

· *Reise nach Irgendwo (2011)*

· *Gedanken wollen fliegen (2005)*

www.tonilieder.de

Diskografie

· *Die große Reggaehase Boooo Revue (2019)*

· *Reggaehase Boooo und das Feuer der Wut (2018)*

· *Reggaehase Boooo und der gute Ton (2015)*

(...)

www.reggaehase boooo.de

Yellow Umbrella / Der Reggaehase Boooo

Seit 1994 ist die Dresdner Ska-Band *Yellow Umbrella* unermüdlich unterwegs und hat sich, weit über die Szene hinaus, einen legendären Ruf als Partygarant erarbeitet. Mit der Musikhörspielreihe über den *Reggaehasen Boooo* zeigt die Combo, dass ihr auch an der musikalischen Stilbildung von Kindern gelegen ist. 2010 erschien die erste Geschichte „Reggaehase Booo und der König der nicht mehr tanzen konnte oder wollte". Drei weitere Bücher folgten. Die einzelnen Erzählungen handeln von dem Hasen Boooo und seinen Freunden, die gemeinsam immer wieder neue Abenteuer im Reggaewald erleben. Musikalisch eingebettet werden die Geschichten von der Band selbst, die dabei voll auf die klangliche Überzeugungskraft von Offbeat und treibenden Baselines setzt. Da *Yellow Umbrella* die Hörspiele regelmäßig auch auf der Bühne in Szene setzen, kommen so auch Kinder in den Genuss, die Live-Qualitäten der Band zu erleben.

Diskografie

· *Achtung Kokosnuss (2020)*

www.universal-music.de/ zuckerblitz-band

Zuckerblitz Band

Als Sebastian Dürre und Mario Wesser dürften die zwei kreativen Köpfe hinter diesem Bandprojekt kaum jemandem bekannt sein, als *Porky* und *Malo* aber möglicherweise schon. Der eine ist seit vielen Jahren festes Mitglied der Elektropunk-Formation *Deichkind*, der andere erfolgreicher Songwriter, der unter anderem Adel Tawil, Andreas Bourani und *Materia* zu Edelmetall-Auszeichnungen verholfen hat. Während einer gemeinsamen Auszeit mit ihren Familien auf Hawaii kam ihren Kindern die Idee zur *Zuckerblitz Band*. Die beiden Vollprofis könnte man also als die Geburtshelfer dieses musikalischen Projekts bezeichnen. Ihre Erfahrung aus dem Profi-Business hört man dem so entstandenen Album „Achtung Kokosnuss" deutlich an. Mit vielen kreativen Wendungen bewegt sich die *Zuckerblitz Band* zwischen ausgelassener Freigeistigkeit und Mainstream-Pop. Das Ergebnis will nicht allen gefallen, erweitert aber umso deutlicher den Möglichkeitsraum für neue Kindermusik.

KINDERMUSIK-COMPILATIONS

Giraffenaffen

Als 2012 die erste „Giraffenaffen"-Compilation erschien, wurde sie schnell zum Kassenschlager. Kein Wunder, denn das musikalische Konzept war hierzulande noch neu – und doch so simpel: Die Idee, bekannte Popstars Kinderlieder-Klassiker im Stil ihrer eigenen Musik neu interpretieren zu lassen, erfreute sich nicht nur bei Eltern und Kindern großer Beliebtheit, sondern offenbar auch bei vielen Musiker*innen verschiedenster Genres. So verwundert es nicht, dass der ersten Ausgabe sehr schnell weitere Veröffentlichungen folgten. Hinzu kamen Hörspiele, Plüschfiguren, Instrumente und schließlich sogar ein Live-Programm mit der *Giraffenaffen Gang*. Dann wurde es lange still um die Musikreihe. Erst 2020 erschien die sechste Veröffentlichung, die in ihrer musikalischen Qualität nicht so recht an die Vorgängerproduktionen anzuknüpfen vermag. Ob den Macher*innen langsam der Rohstoff an traditionellen Kinderliedern ausgeht? Am Ende steht die Feststellung, dass mit der Compilation „Giraffenaffen" ein durchaus gelungener Vorstoß in Richtung moderner Kinderlieder unternommen wurde, der für viele Musiker*innen Anlass gewesen sein dürfte, sich in dieser Gattung selbst künstlerisch-kreativ auszutoben.

Diskografie

· *Giraffenaffen 6 (2020)*
· *Giraffenaffen 5 (2016)*
· *Giraffenaffen Gang – Nö mit Ö (2016)*
· *Giraffenaffen 4 – Winterzeit (2015)*
· *Giraffenaffen 3 (2014)*
(...)

www.giraffenaffen.de

Hier lebst du – Unsere liebsten Kinderlieder

Die DDR ist Geschichte, aber ihre Kinderlieder sind geblieben. Jenseits der staatlich verordneten Pionierlieder gab es in Ostdeutschland eine Fülle von Werken, die durch lebensnahe Verse und musikalisch verspielte Kompositionen überzeugten. Darum haben sich anlässlich des 30. Jahrestags des Mauerfalls namhafte Künstler*innen auf eine (Wieder-) Entdeckungsreise durch die Kindermusik des Ostens gemacht. Insgesamt 12 Lieder wurden neu arrangiert, interpretiert und auf der Compilation „Hier lebst du" zusammengetragen. Mit *Karat*, Dirk Michaelis, Angelika Mann, Frank Schöbel oder *Die Zöllner* sind einige musikalische Schwergewichte aus DDR-Zeiten dabei. Zugleich ist mit der *STÜBAphilharmonie* oder Bürger Lars Dietrich aber auch eine Generation von Musiker*innen vertreten, die selbst noch mit den Liedern aufgewachsen sein dürfte. Zwar ist das Endergebnis in der

Diskografie

· *Hier lebst du – Unsere liebsten Kinderlieder (2019)*

www.argon-verlag.de

Summe vergleichsweise ruhig und sehr nostalgisch geraten. Die Idee, die Kinderlieder der DDR in neuem Sound erklingen zu lassen, ist aber in jedem Fall lobend hervorzuheben. Möglich, dass nicht jedes Kind damit vom Hocker gerissen wird. Umso mehr dürfte „Hier lebst du" aber die Erinnerungen vieler Erwachsener an ihre eigene Kindheit wiederbeleben.

Nicht von schlechten Eltern

Diskografie

· *Nicht von schlechten Eltern 2 (2018)*

· *Nicht von schlechten Eltern (2016)*

www.3berlin.de

Mit dem Album „Von Farbenfeen und Stinkesocken" versuchte sich das Berliner Kollektiv *3Berlin* im Jahr 2013 zunächst selbst in Sachen Kindermusik, stieß damit allerdings nicht auf allzu viel Gehör. Deutlich vielversprechender klingt dagegen die Compilation „Nicht von schlechten Eltern" der drei Musiker*innen und Komponist*innen. Darauf versammeln sie bekannte und weniger bekannte Kindermusik-Interpret*innen und präsentieren gemeinsam mit ihnen ganz neue Kinderlieder. Musik, Text, Komposition und Produktion liegen vornehmlich in der Zuständigkeit des eingespielten Trios. In der Zusammenarbeit mit den unterschiedlichen Gästen entstanden bisher zwei stilistisch vielfältige Werke, die den von Kindermusik-Compilations übersättigten Musikmarkt auf wohltuende Weise bereichern. Dass Kinder und Eltern damit ganz nebenbei auch noch viele neue Kindermusiker*innen kennenlernen, ist eine schöne und vermutlich beabsichtigte Nebenwirkung.

Unter meinem Bett

Diskografie

· *Unter meinem Bett 6 (2020)*

· *Unter meinem Bett 5 (2019)*

Das Konzept der Reihe „Unter meinem Bett" hat ein besonderes Alleinstellungsmerkmal. Auch hier schlüpfen bekannte Musiker*innen in die Rolle von Kinderliedermacher*innen, allerdings handelt es sich dabei ausnahmslos um Künstler*innen aus der deutschsprachigen Indie-Musikszene, die für die Compilation frische Neukompositionen beisteuern. Zweifellos zielt dieser künstlerische Ansatz in erster Linie auf musikbegeisterte Eltern ab, verliert die Kinder dabei aber keineswegs aus dem Blick. Das thematische Spektrum der einzelnen Tonträger ist breit gefächert, inhaltlich adressieren die Songs Kinder vom Kindergarten- bis ins späte Grundschulalter. Sechs Ausgaben sind inzwischen von „Unter meinem Bett" erschienen, und immer wieder sind neue Musiker*innen dabei, die sich für das Konzept begeistern lassen. Einige von ihnen, wie etwa der Berliner Musiker *Sven van Thom*, das Electro Jazz-Duo *Micatone* (*Eule und Lerche*) oder die Kölner Band *Locas in Love* (*Gorilla Club*), sind dabei offenbar auf den Geschmack gekommen und veröffentlichen in der Folge eigene Kindermusik-Alben. Bleibt zu hoffen, dass ein so umfangreicher Output auf Dauer nicht in musikalische Beliebigkeit abdriftet.

· *Unter meinem Bett 4* (2018)
· *Unter meinem Bett 3* (2017)
(...)

www.oetinger.de

Zugabe!

„Zugabe!" ist die längst überfällige Hommage an den Kinderliedermacher Fredrik Vahle. Bis heute gehören seine Lieder zu den Klassikern der Gattung Kindermusik. Demzufolge war es nur eine Frage der Zeit, bis sich namhafte Musiker*innen aus verschiedensten Genres der Lieder annehmen würden, um Vahles Lebenswerk zu würdigen. Rein musikalisch hat das Ergebnis nicht mehr viel mit den Originalen zu tun – es sei also dahingestellt, ob gerade junge Kinder zu diesem Werk einen ähnlich leichten Zugang finden wie zur vergleichsweise traditionellen Spielweise von Vahle selbst. Gerade die stilistische Vielfalt und der moderne Sound machen diese Produktion aber so überzeugend. Gekonnt überführen die einzelnen Musiker*innen das Liedgut von Fredrik Vahle in das Hier und Jetzt und lassen im Ergebnis weitaus mehr als die Summe der einzelnen Teile entstehen.

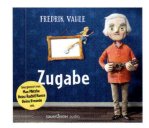

Diskografie
· *Zugabe!* (2019)

www.argon-verlag.de

UND FALLS SIE NOCH NICHT GENUG HABEN ...

Weitere Bands und Interpret*innen, die im Buch erwähnt wurden:
ATZE Musiktheater, Bettina Göschl, *Cattu*, Charlie Glass, Christian Hüser, Dagmar Geisler, Daniel Huss, Detlev Jöcker, Daniel Kallauch, Dorothée Kreusch-Jacob, *Eule und Lerche*, *Ferri*, *Frank und seine Freunde*, *Fug und Janina*, Fredrik Vahle, *Geraldino*, Gerhard Schöne, *Gorilla-Club*, herrH, Heiner Rusche, Ingrid Hofer, *Die Jojos*, *Heavy Saurus*, Helmut Meier, *Karibuni*, *Kizzrock*, Klaus Foitzik, Klaus W. Hoffmann, *Körperklaus*, Linard Bardill, Markus Becker, Markus Rohde, Matthias Linßen, Matthias Meyer-Göllner, *Metalkinder*, *Mirkos Liederbande*, *Nena*, Olli Ehmsen, *Phil4Kids*, *Die Pianino-Band*, *Quadro Nuevo*, Reinhard Horn, Reinhard Lakomy, *Rodscha & Tom*, *Rumpelstil*, Sabine Hirler, *Shary & Ralph*, Simone Sommerland, Stephen Janetzko, *Das Traumstern-Orchester*, Ulrich Maske, Unmada Manfred Kindel, *Van Tute*, Volker Rosin, Werner Fuhrmann, *Zaches und Zinnober*, Rolf Zuckowski, *17 Hippies*

Wen es sonst noch so gibt:
Accordina, Alex Schmeisser, *Andi und die Affenbande*, *Apila*, Beate Lambert, *Bernd & Die Bänd*, *Die Blindfische*, *Bluatschink*, Bruno Hächler, *Die Buchstabentiger*, *Egon und die Treckerfahrer*, Erwin Grosche, *Faks Theater*, *Faryna*, *Firlefanz und Grete*, *Füenf*, Florian Müller, Florian Voigt, Frank Bode, *Grünschnabel*, Hartmut E. Höfele, *Herr Müller und seine Gitarre*, Heiko Fänger, Hexe Knickebein, Hoppla!, *Joely & Oliver*, Johannes Kleist, Johnny Karacho, *Julia & Mo*, *Kater Kati*, *Keks und Kumpels*, *Kiri Rakete*, *KrAWAllo*, *Larifari*, *Larissa und die Menschenkinder*, *Libatiba*, *Leichtfuß und Liederliesel*, *Lieselotte Quetschkommode*, *Lila Lindwurm*, *Löffelpiraten*, *Mami und die PapperlaPapis*, Martin Baltscheit, Matthias Lück, Maxim Wartenberg, Micha Rohrbeck, Mike Müllerbauer, Monica Riedel, *Die Mucketierbande*, Patricia Prawit, *Philis und Mike*, *Planet Ö*, *Professor Jeck*, *Die Pullums*, *Rabauken und Trompeten*, *Ratzefummel*, R.A.M. Kindertheater, *Die RINKs*, Rolf Grillo, *Saitentwist*, Sandra Faryn, Simon Sagt, Sören Marquard, *Spunk*, *Stellmäcke & Band*, *Sternschnuppe*, *Stern 5*, Tom Lehel, *Tonfisch*, Uwe Reetz, Wolfgang Hering, Willy Astor, *Zwulf* und vermutlich noch viele, viele andere ...

Danksagung

Für ihr Vertrauen und ihre offenen Antworten in den teilweise sehr ausführlichen Gesprächen und Interviews danke ich Arne Gedigk (*Radau!*), Florian Bergmann und Andreas Niemann (*Pelemele*), Henrik Guemos (ehemals *Starwatch-Entertainment*), Simon Horn (*herrH*), Markus Langer (ehemals *Oetinger-Verlag*), Andreas Maaß (*Universal*), Patricia Parisi (*Milchsalon*), Suli Puschban, Bent Schönemann (*Sony*), Jan Sedgwik (*Herr Jan*), Manfred Söntgen (*Pänz-Verlag*), Sebastian Tim (*Koralle Blau*), Juliane Wilde und Marcus Horndt (*Julianes Wilde Bande*) sowie Rolf Zuckowski.

Für die Teilnahme an der Online-Umfrage über ihre Arbeit als Kindermusiker*innen danke ich Corinna Bilke, Mai Cocopelli, Andreas Donauer (*Donikkl*), Florian Erlbeck und Verena Roth (*Muckemacher*), Arne Gedigk (*Radau!*), Toni Geiling, Gerd Grashaußer (*Geraldino*), Nina Grätz („Eule findet den Beat"), Simon Horn (*herrH*), Daniel Huss, Manuela Hörr und Mark Roberts (*R.A.M. Kindertheater*), Dieter Krauthausen (*Fidibus/Tonbande*), Tom Lugo, Kai Lüftner (*Radio Rotz'n'Roll*), Elena Marx (*Wir Kinder vom Kleistpark*), Robert Metcalf, Gerd Müller (*Spunk*), Andreas Niemann (*Pelemele*), Suli Puschban, Markus Reyhani, Kristian Ruffert (*Mit Krone und Hund*), Udo Schöbel (*Körperklaus*), Johannes Stankowski, Andi Steil (*Die Blindfische*), Jochen Vahle (*Randale*), Titus Vollmer (*Die Pullums*), Thorsten Wadowski (*Van Tute*), Tobias Weber (*Café Unterzucker*), Juliane Wilde (*Julianes Wilde Bande*) und Michael Zachcial (*Zaches und Zinnober*).

Mein Dank richtet sich auch an meine ehemaligen Kolleg*innen beim WDR, insbesondere an Stefanie Weber und das gesamte Musikteam. Die Arbeit mit euch hat maßgeblich zu meiner Leidenschaft für das Thema Kindermusik beigetragen. Auch den Menschen, die mich während der letzten Jahrzehnte musikalisch gefördert und begleitet haben, möchte ich danken – allen voran meinen Eltern und meinem Bruder Rainer, darüber hinaus meinem Posaunenlehrer Thorsten Wieking sowie Wolfgang Feuerborn, Leo Gand, Kurt Studenroth und Johannes Nink für ihre großartige Ensemblearbeit. Von unschätzbarem Wert war für mich auch die gemeinsame Zeit mit meiner Band *The Slapstickers*. Danke, Jungs!

Für ihr kritisches Feedback zum ersten Manuskript-Entwurf danke ich Doro, Alex, Uli und Silvia. Eure Anregungen haben dieses Buch entscheidend verbessert! Seinen Feinschliff erhielt es durch die überaus konstruktive Zusammenarbeit mit meinem Lektor Dr. Juan Martin Koch vom *ConBrio Verlag*. Auch dafür mein herzliches Dankeschön – das war ein schöner Prozess.

Für den finanziellen Beitrag zur Realisierung der Webseite zu „Mama lauter!" danke ich Wiebke Doktor und dem Team der *Christiane Weber Stiftung*. Seit 2016 hat sich die Stiftung zum Ziel gesetzt, gute Kindermusik zu fördern. Mit einer Spende können Sie die Arbeit der Stiftung unterstützen. Weitere Informationen finden Sie unter: www.christiane-weber-stiftung.de

Anmerkungen

Kapitel 2
1. vgl. https://de.wikipedia.org/wiki/Kinderlied [zuletzt geprüft (z.g.) 29.03.2021]
2. Wie schätzen Sie die öffentliche Wahrnehmung des Genres Kindermusik ein?
sehr gut: 0 Prozent, eher gut: 24,1 Prozent, eher schlecht: 65,5 Prozent, sehr schlecht: 10,3 Prozent
3. Minkenberg, Hubert (1990): Das Musikerleben von Kindern im Alter von fünf bis zehn Jahren. Köln: Peter Lang
4. Schulten, Maria Luise (1982): Brauchen Kinder Kinder-Musik? In: Hans Joachim Vetter und Rainer Mehlig (Hrsg.): Dokumentation zum Musikschulkongress (Aachen, 1981), S. 80. Regensburg: Bosse

Kapitel 3
1. Hengst, Heinz (2013): Kindheit im 21. Jahrhundert, S. 63. Weinheim: Beltz
2. Colin, Simon (2012b): Family Entertainment – Marken für Millionen. In: Musikmarkt (08/2012)
3. Worldwide Independent Network (2018): Wintel Worldwide Independent Market Report 2018, S. 7. Online verfügbar unter: https://www.vut.de/fileadmin/user_upload/public/dokumente/Wirtschaft/WINTEL_2018__1_.pdf [z.g. 29.03.2021]
4. Volkmann, Linus (2016): Pop ist tot, es lebe die Dienstleistung – Über die deutsche Musiklandschaft 2016 (Teil 1). Online verfügbar unter: https://noisey.vice.com/de/article/r3n4ww/pop-ist-tot-es-lebe-die-dienstleistungber-die-deutsche-musiklandschaft-2016-teil-1 [z.g. 29.03.2021]
5. Groß, Torsten (2016): Es ist alles wie immer. Es wird alles immer besser – Über die deutsche Musiklandschaft 2016 (Teil 2), online verfügbar unter: https://noisey.vice.com/de/article/4wxk4g/es-ist-alles-wie-immer-es-wird-alles-immer-besserber-die-deutsche-musiklandschaft-2016-teil-2 [z.g. 29.03.2021]
6. Bundesverband Musikindustrie/BVMI (Hrsg.) (2020): Musikindustrie in Zahlen 2019, S. 29. Online verfügbar unter: https://www.musikindustrie.de/fileadmin/bvmi/upload/06_Publikationen/MiZ_Jahrbuch/2019/Musikindustrie_in_Zahlen_2019.pdf [z.g. 29.03.2021]
7. Bundesverband Musikindustrie/BVMI (Hrsg.) (2016): Musikindustrie in Zahlen 2015, S. 29. Online verfügbar unter: http://www.musikindustrie.de/fileadmin/bvmi/upload/06_Publikationen/MiZ_Jahrbuch/bvmi-2015-jahrbuch-musikindustrie-in-zahlen-epaper.pdf [z.g. 29.03.2021]
8. Piegsar, Oskar (2016): Deine Freunde – Was für Kindsköpfe. In: Die Zeit (18.01.2016). Online verfügbar unter http://www.zeit.de/2015/52/deine-freunde-hiphop-kinder-kindskoepfe [z.g. 29.3.2021]
9. vgl. https://lampundleute.de/ueber-uns/ [z.g. 29.03.2021]
10. vgl. www.ladis.tirol.gv.at/wp-content/uploads/2016/01/plakat_mounds_pianokonzert.pdf [z.g. 29.03.2021]
11. vgl. https://babypod.net/ [z.g. 29.03.2021]
12. Heidtmann, Horst (1998): Gummitwist Techno und Spielplatzrap – Ein Streifzug durch das aktu-

elle Kinderliederangebot. In: Bulletin Jugend & Literatur, S.15–18 und 21. Online verfügbar unter: http://www.hdm-stuttgart.de/ifak/pdfs/Kidsong.pdf [z.g. 05.01.2016]
13 Im Sauseschritt – Das Geschäft mit der Kindermusik. In: Spiegel TV-Magazin (2008). Online verfügbar unter: http://www.spiegel.de/video/im-sauseschritt-das-geschaeft-mit-der-kindermusik-video-28052.html [z.g. 07.04.2021]
14 Seliger, Berthold (2013): Das Geschäft mit der Musik – Ein Insiderbericht, S. 14. Berlin: Edition Tiamat
15 Renner, Tim (2004): Kinder, der Tod ist gar nicht so schlimm! Über die Zukunft der Musik- und Medienindustrie, S. 73. Frankfurt/Main, New York: Campus
16 Freitag, Thomas (2008): Fällt ein Negerlein vom Dach herab – Das ganze Elend im Kinderlied, S. 19. Cottbus: Regia

Kapitel 4

1 vgl. www.universalshops.de/su/catalog/product_info.php?products_id=7 [z.g. 07.04.2021]
2 vgl. www.fuhrmann-politik.de (abrufbar via wayback-machine)
3 Kupfer, Anna (2009): Dokumentation des dritten Kinderliedkongresses 2009, hrsg von Kinder Kinder e.V. (Hamburg), S. 12. Online verfügbar unter: http://www.kinderlied-kongress.de/texte/Kongressdokumentation.pdf [z.g. 07.04.2021]
4 vgl. www.kinderliederhits.de [z.g. 07.04.2021]
5 vgl. www.grossstadtengel.de [z.g. 07.04.2021]
6 vgl. www.frankundseinefreunde.de [z.g. 07.04.2021]
7 vgl. www.mirkos-liederbande.de/upload/PM_Mirkos_Liederbande_Album.pdf [z.g. 07.04.2021]
8 vgl. www.reinhardhorn.de [z.g. 07.04.2021]
9 vgl. www.rosin.de [z.g. 07.04.2021]
10 Im Sauseschritt – Das Geschäft mit der Kindermusik. In: Spiegel TV-Magazin (2008). Online verfügbar unter: http://www.spiegel.de/video/im-sauseschritt-das-geschaeft-mit-der-kindermusik-video-28052.html [z.g. 07.04.2021]
11 vgl. Kiß, Jonas (2016): Jöcker steigert die Sozialkompetenz. Online verfügbar unter: http://beta.musikwoche.de/details/411043 [z.g. 07.04.2021]
12 vgl. www.detlevjoecker.de [z.g. 07.04.2021]
13 vgl. www.nena.de/de/discografie/das-1%C3%971-album-mit-den-hits-von-nena [z.g. 07.04.2021]
14 vgl. www.bertelsmann-stiftung.de/de/unsere-projekte/musikalische-bildung/projektthemen/musikalische-grundschule/ [z.g. 07.04.2021]
15 Beuting, Stefan (2013): Yeah, lecker Schokolade! – Eine Redaktionskonferenz über Kindermusik, die Erwachsenen nicht weh tut. In: D-Radio Wissen (13.03.2013)
16 Freitag, Thomas (2008): Fällt ein Negerlein vom Dach herab – Das ganze Elend im Kinderlied, S. 6. Cottbus: Regia

Kapitel 5

1 GEMA (2020): Musikwirtschaft in Deutschland – Studie zur volkswirtschaftlichen Bedeutung von Musikunternehmen unter Berücksichtigung aller Teilsektoren und Ausstrahlungseffekte, S. 21. Online verfügbar unter: https://gema-politik.de/wp-content/uploads/2020/09/Musikwirtschaftsstudie_2020_ds_DIW_Econ.pdf [z.g. 07.04.2021]
2 vgl. Deutsches Musikinformationszentrum (2020): Freiberuflich Tätige in der Sparte Musik nach Durchschnittseinkommen und Tätigkeitsbereich. Online verfügbar unter: http://www.miz.org/downloads/statistik/85/85_Freiberuflich_Taetige_in_der_Sparte_Musik_nach_Taetigkeitsbereich_und_Durchschnittseinkommen.pdf [z.g. 07.04.2021]

3 Geißler, Theo (2015): Kinder-Kram? In: Neue Musikzeitung (10/2015). Online verfügbar unter: http://www.nmz.de/artikel/kinder-kram [z.g. 07.04.2021]
4 vgl. https://www.vut.de/vut/ueber-den-vut/ [z.g. 07.04.2021]
5 Graffé, Roland; Schubert, Gregor (2003): Underground matters. Einblicke in die gegenwärtige Independent-Szene. In: Klaus Neumann-Braun, Axel Schmidt und Manfred Mai (Hrsg.): Popvisionen. Links in die Zukunft, S. 200. Frankfurt/Main: Suhrkamp
6 Kupfer, Anna (2009): Dokumentation des dritten Kinderliedkongresses 2009, hrsg von Kinder Kinder e.V. (Hamburg), S. 5. Online verfügbar unter: http://www.kinderlied-kongress.de/texte/Kongressdokumentation.pdf [z.g. 07.04.2021]
7 Veröffentlichen Sie Ihre Tonträger über einen Verlag oder ein Label?: Ja, über mein eigenes Label (26,7 Prozent). Ja, über ein anderes Independent-Label (23,3 Prozent). Ja, über ein Major-Label (13,3 Prozent). Nein, aussschließlich im Selbstvertrieb (10 Prozent). Sonstige (26,7 Prozent)
8 Heidtmann, Horst (1998): Gummitwist Techno und Spielplatzrap – Ein Streifzug durch das aktuelle Kinderliederangebot. In: Bulletin Jugend & Literatur, S. S.15–18 und 21. Online verfügbar unter: http://www.hdm-stuttgart.de/ifak/pdfs/Kidsong.pdf [z.g. 05.01.2016]
9 vgl. www.jumboverlag.de [z.g. 07.04.2021]
10 vgl. www.igel-records.de/wir-ueber-uns [z.g. 07.04.2021]
11 Heidtmann, Horst (1998): Gummitwist Techno und Spielplatzrap, S. 15–18 und 21 [wie Anm. 8]
12 Waechter, Christina (2015): Und jetzt alle! – Kinderlieder und Erwachsene. Erschienen in: Süddeutsche Zeitung (11.04.2015). Online verfügbar unter: https://www.sueddeutsche.de/leben/kinderlieder-und-erwachsene-und-jetzt-alle-1.2427132 [z.g. 07.04.2021]
13 vgl. www.oekotopia-verlag.de [z.g. 07.04.2021]
14 vgl. www.kontakte-onlineshop.de [z.g. 07.04.2021]
15 Heidtmann, Horst (1998): Gummitwist Techno und Spielplatzrap, S. 15–18 und 21 [wie Anm. 8]
16 vgl. www.paenzverlag.de [z.g. 07.04.2021]
17 Seliger, Berthold (2013): Das Geschäft mit der Musik – Ein Insiderbericht, S. 146. Berlin: Edition Tiamat

Kapitel 6

1 vgl. www.mitkroneundhund.de [z.g. 14.03.2019]
2 vgl. Kids Music-Panel – Neues Genre, neue Chancen? Reeperbahn-Festival (2013). Online verfügbar unter: https://www.youtube.com/watch?v=jRRK1Os75ZQ [z.g. 07.04.2021]
3 Freitag, Thomas (1999): Die stillen Stars und ihre Lieder. Funktion und Stellenwert von Kinderliedern und Kinderliedermachern. In: Berliner Lesezeichen (05/1999). Online verfügbar unter: http://www.luise-berlin.de/lesezei/blz99_05/text01.htm [z.g. 07.04.2021]
4 vgl. Kindel, Unmada-Manfred (2015): Kinderlied und Wertschätzung. Online verfügbar unter: https://www.kinderlieder-magazin.de/kinderlied-und-wertschaetzung-kinder-lieder-und-singen-im-wandel-der-zeit-von-der-magie-im-kinderlied/ [z.g. 07.04.2021]
5 vgl. Theile, Brigitte (2013): Donikkl – Der Mann mit dem 1000 Watt-Lächeln. In: Bayern 3 – Mensch Theile (01.07.2013). Online verfügbar unter: https://soundcloud.com/donikkl/mensch-theile-gespr-ch-mit [z.g. 07.04.2021]
6 Zuckowski, Rolf (2007): 5 Jahre Mai – Meine persönlichen Erinnerungen, S. 79. Berlin: Universal Music
7 vgl. www.hoppla-kindermusik.de/mitmach-konzerte/ [z.g. 07.04.2021]
8 Meyer-Göllner, Matthias (2016): Von Ironie und Nostalgie – Ein Gespräch mit „Deine Freunde". Online verfügbar unter: https://www.kinderlieder-magazin.de/von-ironie-und-nostalgie-ein-gespraech-mit-deine-freunde-teil-1/ [z.g. 07.04.2021]

9   Meyer-Göllner et Al. (2016): Ist das Kunst oder doch nur Handwerk? Wie Kinderlieder die Öffentlichkeit erobern. Online verfügbar unter: https://www.kinderlieder-magazin.de/ist-das-kunst-oder-doch-nur-handwerk-wie-kinderlieder-die-oeffentlichkeit-erobern/ [z.g. 07.04.2021]
10 Hauke, Astrid et Al. (2016): Elitärer Club, oder Gemeinschaft geistreicher Musiker? – Das KinderliedermacherInnen-Netzwerk Kindermusik.de. Online verfügbar unter: https://www.kinderlieder-magazin.de/elitaerer-club-oder-gemeinschaft-geistreiche-musiker-das-kinderliedermacherinnen-netzwerk-kindermusik-de/ [z.g. 07.04.2021]
11 Linnewedel, Riekje (2014): Dokumentation des vierten Kinderliedkongresses 2013, hrsg von Kinder Kinder e.V. (Hamburg), S. 6. Online verfügbar unter: https://kinderkinder.de/files/dokumente/PDF/kongress-doku-web.pdf [z.g. 07.04.2021]
12 Kupfer, Anna (2009): Dokumentation des dritten Kinderliedkongresses 2009, hrsg von Kinder Kinder e.V. (Hamburg), S. 12, online verfügbar unter: http://www.kinderlied-kongress.de/texte/Kongressdokumentation.pdf [z.g. 07.04.2021], sowie Linnewedel, Riekje (2014): Dokumentation des vierten Kinderliederkongresses 2013 [wie Anm. 11]
13 ebd., S. 52
14 Wie wichtig ist es Ihnen, mit Ihrer Musik auch kommerziell erfolgreich zu sein? Sehr wichtig: 20 Prozent, wichtig: 43,3 Prozent, weniger wichtig: 26,7 Prozent, unwichtig: 10 Prozent
15 Rothauer, Doris (2005): Kreativität & Kapital. Kunst und Wirtschaft im Umbruch, S. 117. Wien: WUV

Kapitel 7

1   Möller, Christian (2016): Durch die Gegend... mit Judith Holofernes. Podcast vom 25.01.2016. Online verfügbar unter: https://viertausendhertz.de/ddg01/ [z.g. 15.04.2021]
2   Linnewedel, Riekje (2014): Dokumentation des vierten Kinderliedkongresses 2013, hrsg von Kinder Kinder e.V. (Hamburg), S. 51. Online verfügbar unter: https://kinderkinder.de/files/dokumente/PDF/kongress-doku-web.pdf [z.g. 07.04.2021]
3   vgl. Pape, Kirsten (2014): Tischgespräch mit Fredrik Vahle; WDR5 (Sendung vom 16.04.2014)
4   Zuckowski, Rolf (2007): 5 Jahre Mai – Meine persönlichen Erinnerungen, S. 145. Berlin: Universal Music
5   Stiller, Barbara (2012): Kinder hören Musik – Konzertpädagogik als Baustein der Musikvermittlung. In: Barbara Busch und Christoph Henzel (Hrsg.): Kindheit im Spiegel der Musikkultur. Eine interdisziplinäre Annäherung, S. 119. Augsburg: Wissner
6   vgl. Theile, Brigitte (2013): Donikkl – Der Mann mit dem 1000 Watt-Lächeln. In: Bayern 3 – Mensch Theile (01.07.2013). Online verfügbar unter: https://soundcloud.com/donikkl/mensch-theile-gespr-ch-mit [z.g. 07.04.2021]
7   Pape, Kirsten (2014) [wie Anm. 3]

Kapitel 8

1   Weber-Kellermann, Ingeborg (1997): Das Buch der Kinderlieder. 255 alte und neue Lieder; Kulturgeschichte, Noten, Texte, Bilder; mit Klavier und Gitarrenbegleitung; Klaviersätze von Hilger Schallehn und Manfred Schmitz, S. 303. Mainz: Schott
2   Stadler-Elmer, Stefanie (2008): Entwicklung des Singens. In: Herbert Bruhn, Reinhard Kopiez und Andreas C. Lehmann (Hrsg.): Musikpsychologie. Das neue Handbuch, S. 159. Hamburg: Rowohlt
3   https://www.kinderlieder-magazin.de/kinderlied-und-wertschaetzung-3-die-entstehung-der-kindheit/ [z.g. 19.04.2021]
4   Holtei, Christa (2010): Warum klappert die Mühle am rauschenden Bach? – Kinderlieder und ihre Geschichten, S. 16. Mannheim: Patmos

Anmerkungen

5 Freitag, Thomas (2009): Jule, Mondschaf, Wolkenboot – 16 Portraits zum Lieder- und Versemachen für Kinder, S. 31. Cottbus: Regia
6 Holtei, Christa (2010), S. 20 [wie Anm. 4]
7 https://www.kinderlieder-magazin.de/kinderlied-und-wertschaetzung-3-die-entstehung-der-kindheit/ [z.g. 19.04.2021]
8 Vahle, Fredrik (1992): Kinderlied. Erkundungen zu einer frühen Form der Poesie im Menschenleben, S. 35. Weinheim: Beltz
9 https://de.wikipedia.org/wiki/Schlaf,_Kindlein,_schlaf [z.g. 28.04.2021]
10 Holtei, Christa (2010), S. 48 [wie Anm. 4]
11 Freitag, Thomas (2009), S. 46 [wie Anm. 5]
12 Holtei, Christa (2010), S. 42 [wie Anm. 4]
13 Vahle, Fredrik (1992), S. 61 [wie Anm. 8]
14 https://de.wikipedia.org/wiki/Morgen_kommt_der_Weihnachtsmann [z.g. 28.04.2021]
15 Freitag, Thomas (2009), S. 57 [wie Anm. 5]
16 ebd., S. 58
17 https://www.deutschestextarchiv.de/book/view/stolbergstolberg_gedichte_1779?p=57 [z.g. 28.04.2021]
18 Göbelbecker, J. F. (1914): Wie ich meine kleinen in die Heimatkunde, ins Lesen, Schreiben und Rechnen einführe. Lebensfrische Gestaltung des ersten Unterrichtes. Leipzig: Otto Remnich Verlag
19 https://www.volksliederarchiv.de/kuehn-voran-zieht-die-fahn/ [z.g. 28.04.2021]
20 Kindel, Unmada-Manfred (2015): Kinderlied und Wertschätzung. Online verfügbar unter: https://www.kinderlieder-magazin.de/kinderlied-und-wertschaetzung-kinder-lieder-und-singen-im-wandel-der-zeit-von-der-magie-im-kinderlied/ [z.g. 07.04.2021]
21 Schepping, Wilhelm (1993): „Menschen seid wachsam". Widerständiges Liedgut der Jugend in der NS-Zeit, S. 3. München: MPZ. Online verfügbar unter: https://www.hf.uni-koeln.de/data/musikeume/File/Oppositionelles%20Lied/Menschen%20seid%20wachsam.pdf [z.g. 28.04.2021]
22 Baader, Ulrich (1979): Kinderspiele und Lernlieder – Untersuchungen in württembergischen Gemeinden, Teil I; Tübinger Vereinigung für Volkskunde e. V., S. 72
23 Weber-Kellermann, Ingeborg (1997), S. 315 f. [wie Anm. 1]
24 Bastian, Hans Günther (2001): Kinder optimal fördern – mit Musik. Intelligenz, Sozialverhalten und gute Schulleistungen durch Musikerziehung, S. 67. Mainz: Atlantis
25 Vahle, Fredrik (1992), S. 69 [wie Anm. 8]
26 http://www.richard-dehmel.de/rdehmel/richard%20dehmel/texte.html#bengel [z.g. 28.04.2021]
27 vgl. Vahle, Fredrik (1992), S. 76 f. [wie Anm. 8]
28 ebd., S. 76
29 vgl. ebd., S. 80
30 vgl. ebd., S. 53 f.
31 ebd., S. 81
32 Freitag, Thomas (1999): Die stillen Stars und ihre Lieder. Funktion und Stellenwert von Kinderliedern und Kinderliedermachern. In: Berliner Lesezeichen (05/1999). Online verfügbar unter: http://www.luise-berlin.de/lesezei/blz99_05/texto1.htm [z.g. 28.04.2021]
33 https://lieder-aus-der-ddr.de/froehlich-sein-und-singen/ [z.g. 28.04.2021]
34 https://lieder-aus-der-ddr.de/geburtstag-hat-heut-unser-staat/ [z.g. 28.04.2021]
35 vgl. Freitag, Thomas (2000): 100 Jahre Schreckensgeschichte des deutschen Kinderliedes: In: Berliner Lesezeichen (01/2000). Online verfügbar unter: http://www.luise-berlin.de/lesezei/blz00_01/texto1.htm [z.g. 28.04.2021]
36 https://lieder-aus-der-ddr.de/mein-bruder-ist-soldat/ [z.g. 28.04.2021]
37 https://lieder-aus-der-ddr.de/wenn-mutti-frueh-zur-arbeit-geht/ [z.g. 28.04 2021]

38 Wedel, Adelheid (1999): Wenn Mutti früh zur Arbeit geht. Kinderlieder aus der DDR. Edition BAR-Barossa (BMG)
39 ebd.
40 ebd.
41 Freitag, Thomas (2009), S. 163 f. [wie Anm. 5]
42 ebd., S. 166
43 https://musikguru.de/die-kleine-cornelia/songtext-pack-die-badehose-ein-699322.html [z.g. 28.04.2021]
44 Borneman, Ernest (1973): Unsere Kinder im Spiegel ihrer Lieder, Reime, Verse und Rätsel (Studien zur Befreiung des Kindes, 1), S. 7 f. Frankfurt/Main: Ullstein

Kapitel 9

1 vgl. Pape, Kirsten (2014): Tischgespräch mit Fredrik Vahle; WDR5 (Sendung vom 16.04.2014)
2 Freitag, Thomas (1999): Die stillen Stars und ihre Lieder. Funktion und Stellenwert von Kinderliedern und Kinderliedermachern. In: Berliner Lesezeichen (05/1999). Online verfügbar unter: http://www.luise-berlin.de/lesezei/blz99_05/text01.htm [z.g. 28.04.2021]
3 Vahle, Fredrik (1992): Kinderlied. Erkundungen zu einer frühen Form der Poesie im Menschenleben, S. 163 f. Weinheim: Beltz
4 vgl. Pape, Kirsten (2014) [wie Anm. 1]
5 ebd.
6 ebd.
7 Haeming, Anne (2017): Seht mal, wer da schwingt – Liedermacher Fredrik Vahle. In: Frankfurter Allgemeine Zeitung (10.12.2017). Online verfügbar unter: https://www.faz.net/aktuell/gesellschaft/menschen/ein-treffen-mit-kinderliedermacher-fredrik-vahle-15326123.html [z.g. 28.04.2021]
8 vgl. Pape, Kirsten (2014) [wie Anm. 1]
9 Vahle, Fredrik (1992), S. 197 [wie Anm. 3]
10 vgl. Pape, Kirsten (2014) [wie Anm. 1]
11 Zuckowski, Rolf (2007): 5 Jahre Mai – Meine persönlichen Erinnerungen, S. 35 ff. Berlin: Universal Music
12 vgl. Deeg, Claudia (2012): Leute: Interview mit Rolf Zuckowski; SWR1 (Sendung vom 06.05.2012)
13 Freitag, Thomas (2000): 100 Jahre Schreckensgeschichte des deutschen Kinderliedes: In: Berliner Lesezeichen (01/2000). Online verfügbar unter: http://www.luise-berlin.de/lesezei/blz00_01/text01.htm [z.g. 28.04.2021]
14 Zuckowski, Rolf (2007), S. 57 [wie Anm. 11]
15 ebd., S. 117
16 Arnu, Titus (2010): Die singende Nervensäge – Rolf Zuckowski wird 60. In: Süddeutsche Zeitung (17.05.2010). Online verfügbar unter: http://www.sueddeutsche.de/leben/rolf-zuckowski-wird-die-singende-nervensaege-1.226450 [z.g. 28.04.2021]
17 ebd.
18 vgl. Beuting, Stefan (2013): Yeah, lecker Schokolade! – Eine Redaktionskonferenz über Kindermusik, die Erwachsenen nicht weh tut; D-Radio Wissen (Sendung vom 13.03.2013)
19 vgl. Deeg, Claudia (2012): Leute: Interview mit Rolf Zuckowski; SWR1 (Sendung vom 06.05.2012)

Kapitel 10

1. Stock, Ulrich (2007): Ludwig van Betriebssystem. In: Die Zeit (40/2007). Online verfügbar unter: https://www.zeit.de/2007/40/C-Kompositionssoftware [z.g. 28.04.2021]
2. vgl. Scherer, Katja (2017): Der Code macht die Musik. In: Technology Review – Das Magazin für Innovation, online verfügbar unter: https://www.heise.de/tr/artikel/Der-Code-macht-die-Musik-3465494.html [z.g. 28.04.2021]
3. Zuckowski, Rolf (2007): 5 Jahre Mai – Meine persönlichen Erinnerungen, S. 131. Berlin: Universal Music
4. vgl. Theile, Brigitte (2013): Donikkl – Der Mann mit dem 1000 Watt-Lächeln. In: Bayern 3 – Mensch Theile (01.07.2013). Online verfügbar unter: https://soundcloud.com/donikkl/mensch-theile-gespr-ch-mit [z.g. 07.04.2021]
5. Meyer-Göllner, Matthias (2016): Von Ironie und Nostalgie – Ein Gespräch mit „Deine Freunde". Online verfügbar unter: https://www.kinderlieder-magazin.de/von-ironie-und-nostalgie-ein-gespraech-mit-deine-freunde-teil-1/ [z.g. 28.04.2021]
6. Levitin, Daniel J. (2014): Der Musik-Instinkt. Die Wissenschaft einer menschlichen Leidenschaft, S. 4. Berlin, Heidelberg: Springer Spektrum
7. ebd., S. 67
8. Gruhn, Wilfried (2003): Kinder brauchen Musik. Musikalität bei kleinen Kindern entfalten und fördern, S. 114. Weinheim: Beltz
9. Levitin, Daniel J. (2014), S. 300 [wie Anm. 6]
10. ebd.
11. ebd., S. 129
12. Gruhn, Wilfried (2003), S. 80 [wie Anm. 8]
13. ebd., S. 76
14. ebd., S. 88
15. Freitag, Thomas (1999): Die stillen Stars und ihre Lieder. Funktion und Stellenwert von Kinderliedern und Kinderliedermachern. In: Berliner Lesezeichen (05/1999). Online verfügbar unter: http://www.luise-berlin.de/lesezei/blz99_05/text01.htm [z.g. 28.04.2021]
16. ebd.
17. Neiman, Susan (2015): Warum erwachsen werden? Eine philosophische Ermutigung, S. 61. Berlin: Hanser Berlin
18. Diestelkamp, Daniel; Marzinzik, Dorothé Ruth (2013): Ästhetisch-musikalische Grundbildung, S. 21. Köln: Wienand
19. Tak, Bibi Dumon (2006): Kuckuck, Krake, Kakerlake – Das etwas andere Tierbuch. Weinheim: Beltz
20. vgl. Schomäcker, Simon (2016): Benjamin Blümchen und Co. – Wie Kinderhörspiele unsere Gesellschaft wiederspiegeln; Deutschlandfunk Kultur/Zeitfragen (Sendung vom 25.07.2016)
21. ebd.
22. Bamler, Sophie (2016): Benjamin Blümchen ist der typische Wutbürger. In: Jetzt.de. Online verfügbar unter: https://www.jetzt.de/wissenschaft/benjamin-bluemchen-und-co-untersucht-auf-stereotype (zuletzt geprüft am 14.04.2019)
23. ebd.
24. v. Deth, Jan W. (2005): Kinder und Politik. In: Aus Politik und Zeitgeschichte (APuZ) – Sozialisation von Kindern (10/2005); Hrsg.: Bundeszentrale für politische Bildung.
25. Berton, Marina; Schäfer, Julia (2005): Politische Orientierung von Grundschulkindern. Ergebnisse von Tiefeninterviews und Pretests mit 6- bis 7-jährigen Kindern, Mannheim. Mannheimer Zentrum für europäische Sozialforschung, S. 35. Online verfügbar unter: http://edcc.vifapol.de/opus/volltexte/2014/5179/pdf/wp_86.pdf [z.g. 28.04.2021]
26. Maempel, Hans-Joachim (2008): Medien und Klangästhetik. In: Herbert Bruhn, Reinhard Kopiez

und Andreas C. Lehmann (Hrsg.): Musikpsychologie. Das neue Handbuch, S. 240. Hamburg: Rowohlt
27 Schulten, Maria Luise (1982): Brauchen Kinder Kinder-Musik? In: Hans Joachim Vetter und Rainer Mehlig (Hrsg.): Dokumentation zum Musikschulkongress (Aachen, 1981). Regensburg: Bosse
28 vgl. Deeg, Claudia (2012): Leute: Interview mit Rolf Zuckowski; SWR1 (Sendung vom 06.05.2012)

Kapitel 11

1 vgl. www.kinderlieder-jojos.de [z.g. 29.04.2021]
2 Kreutz, Gunter (2007): Wie Kinder Musik empfinden, erleben und lieben lernen. Online verfügbar unter: http://www.primus-badabbach.de/Wissenschaftliche%20Studien/Wie%20Kinder%20Musik%20empfinden,%20erleben%20und%20lieben%20lernen.pdf [z.g. 29.04.2021]
3 vgl. Neiman, Susan (2015): Warum erwachsen werden? Eine philosophische Ermutigung, S. 11. Berlin: Hanser Berlin
4 Kupfer, Anna (2009): Dokumentation des dritten Kinderliedkongresses 2009, hrsg von Kinder Kinder e.V. (Hamburg), S. 17. Online verfügbar unter: http://www.kinderlied-kongress.de/texte/Kongressdokumentation.pdf [z.g. 07.04.2021]
5 Kindel, Unmada-Manfred (2015): Kinderlied und Wertschätzung. Online verfügbar unter: https://www.kinderlieder-magazin.de/kinderlied-und-wertschaetzung-kinder-lieder-und-singen-im-wandel-der-zeit-von-der-magie-im-kinderlied/ [z.g. 07.04.2021]
6 Zuckowski, Rolf (2007): 5 Jahre Mai – Meine persönlichen Erinnerungen, S. 136. Berlin: Universal Music
7 vgl. Postman, Neil (1982): Das Verschwinden der Kindheit. Frankfurt/Main: Fischer
8 vgl. Fröhlich, Volker (2012): Kinder als Entwicklungstatsache oder Kindheit als Konstrukt. In: Barbara Busch und Christoph Henzel (Hrsg.): Kindheit im Spiegel der Musikkultur. Eine interdisziplinäre Annäherung, S. 17. Augsburg: Wissner
9 Spiewak, Martin (2014): Wir sind keine Sorgenkinder. In: Die Zeit (25.09.2014). Online verfügbar unter: http://www.zeit.de/2014/38/kindheit-deutschland-erziehung [z.g. 29.04.2021]
10 Fröhlich, Volker (2012), S. 20 [wie Anm. 8]
11 vgl. Rosa, Hartmut (2005): Beschleunigung – Die Veränderung der Zeitstrukturen in der Moderne. Berlin: Suhrkamp
12 vgl. Friedrichs, Julia (2013): Gestatten: Elite – Auf den Spuren der Mächtigen von Morgen. Hamburg: Hoffmann und Campe
13 Hardinghausen, Barbara; Neufeld, Dialika (2015): Du bist Mozart. Wie Eltern den Erfolg ihrer Töchter und Söhne erzwingen. In: Der Spiegel (41/2015), S. 45
14 Spiewak, Martin (2014) [wie Anm. 9]
15 Hardinghausen, Barbara; Neufeld, Dialika (2015), S. 40 [wie Anm. 13]
16 ebd., S. 42 f.
17 Waltersbacher, Andrea (2018): Heilmittelbericht 2018. Hrsg: WIdO – Wissenschaftliches Institut der AOK. Online verfügbar unter: https://www.wido.de/fileadmin/Dateien/Dokumente/Publikationen_Produkte/Buchreihen/Heilmittelbericht/wido_hei_hmb_2018.pdf [z.g. 29.04.2021]
18 Hengst, Heinz (2013): Kindheit im 21. Jahrhundert, S. 58. Weinheim: Beltz
19 vgl. Studie „Eltern 2015 – Wie geht es uns? Und unseren Kindern?", S. 9 f. Online verfügbar unter: https://docplayer.org/15068149-Eltern-2015-wie-geht-es-uns-und-unseren-kindern.html [z.g. 29.04.2021]
20 Neiman, Susan (2015), S. 229 [wie Anm. 3]
21 vgl. https://www.deutscher-schulpreis.de/preistraeger/helene-lange-schule [z.g. 29.04.2021]

22 Riegel, Enja (2004): Schule kann gelingen! – Wie unsere Kinder wirklich fürs Leben lernen, S. 38. Frankfurt/Main: Fischer
23 Sichtermann, Barbara (2012): Das verhandelnde Kind. In: Büchermarkt, Deutschlandfunk (20.12.2012). Online verfügbar unter: https://www.deutschlandfunk.de/das-verhandelnde-kind.700.de.html?dram:article_id=231850 [z.g. 29.04.2021]
24 ebd.
25 vgl. Spiewak, Martin (2013): Ich bin superwichtig! In: Die Zeit (03.01.2013). Online verfügbar unter: https://www.zeit.de/2013/02/Paedagogik-John-Hattie-Visible-Learning [z.g. 29.04.2021]
26 vgl. Studie „Eltern 2015", S. 28 [wie Anm. 19]

Kapitel 12

1 Medienpädagogischer Forschungsverbund Südwest (2019): KIM-Studie 2018 – Kindheit, Internet, Medien – Basisstudie zum Medienumgang 6-13-Jähriger in Deutschland, S. 65. Online verfügbar unter: https://www.mpfs.de/fileadmin/files/Studien/KIM/2018/KIM-Studie_2018_web.pdf [z.g. 29.04.2021]
2 Medienpädagogischer Forschungsverbund Südwest (2015): miniKim-Studie 2014 – Kleinkinder und Medien, Basisuntersuchung zum Medienumgang 2-5-Jähriger in Deutschland, S. 28. Online verfügbar unter: https://www.mpfs.de/fileadmin/files/Studien/miniKIM/2014/Studie/miniKIM_Studie_2014.pdf [z.g. 29.04.2021]
3 Münch, Thomas (2008): Musik in den Medien. In: Herbert Bruhn, Reinhard Kopiez und Andreas C. Lehmann (Hrsg.): Musikpsychologie – Das neue Handbuch, S. 266. Hamburg: Rowohlt
4 Renner, Tim (2004): Kinder, der Tod ist gar nicht so schlimm! Über die Zukunft der Musik- und Medienindustrie, S. 13. Frankfurt/Main, New York: Campus
5 ebd., S. 125
6 ebd., S 74
7 Alsmann, Götz (2015): WDR-Check vom 25.02.2015. Online verfügbar unter https://www.youtube.com/watch?v=ke-vJnD7Voo [z.g. 29.04.2021]
8 Münch, Thomas (2012): Kinder – Medien – Musik Medien als Instanz der Musiksozialisation im Kindesalter. In: Barbara Busch und Christoph Henzel (Hrsg.): Kindheit im Spiegel der Musikkultur. Eine interdisziplinäre Annäherung, S. 109. Augsburg: Wissner
9 Medienpädagogischer Forschungsverbund Südwest (2015), S. 15 [wie Anm. 2]
10 Noltze, Holger (2010): Die Leichtigkeitslüge – Über Musik, Medien und Komplexität, S. 95. Hamburg: Edition Körber Stiftung
11 Heidtmann, Horst (2002): Heiter sind wir, immer froh, wir und unsere Tante Jo. Hrsg.: Gesellschaft für Medienpädagogik und Kommunikationskultur (GMK) (Alle mal herhören: Kinder wollen Radio). Online verfügbar unter: https://doczz.net/doc/5842119/%E2%80%9Eheiter-sind-wir--immer-froh--wir-und-unsere-tante-jo%E2%80%9C [z.g. 29.04.2021]
12 Oppermann, Wulff (1977): Nichts für Kinderohren? Was der Hörfunk sendet. In: Medium – Zeitschrift für Hörfunk, Film, Bild und Ton 7, 10/1977, S. 4–7
13 zitiert aus einer Hörermail an die Redaktion
14 ebd.
15 Heidtmann, Horst (2004): Förderung von Medienkompetenz durch Kinderrad o. Impulsreferat für die Fachtagung „Kinderradio im Bürgerfunk". Online verfügbar unter http://www.ifak-kindermedien.de/ifak/pdfs/Radio2004.pdf [z.g. am 05.01.2016]
16 Wilke, Kerstin (2012): Bushido oder Bunt sind schon die Wälder?! Musikpräferenzen von Kindern in der Grundschule (Theorie und Praxis der Musikvermittlung, 12). Berlin: Lit-Verlag
17 Schieferdecker, Daniel (2019): Wann platzt die Deutschrap-Blase? – Ist das noch Hip-Hop oder

kann das weg? In: Juice – Das HipHop Magazin (2/2019)
18 Medienpädagogischer Forschungsverbund Südwest (2019), S. 25 [wie Anm. 1]
19 vgl. ebd., S. 6 und 10
20 Noltze, Holger (2010), S. 101 [wie Anm. 10]
21 vgl. https://www.grimme-preis.de/presse/pressemeldungen/d/grimme-institut-gibt-nominierungen-zum-55-grimme-preis-2019-bekannt/ [z.g. 29.04.2021]

Kapitel 13
1 vgl. Kleinen, Günter (2008): Musikalische Sozialisation. In: Herbert Bruhn, Reinhard Kopiez und Andreas C. Lehmann (Hrsg.): Musikpsychologie. Das neue Handbuch, S. 46. Hamburg: Rowohlt
2 vgl. Lehmann, Andreas C. (2012): Musikalisches Lernen von Kindern aus musikpsychologischer Perspektive. In: Barbara Busch und Christoph Henzel (Hrsg.): Kindheit im Spiegel der Musikkultur. Eine interdisziplinäre Annäherung, S. 44. Augsburg: Wissner
3 vgl. Altenmüller, Eckart (2006): Psychologische und neurowissenschaftliche Beiträge zu den kognitiven Effekten musikalischer Betätigung. In: Macht Mozart schlau? – Die Förderung kognitiver Kompetenzen durch Musik. Online verfügbar unter: https://www.bmbf.de/pub/macht_mozart_schlau.pdf [z.g. 03.04.2016]
4 Kopiez, Reinhard (2008): Wirkungen von Musik. In: Herbert Bruhn, Reinhard Kopiez und Andreas C. Lehmann (Hrsg.): Musikpsychologie. Das neue Handbuch, S. 538. Hamburg: Rowohlt
5 Levitin, Daniel J. (2014): Der Musik-Instinkt. Die Wissenschaft einer menschlichen Leidenschaft, S. 286. Berlin, Heidelberg: Springer Spektrum
6 Kopiez, Reinhard (2008): Wirkungen von Musik. In: Herbert Bruhn, Reinhard Kopiez und Andreas C. Lehmann (Hrsg.): Musikpsychologie. Das neue Handbuch. Rowohlt-Verlag (Hamburg), S. 539
7 ebd., S. 540
8 Gruhn, Wilfried (2003): Kinder brauchen Musik. Musikalität bei kleinen Kindern entfalten und fördern, S. 97. Weinheim: Beltz
9 Bastian, Hans Günther (2002): Warum brauchen unsere Kinder Musik? Hrsg. v. Staatsinstitut für Frühpädagogik. Online verfügbar unter http://docplayer.org/32604356-Warum-brauchen-unsere-kinder-musik.html [z.g. 29.04.2021]
10 Bastian, Hans Günther (2000): Musik(erziehung) und ihre Wirkung. Eine Langzeitstudie an Berliner Grundschulen. Unter Mitarbeit von A. Kormann, R. Hafen und M. Koch. Mainz: Schott
11 Bastian, Hans Günther (2001): Kinder optimal fördern – mit Musik. Intelligenz, Sozialverhalten und gute Schulleistungen durch Musikerziehung. Atlantis-Musikbuch-Verlag (Mainz), S. 101ff.
12 Bastian, Hans Günther (2002) [wie Anm. 9]
13 Bastian, Hans Günther (2001), S. 8 [wie Anm. 11]
14 vgl. Bastian, Hans Günther (2002) [wie Anm. 9]
15 vgl. Kolb, Andreas (2007): Bastian-Falle und Bologna-Ernüchterung – Zwei Studien zur musikalischen Bildung in der Diskussion. In: Neue Musikzeitung (5/2007), online verfügbar unter: https://www.nmz.de/artikel/bastian-falle-und-bologna-ernuechterung [z.g. 29.04.2021]
16 vgl. Bastian, Hans Günther (2008): Nach langem Schweigen – Zur Kritik an der Langzeitstudie „Musikerziehung und ihre Wirkung". Online verfügbar unter: http://www.dirkbechtel.de/wiki/images/e/e7/Zur_Kritik_an_Wirkungsstudie.pdf [z.g. 29.04.2021]
17 Gruhn, Wilfried (2003): Kinder brauchen Musik. Musikalität bei kleinen Kindern entfalten und fördern, S. 100. Weinheim: Beltz
18 Levitin, Daniel J. (2014): Der Musik-Instinkt. Die Wissenschaft einer menschlichen Leidenschaft. Springer Spektrum (Berlin, Heidelberg), S. 286f.

19 Bastian, Hans Günther (2001), S. 65 [wie Anm. 11]
20 Vogt, Jürgen (2007): Die Wiederkehr des Immergleichen – Über Musikerziehung und innere Sicherheit. In: Neue Musikzeitung (6/2007). Online verfügbar unter http://www.nmz.de/artikel/die-wiederkehr-des-immergleichen [z.g. 29.04.2021]
21 Lehmann, Andreas C. (2012), S. 51 [wie Anm. 2]
22 Alisch, Cathrin (2015): Kinder, Künste und Sozialkompetenz. Online verfügbar unter: https://www.kinderlieder-magazin.de/kinder-kuenste-und-sozialkompetenz [z.g. 29.04.2021]
23 Bundesministerium für Bildung und Forschung (Hrsg.) (2006): Macht Mozart schlau? Die Förderung kognitiver Kompetenzen durch Musik, S. 154 f. Online verfügbar unter: https://www.bmbf.de/pub/macht_mozart_schlau.pdf [z.g. 03.04.2016]
24 Borneman, Ernest (1973): Unsere Kinder im Spiegel ihrer Lieder, Reime, Verse und Rätsel (Studien zur Befreiung des Kindes, 1), S. 27. Frankfurt/Main: Ullstein
25 ebd., S. 13
26 ebd., S. 14
27 ebd., S. 31
28 ebd., S. 15
29 Minkenberg, Hubert (1990): Das Musikerleben von Kindern im Alter von fünf bis zehn Jahren. Köln: Peter Lang
30 Willemsen, Roger (2010): Der Knacks , S. 15. Frankfurt/Main: Fischer
31 vgl. Münch, Thomas (2012): Kinder – Medien – Musik Medien als Instanz der Musiksozialisation im Kindesalter. In: Barbara Busch und Christoph Henzel (Hrsg.): Kindheit im Spiegel der Musikkultur. Eine interdisziplinäre Annäherung, S. 105. Augsburg: Wissner
32 Stiller, Barbara (2012): Kinder hören Musik – Konzertpädagogik als Baustein der Musikvermittlung. In: Barbara Busch und Christoph Henzel (Hrsg.): Kindheit im Spiegel der Musikkultur. Eine interdisziplinäre Annäherung, S. 120. Augsburg: Wissner
33 vgl. Kreutz, Gunter (2007): Wie Kinder Musik empfinden, erleben und lieben lernen. Online verfügbar unter: http://www.primus-badabbach.de/Wissenschaftliche%20Studien/Wie%20Kinder%20Musik%20empfinden,%20erleben%20und%20lieben%20lernen.pdf [z.g. 29.04.2021]
34 vgl. Hartung, Anja; Reissmann, Wolfgang; Schorb, Bernd (2009): Musik und Gefühl. Eine Untersuchung zur gefühlsbezogenen Aneignung von Musik im Kindes- und Jugendalter unter besonderer Berücksichtigung des Hörfunks; eine Studie im Auftrag der Sächsischen Landesanstalt für Privaten Rundfunk und Neue Medien (SLM) (Schriftenreihe der SLM, 17). Berlin: Vistas
35 vgl. ebd. S. 119 ff.
36 vgl. ebd. S. 130 ff.
37 vgl. ebd. S. 158
38 Zuckowski, Rolf (2007): 5 Jahre Mai – Meine persönlichen Erinnerungen, S. 71. Berlin: Universal Music

Kapitel 14
1 vgl. Kling, Marc-Uwe (2018): Die Känguru-Apokryphen. Berlin: Ullstein
2 vgl. https://socialblade.com/youtube/top/country/de [z.g. 17.05.2020]
3 vgl. Medienpädagogischer Forschungsverbund Südwest (2019): KIM-Studie 2018 – Kindheit, Internet, Medien – Basisstudie zum Medienumgang 6-13-Jähriger in Deutschland, S. 6. Online verfügbar unter: https://www.mpfs.de/fileadmin/files/Studien/KIM/2018/KIM-Studie_2018_web.pdf [z.g. 29.04.2021]
4 vgl. Wilke, Kerstin (2012): Bushido oder Bunt sind schon die Wälder?! Musikpräferenzen von Kindern in der Grundschule (Theorie und Praxis der Musikvermittlung, 12), S. 211. Berlin: Lit-Verlag
5 vgl. ebd., S. 80

6 vgl. ebd., S. 147
7 vgl. ebd., S. 163
8 ebd., S. 217
9 ebd., S. 222
10 Gruhn, Wilfried (2003): Kinder brauchen Musik. Musikalität bei kleinen Kindern entfalten und fördern, S. 126. Weinheim: Beltz
11 vgl. Küntzel, Bettina (2016): Von Luftgitarren und Luftschlössern. In: Popmusik in der Grundschule (1/2016)
12 vgl. Medienpädagogischer Forschungsverbund Südwest (2015): miniKIM-Studie 2014 – Kindheit, Internet, Medien, Basisstudie zum Medienumgang 2- bis 5-Jähriger in Deutschland, S. 9. Online verfügbar unter: https://www.mpfs.de/fileadmin/files/Studien/KIM/2016/KIM_2016_Web-PDF.pdf [z.g. 29.04.2021]
13 vgl. ebd., S. 29
14 vgl. ebd., S. 26
15 vgl. Levitin, Daniel J. (2014): Der Musik-Instinkt. Die Wissenschaft einer menschlichen Leidenschaft, S. 293. Berlin, Heidelberg: Springer Spektrum
16 Vahle, Fredrik (1992): Kinderlied. Erkundungen zu einer frühen Form der Poesie im Menschenleben, S. 104. Weinheim: Beltz
17 Kleinen, Günter (2008): Musikalische Sozialisation. In: Herbert Bruhn, Reinhard Kopiez und Andreas C. Lehmann (Hrsg.): Musikpsychologie. Das neue Handbuch, S. 56. Hamburg: Rowohlt
18 Schnitzler, Katja (2013): Wieso Musik für Kinder wichtig ist. Interview mit Gunter Kreutz. In: Süddeutsche Zeitung (15.04.2013). Online verfügbar unter: https://www.sueddeutsche.de/leben/expertentipps-zur-erziehung-wieso-musik-fuer-kinder-wichtig-ist-1.1647957 [z.g. 29.04.2021]
19 vgl. Diestelkamp, Daniel; Marzinzik, Dorothé Ruth (2013): Ästhetisch-musikalische Grundbildung, S. 156. Köln: Wienand
20 ebd., S. 159
21 Vahle, Fredrik (1992), S. 127 [wie Anm. 16]
22 vgl. Medienpädagogischer Forschungsverbund Südwest (2019), S. 21 [wie Anm. 3]
23 vgl. Rosa Hartmut (2016): Resonanz – Eine Soziologie der Weltbeziehung, S. 19. Berlin: Suhrkamp
24 ebd. S. 373

Kapitel 15

1 Renner, Tim (2004): Kinder, der Tod ist gar nicht so schlimm! Über die Zukunft der Musik- und Medienindustrie, S. 128 ff. Frankfurt/Main, New York: Campus
2 vgl. Bundesverband Musikindustrie/BVMI (Hrsg.) (2020): Musikindustrie in Zahlen 2019. Online verfügbar unter: https://www.musikindustrie.de/fileadmin/bvmi/upload/06_Publikationen/MiZ_Jahrbuch/2019/Musikindustrie_in_Zahlen_2019.pdf [z.g. 29.04.2021]
3 ebd., S. 5
4 Groß, Thomas (2003): Desire to be wired! Napstar und die Folgen. In: Klaus Neumann-Braun, Axel Schmidt und Manfred Mai (Hrsg.): Popvisionen. Links in die Zukunft, S. 24. Frankfurt/Main: Suhrkamp
5 Witt, Stephen Richard (2015): How Music Got Free, S. 120. Köln: Bastei Lübbe
6 ebd., S. 113
7 vgl. Neumann-Braun et al. (2003): We can't rewind! In: Klaus Neumann-Braun, Axel Schmidt und Manfred Mai (Hrsg.): Popvisionen. Links in die Zukunft, S. 9. Frankfurt/Main: Suhrkamp
8 vgl. Groß, Thomas (2003), S. 24 [wie Anm. 4]
9 vgl. Witt, Stephen Richard (2015), S. 148 [wie Anm. 5]

10 vgl. Renner, Tim (2004), S. 144 [wie Anm. 1]
11 vgl. https://www.br.de/radio/bayern2/sendungen/zuendfunk/regener_interview100.html [z.g. 09.02.2021]
12 https://www.br.de/radio/bayern2/sendungen/zuendfunk/interview-mit-sven-regener-ueber-streaming-und-podcasts-100.html [z.g. 09.02.2021]
13 vgl. Bundesverband Musikindustrie/BVMI (Hrsg.) (2020), S. 39 [wie Anm. 2]
14 Musikwoche (2015): O-Ton Arndt Seelig: „Family Entertainment ist noch extrem physisch orientiert". Online verfügbar unter: http://www.mediabiz.de/musik/news/o-ton-arndt-seelig-family-entertainment-ist-noch-extrem-physisch-orientiert/400429/40509 [z.g. 29.04.2021]
15 Colin, Simon (2012b): Family Entertainment – Marken für Millionen. In: Musikmarkt (08/2012)
16 Colin, Simon (2012a): Der ganzen Familie gerecht werden – Interview mit Bent Schönemann. In: Musikmarkt (08/2012)
17 Kucklick, Christoph (2014): Die granulare Gesellschaft – Wie das Digitale unsere Wirklichkeit auflöst, S. 13f. Berlin: Ullstein
18 Worldwide Independent Network (2018): Wintel Worldwide Independent Market Report 2018. Online verfügbar unter: https://www.vut.de/fileadmin/user_upload/public/dokumente/Wirtschaft/WINTEL_2018__1_.pdf [z.g. 29.04.2021]
19 Seliger, Berthold (2013): Das Geschäft mit der Musik – Ein Insiderbericht, S. 142. Berlin: Edition Tiamat
20 Wischmeyer, Nils (2018): Inside Indie – Nicht das Ende vom Lied. In: brandeins – Lasst mich einfach machen! Schwerpunkt Personal (09/2018)
21 Groß, Torsten (2016): Es ist alles wie immer. Es wird alles immer besser – Über die deutsche Musiklandschaft 2016 (Teil 2). Online verfügbar unter: https://noisey.vice.com/de/article/4wxk4g/es-ist-alles-wie-immer-es-wird-alles-immer-besserber-die-deutsche-musiklandschaft-2016-teil-2 [z.g. 29.04.2021]

Kapitel 16

1 vgl. https://www.spiegel.de/wirtschaft/unternehmen/spotify-verdreifacht-verlust-trotz-hoher-nutzerzahlen-a-216d03e5-af0e-4d62-bcdd-d7da403b9765 [z.g. 29.04.2021]
2 Oehmke, Philipp (2016): 30 Millionen Lieder. In: Der Spiegel (01/2016), S. 108–116
3 vgl. https://moodagent.com/de
4 ebd.
5 vgl. www.kinderwachsen.de [z.g. 29.04.2021]
6 Seliger, Berthold (2013): Das Geschäft mit der Musik – Ein Insiderbericht, S. 159. Berlin: Edition Tiamat
7 Witt, Stephen Richard (2015): How Music Got Free, S. 325. Köln: Bastei Lübbe
8 Pilz, Michael (2008): Selbst kostenlose Musik wird nur noch geklaut. In: Welt (05.08.2008). Online verfügbar unter: https://www.welt.de/kultur/article2275836/Selbst-kostenlose-Musik-wird-nur-noch-geklaut.html [z.g. 29.04.2021]
9 vgl. Pommerenning, Christian (2007): Radiohead bittet Fans wieder zur Kasse. In: Tagesspiegel (12.12.2007). Online verfügbar unter: https://www.tagesspiegel.de/kultur/pop/album-zum-freien-download-radiohead-bitten-fans-wieder-zur-kasse/1120072.html (zuletzt geprüft am 12.02.2019)
10 Minck, Oliver (2016): Indie – Made in Köln. In: Stadtrevue (01/2016)
11 vgl. Dallach, Christoph (2011): Biete Ticket, verschenke Album – Cluesos Musik-Bezahlmodell. In: Der Spiegel (03.05.2011). Online verfügbar unter: http://www.spiegel.de/kultur/musik/cluesos-musik-bezahlmodell-biete-ticket-verschenke-album-a-759432.html [z.g. 29.04.2021]
12 vgl. www.nie-bestellen.de [z.g. 29.03.2019, existiert nicht mehr]

13 Kupfer, Anna (2009): Dokumentation des dritten Kinderliedkongresses 2009, hrsg von Kinder Kinder e.V. (Hamburg), S. 14 f. Online verfügbar unter: http://www.kinderlied-kongress.de/texte/Kongressdokumentation.pdf [z.g. 07.04.2021]
14 vgl. https://www.ooigo.de/faq/ [z.g. 29.04.2021]
15 vgl. https://www.blickwechsel.org/angebote/tagungen/aktuell/481-das-digitale-kinderzimmer
16 https://www.spiegel.de/wirtschaft/unternehmen/spotify-verdreifacht-verlust-trotz-hoher-nutzerzahlen-a-216d03e5-af0e-4d62-bcdd-d7da403b9765 [z.g. 29.04.2021]
17 Oehmke, Philipp (2016): 30 Millionen Lieder. In: Der Spiegel (01/2016), S. 108–116
18 https://www.mueller-musik.de/2018/10/21/listen-to-buy-eine-idee-fuer-ein-faires-streamingmodell/ [z.g. 29.04.2021]

Kapitel 17
1 vgl. www.asummerstale.de [z.g. 30.04.2021]
2 Noltze, Holger (2010): Die Leichtigkeitslüge – Über Musik, Medien und Komplexität, S. 171 f. Hamburg: Edition Körber Stiftung
3 vgl. https://www.stern.de/neon/feierabend/musik-literatur/konzert--wer-alle-14-tage-ein-konzert-besucht--lebt-zehn-jahre-laenger-7931714.html [z.g. 29.04.2021]

Kapitel 18
1 Schuh, Michael (2015): Kinder-Liedgut für die humorbegabte Familie. Online verfügbar unter: http://www.laut.de/Cafe-Unterzucker/Alben/Bitte,-Mammi,-Hol-Mich-Ab!-98271 [z.g. 29.04.2021]
2 vgl. www.deutscher-familienverband.de/projekte/tipps-fuer-familien/634-johannes-stankowski-die-latte-haengt-ganz-schoen-hoch [z.g. 30.03.2019]
3 vgl. www.muckemacher.de [z.g. 30.04.2021]
4 vgl. Beuting, Stefan (2013): Yeah, lecker Schokolade! - Eine Redaktionskonferenz über Kindermusik, die Erwachsenen nicht weh tut; D-Radio Wissen (Sendung vom 13.03.2013)
5 vgl. ebd.
6 Freitag, Jan (2014): Kinder können mehr vertragen. In: Die Zeit (27.03.2014). Online verfügbar unter: http://www.zeit.de/kultur/musik/2014-03/kindermusik-hiphop-deine-freunde-heile-welt [z.g. 29.04.2021]
7 Schipp, Anke (2016): Kindergarten-Sound ohne Gitarre und Flöte. In: Frankfurter Allgemeine Zeitung (15.12.2016). Online verfügbar unter: https://www.faz.net/aktuell/gesellschaft/menschen/deine-freunde-machen-popmusik-fuer-kinder-14546355.html [z.g. 29.04.2021]
8 Schütz, Bettina (2016): Schluss mit Ringelpiez – Ein Interview mit „Deine Freunde". In: Süddeutsche Zeitung (15.07.2016). Online verfügbar unter: https://www.sueddeutsche.de/leben/lieblingsmusik-schluss-mit-ringelpiez-1.3076928 [z.g. 29.04.2021]
9 Fromm, Dani (2012): Kinder lieben Hip Hop. Mit Recht! Online verfügbar unter: http://www.laut.de/Deine-Freunde/Alben/Ausm-Haeuschen-84463 [z.g. 29.04.2021]
10 Deckert, Mark (2017): Wie Kindermusik die Welt der Erwachsenen erobert. In Süddeutsche Zeitung (26.10.2017). Online verfügbar unter: https://www.sueddeutsche.de/kultur/musik-fuer-kinder-wie-kindermusik-die-welt-der-erwachsenen-erobert-1.3720299 [z.g. 29.04.2021]
11 Meyer-Göllner, Matthias (2016): Von Ironie und Nostalgie – Ein Gespräch mit „Deine Freunde". Online verfügbar unter: https://www.kinderlieder-magazin.de/von-ironie-und-nostalgie-ein-gespraech-mit-deine-freunde-teil-1/ [z.g. 29.04.2021]
12 Schipp, Anke (2016) [wie Anm. 7]
13 Meyer-Göllner, Matthias (2016) [wie Anm. 11]

14 Schipp, Anke (2016) [wie Anm. 7]
15 Meyer-Göllner, Matthias (2016) [wie Anm. 11]
16 ebd.
17 Deckert, Mark (2017) [wie Anm. 10]
18 ebd.

Kapitel 19

1   Wopperer, Michael (2006): Ist das noch Indie-Pop? Review zu „Verbotene Früchte" von Blumfeld. In: Musikexpress (04/2006)
2   Pfeil, Eric (2006): Jochen Distelmeyer – Apfelmann im Blätterwald. In: Frankfurter Allgemeine Zeitung (03.05.2006). Online verfügbar unter: https://www.faz.net/aktuell/feuilleton/pop/jochen-distelmeyer-apfelmann-im-blaetterwald-1331944.html#void [z.g. 29.04.2021]
3   Zuckowski, Rolf (2007): 5 Jahre Mai – Meine persönlichen Erinnerungen, S. 47. Berlin: Universal Music
4   Renner, Tim; Wächter, Sarah (2013): Wir hatten Sex in den Trümmern und träumten. Die Wahrheit über die Popindustrie, S. 199 f. Berlin: Berlin-Verlag
5   Die Schreibweise „sh" statt „sch" ist ein gewollter Kunstgriff der Musikerin.
6   vgl. https://www.instagram.com/sookee_quing/ [z.g. 15.02.2021]
7   vgl. https://www.musikexpress.de/zuckerblitz-band-interview-1632457/ [z.g. 15.02.2021]
8   Renner, Tim (2004): Kinder, der Tod ist gar nicht so schlimm! Über die Zukunft der Musik- und Medienindustrie, S. 11. Frankfurt/Main, New York: Campus
9   Vahle, Fredrik (2013): Singen – sagen – sich bewegen. Auf sieben Wegen zum Singen, S. 126. Weinheim: Beltz

Kapitel 20

1   vgl. www.hauptstadtmutti.de [z.g. 30.04.2021]
2   vgl. https://blogfamilia.de [z.g. 30.04.2021]
3   vgl. www.mama-macht-spass.de/ueber-uns (abrufbar via Wayback-Machine) [z.g. 30.04.2021]
4   vgl. www.kita-musikpreis.de [z.g. 30.04.2021]
5   vgl. www.musiker-online.com/deutscher-rockpop-preis [z.g. 30.04.2021]
6   vgl. www.schallplattenkritik.de [z.g. 26.05.2020]
7   vgl. https://www.gema.de/die-gema/organisation [z.g. 14.02.2021]
8   Seliger, Berthold (2013): Das Geschäft mit der Musik – Ein Insiderbericht, S. 121. Berlin: Edition Tiamat
9   vgl. Stock, Ulrich (2017): Der Preis der Anna-Lena Schnabel – Was der NDR glaubt nicht senden zu können. In: Zeit Online (21.10.2017). Online verfügbar unter: https://www.zeit.de/kultur/musik/2017-10/der-preis-der-anna-lena-schnabel-jan-baeumer-film [z.g. 30.04.2021]
10 vgl. Weihser, Rabea (2016): „Helene Fischer gehört nicht zu den Jurylieblingen". In: Zeit Online (09.09.2016). Online verfügbar unter: https://www.zeit.de/kultur/musik/2016-09/preis-fuer-popkultur-verleihung-berlin-interview [z.g. 30.04.2021]
11 vgl. www.rollingstone.de/the-international-music-award-a-brand-new-tribute-a-brand-new-show-1735107/ [z.g. 30.04.2021]
12 vgl. Geißler, Theo (2015): Kinder-Kram? In: Neue Musikzeitung (10/2015). Online verfügbar unter: http://www.nmz.de/artikel/kinder-kram [z.g. 07.04.2021]
13 vgl. www.musikschulen.de/projekte/leopold/leopold-2019/index.html [z.g. 30.04.2021]

Kapitel 21

1. Seliger, Berthold (2017): Klassik-Kampf – Ernste Musik, Bildung und Kultur für alle, S. 18. Berlin: Matthes & Seitz
2. Wimmer, Constanze (2002): Historische Aspekte – gegenwärtige Situation. Konzerte für Kinder haben eine Geschichte. In: Barbara Stiller, Ernst Klaus Schneider & Constanze Wimmer (Hrsg.): Spielräume Musikvermittlung. Konzerte für Kinder entwickeln, gestalten, erleben, S. 23. Regensburg: ConBrio
3. Friedl, Alfred (1974): Musik und Musikerziehung auf dem Weg ins Ungewisse? Kulturkritische Analysen, kulturpolitische Konsequenzen, S. 1. Frankfurt/Main: DIPA
4. vgl. Seliger, Berthold (2017), S. 196 [wie Anm. 1]
5. vgl. ebd., S. 200
6. Renner, Kai-Hinrich; Renner, Tim (2011): Digital ist besser. Warum das Abendland auch durch das Internet nicht untergehen wird, S. 94. Frankfurt/Main, New York: Campus
7. Noltze, Holger (2010): Die Leichtigkeitslüge – Über Musik, Medien und Komplexität, S. 12. Hamburg: Edition Körber Stiftung
8. Hornberger, Barbara; Krankenhagen, Stefan (2019): Die Bildungskraft populärer Kultur – Pop- und Medienkulturin der Kulturellen Bildung. In: KMK – Das Magazin von Kulturmanagement Network (149/2019), S. 19
9. Diederichsen, Diedrich (2003): Es streamt so sexy. Die Dialektik von Cliks & Cuts. In: Klaus Neumann-Braun, Axel Schmidt und Manfred Mai (Hrsg.): Popvisionen. Links in die Zukunft, S. 66. Frankfurt/Main: Suhrkamp
10. Seliger, Berthold (2017), S. 213 [wie Anm. 1]
11. vgl. ebd., S. 217 ff.
12. vgl. Deutsches Musikinformationszentrum (2018): Musikatlas. Online verfügbar unter: http://www.miz.org/download/musikatlas/orchester.pdf [z.g. 30.04.2021]
13. vgl. Wimmer, Constanze (2010): Exchange. Die Kunst, Musik zu vermitteln; Qualitäten in der Musikvermittlung und Konzertpädagogik, S. 28. Salzburg: Internationale Stiftung Mozarteum Salzburg
14. Noltze, Holger (2010), S. 193 [wie Anm. 7]
15. vgl. Wimmer, Constanze (2010), S. 17 [wie Anm. 13]
16. Noltze, Holger (2010), S. 71 [wie Anm. 7]
17. Spinola, Julia (2007): Dieses Gerassel ist peinlich – Ein Interview mit der Kindheitsforscherin Donata Elschenbroich. In: Frankfurter Allgemeine Zeitung (06.12.2007). Online verfügbar unter: https://www.faz.net/aktuell/feuilleton/debatten/musikalische-frueherziehung-dieses-gerassel-ist-peinlich-1491371.html [z.g. 30.04.2021]
18. vgl. ebd.
19. Noltze, Holger (2010), S. 222 f. [wie Anm. 7]
20. vgl. Adams, Douglas (1979): Per Anhalter durch die Galaxis. Berlin: Rogner & Bernhard
21. Spinola, Julia (2007) [wie Anm. 17]
22. vgl. Seliger, Berthold (2017), S. 293 [wie Anm. 1]
23. Noltze, Holger (2010), S. 263 [wie Anm. 7]
24. ebd., S. 265
25. ebd.
26. Spinola, Julia (2007) [wie Anm 17]
27. Noltze, Holger (2010), S. 46 [wie Anm. 7]
28. vgl. Seliger, Berthold (2017), S. 318 ff. [wie Anm. 1]
29. vgl. www.der-besondere-kinderfilm.de [z.g. 30.04.2021]

30 Rothauer, Doris (2005): Kreativität & Kapital. Kunst und Wirtschaft im Umbruch, S. 80. Wien: WUV
31 ebd., S. 15
32 Seliger, Berthold (2017), S. 308 [wie Anm. 1]

Kapitel 22

1 Driessen, Christoph (2015): Lachend durchs Leben – Was Eltern von ihren Kindern lernen können. In: Stern (24.02.2015). Online verfügbar unter: https://www.stern.de/familie/schule/was-erwachsene-von-kindern-lernen-koennen-5954838.html [z.g. 30.04.2021]
2 Neiman, Susan (2015): Warum erwachsen werden? Eine philosophische Ermutigung, S. 220. Berlin: Hanser Berlin
3 Medienpädagogischer Forschungsverbund Südwest (2017): FIM-Studie 2016 – Familie, Interaktion, Medien. Untersuchung zur Kommunikation und Mediennutzung in Familien, S. 56 f.. Online verfügbar unter: www.mpfs.de/fileadmin/files/Studien/FIM/2016/FIM_2016_PDF_fuer_Website.pdf [z.g. 30.04.2021]
4 Seliger, Berthold (2013): Das Geschäft mit der Musik – Ein Insiderbericht, S. 332. Berlin: Edition Tiamat
5 Vahle, Fredrik (1992): Kinderlied. Erkundungen zu einer frühen Form der Poesie im Menschenleben, S. 197. Weinheim: Beltz
6 ebd., S. 200

Bildnachweis

Seite 10: privat
Seite 63: Steffi Behrmann
Seite 93: Paul Alexander Probst, EVOLAIR
Seite 99: Livia Reber
Seite 178: Christina Kratsch
Seite 181: Melancholie Maritim Photographie
Seite 186: Pressefoto „Café Unterzucker"
Seite 187: Costa Belibasakis
Seite 188: Pressefoto „Muckemacher"
Seite 190: Pressefoto „Radau!"
Seite 191: by sahlia / Christine Kienesberger
Seite 193: Georg Müller
Seite 195: Michi Schunk
Seite 198: Pressefoto „Eule findet den Beat"
Seite 202: Max Fiedler
Seite 294: Falko Alexander

Auswahlbibliografie

Bastian, Hans Günther (2001): Kinder optimal fördern – mit Musik. Intelligenz, Sozialverhalten und gute Schulleistungen durch Musikerziehung. Mainz: Atlantis

Borneman, Ernest (1973): Unsere Kinder im Spiegel ihrer Lieder, Reime, Verse und Rätsel (Studien zur Befreiung des Kindes, 1). Frankfurt/Main: Ullstein

Bruhn, Herbert; Kopiez, Reinhard; Lehmann, Andreas C. (Hg.) (2008): Musikpsychologie. Das neue Handbuch. Hamburg: Rowohlt

Busch, Barbara; Henzel, Christoph (Hrsg.) (2012): Kindheit im Spiegel der Musikkultur. Eine interdisziplinäre Annäherung. Augsburg: Wissner

Diestelkamp, Daniel; Marzinzik, Dorothé Ruth (2013): Ästhetisch-musikalische Grundbildung. Köln: Wienand

Freitag, Thomas (2008): Fällt ein Negerlein vom Dach herab – Das ganze Elend im Kinderlied. Cottbus: Regia

Freitag, Thomas (2009): Jule, Mondschaf, Wolkenboot – 16 Portraits zum Lieder- und Versemachen für Kinder. Cottbus: Regia

Gruhn, Wilfried (2003): Kinder brauchen Musik. Musikalität bei kleinen Kindern entfalten und fördern. Weinheim: Beltz

Hartung, Anja; Reissmann, Wolfgang; Schorb, Bernd (2009): Musik und Gefühl. Eine Untersuchung zur gefühlsbezogenen Aneignung von Musik im Kindes- und Jugendalter unter besonderer Berücksichtigung des Hörfunks; eine Studie im Auftrag der Sächsischen Landesanstalt für Privaten Rundfunk und Neue Medien (SLM) (Schriftenreihe der SLM, 17). Berlin: Vistas

Hengst, Heinz (2013): Kindheit im 21. Jahrhundert. Weinheim: Beltz

Holtei, Christa (2010): Warum klappert die Mühle am rauschenden Bach? – Kinderlieder und ihre Geschichten. Mannheim: Patmos

Kucklick, Christoph (2014): Die granulare Gesellschaft – Wie das Digitale unsere Wirklichkeit auflöst. Berlin: Ullstein

Levitin, Daniel J. (2014): Der Musik-Instinkt. Die Wissenschaft einer menschlichen Leidenschaft. Berlin, Heidelberg: Springer Spektrum

Minkenberg, Hubert (1990): Das Musikerleben von Kindern im Alter von fünf bis zehn Jahren. Köln: Peter Lang

Neumann-Braun, Klaus; Schmidt, Axel; Mai, Manfred (Hrsg.) (2003): Popvisionen. Links in die Zukunft. Frankfurt/Main: Suhrkamp

Neiman, Susan (2015): Warum erwachsen werden? Eine philosophische Ermutigung. Berlin: Hanser Berlin

Noltze, Holger (2010): Die Leichtigkeitslüge – Über Musik, Medien und Komplexität. Hamburg: Edition Körber Stiftung

Renner, Tim (2004): Kinder, der Tod ist gar nicht so schlimm! Über die Zukunft der Musik- und Medienindustrie. Frankfurt/Main, New York: Campus

Renner, Kai-Hinrich; Renner, Tim (2011): Digital ist besser. Warum das Abendland auch durch das Internet nicht untergehen wird. Frankfurt/Main, New York: Campus

Renner, Tim; Wächter, Sarah (2013): Wir hatten Sex in den Trümmern und träumten. Die Wahrheit über die Popindustrie. Berlin: Berlin-Verlag

Riegel, Enja (2004): Schule kann gelingen! – Wie unsere Kinder wirklich fürs Leben lernen. Frankfurt/Main: Fischer

Rosa, Hartmut (2005): Beschleunigung – Die Veränderung der Zeitstrukturen in der Moderne. Berlin: Suhrkamp

Rosa Hartmut (2016): Resonanz – Eine Soziologie der Weltbeziehung. Berlin: Suhrkamp

Rothauer, Doris (2005): Kreativität & Kapital. Kunst und Wirtschaft im Umbruch. Wien: WUV

Seliger, Berthold (2013): Das Geschäft mit der Musik – Ein Insiderbericht. Berlin: Edition Tiamat

Seliger, Berthold (2017): Klassik-Kampf – Ernste Musik, Bildung und Kultur für alle. Berlin: Matthes & Seitz

Vahle, Fredrik (1992): Kinderlied. Erkundungen zu einer frühen Form der Poesie im Menschenleben. Weinheim: Beltz

Vahle, Fredrik (2013): Singen – sagen – sich bewegen. Auf sieben Wegen zum Singen. Weinheim: Beltz

Weber-Kellermann, Ingeborg (1997): Das Buch der Kinderlieder. 255 alte und neue Lieder; Kulturgeschichte, Noten, Texte, Bilder; mit Klavier und Gitarrenbegleitung; Klaviersätze von Hilger Schallehn und Manfred Schmitz. Mainz: Schott

Wilke, Kerstin (2012): Bushido oder Bunt sind schon die Wälder?! Musikpräferenzen von Kindern in der Grundschule (Theorie und Praxis der Musikvermittlung, 12). Berlin: Lit-Verlag

Witt, Stephen Richard (2015): How Music Got Free. Köln: Bastei Lübbe

Zuckowski, Rolf (2007): 5 Jahre Mai – Meine persönlichen Erinnerungen. Berlin: Universal Music

Zum Autor

Thomas Hartmann (*1979) ist Medienpädagoge und Kulturwissenschaftler. Die Auseinandersetzung mit Medienangeboten für Kinder gehört seit vielen Jahren zu den Schwerpunkten seiner Arbeit. Besondere Expertise über die Kindermusik-Szene in Deutschland erwarb er durch seine fast zehnjährige musikredaktionelle Tätigkeit für den Kinderhörfunk des WDR. Als Musiker ist er zudem seit über 20 Jahren in verschiedenen Bands und Ensembles aktiv, hat  mehrere Studio-Produktionen begleitet und Konzerte und Festivals in ganz Deutschland gespielt. Seit 2015 ist er als wissenschaftlich-pädagogischer Mitarbeiter am Deutschen Kinder- und Jugendfilmzentrum (KJF) beschäftigt. Thomas Hartmann lebt in Köln.

Die Website zum Buch

Sie suchen aktuelle Informationen und konkrete Kindermusik-Empfehlungen? Kein Problem, denn „Mama lauter!" gibt es auch im Netz. Die Website zu diesem Buch bietet sachliche und vor allem unabhängige Rezensionen zu aktuellen Musikproduktionen für Kinder und erleichtert Ihnen so den Zugang zu guter Kindermusik.

Vor allem Eltern möchte sie als Anlaufstelle dienen. Selbst musikalisch interessiert und popkulturell sozialisiert, haben sie eine hohe Erwartungshaltung an Kindermusik entwickelt, die beim unbedarften Griff in die Auslage von Buchhandlungen, Plattenläden oder Supermärkten leider oft enttäuscht wird. Auch die Algorithmen der Streaming-Anbieter fördern in aller Regel nur die Produktionen zutage, die den kommerziellen Musikmarkt für Kinder ohnehin bereits dominieren. Im allgemeinen Überangebot von Kindermedien folgt die Auswahl schließlich willkürlichen Kriterien und führt im schlechtesten Fall dazu, dass Eltern das Interesse an Kindermusik verlieren. Aus dem Blickfeld geraten dabei die Veröffentlichungen, die mit Haltung, Anspruch und erkennbarem Stilwillen umgesetzt sind. Genau diese Produktionen rückt „Mama lauter!" ins Rampenlicht.

Denn in der Gattung Kindermusik mangelt es nicht an talentierten Künstler*innen und Bands, sondern an einem unabhängigen Informationsangebot, das deren Arbeit wertschätzt und ebenso fundiert wie kritisch darüber berichtet. In anderen Kindermediensparten wie dem Kinderfilm oder der Kinderliteratur sind derartige Anlaufstellen längst etabliert. Mit der Plattform „Mama lauter!" steht so ein Angebot nun endlich auch für Kindermusik zur Verfügung – übrigens nicht nur für Mütter, sondern auch für Väter

www.mama-lauter.de
www.papa-lauter.de